지智能**는**
어떻게 삶을
이끄는가

지식을 넘어서는 통찰력을 얻는 힘 지智ㅁ는
어떻게 삶을
이끄는가

완웨이강 지음　이지은 옮김

애플북스

• 일러두기

1. 중국 인명은 발음식으로 표기했습니다.

2. 외국도서 중 '원제'라고 표기가 된 것은 국내에 출간되지 않은 책입니다.

복잡한 현대를
지식인(智識人)으로 살아가기

이 책은 현대 세계에 관한 내용으로 현대인이 반드시 갖춰야 할, 그리고 현대인만 지닐 수 있는 '지식(智識)', 즉 지혜와 견해를 다루고 있다. 현대 세계를 이해하고 나아가 무언가를 결정함에 있어서 지식은 필수 불가결한 요소로 자리 잡았다.

사회 변혁이라는 거대한 틀에서 봤을 때, 이 책에서 제시하는 사상은 관용어나 전고(典故, 시나 문장 작성 시 인용되는 고대 고사와 유래 – 옮긴이)로 발전해 우리의 문화 DNA로 미처 자리 잡을 새도 없었을 만큼 상당히 새로운 축에 속한다. 각 과학 영역에서도 최신 정보에 속하는 이런 사상은 전문가가 아닌 이상 알기 어렵다고 생각할 수도 있겠지만, 사실 특별한 전문지식 없이도 이해할 수 있다. 왜냐면 이런 사상은 과학자, 철학자, 엔지니어, 기업가, 창업자, 대학생, 교수 등 각 분야에서 현대 세계에 남다른 호기심을 가진 집단 사이에 이미 널리 퍼져 있기 때문이다.

그런 점에서 앞서 언급한 사람들은 전통적인 의미의 '지식인(知識人)'이자, 동시에 '지식인(智識人)'이다.

나는 과학 연구를 생업으로 삼고 있지만 어디 가서 직업이 물리학자라고 말하기에는 차마 부끄러운 성과를 내는 데 그치고 있을 뿐이다. 직업이 직업이니만큼 물리 연구에 매진해야 옳겠지만, 전공과 무관한 서적을 읽으며 물리학과 아무런 관련도 없는 글을 쓰기도 한다. 전공이 아닌 일에 열심히 매달리는 내게 혹자는 물리학자가 그렇게 한가한 직업이냐며, 엉뚱한 일에 시간 버리지 말라고 나무랄지도 모르겠다. 하지만 다른 사람보다 시간이 남아돌아서가 아니라, 한 치 앞도 내다볼 수 없는 현대 세계에 대한 남다른 호기심과 관심 때문에 나는 지금의 자리로 이끌리게 되었다. 현세대의 최신 동향, 사상을 제대로 파악하지 못한 채 특정 분야에 정통한 지식인(知識人)의 역할에만 만족한다면 그 삶은 아무런 의미가 없다고 생각한다. 그리고 그로 인해 시대의 흐름에서 도태되는 위험에 처할 수도 있다.

현재 우리가 살아가는 세상은 지식(智識)에 대한 도전에 직면해 있는데, 그 형태는 크게 세 가지로 구분된다.

1. 지식에 대한 3대 도전

첫째, 세상은 점점 복잡해지고 있다.

경제학자들은 자주 연필을 애용한다. 그런데 평범하기 그지없는 한 자루의 연필이라도 그 안을 자세히 들여다보면 어느 것 하나 허투루 지나갈 수 없다. 먼저 연필이 어떻게 구성되어 있는지 살펴보자. 연필은 크게 흑심, 홈이 팬 나무로 구성된다. 용도에 따라 끝에 지우개가 달리거나 금속 테두리 등으로 장식되기도 한다. 원자재에서 가공 작업, 조립에 이르기까지 우리가 알지 못하는 수많은 중간 과정을 거친 끝에 한 자루의 연필이 탄생한다. 이렇게 흔히 볼 수 있는 연필도 개인이 온전히 자신의 힘만으로 만들어낼 수 없다. 연필 한 자루를 만드는 데 투입되는 사람은 각자의 영역만을 담당할 뿐이다.

하이에크(Friedrich August von Hayek)*는 이것을 시장의 힘이라고 설명했다. 지식(知識)은 여러 집단 속으로 흩어진 채 분산화(Decentralization)를 지향하고, 시장은 사람들을 조직해서 분업을 통한 협업을 유도한다. 당신이 특정한 지식을 지녔다면, 가격 신호(Price Signal)에 합리적으로 반응하기만 해도 먹고사는 데 아무런 지장이 없을 것이다. 하지만 누군가가 모든 지식을 소유하려 든다면, 또 전체적인 상황을 통제하고 계획까지 세우려 한다면, 소기의 목적을 달성하기는커녕 오히려 난처한 처지에 몰리게 될 것이다.

왜냐면 현대사회는 전통적인 연필 생산자가 직면했던 것보다 훨씬 복잡한 현실을 마주하고 있기 때문이다. 내가 만일 현대적 사상을 지녔지만 낮은 임금을 받는 연필 생산자라면 현실을 받아들이지 못할 것이다. 그러면 현재의 상황을 파악하기 위해 경제 지식을 공부해야 한다. 또한 판매량을 늘리기 위해 연필에 문구나 무늬를 새기라고 공장 측에 건의할 수도 있다. 이는 경제학과 무관한 심리학과 관련된 문제이므로 심리학에 대한 지식을 습득해야 한다. 그 외에도 알아야 할 것

---

* 1899~1992. 1974년 노벨 경제학상을 수상한 오스트리아 태생의 영국 경제학자. '자유시장경제 옹호자', '통화주의 아버지'로 불렸던 그는 자유주의의 입장에서 모든 계획경제에 반대하였다. -옮긴이

이 한두 가지가 아니다. 지금의 나는 내 '밥그릇'이 튼튼한지 그것이 가장 궁금할 것이다. 주변에서 연필 제조업은 사양산업이라고 하는데, 그 말을 믿어야 하는 것일까? 사양산업이라고 말하는 근거는 또 무엇이란 말인가? 비용 절감 차원에서 도입하는 기계에 일자리를 빼앗기는 것은 아닐까? 사장한테 아부라도 떨어야 하나? 내 자식이 나보다 번듯한 직장에서 일하도록 하려면 입시교육과 인성교육 중에서 무엇에 더 치중해야 하는가?

이처럼 가격 신호만으로 모든 물음에 답할 수 없을 만큼 현대사회는 복잡하게 변하고 있다. 우리는 날마다 수많은 문제를 마주한다. 과연 이들 문제를 어떻게 해결할 것인가? 대부분의 사람들은 스스로 고민해봐도 소용없으니 고전에서 답을 구하겠다며 《삼국지연의(三國志演意)》, 《손자병법(孫子兵法)》, 《후흑학(厚黑學)》 등을 뒤적거리지만 결과적으로 아무런 소용도 없다. 비교적 단순했던 전통사회의 경험과 사상으로 복잡하기 짝이 없는 현대사회를 이해하기에는 많은 어려움이 따르기 때문이다.

둘째, 인공지능(AI)이 서서히 인간을 대신하고 있다.

이 점에 대해서는 본문에서 자세히 다룰 예정이지만 결론적으로 말하자면 사람들은 예상보다 훨씬 큰 타격을 받게 될 것이다. 누구나 쉽게 할 수 있는 단순노동이나 심지어 일부 고급 기술을 포함한 많은 작업에서 인공지능이 인간을 대체하는 추세에 있다. 머지않아 우리는 사고방식을 혁신하지 않으면 도태를 피할 수 없는 시대에 살게 될 것이다.

셋째, 많은 사람이 물질적으로 풍요로운 삶을 영위하고 있지만 사회 전체적인 계층화 현상은 날로 확대되고 있다.

최근 실시된 빈부격차에 대한 연구에서 한 가지 사실이 많은 주목을 받았다. 그동안 빈민과 부자를 구분하는 가장 중요한 척도는 보유한 자산이나 누릴 수 있는 기회처럼 '수치'로 환산할 수 있는 것이었지만, 이제는 문화와 관념이 그 자리를 대신하고 있다는 사실이다. 다시 말해서 빈곤은 더 이상 경제적 상황만을 의미하지 않는다. 사고방식과도 깊은 관련을 맺고 있는 것이다. 실제로 사고방식의 차이는《부자 아빠 가난한 아빠(Rich Dad Poor Dad)》와 같은 재테크에 대한 인식의 차이로만 머물지 않고 삶을 대하는 전반적인 자세 또는 태도와도 직결된다.

예를 들어서 이방인에 대한 신뢰는 당신이 속한 계층의 수준을 반영한다. 미국 보스턴 지역을 기반으로 하는 이탈리아 이주 노동자 계층의 사회적 관습에 대한 조사 결과,˙ 이들이 가족, 친척, 어릴 때부터 같이 자란 친구에게 보여주는 신뢰는 그 어떤 이방인에 대한 신뢰보다 높았다. 그들은 외부의 존재에 대해 호기심, 심지어 적대감을 있는 그대로 드러내기도 했다. 영국에서 실시된 또 다른 연구에 따르면 노동자 계층과 빈민층은 주변의 가족, 친구, 지인만 알아들을 수 있는 은어를 즐겨 사용한다고 한다. 하지만 자신의 말을 외부인이 이해하든 말든 아무런 관심도 없는 이들과 달리 중산층은 가급적 모든 사람에게 자신의 말을 이해시키려 노력한다.

지연, 학연에 집착하는 중국인은 어떤 계층에 속할까? 지인으로 형성된 전통사회 또는 원시사회에서 비롯된 진화심리학으로부터 영향을 받는 가치관에 빠져 있지는 않을까? 현대사회가 추종하는 이성적 사고를 과연 갖추고 있을까?

• 이 연구와 뒤에서 다루게 될 영국의 연구는 모두 브링크 린지(Brink Lindsey)의 《인본 자본주의 (원제: Human Capitalism)》에서 확인할 수 있다.

우리가 사는 세상은 결코 녹록지 않다. 노력한 만큼 성과를 얻을 수 있는 것도 아니고, 모두 행복하게 살게 되는 해피엔딩으로 끝나지 않을 때도 있다. 그래서 낙후된 가치관으로는 시대의 변화를 따라잡을 수 없다고 주장하는 것이다. 이 책은 '빈곤한' 가치관을 바꾸려는 몇몇 시도와 연구를 소개할 예정인데, 그중에는 제법 성공한 사례도 포함되어 있다.

캐나다의 심리학자 키스 E. 스태노비치(Keith E. Stanovich)는 《IQ를 넘어: 똑똑한 사람들도 멍청한 짓을 하는 이유(원제: What intelligence tests miss: the psychology of rational thought)》에서 대규모 연구 결과를 동원해 IQ와 이성은 아무런 관련도 없다고 설명했다. 그의 설명에 따르면 이성은 현재 상황을 충분히 인식하고 최선의 결정을 내릴 수 있는 능력으로서, 별도로 습득해야 하는 것이다.

양질의 교육 자원이 부족한 데다 가정의 계층별 문화적 차이가 날로 심화되는 상황에서 누가 좀 더 쉽게 이성을 습득할 수 있을 것인가?

세상은 점점 복잡해지며 난해하게 변하고 있다. 설상가상 AI마저 우리의 자리를 위협하고 있다. 이와 같은 상황에서 빈부격차는 당연히 확대될 수밖에 없다.

이러한 시대의 흐름은 우리에게 커다란 도전이다. 현대사회의 지식(智識)을 갖춘 소수의 사람과 달리 대다수 사회 구성원은 여전히 전통사회에 머물러 있거나 심지어 원시사회로 후퇴해 있다.

그렇다면 이 세 가지 도전을 우리는 어떻게 받아들여야 하는가? 전문가의 말을 따라야 할 것인가?

2. 이공계 전문가의 의견을 어떻게 받아들일 것인가?

이공계의 가치관은 가장 중요한 현대적 가치관으로서 '취사(tradeoff)', '계량화', '과학적 방법'을 강조한다. 내가 물론 《이공계의 뇌로 산다: 세상을 깊이 있고 유용하게 살아가기 위한 과학적 사고의 힘》이라는 책을 쓰긴 했지만 그렇다고 해서 착각해선 안 된다. 이공계 분야의 전문가라고 해도 자기 영역에만 머무르며 편협한 시각을 고집한다면 이공계의 가치관으로 세상을 이해할 수 없다.

이공계의 전문가도 나름의 고충이 있다. 견해를 듣고 싶다는 누군가의 요청에 자신의 본업에 속하는 지식과 관계가 없는 대답을 한다면 해당 분야의 전문성이 없다는 비판을 받을 수 있다. 설사 전문적인 지식을 동원해서 대답해도 기껏해야 참고용 도구로 취급당할 뿐이다.

무슨 뜻인가 하면, 복잡한 세상에서 한 가지 분야의 지식만을 활용해서 해결할 수 있는 문제는 사실상 극히 적다는 것이다. 미국의 유명한 과학자는 환경보호에 대한 좌담회에 초청받았다가 웃음거리로 전락한 사연을 공개하기도 했다.* 환경 관련 연구에 종사하는 과학자로서 환경보호를 강조하는 것은 지극히 당연한 일이지만, 사건의 주인공이 평소에 다소 과격한 성격이라는 데 문제가 있었다. 그는 좌담회에 참석한 대형 에너지 기업의 CEO들에게 반인류적인 범죄를 저지르고 있다고 비난했다.

이러한 전문가라면 어디 가서도 제대로 된 대접을 받기 어려울 것이다. 에너지를 사용하는 것은 우리들인데 에너지 기업의 CEO를 탓할

---

* 출처: 랜디 올슨(Randy Olson), 《말문 트인 과학자: 데이터 조각 따위는 흥미롭지 않아요 특히 숫자!(Don't Be Such a Scientist: Talking Substance in an Age of Style)》

이유가 뭐란 말인가? 게다가 반인류적인 범죄를 저지른다니? 사건 속 과학자는 자신의 연구 결과를 가장 우선시하며, 다른 분야에 대한 무지함을 드러냈다. 이런 행동은 취사 가능한 가치관도 없고, 사회를 구성하는 다양한 영역에 대한 중요성도 제대로 이해하지 못하고 있다는 인상을 심어줄 수 있다. 그래서 사람들이 전문가를 향해 '뜬구름' 잡는 이야기만 늘어놓는다고 비아냥거리는 것이다.

이러한 현상은 상당히 보편적이다. 사회문제(Public Affairs)를 처리하는 과정에서 일부 과학자와 기획자는 획기적인 방안을 제시하기는커녕 습관적으로 자신의 지식이 얼마나 중요한지만 강조한다. 지구 온난화의 위험성을 경고하는 기상학자는 경제 규모가 축소되어도 아무런 문제도 없는 것처럼 이산화탄소 배출을 무조건 줄여야 한다고 소리 높여 주장한다. 우주항공 산업 분야의 종사자는 해당 산업에 100원을 투자하면 700원의 수익을 벌어들일 수 있다고 이야기한다. 바이오 에너지 전문가는 핵발전소의 위험성을 강조하고, 물리학자는 충돌형 가속기가 모든 산업이 낙후되었던 1980년대 초반의 중국이 발전하는 데 지대한 역할을 담당했다고 주장한다[이와 관련하여 그나마 '공평한' 의견을 제시하는 전문가는 자신은 물리학에 몸담고 있지만 21세기는 '생물학의 시대'가 될 것이라고 주장하는 양전닝(楊振寧) 선생이다].

이공계 전문가를 대하는 가장 효과적인 방법은 그들의 의견을 올바른 결정을 위한 참조 자료로 활용하는 것이다. 이공계 전문가는 전문 영역 안에서 최고의 논점과 자료를 제공해줄 수 있지만, 구체적으로 어떤 결정을 내릴 것인가는 당사자가 스스로 판단해야 한다.

공자가 '군자는 일정한 용도로 쓰이는 그릇과 같은 것이 아니다(君子不器)'라고 했듯이 특정 영역에만 정통한 기술형 전문가는 작게는 공공정책, 크게는 인생의 이치에 대해 이야기할 만한 능력이 없다.

그렇다면 인문계 전문가는 어떠할까?

3. 이념과 계산

이공계 전문가는 적어도 자신의 지식에 한계가 있다는 사실을 인지하고 있지만 인문계 전문가는 종종 자신이 모르는 것은 없다고 생각한다. 왜냐면 그들은 '이성'이 아닌 '이념'으로 세상을 살아가기 때문이다.

경제학자, 정치학자, 사회학자가 포함된 수많은 인문 · 사회학과는 여전히 초기 단계에 있다. 여러 가지 중대한 문제에 관해 여러 학자들이 불협화음을 낸다는 점에서 이러한 사실을 확인할 수 있다. 이들은 평소 여러 파벌로 나뉜 채 '○○주의'라는 이름을 내걸고 지내다가, 때로는 무협소설에 등장하는 문파처럼 생각이 같은 상대와 한패가 되어 생각이 다른 상대를 무차별 공격하기도 한다. 수요 측 경제학자는 소비가 성장을 촉진한다고 주장하며 정부가 경제성장 계획을 제시해야 한다고 말한다. 이에 반해 공급 측 경제학자는 기업가를 진정한 영웅으로 치켜세우며 최고의 경제성장 정책은 감세라고 주장한다. 또 자유주의 정치학자는 정부가 사회 전반에서 중요한 역할을 수행해야 한다고 주장하지만 보수주의 정치학자는 작은 정부를 지향한다.

세율이 높은 만큼 수준 높은 복지서비스를 제공하는 스웨덴은 전형적인 큰 정부의 형태에 속한다. 민주당 출신인 버락 오바마(Barack Obama) 전 미국 대통령은 집권 시절에 큰 정부를 지향하는 다양한 정부 정책을 추진했다. 일부 언론은 오바마가 미국을 스웨덴처럼 만들려고 한다는 기사를 내보내기도 했지만, 그 당시 스웨덴은 세수를 축소하며 이른바 '스웨덴식 복지'에서 벗어나기 위해 노력 중이었다. 그렇다면 오바마는 시대의 흐름에 역행하는 멍청이란 말인가?

한 수학자는 이러한 사고방식을 가리켜 '선형성(線形性) 사고'라고 주장했다.* 내용을 좀 더 쉽게 이해할 수 있도록 머릿속에 그래프를 하나 그려보자. 가로축은 큰 정부를 지향하는 스웨덴과 비슷한 정책, 세로축은 경제발전 정도를 표시한다. 과연 그래프는 어떤 형태를 보이겠는가? 아마도 그래프상의 그림은 직선이 아닐 것이다. 경제가 가장 발전했을 때를 보여주는 최댓값은 곡선의 양 끝이 아닌 중간의 특정 지점에 자리 잡고 있을 것이다. 요컨대 오바마와 스웨덴은 서로 반대되는 방향에서 중간의 최댓값을 찾고 있는 것뿐이다.

방향을 정할 때는 이념, 파벌 투쟁, 이데올로기, 그리고 정서에 흔들리지 말고 최댓값을 찾기 위해 끊임없이 조정하고 행동해야 한다. 그것이 바로 이성적인 태도다. 당신이 제아무리 숭고한 이념을 지녔다고 해도 그것만으로 문제를 해결할 수는 없다. 그보다는 '정도(度)', 즉 '숫자'가 좀 더 효과적이다.

복잡한 세상에서 모든 존재는 저마다의 장단점을 지니고 있다. 무언가를 쓸 것인지 말 것인지 선택할 때는 대상이 지닌 가치의 숫자 외에 당신이 짊어져야 할 대가의 무게도 따져봐야 한다.

독립심, 자주성, 국산품 애용 등은 개별적으로 보면 하나같이 소중한 이념이다. 하지만 양무운동(洋務運動)** 당시 장지동(張之洞)***이 호북창포창(湖北槍炮廠)에서 거액을 쏟아부어 제작한 한양조(漢陽造)의 성능이

- 조던 엘렌버그(Jordan Ellenberg), 《틀리지 않는 법: 수학적 사고의 힘(How Not to Be Wrong: The Power of Mathematical Thinking)》
- 19세기 후반 중국 청나라에서 일어난 근대화 운동으로 서양의 문물을 수용해 부국강병을 이루려 하였다. -옮긴이
- 1837~1909. 중국 청말 정치가로 1907년 요직인 군기대신의 자리에 오른 당대의 실력자 -옮긴이

같은 돈을 주고 수입한 외국 소총보다 못했다는 사실을 우리는 어떻게 이해해야 할까? 강한 국방력을 필요로 하는 시대에 무조건 국산화를 추구하는 일도 능사는 아닐 것이다. 신중국의 개혁·개방 초기, 정부가 군수 관리를 거의 포기하다시피 해서 일부 군대는 먹고살기 위해 돼지를 키우기도 했었다. 훗날에는 중국산 고속철도 '중화지성(中華之星)'의 기술을 포기하고 외국에서 고속철도 기술을 수입했다. 심지어 지금은 핵발전소 기술도 수입하고 있다. 이들 정책은 여론으로부터 많은 질책을 받았다. 하지만 정책노선 변경으로 절감된 비용이 경제발전에 크게 일조했으며, 중국 내 수송능력이나 경제발전 문제가 기술 국산화를 기다릴 수 없을 만큼 시급했음은 누구도 알지 못했다.

'정도'를 찾는 법을 배우고 싶다면 적어도 두 가지 서로 다른 이념을 이해해야 하지만, 우리가 현실 생활에서 만나는 수많은 공공지식인 (Public Intellectual)**** 은 자신의 한 가지 이념을 내세울 줄만 알 뿐이다. 심지어 사실조차 제대로 파악하지 못하는 경우도 있다.

2015년 9월 5일은 웨이보(微博, 중국판 트위터 – 옮긴이) 역사상 매우 의미심장한 날이다.***** 유명인사 세 명이 거의 동시에 황당한 글을 올렸기 때문이다. 유명인 A씨는《내 영혼의 닭고기 수프》같은 식의 이야기에 현혹되어서는 안 된다며 인터넷 소설 속 광서(光緒) 황제의 이야기를 실제인 줄 알고 공유했다. 유명인 B씨는 자신의 남다른 애국심을 자랑하기 위해 인류의 기원이 중국에서 비롯됐다는 주장을 담은 '웅문(雄文)'을 발표했다. 마지막으로 유명인사 C씨는 민간 제조업을 지원해

**** 지식의 '공공성'을 실천하는 지식인, 즉 사회문제에 관심을 갖고 적극적으로 의견을 표명하거나 행동으로 참여하는 지식인을 의미한다.–옮긴이

***** 출처: @투덜이 불만분자 –Milgram의 웨이보 http://weibo.com/1777921765/Cz7jtkp8w

야 한다는 견해를 내세우기 위해 통계 오류를 범했다. 그가 저지른 오류는 신념을 미신에 불과하게 만들었다. 그 결과 C씨는 본인의 신념에 스스로 발목을 잡히고 말았다.

자유시장을 동경하는 교수는 모든 경제문제가 시장에 의해 해결되어야 한다고 주장하고, 자유민주주의를 부르짖는 칼럼니스트는 미국 정치의 단점을 선동의 소재로 둔갑시키기도 한다. 유교문화를 사랑하는 역사애호가는 송나라의 모든 것을 숭배하고, 자칭 보수주의자라는 중국의 사상가는 제1차 세계대전 당시 수립된 국제조약 체제를 현대 영국인, 미국인과 비교도 안 될 만큼 추종하기도 한다.

미국의 정치학자 필립 테틀록(Philip E. Tetlock)은 이와 같은 이들을 '고슴도치'라고 표현했다.

4. 여우와 고슴도치

1980년대부터 테틀록은 무려 20년에 걸쳐 정치적 사건에 대한 전문가의 예측 정확도를 과학적인 방법으로 평가하는 실험을 실시했다. 요란스레 온갖 이야기를 하고 결국 '사후약방문'식 분석이나 엉터리 전망을 내놓는 자칭 전문가가 수두룩한 탓에, 테틀록은 이들이 함부로 '뒷북'을 치지 못하도록 무척 복잡하고 엄격한 평가방법을 적용했다. 이를테면 소련이 해체되기 전에 정치 전문가들에게 그 미래를 점쳐달라고 주문한 것이다. 소련의 미래가 지금보다 나아질 것인지 나빠질 것인지, 그것도 아니면 지금과 유사한 상태를 유지할 것인지 세 개의 보기 중에 하나를 고르도록 했다.

그로부터 20여 년이 지난 후 문제의 답이 수면 위로 떠올랐다. 당초 전문가들의 예상을 평가한 결과, 그들의 '성적표'는 동전을 던져서 앞뒷면을 맞히는 확률보다도 낮은 것으로 나타났다.

실제로 미래를 전망하는 문제에 있어서 상당수의 정치 전문가는 '문외한'과 별로 다를 바가 없다. 다른 분야의 전문가 역시 대부분 이와 마찬가지다. 미래에는 어떤 분야에 투자해야 성공할 수 있을지 또는 어떤 전공을 선택해야 취업에 도움이 될 것인지 궁금한가? 전문가보다 어쩌면 자신에게 물어보는 편이 더 정확한 답변을 얻을 수 있을 것이다.

테틀록의 연구에서 특기할 만한 점은, 모든 전문가가 그렇게 엉터리는 아니며 심지어 일부 전문가는 상당히 정확한 예측을 내놓는다는 사실이다. 그렇다면 정확성은 무엇에 의해 결정되는가? 전문가가 전문 영역에 몸담은 시간? 기밀자료의 확보 여부? 아니면 전문가가 추종하는 정치집단의 색채? 그것도 아니라면 삶에 대한 자세? 결론적으로 말해서 이런 요소들은 아무런 도움도 되지 못한다. 정확성에 영향을 주는 유일한 요소는 바로 전문가의 사고방식이다.

테틀록은 전문가의 사고방식을 '고슴도치형'과 '여우형'으로 구분했다. 고슴도치형 전문가는 자신이 전문적으로 종사하는 특정 분야에 대한 해박한 지식을 지니고 있으며 '빅 아이디어'를 지향한다. 이에 반해 여우형 전문가는 모든 분야에 대해 넓지만 얕은 지식을 지니고 있으며 수많은 '스몰 아이디어'를 추구한다. 테틀록의 저서 《전문가의 정치적 판단》*은 그 차이를 자세히 설명하고 있는데, 요지는 다음과 같다.

고슴도치형 사고방식은 진취적이지만 '빅 아이디어'만 취급한다. 고슴

• 원제는 《Expert Political Judgment: How Good Is It? How Can We Know?》이다. '여우와 고슴도치'
라는 비유는 철학자 이사야 벌린(Isaiah Berlin)에 의해 처음 제시되었다.

도치형 전문가는 새로운 분야로 자기 이론의 해석력을 성급하게 확대한다. 이에 반해 여우형 사고방식은 한결 타협적이다. 다양한 '스몰 아이디어'에 대해 파악하고 있으며, 빠르게 변하는 세상과 발걸음을 맞출 줄 안다. 여우형 전문가는 시대에 따라 적절한 해결안을 찾아내는 능력을 지녔다.

이와 같이 여우의 예측 정확도는 고슴도치를 훌쩍 뛰어넘는다. 이 사실은 너무나 중요하다. 근대에 이르기까지 지식인은 자신의 지식에 의심할 여지가 한 톨도 없다고 믿으며 그 점을 무척 명예롭게 생각했다. 그래서 자신의 학설이 원천적으로 적용될 수 없는 영역까지 확대되고, 배움이라는 길에서 그 누구보다도 멀리 갈 수 있기를 간절히 원했다. 그래서 소위 'ㅇㅇ주의'를 내세워 수많은 '추종자'를 양산하고자 했던 것이다. 그런 점에서 이들은 모두 고슴도치에 속한다. 이들은 자신의 빅 아이디어가 모든 문제를 해결할 수 있다고 큰소리치지만 현실이 자신의 이론과 맞지 않을 때면 갑자기 현실을 외면한다. 결과가 예측과 다를 경우 잘못을 인정하기는커녕 자신의 당초 주장이 옳다는 것을 증명하기 위해 온갖 핑계를 찾아 나선다.

한 그루 나무를 알기는 쉬워도 수백, 수천 그루의 나무로 이루어진 숲은 파악하기가 무척 어렵다. 하지만 고슴도치는 자신이 나무를 이해할 수 있으며 숲에 대해서도 이야기할 수 있다고 생각한다. 이처럼 고슴도치의 눈에 비친 세상은 자신의 한 가지 이론으로 모든 것을 설명할 수 있을 만큼 지극히 단순하다. 세상을 바라보는 안목이 단순하니 세상을 대하는 방법 역시 단순할 수밖에 없다. 그래서 복잡한 외부 세계에 맞서 자신의 몸을 둥글게 말아 뾰족한 가시로 상대를 위협하는 것이다. 그런 점에서 세상을 대하는 현명함을 지닌 것은 고슴도치가 아닌 여우다.

현대적으로 해석된 처세술은 다양하지만 그중에서 가장 중요한 항목을 뽑으라고 한다면 자신 있게 다음 이야기를 할 것이다. "자신의 '빅 아이디어'에 스스로 사로잡히지 마라!"

그래서 지식인(智識人)의 가장 기본적인 교훈은 고슴도치가 아닌 여우가 되어야 한다는 것이다. 테틀록은 설문지를 통계하는 방식으로 여우형 사고방식 중 일부가 좌우명으로 삼아도 될 만큼 (고슴도치형 사고방식에 비해) 모범적이라는 사실을 발견했다.

- 새로운 정보를 수용하는 데 능하다.
- 자신의 결정에 대한 신뢰도가 고슴도치보다 현저히 낮다.
- 결단을 내렸다고 해도 여전히 다양한 관점에서 문제를 재검토한다.
- 자신의 예측을 끊임없이 수정하는 데 적극적이다.
- 고슴도치처럼 특정 영역에 대해 전문적이지 않지만 여러 분야에 대한 지식을 보유하고 있어 다양한 문제를 쉽게 이해한다.
- 다양한 문제에 대해 회의적인 태도를 취한다.
- 갈등이 불거졌을 때, 당사자 간의 정확한 상황을 파악할 수 있다.
- 자신과 생각이 다른 사람과 기꺼이 친분을 맺는다.
- 일하는 도중에 명확한 규정과 질서를 결코 추구하지 않는다.
- 정답이 여러 개인 문제를 선호한다. 문제를 해결할 때 종종 다양한 선택을 발견할 수 있다.

결론적으로 이야기해서 여우의 눈에 비친 세상은 무척 복잡하다. 세상은 의견과 생각을 제공해줄 수많은 고슴도치를 항상 필요로 하지만, 과학적인 결정을 내리는 과정에서 고슴도치의 역할은 바람잡이나 도구에 불과하다. 여우야말로 날로 복잡하게 변하는 세상에서 누구에게나 환영받는 존재가 될 수 있다.

그렇다면 우리는 어떻게 해야 여우가 될 수 있을까?

5. 지식인과 복잡성

위의 물음을 다른 관점에서 해석해본다면, 특정 분야의 '전문가'가 아니라 각종 지식을 광범위하게 습득하고 '일반 상식'에 정통한 사람이 되어야 한다는 뜻으로 풀이할 수 있다. 사회, 경제, 나아가 일상적인 삶의 문제를 해결하려면 죽기 살기로 한 우물만 파는 것이 아니라, 다양한 유파의 사고방식을 습득할 줄 아는 능력이 필요하다.

서구 교육 시스템에서 추구하는 '자유과(Liberal Arts)*'의 취지가 바로 여기에 있다. 자유과는 고대 그리스로부터 내려오는 개념으로서, 플라톤은 '7 자유학예(Septem Artes Liberales)'라는 개념을 제시하며 문법, 수사(修辭), 논리, 역사, 천문학, 수학, 음악 등을 자유민이 반드시 갖춰야 할 기본 학문이라고 주장했다[공자는 당대 지식인이 갖춰야 할 소양으로 '육예(六藝)'를 제시한 바 있다]. 이들 학문은 직접적으로 수익을 창출할 수 있는 기술은 아니지만 인간의 지식과 정신적 수준을 끌어올릴 수 있는 '인성교육'에 해당한다.

중국의 교육가들은 인성교육을 무척 강조하는데, 그중에서도 문학, 음악, 미술 등을 유독 선호한다. 그리고 이런 교육은 대부분 방학 때 학

• '교양 있는 지식인'이 기본적이며 공통적으로 갖춰야 할 폭넓은 소양과 이에 관련된 학문들을 의미한다. -옮긴이

원을 다니는 형태로 구체화된다. 그들은 왜 인성교육을 강조하는가? 아인슈타인처럼 과학 연구에 필요한 영감을 얻을 수도 있으니 바이올 린을 배워야 한다는 것이 그들의 주장이다. 그래서 사람들은 인성교육 을 통해 지금보다 더 나은 자신이 될 수 있다고 믿는다.

이를테면 아이가 인성교육을 받으면 나중에 커서 외국인과 《오만 과 편견》과 같은 세계문학 걸작에 대해 자유롭게 토론할 수 있을 것이 라고 상상한다. 또 사업 파트너와 한가하게 골프를 치며 '있는 사람들 의 여유'를 만끽할 것이라고 생각하기도 한다.**

이들에게 인성교육은 자신을 꾸미는 '장신구'에 지나지 않는 것일까?

사실 인성교육의 본질은 뛰어난 실용성에 있다. 평생의 짝을 찾기 위한 연애의 기술 따위가 갖는 실용성을 말하는 것이 아니다. 삶을 살 아나가며 무엇을, 어떻게 결정해야 하는지 배우게 해준다는 뜻이다.

고대 그리스에서 '자유인'의 반대말은 수감자가 아니라 '노예'였다. 노예는 주인의 명령에 따라 일만 하면 자유인과 비슷한 조건 속에서 살아갈 수 있었다(미국 남북전쟁 기간 동안 남부의 언론은 노예는 일자리를 잃을까 걱정하지 않아도 되고, 평생 의료보험을 보장받을 수 있을 만큼 안정적이라는 논리를 펼 쳤다. 그들은 노예가 북부 노동자보다 훨씬 윤택한 삶을 누리고 있다고 주장했다). 하 지만 노예는 어떤 문제에 대해 자신의 의지에 따른 결정을 내릴 수 없 었다. 자신의 삶을 스스로 다스리고 사회문제에 대한 견해를 피력하고 결정을 하는 일은 오로지 자유인에게만 부여된 권리였다.

자유학의 본질은 올바른 결단을 내리기 위한 학문이라는 데 있다.

** 한마디 거들자면 세계문학 걸작을 화젯거리로 삼는 외국인은 없다. 그보다는 IT나 정치에 대해 이야 기하는 편이 대화하는 데 도움이 될 것이다.

순수문학을 통해 우리는 타인의 감정을 파악할 수 있고, 현실 세계에서 만났거나 만나게 될 다양한 삶의 유형을 이해할 수 있다. 논리를 통해 추리와 변증을 배우고, 문법과 수사를 통해 자신의 의도대로 타인의 감정을 이끌어낼 수 있다. 또한 역사를 통해 이전 세대의 경험을 흡수하고, 수학을 통해 취사를 배우게 된다. 음악은 정서를 함양시키고, 마지막으로 천문학은 세상의 자연 규칙에 대한 인간의 경외감을 이끌어낸다. 이들 학문은 자신을 꾸미거나 다른 사람의 시선을 의식해 갖추는 '교양'이 아니라 큰 인물이 큰일을 하기 위해 갖춰야 할 실용적인 스킬인 것이다.

그래서 자유과에서는 '귀족의 품격' 따위를 훈련하는 것이 아니라, 건전한 사회를 지탱하는 든든한 기둥인 진짜 귀족, 즉 엘리트가 되는 법을 가르친다.

다시 말해서 자유과는 우리에게 세상은 모두 공평하다는 진리를 가르치는 것이 아니라 우화, 이야기, 명사의 일화, 사고의 요령을 제공한다. 당신이 거기서 간파한 요령이 많을수록 문제를 처리할 때 선택 가능한 해결책이 늘어난다. 어떤 상황을 어떤 요령으로 해결해야 하는지 정해진 법칙 따위는 없다. 오로지 스스로 선택해야 한다.

이를테면 경제학 이론을 불변의 진리로 이해하고 그 진리에 기반하여 계획을 세운다면, 자신의 생각대로 일을 해결할 수 없다. 이와 반대로 경제학 이론을 참고용 우화로 여긴다면 오히려 적극적으로 문제를 해결할 수 있을 것이다.

• 경제학자 애리얼 루빈스타인(Ariel Rubinstein)은 《경제학 우화집(Economic Fables)》에서 경제학 이론의 한계를 강조하며, 각 이론을 우화로 여기는 것이 최선이라고 주장했다.

독자의 이해를 돕기 위해 무협소설을 예로 들어 설명해보겠다. 자신이 속한 문파의 무공이 제아무리 강하다고 해도 그 파의 무공만 익히거나 뻔한 패턴을 지닌 조연에 머물러서는 안 된다. 여러 고수를 스승으로 모시고 복잡하기 짝이 없는 초식(무공을 이루는 동작과 기술-옮긴이)을 연마하고, 주변 인물이 종잡을 수 없는 성격이라고 투덜거릴 만한 복잡한 주인공이 되어야 한다. 하나의 초식이 통하지 않으면 재빨리 다른 초식을 펼칠 줄도 알아야 한다. 똑같은 문제를 놓고 경제문제 또는 정치문제, 심지어 물리문제로 여길 줄도 알아야 한다는 뜻이다. 이론을 다루기 어렵다며 선생님이나 학교를 탓할 것 없다. 다룰 줄 아는 초식이 적은 자신의 무능함을 탓해라.

단순함은 복잡함을 이기지 못한다. 복잡성을 갖춘 사람만이 복잡함을 상대할 수 있다. 그리고 그런 능력을 얻으려면 죽도록 공부하는 수밖에 없다.

6. 이 책

이 책은 학술서나 교재도 아니고 완벽한 행동 지침서도 아니다. 유용한 모든 지식을 이 책에서 전부 소개할 수도 없거니와 그런 지식의 목록만 나열할 생각도 없다. 책에서 언급한 이론이 모두 옳다는 약속도 할 수 없다. 리처드 파인만(Richard Phillips Feynman)**은 물리학 이론의 발전 속도가 서적 출판과는 비교도 안 될 만큼 빠르다고 설명했다.

다만 이 책에서 다루게 될 내용이 무척 재미있을 것이라는 사실은

** 1918~1988. 미국의 이론물리학자. 양자전기역학 분야의 연구 업적으로 1965년 노벨 물리학상을 공동 수상했다. -옮긴이

확실히 약속할 수 있다. '재미'라는 것은 상당히 고급스러운 기준인데, 그 기준을 달성하기 위해 많은 노력을 기울였다. 이 책은 독자에게 깨달을 수 있는 영감을 주는 데 취지를 두고 있다. 현대 세계의 지식이 우리가 좇는 달이라면 이 책은 달을 가리키는 손가락이라 하겠다.

이 책은 크게 다음과 같이 구성되어 있다.

제1장 '세계관 각성'에서는 독자에게 전통적인 견해와는 다른 세상을 소개한다. 온라인에서 흔히 말하는 '가치관, 세계관, 인생관(三觀)이 바뀌었다'는 이야기를 학자들은 '버지 마이 프라이어스(Budge my priors)'라는 좀 더 고상한 말로 표현한다. 'Budge my priors'를 직역하면 세상에 대한 자신의 기본적인 가설을 약간 이동한다는 뜻으로 풀이할 수 있다. 상식은 우리의 '적'이다. 이는 사회적으로 흔히 볼 수 있는 문제에 대한 사람들의 일반적인 견해가 사실은 틀렸을 가능성이 농후하다는 뜻이다. 1장에서 다루는 내용을 통해 세상에 대한 당신의 기본적인 가설이 약간 이동될 수 있기를 기대한다.

제2장 '컨베이어 벨트 시대의 영웅'에서는 교육, 특히 중국의 교육을 집중적으로 다루고 있다. 교육에 대한 사람들의 생각과 논의는 현재 핵심을 찌르지 못하고 있다고 생각한다. 다시 말해서 현대 교육제도의 본질은 유용한 인재를 육성하는 것이 아니라 인간을 종류별로 나누고 계층별로 구분하는 데 있다. 이 문제에 대해 알면 알수록 수긍하기 어렵겠지만, 영웅이 어떻게 교육과 계층의 한계를 극복하는지도 들려줄 생각이다. 그 밖에도 빅데이터, 자유의지(Free Will), 인공지능, 정보론과 공급 측 경제학에 근거해 영웅을 정의하려 한다. 영웅의 존재는 복잡한 세상이 지닌 큰 장점이다.

제3장 '지식인의 잡학사전'에서는 세상에 대한 관점과 세상을 해석

하는 방법을 알아본다. 현재 학계에서 유행 중인 방법을 소개하는데, 여기에는 심리학은 물론 물리학, 일상적인 내용부터 전문적인 내용 등 편견을 배제한 다양한 설명이 포함되어 있다.

제4장 '이미 다가온 미래'에서는 미래를 전망하고 AI 시대에 인간이 창의성을 발휘할 수 있는 방법을 다루고 있다. 새로운 시대에 맞서 우리는 새로운 업무 전략과 조직관리 방식을 비롯해 새로운 사회 형태를 수용해야 한다. 이러한 전략, 방식과 형태는 SF 소설에 나오는 이야기처럼 황당무계한 것이 아니다. 이미, 아니 어쩌면 수년 전부터 등장한 것일지도 모른다. 그저 우리가 그 사실을 눈치채지 못했을 뿐이다.

과학자는 빼어난 무언가를 자신이 가장 먼저 발견해야 한다는 직업병을 가지고 있다. 하지만 이 책에서 다루는 모든 이론은 다른 사람의 것이다. 내가 연구하는 자기 밀폐형 핵융합 플라스마는 이 책에서 말하는 '재미'의 기준에 한참 미치지 못한다. 하지만 이 책의 일부 내용은 독자에게 처음 소개되는 것이며, 저자로서 그에 나름 큰 의미를 두고 있음을 밝혀둔다.

차례

제2장 컨베이어 벨트 시대의 영웅

제3장 지식인의 잡학사전

제4장 이미 다가온 미래

제한된 세계에 살게 되어 참으로 다행이다. 좋은 것으로 가득 찬 세상에서 사람들은 많은 것을 원하지만 무조건 다 얻을 수는 없다. 원하는 것을 얻으려면 반드시 그에 합당한 대가를 치러야 한다.

제1장
세계관 각성

1
'상식'으로 복잡한 세상을
이해하지 마라

　물리학자가 누구나 알아들을 수 있는 쉬운 말로 과학상식을 설명한다 해도 보통 사람들은 이에 대해 질문을 던질 엄두를 내지 못한다. 물리학은 무척 전문적이고 어려운 과학이라서 오랫동안 훈련받지 않은 사람이 질문을 했다가는 비웃음을 사기 쉽다고 생각하기 때문이다. 이에 반해 사회학자가 동서양 고전에 등장하는 온갖 이론을 닥치는 대로 끌고 와 설명을 할 때 사람들은 한 치의 머뭇거림도 없이 비난을 쏟아낸다. 그가 뭐라고 설명하든 사람들은 저마다의 생각을 들려주기에 바쁘다. 택시운전사가 기름값이 올랐다고 투덜거리며 부패청산을 위한 구체적인 방안을 내놓고, 축구팬이 직접 그라운드를 뛰어본 적 없는 차이전화(蔡振華)가 중국 축구협회 의장이 될 바에야 자신이 되는 게 더 낫다고 주장하는 식이다.

그렇다고 해서 일반대중에게 책임을 물을 수는 없다. 정치학과 같은 연성과학(Soft Science)*에서 소위 '전문가'의 실용성이 '짝퉁 전문가'에 비해 크게 나을 것이 없음을 시사하는 사례를 쉽게 찾아볼 수 있기 때문이다.

1984년 저명한 정치학자이자 심리학자인 필립 테틀록은 정치, 경제 추이 예측을 직업으로 가진 정치학자, 싱크탱크 및 외교관 284명에게 쿠데타로 인해 고르바초프(Mikhail Gorbachev)가 하야할 가능성을 포함한 온갖 문제를 전망해달라고 요청했다.**

이들 전문가에게 특정 국가의 미래 정치상황 등을 포함한 다양한 문제에 대해 세 가지 가능성(현상 유지, 현상 강화 또는 현상 약화)을 묻는 문제를 제시한 것이다. 테틀록의 연구는 설문에 포함된 내용이 현실화될 때까지 무려 20년 동안 이어졌다. 2003년 테틀록은 전문가의 답변을 정리한 끝에 그들의 '성적'이 무작위로 선택지를 고를 때의 확률인 33퍼센트보다도 못하다는 사실을 발견했다. 다시 말해서 전문가의 예측 수준이 동전의 앞면, 뒷면을 맞히는 것만도 못하다는 뜻이다. 더욱 아이러니한 사실은 전문영역에 대한 예측 점수가 비전문영역에 대한 예측보다 낮다는 점이었다.

테틀록은 자신의 연구를 담은《전문가의 정치적 판단》을 발표했다. 〈뉴요커 매거진〉***은 이 책을 평론하며 저자가 전문가에 대해 상당히 비관적인 입장을 취했지만, 결론은 독자가 각자 스스로 판단해야 한다

• 인간의 행동·제도·사회 등을 과학적으로 연구하는 학문으로, 여기에는 심리학·사회학·인류학·정치학 등이 포함된다. -옮긴이
•• 이 책의 여는 말에 이 연구에 대한 구체적인 내용을 이미 소개했다.
••• Everybody's an Expert: Putting predictions to the test By Louis Menand 2005년 12월 5일.

는 뻔한 말로 끝맺었다(테틀록의 연구 결과 전문가의 예측 점수는 일반인보다 약간 더 높은 것으로 나타났다).

그렇다고 해서 사회과학에 가능성이 없다는 뜻은 아니다. 오히려 사회과학은 엄청난 도약을 준비 중이다. 컬럼비아대학교의 던컨 와츠(Duncan Watts)는 자신의 책《상식의 배반: 뒤집어보고 의심하고 결별하라(Everything is Obvious: Once You Know the Answer)》에서 사회과학의 발전 방향이 경성과학(Hard Science, 물리학·화학·생물학 등을 포함 - 옮긴이)처럼 실험과 데이터에 의거할 것이라고 지적했다. 전통적인 전문가의 예측이 통하지 않는 이유는 그들이 직관적인 '상식'에 상당 부분 의존하기 때문이며, 그래서 아무리 케케묵은 통계모델이라고 해도 전문가의 예측보다는 정확하다는 것이 와츠의 주장이다.

수리적 방법을 사회과학 연구의 주요 수단으로 삼아야 한다는 주장은 이미 오래전부터 많은 사람의 입을 통해 제시되었을 뿐만 아니라 실제로 이미 학계에서 실행되고 있다. 21세기에 100여 년 전에 발표된 자료나 이론을 주장의 근거로 삼는 사람이 어디 있겠는가? 그런 점에서 와츠의 주장은 무척 식상하지만 그가 자신의 책에서 소개한 야후(Yahoo) 연구센터의 커뮤니케이션 네트워크 연구에 관한 흥미로운 내용은 자세히 살펴볼 만하다(와츠 자신이 이 연구에 참여했다).

커뮤니케이션 네트워크라고 하면 독자들은 말콤 글래드웰(Malcolm Gladwell)의 저서《티핑 포인트(The Tipping Point): 작은 아이디어를 빅트렌드로 만드는》을 떠올릴 것이다. 《티핑 포인트》에서는 사람들 사이에서 무언가가 유행하려면 특정 영역에서 영향력을 가진 중요한 인물이 힘을 실어줘야 한다고 주장한다. 여기서 말하는 중요한 인물이란 커뮤니케이션 네트워크의 교점, 즉 대중의 의견을 이끄는 리더를 가리킨다.

그들이 존재하는 덕분에 우리는 지구상의 모든 사람이 여섯 명만 거치면 서로 연결되어 있다는 '6단계 분리 이론(Six Degrees of Separation)'을 증명할 수도 있다.

이 이론에 의하면 지명도를 높일 수 있는 최선의 방법은 셀럽(Celeb, 유명인을 뜻하는 Celebrity의 준말 - 옮긴이)을 통한 광고활동이다. 셀럽이 SNS에 올린 소감이나 사진 한 장이 보통 사람을 통한 '입소문' 마케팅보다 훨씬 효과적이다. 현재 중국에서 팔로워 수가 100만 명이 넘는 셀럽은 SNS에 글을 한 번 올릴 때마다 17만 원 상당의 수익을 올린다.[*] 놀라기는 아직 이르다. 미국의 모델 겸 배우인 킴 카다시안(Kim Kardashian)은 트윗을 할 때마다 약 1만 달러를 받는다고 알려져 있다.[**]

셀럽 이론은 사람들의 상식과 정확히 맞아떨어진다. 우리는 위대한 인물이 역사를 이끌었다는 사실을 항상 강조하며, '소수의' 악당이 사회 질서를 파괴한다고 생각한다. 또한 소위 '스타'라고 불리는 셀럽이 유행을 이끈다고 여긴다. 하지만 이러한 상식을 뒷받침해줄 만한 대규모 통계 실험은 아직까지 진행된 적이 없다.

현실 생활에서 영향력을 통계하기란 무척 어렵다. 왜냐면 누군가가 또 다른 누군가로부터 영향을 받게 될 것인지는 예측하기 어렵기 때문이다. 그런 점에서 오늘날 유행하는 블로그, 트위터는 해당 예측에 대한 신뢰성을 제공한다.

트위터의 경우 특히 연구활동에 유리하다는 특징을 지녔다. 공유하고자 하는 웹페이지가 있으면, 사용자는 그 웹페이지의 URL을 단축시

- 〈광밍일보〉: '유명 블로그 거래, 돈을 위해 글을 올리는 스타들' http://politics.rmlt.com cn/2011/0811/23934.shtml
- •• http://www.contactmusic.com/kim-kardashian/news/kardashians-10000-tweets_1127026

켜 복사한 뒤 게재한다. 와츠와 그의 동료는 짧은 코드를 트래킹하는 방식으로 트위터가 어떻게 확산·전파되는지 분석했다. 구체적으로 말하자면, 누군가가 올린 코드를 그의 '팔로워'가 리트윗했을 때 해당 행위를 관측 가능한 영향력으로 간주하는 방식이었다.

와츠와 동료는 2009년에 2개월 동안 160만 명에 달하는 사용자의 정보(7,400만 건)를 분석한 결과, 98퍼센트의 정보가 확산되지 않았다는 사실을 확인했다. 방대한 규모의 정보 중에서 1천 회 이상 리트윗된 정보는 수십여 건에 불과했으며, 리트윗 횟수가 1만 회 이상인 정보는 1~2건에 불과했다. 평소 자주 리트윗된다고 생각했던 정보가 실은 매우 특수한 사례에 속하는 것으로 확인되는 순간이었다. 이러한 상황에서 막강한 영향력을 지닌 소셜테이너가 되는 것은 복권 1등에 당첨되는 것처럼 극히 어려운 일이라는 사실을 알 수 있다.

그렇다면 셀럽의 영향력은 대체 어느 정도일까? 와츠 등은 이를 알아내기 위해 매우 정교한 통계모델을 사용했다. 첫 달의 데이터를 근거로 수많은 팔로워를 상대로 '핵심인물'을 선발한 뒤 다음 달에 그들의 동향을 파악했다. 분석 결과, 사람들의 예상과 달리 이들 핵심인물이 두 번째 달에 트위터에서 크게 이슈를 일으킬 가능성은 '무작위'인 것으로 나타났다. 좀 더 쉽게 이야기하면 '셀럽'은 일반인보다 더 쉽게 정보를 확산시킬 수 있지만, 그 능력의 실제 효과가 무척 불안정하기 때문에 전혀 신뢰할 수 없다는 뜻이다. 그런 점에서 최고의 마케팅 전략은 큰돈을 들여 소수의 셀럽에 의존하는 것이 아닌, 평범한 영향력을 가진 인물을 대량 고용하는 쪽일지도 모르겠다.

갑자기 무언가가 사회적으로 크게 유행하기 시작하면 우리는 그 대상에 생각지도 못한 대단한 매력이 존재한다거나 '스폰서'가 뒤에서

밀어준다고 생각하기 쉽다. 하지만 트위터상의 연구 결과에 따르면 스폰서는 그리 큰 힘이 되지 못한다고 한다. 그렇다면 특정 서적이나 영화 또는 노래는 어떻게 해서 사람들로부터 큰 인기를 얻을 수 있는 것일까? 그들의 매력에 100퍼센트 의존한 결과일까? 와츠가 참여한 또 다른 연구 결과에 따르면 성공의 주요 요인은 바로 '행운'이다.

실험자들은 음악 사이트를 개설하고 1만 4천여 명의 실험 대상을 모집한 뒤 수주 동안 48곡의 노래에 대한 평가를 요청했다. 실험 대상자는 원하는 노래를 다운로드할 수 있었는데, 노래 제목만 보고 선택해야 하는 A그룹과 노래의 다운로드 횟수를 볼 수 있는 B그룹으로 나뉘어 실험이 진행됐다. 실험자들은 B그룹의 경우 다시 여덟 개 그룹으로 쪼개 모두 아홉 개의 그룹을 관찰했다. 그 결과 다운로드 횟수가 많을수록 좋은 노래라는 인식이 확산됨에 따라 평점이 사회적 영향에 의해 좌우된다는 사실이 확인됐다.

A그룹에서 독립적으로 높은 평점을 획득한 노래는 B그룹에서도 좋은 노래로 인정받았으며 A그룹에서보다 훨씬 크게 유행한다. 반면에 평점이 떨어지는 노래는 B그룹에서 더 큰 혹평에 시달려야 했다. 이처럼 청중이 서로의 선택에 따른 영향을 받게 되면 유행할 만한 매력을 지닌 대상은 더 큰 인기를 끌 수 있다. 이른바 '승자 독식(The Winner Takes It All)' 상황이 펼쳐지는 것이다.

하지만 해당 실험에서 가장 주목해야 할 결과는 차트에서 어떤 노래가 1위에 오를 것인지는 우연히 결정된다는 점이다. 실험 초기 순전히 운 좋게 다운로드 횟수가 높은 곡이 있다면, 후반에 실험에 참가하게 되는 대상자는 그 영향으로 해당 노래에 더 많은 관심을 기울이고 긍정적인 반응을 보인 것이다. 요컨대 최초의 운이 최후의 승자를 결정하는 데 지대한 영향력을 발휘하는 셈이다. A그룹에서 26위에 올랐던 곡이 B그룹에서는 1위에 오를 수도 있고, B그룹의 하위 그룹 중 하나인 그룹 C에서는 14위에 오를 수도 있다. 수준이 무척 떨어지는 노래라면 결코 유행하지도 않겠지만 제법 듣기 좋은 노래라도 유행하려면 행운의 힘이 필요하다. 결론적으로 말해서 A그룹에서 5위에 오른 곡이 B그룹에서 5위 안에 들 수 있는 가능성은 50퍼센트에 불과하다는 뜻이다.

상식이라는 틀 안에서 서로에게 영향을 줄 수 있는 집단을 이해하기란 결코 쉽지 않다. 영국의 전 총리 마가렛 대처(Margaret Thatcher)는 사회는 전혀 존재하지 않으며 개인인 남자와 여자, 그리고 그들의 가정이 존재할 뿐이라고 지적했다. 하지만 개인을 연구하는 방법으로 어떤 집단을 연구할 수는 없다. 집단에 속한 개개인을 모두 파악하고 있다고 해도 그 구성원을 한데 놓았을 때 어떤 일이 생길 것인지 알 수도 없다. 왜냐면 그들 사이의 커뮤니케이션 네트워크 구조는 우연히 생겨나므로 어떤 상식으로도 예측할 수 없기 때문이다. 보통 사람의 역사관은 의식적, 그리고 무의식적으로 하나의 사건을 두고 집단을 연상한다. 하지만 사실 그런 식으로는 어떤 일에 대해서도 제대로 이해할 수 없을 것이다.

우리는 서로가 서로에게 영향을 주는 사회에서 살아가고 있다. 친구의 추천으로 특정 가수의 노래를 듣거나, 자신이 팔로잉하는 누군가가 소개했다는 단순한 이유 때문에 특정 영화를 보고 싶어 할 수도 있다. 하지만 상식선에서 생각한다면 농민공 밴드로 유명한 쉬르양강(旭日陽剛)이 노래를 제아무리 잘 부른다고 해도 춘완(春晚, 중국의 설날 인기 TV프로그램 - 옮긴이) 무대에 오르지 못했을 것이다. 또한 상식선에서 역사가 재현된다면 푸룽제제(芙蓉姐姐, 중국의 인터넷스타 - 옮긴이), 저우쉰(周迅), 심지어 리구이(李谷一, 중국의 원로 여가수 - 옮긴이) 등은 인기를 얻지 못했을 것이고, 소설《해리 포터(Harry Potter)》도 세상 빛을 보지 못했을 것이다.* 레오나르도 다빈치의 걸작 〈모나리자(Mona Lisa)〉**도 유사 이래 가장 유명한 명화로 평가받지 못했을 수도 있다. 우리는 습관적으로 사건의 성패를 개인의 소양, 리더의 능력, 심지어 음모론과 연결 짓곤 한다. 또 세상에 존재하는 모든 것의 운명이 이미 정해져 있다고 생각하지만 사실 대다수의 사건은 우연한 결과일 뿐이다.

상식은 사후의 사건을 '해석'하는 데만 유독 뛰어날 뿐이므로, 상식에 의한 해석을 진정한 의미의 이해라고 말할 수 없다. 10월혁명(十月革命)***이 발발하기 전에도, 러시아의 불안한 정국 탓에 혁명이 일어날 것이라고 막연히 예상했지만 실제로 혁명이 일어날 때까지 구체적인 상황은 아무도 짐작할 수 없었다. 중국의 여자 배구 팀이 3점 차이로 한국 여자 배구 팀을 물리치고 2012년 올림픽 출전권을 따내자, 경기가 끝난 뒤 값진 경험이었다는 호평이 이어졌다. 하지만 중국 팀이 마지막 2점을 따내지 못했다면 매스컴에서는 분명 패배를 질책하는 기사를 쏟아냈을 것이다. 이처럼 사건이 일어난 후의 경험을 정리하거나 반성

---

* 《해리 포터》 1권은 여러 출판사로부터 무려 열두 번이나 거절당한 끝에 간신히 출간될 수 있었다. 보통 사람이라면 진작 포기하고 말았겠지만 조앤 롤링(Joan K. Rowling)은 끈질기게 도전했다. 천신만고 끝에 출판됐지만 첫 인쇄 부수는 겨우 500권에 불과했다.
** 오늘날 〈모나리자〉는 위대한 걸작으로 평가받지만 100여 년 전에는 다빈치 본인을 포함한 어느 누구도 이 작품이 세계 최고의 작품으로 평가받으리라 생각하지 못했다. 도난당했다가 되찾은 사실을 포함해 작품의 특이한 이력 덕분에 명성을 알리기 시작하면서 모나리자의 '수수께끼의 미소'가 사람들의 관심을 사로잡았다.
*** 보통 볼셰비키혁명이라고 부른다. 1917년 2월혁명에 이은 러시아 혁명의 두 번째 단계이다. 10월혁명은 블라디미르 레닌의 지도하에 볼셰비키들에 의해 이루어졌는데, 카를 마르크스의 사상에 기반한 20세기 최초이자 세계 최초의 공산주의혁명이었다.-옮긴이

하는 작업은 지극히 당연한 상식처럼 보인다. 전문가 역시 똑같은 이치로 미래를 예측할 수 있다. 하지만 전혀 다른 이치 중에서 무엇이 어떻게 작용할 것인지 사전에 누가 어찌 알 수 있단 말인가?

또 다른 예를 들어보자. 누군가가 농촌 출신의 병사가 도시 출신보다 부대 생활에 더 빨리 적응한다고 말하면 독자들은 분명 이렇게 생각할 것이다. '농촌의 여건이 아무래도 도시보다 열악하니 더 많이 고생했을 거야. 그러니 도시 출신보다도 더 빨리 군대 생활에 적응할 수 있는 거겠지.' 하지만 사회학자인 폴 라자스펠드(Paul Lazarsfeld)가 제2차 세계대전 기간 동안 미군을 대상으로 실시한 조사를 보면 사람들의 예상과는 전혀 다른 결과가 나왔다. 도시 출신의 병사가 질서, 협력, 명령, 엄격한 의복 규정 및 에티켓에 훨씬 더 익숙하기 때문에 부대 생활에 더 빨리 적응한다는 것이다. 두 가지 측면의 상식 모두 저마다 일리는 있지만 아무런 통계가 없는 상태에서는 어떤 것이 더 유의미한지 알 수가 없다. 조사·연구가 뒷받침되지 않으면 발언권이 없다고 말하는 이유가 바로 여기에 있다.

복잡하고 무작위로 일어나는 사건에서 진정한 규칙을 찾아내는 최선의 방법은 자연과학처럼 대대적으로 반복 실험을 실시하는 것이다. 중국 여자 배구 팀이 한국 팀을 상대로 동일한 조건에서 100전 95승을 올린다면 중국 팀이 한국 팀보다 강하다고 확신할 수 있다. 하지만 역사는 반복되지 않는다. 우리는 최종 결과의 발생 확률이 높은지 낮은지 알 수 없으며, 그저 '상식'을 이용해서 그것을 해석할 수 있을 뿐이다. 그러므로 이러한 해석을 미래를 예측하거나 계획을 세우는 데 사용한다면 실패할 수밖에 없다.

'모든 것은 운명으로 정해져 있다'는 사상을 버리고, 역사적 사건을 여러 가능성 중 하나로 간주해 미래를 확률의 분포 결과로 파악하는 편이 보다 현실적이다. 통계법을 최대한 동원해서 역대 데이터를 참고해 미래 사건의 확률을 계산하는 것이다. 당연하다고 생각하는 상식으로 미래를 예측할 바에야, 역사를 하나의 데이터베이스로 여기고 그 속에서 통계의 법칙을 찾아내는 편이 옳다.

자연과학에 몸담은 과학자는 종종 사회과학이 훨씬 단순하다고 생각한다. 사회과학 분야의 논문을 살펴보면 다루는 내용이 무척 통속적이며 결론 역시 뻔하다고 생각할 것이다. 물리학자는 직감에 위배되더라도 절대적으로 정확한 결론을 얻을 수 있다. 이에 반해 사회과학에서의 상식은 돌고 돈다. 물론 현재 자연과학의 방법이 사회과학으로 도입되고 있지만 그 과정은 결코 녹록지 않다. 새뮤얼 헌팅턴(Samuel Huntington, '문명충돌론'을 주장한 미국의 정치학자 - 옮긴이)은 특정 연구를 진행하며 과학정신을 발휘해 '62개국의 사회적 좌절과 불안 사이의 상관계수는 0.5'라고 설명했다. 그러자 한 수학교수가 사회적 좌절을 어떻게 측량할 수 있냐고 헌팅턴의 주장은 순전히 헛소리라고 지적했다. 사실 이러한 사례 역시 사회과학이 자연과학보다 더 어려운 학문이라는 것을 잘 보여준다 하겠다.*

인터넷이 없던 시대에 수만 명을 상대로 좋아하는 노래에 일일이 평점을 매기거나 방대한 커뮤니케이션 네트워크와 정보의 전파를 분석하는 일은 근본적으로 불가능했다. 하지만 오늘날은 인터넷을 활용할 수 있게 되었음에도, 사회과학은 예전과 다를 바 없는 '불분명한' 연

---

* 참고: Soft sciences are often harder than hard sciences, Discover(1987, August) by Jared Diamond.http://bama.ua.edu/~sprentic/607%20Diamond%201987.html

구 결과를 가져다준다. 이 때문에 사회학자들이 새로운 방법으로 과학적인 연구에 돌입했지만 각 분야 실용 전문가들은 여전히 과거의 이론에 사로잡혀 있다. 방법적 한계 때문에 더 많은 유용한 가치에 대한 판단을 제때 내리지 못하는 것이다. 어쨌든 와츠의 주장처럼, 오늘날의 사회과학은 이미 자신만의 '천문망원경'을 보유하게 되었다. 그리고 종교재판이 기승을 부리던 17세기에 극심한 박해 속에서도 과학적 신념을 지키며 행성운동의 3대 법칙을 도출해냈던 '케플러(Johannes Kepler)'가 다시 나타나주기를 기다리고 있다.

———

두 가지 점을 보충 설명하고자 한다.

1. '페이스북(Facebook)에서 벌어진 두 차례의 기부전쟁 분석[*]'이라는 글에서 나는 '셀럽 이론'을 바탕으로, 중국 사용자의 기부 데이터를 비교·대조한 끝에 다음과 같은 결론을 얻었다. "인터넷을 대하는 중국인의 사용 습관은 여전히 '자유게시판' 시대에 머물러 있으며, 당시 일부 인물만이 인터넷에서 영향력을 발휘했다." 지금 두 문장의 내용은 다소 모순된 것처럼 보이지만 연구에 활용한 데이터는 일맥상통한다. '영향력'은 분명 존재하지만 사람들의 예상과 달리 그리 강력하지 않았다. 이번 기부전쟁의 결과 역시 본문에서 언급한 URL 공유 통계를 뒷받침할 만한 사례로 봐도 무방하다.[**]

———

- [*] http://www.geekonomics10000.com/362
- [**] 2008년, 페이스북에서 기부 콘테스트를 열어 1등을 한 기관에 보너스를 지급하겠다고 하자, 중국 네티즌들 사이에서는 티베트독립과 관련한 단체가 1위를 하는 것을 저지하기 위한 움직임이 활발했

2. 중국판 트위터라고 불리는 웨이보가 커뮤니케이션 네트워크를 연구하는 데 트위터보다 훨씬 유용한 것 같다. 일단 공유 횟수가 공개적으로 노출되는 데다 사용자 수가 훨씬 많기 때문이다. 그 밖에도 웨이보는 트위터와는 상당히 다른 형태의 네트워크 구조를 유지하고 있다. 웨이보를 대상으로 누군가가 유사한 성격의 대규모 통계분석 작업에 착수해주기를 기대한다.

다. 저자는 두 차례에 걸친 기부전쟁을 분석하고 2009년 다음과 같은 결론을 내놓았다. 첫째, 사람들은 경쟁을 할 때 상대와의 비교를 통해 의사를 결정한다. 그때는 비교가 쉬운 대상을 고르고 어려운 대상은 무시해버린다. 둘째, 중국 네티즌의 SNS 사용 수준은 사용자 참여 중심의 웹 2.0이 아니라 단순히 정보를 단순히 주고받는 웹 1.0 시대에 머물러 있다. 즉 그 영향력이 크지 않다. -옮긴이

2
모방의 눈덩이 효과

지나친 업무 스트레스로 인해 직원들이 자살하는 사건이 연달아 일어난다면 해당 업체는 노동자의 고혈을 빨아먹는 악덕업체일까? 평화로운 캠퍼스에 뛰어들어 무고한 아이들을 향해 총을 난사하는 사람이 점점 늘어난다면 그 사회는 차마 손댈 수도 없을 만큼 타락한 것일까? 이러한 물음에 대한 답은 아마도 'No'일 것이다. 지극히 정상적인 기업과 사회에서도 이처럼 무서운 현상이 나타날 수 있기 때문이다.

경제계에서 막대한 영향력을 지닌 대기업의 직원들이 뭔가에 홀린 것처럼 연이어 자살하는 사건이 일어났다. 이 소식을 접한 매스컴이 자살사건을 대서특필하기 시작했는데, 급기야 일부에서는 다음 희생자가 나올 시간을 예측하기도 했다. 많은 사람들을 죽음으로 내몬 이 업체의 이름은 대체 무엇인가?

이러한 질문에 사람들은 대만 홍하이(鴻海)그룹의 자회사 팍스콘 (Foxconn, 중국명 富士康-옮긴이)을 지목할 것이다. 하지만 틀렸다. 자사의 직원들을 죽음으로 내몬 업체는 다름 아닌 프랑스 텔레콤(France Telecom)이다. 2008년 초, 약 10만 명의 근로자가 일하는 프랑스 텔레콤에서 끔찍한 소식이 들려오기 시작했다. 그리고 장장 18개월에 걸쳐 총 26명의 근로자가 자살했다. 이에 반해 중국 선전(深圳)에 자리 잡은 팍스콘에서는 전체 35만 명의 근로자 중에서 13명이 연속 자살했다. 수치만 놓고 보면 팍스콘의 자살자 수가 적은 편이다. 근로자들이 극단적인 선택을 하게 된 책임에서 사측이 완전히 자유로울 수는 없겠지만, 그렇다고 해서 열악한 근무환경을 근본적인 원인이라고 단정 지을 수도 없다. 팍스콘과 프랑스 텔레콤 모두 본국에서 근로조건이 최악인 업체는 아니었다. 이들보다 열악한 업체는 셀 수 없이 많았다. 2007년 중국 대륙을 경악시켰던 산시성(山西省) 벽돌공장 노동착취 사건 당시에도 노동자들이 연달아 자살하는 상황은 일어나지 않았다.

팍스콘 직원들을 대상으로 하는 심리검사에 참가했던 전문가들의 지적처럼 이번 사건은 심리적 전염병이라고 진단할 수 있다. 다시 말해서 나중에 자살 행렬에 동참한 근로자들은 먼저 자살한 동료 노동자들의 영향을 받아 스스로 목숨을 끊은 것이다. 모방 자살은 보편적인 현상으로 '베르테르 효과(Werther Effect)'라고 부른다.* 이보다 더 끔찍한

---

* 1774년 괴테(Wolfgang von Goethe)의 소설 《젊은 베르테르의 슬픔(Die Leiden des jungen Werthers)》에는 이미 약혼자가 있는 아름다운 여인 로테에 대한 사랑으로 괴로워하던 베르테르가 그녀와의 추억이 담긴 청색 코트와 노란 조끼를 입고 권총 자살을 하는 내용이 나온다. 이 이야기는 낭만주의의 거대한 물결에 휩싸여 있던 독일 청년들에게 자살을 숭고하고 미학적인 행위로 여기게 만들어, 실제로 수많은 청년들이 베르테르의 복장을 하고 목숨을 끊는 사건이 일어났다. 베르테르 효과란 유명인 또는 평소 존경하거나 선망하던 인물이 자살할 경우, 그 인물과 자신을 동일시해서 자살을 시도하는 현상을 일컫는다. -옮긴이

것이 바로 '모방 효과(Copycat Effect)'다. 최근 미국에서 일어나는 캠퍼스 총기 난사사건, 중국의 유치원 살인사건 등은 모두 모방 효과에 의한 전형적인 모방 범죄에 속한다.

이런 사건들은 그저 벌어질 일이 벌어지고 만 것처럼 보이지만 실상은 결코 그렇지 않다. 누군가가 중압감을 이기지 못하고 더 이상 살아봤자 아무런 의미도 없다고 판단했을 때, 기존의 자살자들은 그에게 '자극'을 주게 된다. 또 누군가가 살인 범죄를 저지르기로 마음먹었다면 기존의 살인범들은 그에게 유치원 살인사건이라는 특정한 범죄 방식을 알려주는 셈이다. 이러한 논리대로라면 사건 시기나 방법은 다르지만 자살자와 살인범 모두 막을 수 없다는 결론에 도달할 수 있다. 그게 정말 사실인 것일까?

2005년 10월, 프랑스 소년 두 명이 경찰의 추적을 피하다가 파리시 외곽에서 감전사하고 말았다. 설상가상 경찰 측이 잘못된 판단으로 무고한 두 소년을 추적했다는 사실이 전해지면서 사회적인 공분이 일어났다. 수백 명의 청소년들이 길거리로 쏟아져 나와 경찰의 잘못을 규탄하며 시위를 하다가 급기야 폭력시위를 벌였다. 시위자들은 자동차에 불을 지르고 상점을 부수며 경찰과 충돌했다. 폭력 사태가 프랑스의 다른 도시로 급속도로 확산되면서 2주 동안 약 3천 명의 시위자가 경찰 당국에 의해 체포됐다. 처음 동참한 사람들은 무고하게 숨진 두 소년을 위해 피켓을 든 채 거리로 쏟아져 나왔지만, 결과적으로 시위는 폭력사태로 변질되었다. 〈뉴욕타임스(New York Times)〉와의 인터뷰 중 '자동차를 불태우는 건 정말 재미있었다'는 열다섯 살 소년의 말에서 당시 일부 참가자는 불의에 맞서기 위해서가 아니라 그저 참가를 위한 참가를 했다는 사실을 알 수 있다.

사람은 모방에 능한 동물이다. 스스로 각종 요소를 분석한 뒤에 결정하는 것보다 다른 사람을 그대로 모방하는 편이 쉽게 고민거리를 줄일 수 있다. 누군가의 행위로부터 자극을 받으면 자신의 주장을 위해 행동에 나서기 쉽다. 하지만 프랑스의 폭력사태는 그저 모방을 위한 모방을 하는 사람들도 있다는 사실을 알려준다.

이러한 이론은 물리학적인 해석이 가능할 뿐만 아니라 사회적인 통계에 의거한다. 자성(磁性)을 띤 물질을 한 방향의 자기장에 올려두면 물질 내의 입자가 스스로 회전하면서 자기장의 방향에 따라 배열된다. 스스로 회전하는 입자를 각각의 작은 자석이라고 가정해보자.

보통 작은 자석들이 외부로부터 가해진 자기장의 힘에 의해 점진적으로 서서히 방향을 바꾸리라고 예상할 것이다. 하지만 실험에 따르면 작은 자석들은 순식간에 방향을 바꾸는 것으로 나타났다. 각각의 작은 자석이 외부로부터 가해진 자기장에만 반응하는 것이 아니라 주변의 다른 작은 자석으로부터 동시에 영향을 받기 때문이다. 물리학자는 이러한 모방 효과를 감안해서 정확한 수학공식을 동원해 자성을 지닌 물질이 전체적으로 방향을 바꾸는 과정을 설명할 수 있다.

2005년 두 명의 프랑스 과학자가 독일과 포르투갈의 출생률 곡선과 유럽 내 일부 국가의 휴대전화 보급률 곡선을 비교·대조하는 실험에 착수했다. 확인 결과, 두 종류의 곡선이 자기장의 전환으로 자성을 띤 물질의 입자가 스스로 회전하면서 방향을 바꾸는 수학공식과 일치한다는 결과를 얻어냈다. 휴대전화가 처음 보급될 때에는 기능에 비

• Q.Michard and J.-P. Bouchaud, Theory of collective opinion shifts: from smooth trends to abrupt swings, Eur. Phys. J. B 47, 151–159(2005).

해 가격이 비싼 편이었지만, 기술이 발전함에 따라 뛰어난 성능과 저렴한 가격을 지닌 제품이 쏟아져 나오기 시작했다. 거기에다 휴대전화 사용 인구가 점점 늘어나고 있다. 이러한 상황을 감안했을 때, 개인이 가격 대비 성능을 고려해서 휴대전화를 구매한다면 휴대전화의 보급률은 분명 점진적으로 증가할 것이다. 하지만 통계에 따르면 휴대전화에 대한 소비자의 반응은 예측할 수가 없다. 휴대전화를 구매할 때와 아이를 몇 명 낳을 것인지 가족계획을 세울 때도 '모방을 위한 모방'이라는 요소가 존재한다는 사실만이 분명할 뿐이다. 이러한 모방 효과는 보편적으로 존재한다. 예를 들어 공연장 내의 박수소리는 빨리 시작하는 만큼 빨리 끝난다. 이 역시 이 이론을 통해 설명할 수 있다.

모방을 위한 모방이 지닌 최대의 불안요소는 전혀 관계없는 사람들도 하나둘씩 동참하면서 사태가 폭발적으로 확산된다는 데 있다.

불행 중 다행으로 재난에 가까운 모방은 상당히 큰 우연성을 갖고 있다. 스탠포드대학교의 사회학자인 마크 그라노베터(Mark Granovetter)는 시위에 참가한 모든 사람이 '문턱값(Threshold)'을 지니고 있다는 이론을 제시한 바 있다.* 그의 설명에 따르면 길거리에서 누군가가 항의하는 모습을 본 또 다른 누군가가 재빨리 시위에 가담한다면 항의는 소란으로 변질될 수 있다. 또한 자발적으로 처음부터 시위에 참가하는 사람이 있는가 하면 시위에 많은 군중이 참가한 것을 보고 나서야 참가하는 사람도 있다. 항의하기 위해 길거리에 100명의 시위자가 등장했을 때, 이들이 참가하는 데 필요한 문턱값은 0~99가 된다. 예를 들어 문턱값이 3인 누군가는 길거리에서 세 명의 시위자를 발견한 후에야

---

* 출처: 《사회적 원자(The Social Atom)》, 저자 마크 뷰캐넌(Mark Buchanan), 2007년.

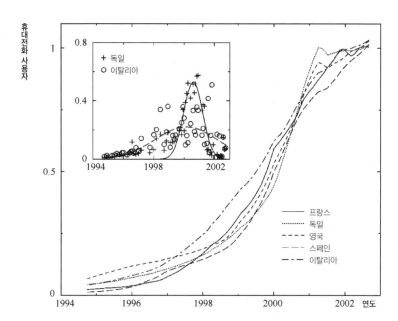

1999~2001년 동안 유럽 일부 국가의 휴대전화 사용자 수 증가 추이

작은 박스의 그림에서 독일, 이탈리아의 월간 사용자 증가 추이가 최고치를 기록하고 있음을 확인할 수 있다.

시위에 참가한다. 즉 첫 번째 사람이 행동하면 문턱값이 1인 두 번째 사람은 그가 행동한 것을 본 뒤에야 움직인다. 이러한 과정이 문턱값이 0~99인 사람에게서 모두 이루어질 때 비로소 전체적인 상황은 눈덩이 효과를 띠게 된다.

　그렇다고 해서 그 효과를 완전히 신뢰할 수 있는 것은 아니다. 초기의 몇몇 참가자 중 한 명만 없어도 반응이 연쇄적으로 일어날 수 있는 고리가 끊어지므로 대규모 사태로 확산되지 않을 수도 있기 때문이다.

　이 이론은 똑같은 원인에서 비롯된 일이 전혀 다른 결론으로 귀결되는 이유를 설명한다. 동일한 원인에서 비롯됐지만 어떤 사건은 시간이 지날수록 확대되는가 하면, 어떤 사건은 흐지부지 끝나고 만다. 대형 사건의 추이는 해당 사건이 일어나게 된 원인과는 거의 관련이 없는 것 같다. 일부 통계에 따르면 비슷한 경제적 조건을 지닌 미국 내 도시들이 범죄율에서는 천양지차를 보인다. 그 이유는 곧 모방 효과의 우연성 때문이다. 동일한 조건에서 일부 도시는 범죄 예방은 물론 범죄 해결에 주력한 덕분에 모방 범죄에 의한 사건·사고를 최대한 막을 수 있었던 것이다.

대형 화물차가 전복되자 마을 사람들이 단체로 몰려들어 화물을 훔쳐서 달아났다는 뉴스를 종종 볼 수 있다. 평소에 성실하기 그지없던 사람들이 갑자기 날강도 떼로 변하는 이유는 무엇인가? 대다수의 사람이 그저 다른 사람을 '모방'했기 때문이다. 그래서 가장 먼저 행동하는 첫 번째, 두 번째 사람의 역할이 무척 중요하다. 화물차 전복사고를 처음으로 목격한 사람이 물건을 훔치는 쪽이 아니라 질서를 유지하는 쪽을 선택했다면 훈훈한 이야기로 마무리되었을 것이 분명하다. 비슷한 경우는 또 있다. 길가에 쓰러진 사람을 보고도 도우려 나서는 사람이 없으면, 주변의 다른 사람들 역시 아무도 행동하지 않는다. 그들은 아무도 나서지 않았다는 사실에 두려움을 느끼기도 한다. 도우려는 사람들이 많으면 다른 사람에게 책임을 미룰 수도 있지만, 사람이 적을 때 나서면 오롯이 자신의 책임이 되기 때문이다. 이러한 현상을 범죄학에서는 '깨진 유리창 이론(Broken Windows Theory)'이라고 부른다. 사회환경을 거대한 건물에 비유하는 이론으로, 건물의 유리창이 깨졌을 때 재빨리 고치지 않으면 사람들이 다른 멀쩡한 창문도 깨뜨릴 수 있다는 내용이다. 즉 잘못된 현상을 바로잡지 않고 방치했을 때 모방 현상이 일어나고, 최악의 경우 범죄로도 이어질 수 있다는 것이다. 뉴욕 지하철 부서에서 그래피티(Graffiti)를 지우는 업무를 담당하는 관계자들 역시 비슷한 이야기를 들려준다. 지하철 역사 내부나 주변에 누군가가 그래피티를 그려놓으면 그것이 여기서 범죄를 저질러도 된다는 OK 사인으로 통한다고 한다.

우리의 일상을 자세히 들여다보면 '첫 단추'와 모방으로 인해 전혀 다른 결론을 얻게 되는 일이 비일비재하다. 학부모회에 참석했던 나는 별 생각 없이 교실 밖으로 나와 복도를 거닐다가 무척 재미있는 현상을 발견했다. 서로 이웃한 A, B 두 학급은 학년과 학생 수 모두 똑같았다. 심지어 교사가 사용한 PPT와 수업 진도마저 똑같았다. 하지만 A반의 학부모들이 진지한 모습으로 자리에 앉아 교사를 바라보는 것과 달리, B반 학부모들은 무질서하게 삼삼오오 흩어져 앉아 있었다. 우리 집 꼬마 녀석이 B반이었던 까닭에 B반 선생님이 사실은 무척 엄한 분이라는 것을 알고 있었다. 똑같은 조건을 갖췄는데도 두 반의 분위기가 전혀 달랐던 까닭은 무엇일까? 두 반 사이의 유일한 차이점은 수업에 앞서 들려준 교사의 말 한마디였다. 수업 시작에 앞서 "모두 제자리에 앉으세요"라며 A반 교사가 주의를 줬던 것과 달리 B반 교사는 아무런 말도 하지 않았던 것이다.

'범부는 결과를 두려워하지만 보살(성인)은 원인을 두려워한다(凡夫 畏果, 菩薩畏因).' 하지만 안정을 유지할 수 있는가는 최초의 원인이나 사태가 확산된 이후의 결과가 아닌, 사건 발생 초기의 대응에 따라 결정된다. 9·11 테러사건 이후 미국 정부는 오랫동안 항공·관광업계에 까다로운 요구사항을 제시했다. 이에 따라 실시된 각종 통제 조치는 '모방 테러' 사건이 일어나지 못하도록 막는 데 상당 부분 일조했다.

통신 수단이 발전하고 다른 사람과의 교류 활동이 용이해지자 모방 사건이 일어날 확률도 증가했다. 그리고 현재 중국은 바로 그 단계에 처해 있다. 이런 위험은 설령 중국이 프랑스처럼 민주적이고 자유로운 사회라고 하더라도 변함없이 존재한다. 프랑스에서 일어난 것과 같은 상황으로 인해 국가적 소요가 일어날 수도 있다.

어떤 정부도 함부로 언론을 장악하고 통제해서는 안 된다. 하지만 언론은 안정을 유지하는 데 필요한 중요한 수단이다. 오스트리아 정부가 지하철 자살사건에 관한 보도를 금지한 이래, 지하철 자살사건은 75퍼센트나 감소했다. 지난 20여 년 동안 미국 내에서 캠퍼스 총기 난사사건이 끊이지 않고 발생했다. 하지만 9 · 11사건이 발발한 후 약 18개월 동안 미국 내 주요 언론이 대테러 관련 뉴스를 집중적으로 다루기 시작하면서, 해당 기간 동안 일어난 캠퍼스 총기 난사사건은 1건에 그쳤으며 단 한 명의 사망자도 발생하지 않았다.

세계보건기구(World Health Organization)는 2000년에 자살사건을 다루는 언론과 관련된 다양한 통계 연구 결과를 담은 보고서를 발표했다.* 그에 따르면 자살사건에 대한 보도 내용이 자세할수록 자살사건이 증가한다. 특히 유명인의 자살과 TV 보도는 더 큰 영향을 미친다. 언론 노출도와 후속 자살사건 사이의 상관도가 사람들의 예상과 달리 그리 크지 않다는 연구 보고도 존재하지만,** 관련 연구자들은 스스로 자신들의 분석방법에 한계가 있음을 인정하고 있다. 미국의 유명한 심리학자 로렌 콜맨(Loren Coleman)은 《모방 범죄(원제: Copycat Effect)》에서 캠퍼스 총기 난사사건과 같은 범죄를 즐겨 취급하는 언론을 강하게 비판하며

• PREVENTING SUICIDE A RESOURCE FOR MEDIA PROFESSIONALS, http://www.who.int/mental_health/media/en/426.pdf
•• D Gunnell, Reporting suicide The effect of media coverage on patterns of selfharm, BMJ 1994;308:1446.

언론 보도가 모방 범죄를 부추긴다고 지적했다.

언론의 자유를 선호하는 내 개인적인 성향에 의거하여 대대적인 언론 노출이 사람들에게 사건에 대한 경각심을 높여주거나 진실을 알려주며 '모방 범죄'를 줄이는 효과를 가져다주기를 진심으로 바란다. 하지만 안타깝게도 나의 이러한 바람을 뒷받침할 만한 어떠한 연구 결과도 발견하지 못했다. 결국 결과적으로 언론 스스로 자제해야 한다. 일부 국가에서는 보도 규정을 정해두기도 하는데, 이를테면 노르웨이에서는 언론이 자살사건을 다루는 것을 법으로 금지해두기도 했다.

통신기술이 경이적인 수준까지 발전한 오늘날 자살이나 흉악 범죄 사건에 대한 언론 보도를 100퍼센트 차단하는 것은 불가능하지만, 보도를 규정하는 것은 가능할지도 모른다. 오스트리아의 몇몇 과학자는 2009년에 언론을 통한 자살 보도에 심각한 '불균형'이 존재한다는 내용의 논문을 발표했다. 누군가의 자살을 따라 한 모방 자살에 대한 언론 보도가 증가한 반면에 자살자가 본인의 정신적인 문제로 목숨을 끊는 사건에 대한 보도는 줄어들었다는 것이다. 사실 자살자의 대부분이 심리적 질환을 앓고 있지만, 사람이 스스로 목숨을 끊으면 뭔가 말 못할 심각한 외부적 요인이 있을 것이라고 흔히 생각한다. 그 때문에 최근 팍스콘에서 일어난 연쇄 자살사건에서도 자살 당사자의 정신적 문제나 정서적인 영향에서 원인을 찾는 언론사는 거의 찾아볼 수 없었다. 팍스콘에서 일하면 자살하는 게 당연하다고 여길 정도로 모두들 팍스콘을 맹비난했다. 미국의 언론은 이와는 또 달랐다. 무고한 사람들을 해친 뒤 스스로 목숨을 끊은 캠퍼스 총기 난사사건 범인을 평범했던 이웃집 소년으로 묘사하거나, 그가 앓던 정신적 질환의 원인을 불행한 삶에서 찾으려는 경향을 보인 것이다. 이러한 보도는 모두 모방 행위를 조장할 뿐이다.

모방 자살, 모방 범죄 모두 최근 몇 년 동안 중국에서 일어났지만 일반대중에게는 아직 전해지지 않은 사건일 수 있다. 일부 선진국에서 이러한 현상이 시작된 것은 꽤 오래전의 일이다. 이제는 중국의 차례가 됐다. 오랫동안 안전을 유지하려면 처음부터 자살하거나 범죄를 저지르지 않는 환경을 조성하는 일이 최선일 것이다. 만약 그렇게 할 수 없다면 안정을 유지하기 위해 온 힘을 쏟아야 한다. 그리고 안정을 유지하려면 '최초'가 아니라 '재차'의 존재 유무에 관심을 기울여야 한다.

3

가장 쉬운 경제학의 지혜

중국에서 미래의 엘리트를 전문적으로 육성하는 '엘리트 학교'를 세운다면 어떤 내용의 커리큘럼이 포함되어야 할까? 자세한 내용이야 알 수 없지만 경제학이 그중에서도 가장 중요한 과목이 될 것이라고 확신한다(여기서 엘리트란 골프나 와인처럼 상징적인 스킬에만 능한 사람이 아니라 현대사회의 허리를 든든히 받쳐줄 수 있는 진정한 의미의 리더를 말한다).

내가 말하는 경제학은 공급 – 수요 곡선이나 금융위기를 다루는 학문을 의미하지 않는다. 주식이나 환율처럼 '재테크 투자'와 같은 학문은 더더욱 아니다. 여기서 경제학은 현대 세계를 관찰하는 우리의 안목에 직접적으로 영향을 줄 수 있고, 우리가 무언가를 하는 데 동원하는 견해와 사상을 좌우할 수 있는 것을 의미한다. 이러한 지식을 이해하는 데 추상적인 개념이나 수학모델 따위는 필요 없다. 그런 점에서 여기서 논하는 경제학은 일반 교과서에서 배울 수 없지만 누구나 알수 있는 가장 쉬운 경제학이라 하겠다. 아무리 많은 지식을 지녔다고해도 그것을 제대로 사용할 수 있는 지혜가 없다면 죽은 지식이나 다름없다.

이제부터 나는 가장 쉬운 경제학의 지혜를 소개하려 한다. 비록 그시작은 미약할지라도 창대한 결론에 도달하게 될 것이다.

'스무 살 때 좌파가 아닌 사람은 양심이 없다. 서른 살이 되었을 때여전히 좌파인 사람은 머리가 빈 것이다.' 실제로 머리에 든 것이 많은사람들 중 상당수가 평생 좌파라는 점을 감안했을 때 다소 편파적인이야기라 하겠지만, 이 이야기가 옳음을 보여주는 사례는 주변에서 쉽게 찾아볼 수 있을 것이다. 사실 사람은 대부분 경험이 많아질수록 성숙해지면서 기존보다 좀 더 '오른쪽'으로 치우치고 보수적인 성향을보인다.

한 가지 나쁜 소식을 전해주겠다. 여기서 소개하고자 하는 가장 쉬운 다섯 가지 지혜에 관한 이야기를 이해한 뒤에 당신은 세상에 대한기대치가 낮아지면서 좀 더 보수적으로 변하게 될 것이다.

물론 좋은 소식도 있다. 보수적인 사람은 쉽게 잘못을 저지르지 않는다. 특히 상당히 어리석은 잘못을 함부로 저지르지 않는다. 이런 점에서 당신은 좀 더 현명하게 변할 것이다. 최소한 자신을 똑똑하다고여기지는 않을 것이다. 그렇게만 되어도 좀 더 믿음직한 모습이 될 수있지 않을까?

물리 교과서의 정석이라고 불리는 《파인만의 물리학 강의(Feynman Lectures On Physics)》의 여는 말에서 저자 리처드 파인만은 이렇게 이야기한다. "거대한 재앙이 터져서 모든 과학 지식이 사라진다면 다음 세대에 한 가지 꼭 전하고 싶은 말이 있다. 그것은 바로 모든 물체는 원자로 구성되어 있다는 것이다." 조금만 자세히 생각해본다면 그 한마디 말에 세계와 관련된 방대한 정보가 들어 있다는 것을 알 수 있다. 한때 내가 공부하던 곳에서는 거시경제학에 대해 한마디를 남긴다면 "국가는 가정이 아니다"라는 말을 남기겠다는 대답이 나왔다.

곰곰이 생각하자 그 짧은 한마디 말이 모든 경제학 이론의 출발점이라는 사실을 깨달을 수 있었다.

국가는 가정이 아니다

경제학은 현대사회가 어떻게 돌아가는지 연구하는 학문이다. 현대사회가 전통사회와 구별되는 가장 근본적인 특징은 '이방인 사회(Stranger Society)'라는 데 있다. 요컨대 현대인은 학업, 일, 거래, 일상을 낯선 이방인과 함께한다.

내가 초등학교를 다녔던 1980년대 중반에는 물자가 그리 넉넉하지 않았다. TV 같은 대형 가전제품을 사려면 아는 사람을 찾아가 특별히 부탁해야 간신히 구할 수 있을 정도였다. 그렇다고 해서 품질이 좋거나 저렴한 TV를 살 수 있는 것도 아니었다. 주변에 부탁할 사람이 없다면 돈을 들고 가게에 들어가서 원하는 물건을 사면 그만이었지만 그러면 왠지 손해를 보는 것 같았다. 이러한 심리는 여전히 중국 사회에 남아 있어서 뭔가 중요한 결정을 내려야 할 때면 주변의 친한 사람을 찾곤 한다. 그렇지 않으면 좀처럼 마음을 놓을 수 없기 때문이다.

전통사회에서 사람들은 이방인을 두려워하고 배척했다. 사람이 낯선 것도 모자라 물까지 선 환경에 처하게 되는 상황은 상상만 해도 공포 그 자체였다. 이와는 대조적으로 현대사회에서는 서로 처음 보는 사이라고 해도 원만한 관계를 유지한다. 평소 친하게 지내는 편집자 린페이샹(林飛翔)이 내게 베이징이 항상 북적거리고, 청년들에게 선망의 땅인 이유가 뭐라고 생각하느냐고 물은 적이 있었다. 대도시의 특성상 사람들의 교류가 활발히 일어나다 보니 베이징에 아이디어나 기회가 상대적으로 많아서 그런 것 같다는 내 대답에 린페이샹은 고개를 저으며 입을 열었다. "그건 일부 원인에 불과해. 그보다 더 중요한 원인은 베이징에서는 '지연'에 의존하지 않고도 할 수 있는 일이 많기 때문이야. 시골에서는 지연 없이는 꼼짝도 못하잖아!"

대도시는 사람과 사람 사이의 감정이 유동적이지 않은 것처럼 보이는데, 사실 그런 상태가 경제활동에는 가장 효과적이다. 그리고 이 점이 이방인 사회만의 장점이라 하겠다. 평소 가까운 지인들은 인정을 강조하지만 이방인들은 이익을 따진다. 가깝게 지내는 사람들은 '출신'을 따지지만 이방인은 계약을 내세우고, 그들이 인품을 들먹일 때 이방인은 신용을 꺼내든다. 인정을 버리고 이익을 따질 때 전체적인 이익은 획기적인 속도로 증가한다.

핵가족은 '모두 저마다 할 수 있는 것을 하며, 필요에 따라 분배하는' 공산주의 사회라고 할 수 있다. 자녀에 대한 부모의 온갖 지출은 무상으로 이뤄지며 그 한도 역시 무제한이다. 이를 대가족으로 확대해보자. 친척끼리는 재산을 100퍼센트 공유하지 않지만 그렇다고 해서 이익을 따지지는 않는다. 이를테면 친척 중에 아픈 사람이 있으면 대가 없이 보살펴주거나 심지어 자신의 경제적 이익을 희생하기도 한다. 친구, 동료와 지인으로 범위를 확대하면 친밀도는 다소 떨어지지만 역시 이들도 금전 관계라고 볼 수는 없다. 이들은 동창회나 모임 등의 행사를 열기 위해 한 자리에 모여 논의하지만 주택 입찰을 위한 경매를 열거나 경제적 이익을 도모하지는 않는다.

전통사회에는 원래 '국가'라는 개념이 없다 보니 사람들은 그저 촌수나 관계의 '거리'에 따라 행동했다. 그로 인해 '우리 집의 노인을 먼저 공경할 줄 알아야 비로소 남의 집 노인을 공경할 줄 안다(老吾老以及人之老)'는 가치관이 자연스레 형성됐다. 이는 중국의 유명한 민족학자인 페이샤오퉁(費孝通)이 주장한 '차등적 질서(差序)' 구조에 따른 결과라 하겠다.[•] 이런 질서 속에서는 모든 국민이 국가보다는 자신의 직속 상사나 손윗사람을 더 따르고 신뢰한다. 관계의 '거리'에 따라 누구에게 더 최선을 다할 것인지 취사선택하는 셈이다. 하지만 근대에 이르러 사회적 유동성이 확대되면서 사람과 사람 사이의 교류 역시 증가했다. 낯선 이방인과도 함께 지내야 하는 상황이 꾸준히 증가하다 보니 사람들은 어느덧 누구나 평등하다는 생각과 함께 '국가'에 대한 개념을 지니게 됐다.

'평등'은 매우 현대적인 개념에 속한다. 가족이라는 이유로 부모가 자녀를 무상으로 부양하는 일은 사실 공평하지 않다. 젊은 세대에게 기성세대를 따르고 받들라며 요구하는 것 역시 불평등하다. 우리들은 가정에서 이러한 불평등에서 파생된 관심과 사랑을 받으며 자라지만 이를 이방인에게 적용하지는 않는다. 이방인끼리는 '상호불가침 조약'을 맺고 부수적인 의무나 감정 없이 평등을 이야기한다. 그래서 가정은 감정을 강조하고, 국가라면 이익과 효율을 반드시 따져야 한다.

이방인과 교류하는 일은 공적인 업무에 관여하는 행동인 셈이다. 하지만 우리는 종종 공적 업무에 감정을 보태고, 특히 특정 집단을 향

• 페이샤오퉁, 《향토중국(鄉土中國)》

해 그 감정을 쏟는다. 경제학자는 이것은 실수라고 본다. 그래서 그들은 어떤 종류의 기부 행위에도 동의하지 않는 것이다.

기부는 누군가가 보유하고 있던 재화를 다른 사람에게 전해 주는 행위로, 그 행위 자체만으로는 재화를 창출하지 못한다. 본질적으로 기부라는 행위는 효과적으로 문제를 해결하지 못하며 자신보다 못한 누군가를 도움으로써 자신이 제법 괜찮은 사람이라는 만족감을 줄 뿐이다. 그런데 그 기부금을 전 세계의 무작위적 대상이 아닌 특정인에게 주는 이유는 뭘까? 기부의 대상을 국내로 한정했을 때, 우리는 왜 더 적극적으로 도움을 주려 하는가? 왜냐면 상대가 우리에게 더 큰 인상을 주었기 때문이다. 더 가까운 거리에 있다는 이유로 상대의 이야기는 우리에게 더 큰 울림을 선사한다.

우리는 길거리의 거지에게 힘을 내라는 격려의 의미로 돈을 건넨다. 하지만 오늘따라 유독 기분이 좋다며 음식점 종업원에게 거액의 팁을 준다면? 모든 손님들이 이렇게 행동한다면 음식점 주인은 종업원의 임금을 깎을지도 모른다. 그렇게 되면 가장 큰 수혜를 받는 것은 종업원이 아닌 음식점 주인이 될 것이다.

그러므로 당신이 자선활동에 나설 때는 그 행동이 진정으로 좀 더 나은 세상을 만들겠다는 순수한 의도에서 비롯된 것인지, 아니면 자선활동을 했다는 만족감을 얻기 위한 것인지 정확히 판단해야 한다. 자선활동을 통해 세상을 더 아름답게 바꾸고 싶다면, 여전히 전통사회의 이상과 가치관을 따르겠다면, 현실적으로 말해서 결코 쉽지 않은 일이 될 것이다.

밥을 사 먹을 돈이 없다는 환경미화원들과 노숙자들을 불쌍하게 여긴 만두가게 주인이 한 사람당 공짜 만두를 매일 세 개씩 나눠주기로 했다. 공짜로 만두를 먹게 된 사람들은 처음에는 가게 주인에게 감사의 인사를 건넸지만 나중에는 오늘은 만두를 먹고 싶지 않다며, 대신 그에 상응하는 돈을 달라고 요구했다. 황당하기 그지없는 이야기지만 실제로 중국에서 일어났던 사건이다. 설상가상 사건은 여기서 끝나지 않았다. 사람들의 황당한 요구를 받아들일 수 없었던 가게 주인이 급기야 공짜 만두를 주지 않겠다고 선언하자, 그들은 만두가게로 몰려가서 소란을 피웠다.

선량한 의도에서 비롯된 미담이 어쩌다가 눈살을 찌푸리게 하는 사건으로 바뀐 것일까? 이것은 심리학의 문제가 아니라 사회학과 경제학의 문제이다. 배고픈 사람에게 공짜 식사를 대접하는 것은 개인의 선의에서 비롯된 행동이지만, 장기적으로 고정된 시스템을 구축하거나 대량으로 만두를 지급하면서 개인의 선의는 사회문제와 경제적 행위로 변질됐다. 이러한 상황은 지인 위주의 전통사회가 낯선 이방인들로 가득한 현대화된 사회로 발전하는 과정에서 종종 빚어지곤 한다. 선의를 베푸는 사람과 그 선의를 수용한 사람 모두 새로운 사회 규범에 적절히 적응하지 못했기 때문이다.

중국에는 미국 사람들이 자신의 핏줄에게도 차갑다고 알려져 있지만 결코 그렇지 않다. 미성년자인 자녀를 위해 미국 부모들은 그 누구보다 헌신적이다. 다만 성인이 된 자녀들에게는 아무것도 그냥 내주지 않는다. 그래서 미국인들은 대학교를 졸업하면 자신의 명의로 대출을 받아 집을 사거나 자동차를 사야 한다. 부모님의 집에서 거주하더라도 방값을 별도로 낸다. 이에 반해 중국의 상황은 어떤가? 중국의 청년들은 성인이 된 뒤에도 부모의 품을 떠나지 않는다. 중국에서는 하층민 부모가 경제적인 문제로 자녀와 다투는 일이 점점 늘어나고 있는 데 반해, 미국에서는 성인이 된 자녀가 독립적으로 생활하는 상황이 이미 지극히 당연한 일상이다. 이를 두고는 핏줄에게조차 냉정하다고 이야기할 것이 아니라 한결 현대화된 사회라고 이야기해야 옳다.

일반적으로 경제학자들은 시장에서 특정 세력을 과도하게 보호하는 것은 잘못이라고 지적한다. 대표적인 사례가 바로 보호무역이다. 중국의 특정 업계에서 생산된 제품이 비싼 가격에도 불구하고 품질이나 기술력이 크게 떨어진다고 가정해보자. 마침 비슷한 기능을 가진 제품이 외국에서 수입된다. 설상가상 중국제 상품보다 가격도 저렴하고 품질도 뛰어나다. 자국 기업을 지켜줘야 한다는 이유로 수입품에 고액의 관세를 부과해야 할까?

세계적으로 거의 대다수의 경제학자, 심하게 말하면 거의 모든 경제학자는 그렇게 해서는 안 된다고 말할 것이다. 이유는 간단하다. 낙후된 업종에 종사하고 있는 생산자를 보호하는 것은 해당 제품의 전체 소비자에게 피해를 입히는 일과 같기 때문이다. 소비자는 생산자와 아무런 친분도 없는데 대체 무슨 이유로 자신의 이익을 희생하도록 강요받아야 한단 말인가?

자유무역을 실시한다고 해도 나쁠 것 하나 없다. 오히려 좋은 정책이라고 할 수 있다.* 그래서 경제학자가 꿈꾸는 이상적인 세계에서는 자유무역지대(FTA)를 위한 협상 따위는 아예 존재하지 않는다. 각국 또한 자국 시장을 개방하겠노라 앞다투어 선포해야 한다.

그렇다면 각국은 왜 시장을 개방하면 손해를 본다고 생각하는 것일

---

* 일시적으로 자국의 낙후된 산업을 보호하려는 일부 개도국의 행위가 궁극적으로 자국 기업의 경쟁력을 높일 수 있을까? 이 문제는 '가장 쉬운 경제학'의 범위에서 벗어난다.

까? 그것은 보호받는 세력이 치러야 할 고통이 너무 크기 때문이다.

보호받는 세력은 정치적 결정을 좌우하기 위해 목소리를 높이거나 대리인을 찾아 도움을 청하기도 한다. 하지만 그들 때문에 희생되는 수많은 소비자는 보호무역에 따른 폐해를 거의 느끼지 못하고 별다른 행동도 하지 않는다. 이는 재난 상황을 담은 장면이 가장 극적으로 묘사된 지역에 기부금이 많이 모이는 현상과 일맥상통한다. 한마디로 말해서 우는 아이한테 떡 하나 더 집어주는 셈이다.

복지제도 역시 이러하다. 사람들은 특정 집단에서 더 많은 복지를 요구할 때 그에 따른 대가를 누가 치러야 할 것인지 생각하지 않는다 (국가의 돈은 마치 펑펑 퍼줘도 마르지 않는 화수분이라고 생각하는 것 같다). 복지 수준이 높을수록 세금은 올라가는 법이다. 어떤 집단에 대한 복지가 증가하면 나머지 집단에 대한 복지 혜택은 줄어들 수밖에 없다. 단, 빈곤 아동에 대한 무상교육은 초등교육 문제를 해결할 수 있을 뿐만 아니라 범죄 감소에도 도움이 된다는 점에서 모든 사람에게 유리하게 작용한다. 조건만 허락한다면 실시한다 해도 분명 아무 문제가 없을 것이다 (대학생을 대상으로 한 무상교육이 적절한지는 좀 더 많은 논의가 필요하다).

부유한 집단을 대상으로 지속적인 증세를 요구하면 빈부를 균등하게 만들어야 한다는 '균빈부(均貧富)' 사상이 부각될 수도 있다. 이는 모두 가정의 안목으로 국가를 바라보는 행위에 속한다. 이러한 문제를 정확하게 이해하려면 국가를 이루는 구성원 사이에 커다란 빈부격차가 존재하는 것이 과연 도덕적인지 따질 게 아니라, 어떠한 세금제도가 경제성장에 도움이 될 것인지부터 차근차근 따져봐야 한다.

세상에 공짜 점심은 없다

지식인(智識人)에게 《내 영혼의 닭고기 수프》식 주장을 한다는 평가는 가장 심한 '모욕'이다. 그 책은 수준 낮은 문학에 열광하는 독자와 SNS에 감성적인 글을 올리는 사람이나 좋아할 법한 내용이 주를 이루기 때문이다. 문제의 원인도 알지 못하고 그저 번지르르한 위로의 메시지를 실수로라도 공유하는 순간, 사람들은 당신이 스스로 IQ에 심각한 문제가 있음을 증명했다고 생각할지도 모른다. 대체 '닭고기 수프'가 뭐라고 이런 소리를 하는지 궁금한가? 닭고기 수프는 크게 다음과 같은 두 가지 주장에서 논란의 여지를 지닌다.

첫째, 당신이 어떤 상황에 처해 있든지 전혀 개의치 않고 열심히 노력하면, 심지어 좋은 사람이 되겠노라 결심하면, 그 순간 모든 것이 가능해진다.

둘째, 노력하지도 않고 좋은 사람이 되겠다고 결심하지 않아도 상관없다. 왜냐면 어차피 '세상에서 가장 아름다운 것은 모두 공짜'이기 때문이다.

요컨대 닭고기 수프는 겉으로 드러나는 조건에 신경 쓰지 말고 자신에게만 집중하라고 말한다. 다른 것을 좇지 말고 지금 가지고 있는 것을 마음껏 누리라고 암시하는 것이다.

무척 고상하고 격조 높은 태도지만 우리가 날마다 부딪치며 살아가는 세상은 결코 우아하지 않다. 현실 세계에서 모든 사람은 자신에게 없는 무언가를 바라기 때문에 그것을 얻어내기란 무척이나 어렵다. 어떤 것은 아무리 노력해도 결코 이룰 수 없다. 하지만 '닭고기 수프'처럼 따뜻한 세상이 존재한다고 해도 거기에 필사적으로 매달릴 사람은 별로 없으리라 생각한다. 게임을 하다가 치트키를 써본 사람이라면 무슨 말인지 쉽게 이해할 것이다. 치트키 하나로 뚝딱 원하는 것을 얻어내듯 뭐든 쉽게 손에 넣을 수 있다면 너무 따분하지 않겠는가?

다행히도 우리는 제한된 세계에 살고 있다. 많은 것이 존재하지만 그것을 원하는 사람들 또한 많기 때문에 누구나 다 원하는 것을 가질 수는 없다. 그래서 자신이 원하는 것을 얻으려면 반드시 그에 상응하는 대가를 치러야 한다.

'가치의 유무'를 묻는 한마디 말에서 경제학자의 지혜가 빛난다. 제 아무리 좋은 것이라도 그것을 얻기 위해 치러야 할 대가가 지나치게 크다면 그것은 포기해야 한다. 반대로 말하면, 어떠한 대가를 치르더라도 원하는 것의 가치가 더 크다면 우리는 대가를 치르려 할 것이다.

세상에는 값으로 따질 수 없는 것이 있다고 주장하는 사람들도 있다. 대표적인 것이 사람의 목숨이다. 그래서 안전을 보장받기 위해 우리는 어떠한 대가도 불사하려 든다는 것이다(모든 대가를 치르면 최소한 자신의 안전은 확보할 수 있을지 모른다). 하지만 설사 자신의 안전을 보장받기 위해서라고 해도 모든 대가를 다 감수하는 사람은 근본적으로 존재하지 않는다. 문 밖으로 나가 길거리를 돌아다닐 때마다 우리는 어느 정도 교통사고를 당할 위험에 노출된다. 필요한 경우 횡단보도를 건너기도 해야 하고 먼 곳을 갈 때는 자동차나 비행기를 이용해야 한다. 하지만 교통사고를 피하겠다고 평생 아무 곳에도 가지 않고 집에만 틀어박혀 있는 사람이 어디 있겠는가?

몇몇 극단적인 환경보호주의자들은 지구가 원래의 청정한 모습을 유지하려면 모든 인류의 흔적을 지워버리는 것이 최선의 선택이라고 주장한다. 하지만 경제학자들은 그 선택은 대가가 너무 혹독하다고 지적한다. 심지어 일부 경제학자는 어느 정도의 오염은 감당할 수 있다고 말하기도 한다. 내 고향인 하얼빈(哈爾濱)에는 아름다운 쑹화강(松花江)이 흐르고 있다. 어린 시절에는 동네 친구들과 하루 종일 물놀이를 할 정도로 맑았지만 일부 업체에서 오염물질을 불법으로 흘려보내는 바람에 깨끗한 강물을 더 이상 볼 수 없게 됐다. 말은 하기 쉽다고 이야기할지도 모르겠지만 그래도 한마디 한다면, 오염물질을 마구잡이로 흘려보낸 모든 업체를 당장 폐업시켰으면 좋겠다. 하지만 현실적으로 불평을 쏟아내는 것 외에 내가 할 수 있는 일이라고는 그저 보고도 못 본 척하는 것뿐이리라.

만일 내가 경제학자라면 쑹화강이 어느 정도의 오염물을 '수용'할 수 있는지 계산한 뒤에, 오염물질을 배출할 수 있는 배당량을 해당 업체에 판매하라고 정부에 건의할 것이다. 최고가를 제시한 업체에 오염물질을 배출할 수 있는 권리를 팔면 기업과 환경을 지키고 지역민 역시 만족스러운 결과를 얻을 수 있다.

지구 온난화 현상은 세계적인 이슈로 떠오른 지 한참 됐지만 여전히 해결의 실마리가 보이지 않는다. 해당 현상이 인류의 행위로 인해 발생되는 것이 사실이라면, 그리고 우리가 이를 막아야 한다면, 이산화탄소의 배출을 대대적으로 감축해야 한다. 하지만 온난화 현상을 해결할 수 있는 수준까지 이산화탄소 배출량을 줄여야 한다면 우리는 막대한 대가를 치러야 할 것이다. 특히 중국과 같은 개도국으로서는 이러한 결정을 수용하기 어렵다. 힘닿는 대로 이산화탄소 배출을 줄이는 것이 최선이겠지만 어느 정도의 온난화 현상은 받아들일 수밖에 없다. 사실 역대 최악의 온난화 현상이 실제로 일어난다고 해도 수용할 수 없는 수준의 결과라고 장담할 수는 없다는 주장도 있다. 어쩌면 일부 지역으로서는 좋은 일이 될 수도 있다는 것이다.

당신이 자동차를 운전하는 순간, 공기 오염이 악화되고 교통체증이 유발되며 지구 온난화 현상이 심화된다. 고상한 몇몇 분들은 환경오염을 막기 위해 출퇴근할 때 자전거를 이용하기도 하는데 그렇게까지 할 필요는 없다. 기억해야 할 것은 우리 자신의 편의 역시 소중한 가치를 지니고 있다는 점이다. 자동차를 운전해서 얻게 되는 편의가 오염이나 교통체증을 감수할 수 있을 만큼 충분히 가치가 있다면 자동차를 운전하는 당신의 선택을 비난할 수는 없다.

모든 것은 '정도'라는 것이 있는 법이고 정확히 계산기를 두드려봐야 하는 법이다. 자신의 선택이 수지에 맞는 것인지 어떻게 알 수 있을까? 이와 관련해 경제학자들은 '한계분석(Marginal Analysis)'이라는 유용한 방법을 사용한다. 한계분석은 전체적인 효과를 고민하지 않고 다음 임계효과를 고민하는 것만으로도 충분하다고 말한다. 특정 제품의 가격 수익과 비용이라는 수치는 시장에 따라 변하기 마련이다. 하지만 이와 상관없이 현재 상태에서 한 단위의 생산량을 추가했을 때 그 비용이 수익으로 보상이 된다면 계속해서 생산해도 된다. 만일 수익과 비용이 동일하다면 생산을 중단해야 손해를 면할 수 있다.

한계분석을 통해 우리는 다양한 문제를 보다 객관적으로 이해할 수 있다. 미국에서 계산한 결과에 따르면 우주항공 산업에 170원을 투자할 때마다 1,200~2,000원 상당의 수익이 발생한다.** 그 결과가 사실이라면 중국은 지금 당장 죽기 살기로 우주항공 산업에 매달려야 할 것

- 출처: 〈파이낸셜 타임스(Financial Times)〉 기사 'Bogus prophecies of doom will not fix the climate By Richard Tol, 3/31/2014. 지구 온난화가 가져올 최악의 결과에 대해 경제학적인 시각이 강하게 드러나는 분석이 포함되어 있다.
- •• 출처: 중국 과학망(科學網) '중국 유인우주선 프로젝트에 350억 위안 투입, 10배 수익 기대', http://news.sciencenet.cn/htmlnews/2011/11/254943.shtm

이다. 하지만 한계분석을 사용해서 생각해보면, 중국이 우주항공 산업에서 이미 괄목할 만한 성과를 올린 상황에서 아무리 투자를 늘린다고 해도 커다란 수익을 회수하기는 어려울 것이다.

경제학자들의 경험에 따르면 한계효과는 체감된다. 다시 말해서 투자하는 비용이 증가할수록 그 효과는 미미해질 뿐이다.

인간은 인센티브에 반응한다

누군가를 당신의 의도대로 움직이려 할 때, 상대를 이치로 타이르는 설득보다 세련된 방법은 없을 것이다. 하지만 말을 물가에 끌어다 놓을 수는 있어도, 물을 억지로 먹이기란 결코 쉽지 않은 법이다. 당신이라면 밤이면 밤마다 이불에 오줌을 싸는 세 살짜리 아이에게 대소변을 가리고 변기를 사용하라고 어떻게 설득할 것인가? 새로운 습관을 기르려면 익숙하지 않은 일부터 먼저 해야 하지만 아이가 당신의 말을 제대로 이해할 리 없다. 그럴 때 사용할 수 있는 효과적인 방법이 두 가지 있다. 하나는 위협하는 것이고, 나머지 하나는 유혹하는 것이다. 두 가지 방법 중에서 경제학자는 유혹이라는 방법을 즐겨 사용한다.

《괴짜경제학(Freakonomics)》의 저자 중 한 명인 스티브 레빗(Steven Levitt)은 경제학자의 방법으로 자신의 세 살 난 딸에게 변기 사용 습관을 들이는 실험에 착수했다.* 그는 딸에게 변기를 사용해서 '쉬야'를 할 때마다 땅콩초콜릿을 먹을 수 있다고 일러줬다. 그러자 그의 딸은 땅콩초콜릿을 먹기 위해 일부러 자주 변기를 사용했으며, 심지어 몇 번이나 연달아 변기 위에 올라가기도 했다. 레빗은 딸과의 약속을 지키

- Youtube 영상 참고. 'Economist Potty Training: Freakonomics Movie'로 검색하면 찾을 수 있다.

기 위해 딸이 변기에서 내려올 때마다 땅콩초콜릿을 손에 쥐어주었다. 레빗의 세 살배기 딸은 실험이 시작된 지 사흘 만에 이불에 지도를 그리는 대신 대소변을 가리는 것은 물론, 세련되게 변기를 사용할 수 있게 됐다.

이처럼 상대를 유혹하는 방법을 영어로는 '인센티브(incentive)'라고 부른다. 이를 번역하면 '격려', '자극', '유혹' 정도로 표현할 수 있지만, 개인적으로는 인센티브의 일반적인 함의를 제대로 전달하지 못해 독자에게 오해를 심어줄 수 있다고 생각한다. 격려라고 하면 정신적인 측면의 응원에 가깝고, 자극이나 유혹은 공개적으로 표현할 수 없는 불건전한 금전적 조건을 떠올리게 한다.

사실 인센티브라는 말은 돈을 통해 상대를 자극하는 방법만을 가리키는 것이 아니다. 그보다는 당신이 실제로 원하는 것, 당신에게 도움이 되는 것을 가리킨다. 자신에게 보탬이 되는 것을 얻겠다는 목적에서 비롯된, 지극히 이성적인 반응 기제를 의미하는 것이다. 중국에는 군자라면 이로움을 입에 담으면 안 된다는 전통이 존재하는 까닭에 인센티브를 자연스럽게 받아들이는 데 심리적인 저항이 존재한다. 이런 점을 고려하여 중국에서는 학계나 언론, 경제계에서는 물론 일반에서도 인센티브를 '격려'라고 번역해서 사용하고 있다.

인센티브에 대한 반응은 다소 노골적이고 점잖지 못한 행동 같지만 경제학자는 사람은 인센티브에 반응한다는 말을 입에 달고 산다.

행동경제학자와 심리경제학자 모두 인간은 비이성적이라고 말하지만, 실험을 자세히 관찰해보면 비이성은 익숙하지 않은 사물을 대하는 개인의 상황에서 비롯된 결과라는 것을 발견할 수 있다. 평소 익숙했던 일을 할 때면 우리는 무척 이성적으로 행동한다. 이성은 어떻게 해야 자신에게 보탬이 되는지 이해하고 이를 행동으로 실천하는 것을 가리킨다. 지하철 푯값이 오른다면 지하철 탑승객이 감소하고, 애플에서 오늘 스마트폰 특가 세일을 한다면 아이폰을 사려는 사람들이 더 늘어날 것이다. 수능시험에서 영어 과목이 사라진다면 고등학생들은 죽기 살기로 영어 공부에 매달리지 않을 것이다. 모든 사람이 반드시 그렇게 행동하는 것은 아니지만 대부분의 사람들이 보여주는 집단적 행위는 무척 합리적이며 인센티브에 대한 반응으로 이어진다. 일찍 일어나는 새가 벌레를 더 잡지 못한다면 일찍 일어나야 할 이유가 전혀 없지 않겠는가?

인센티브의 장점은 그 제도가 제대로 돌아가기만 하면 사람들이 당신이 원하는 대로 기꺼이 움직일 것이라는 점이다. 유치원에 다니는 아들 녀석은 만화와 게임을 어찌나 좋아하는지 하루 종일 텔레비전이나 컴퓨터 앞에 붙어 살 정도였다. 도통 말을 듣지 않아 곤혹을 치르던 중에 학부모회에 참석했다가 나는 유치원 원장으로부터 유용한 팁을 얻었다. 무작정 놀도록 내버려두는 것이 아니라 놀 시간을 스스로 벌도록 하라는 것이다.

예를 들어서 숙제를 알아서 했거나 반찬을 골고루 먹었을 때 또는 심부름을 잘했을 때마다 보상 차원에서 15분의 자유 시간을 주면 된다. 자신이 번 시간 동안 게임을 해도 좋고 텔레비전을 봐도 좋다. 하지만 놀 수 있는 시간을 다 쓰면 어떤 것도 할 수 없다. 아내와 논의 끝에 실제로 아이에게 놀 시간을 스스로 벌도록 했다. 다만 원장이 제안한 15분을 5분으로 단축하고 아이 스스로 확인할 수 있게 휴대전화의 타이머 기능을 활용했다. 그 효과는 상상 이상이었다. 그래서 지금도 여전히 아이 스스로 놀 시간을 벌고 있다. 아들을 보고 있노라면 마치 탐

관오리를 대하는 간상(奸商)이 된 것 같은 기분이 들 때가 있다. 속으로는 녀석이 내 말을 듣지 않아도 괜찮다고 생각하면서도 아이가 취미 생활을 못하게 될까 봐 걱정되기도 한다.

사람의 행동을 바꾸는 최고의 방법은 인센티브를 바꾸는 것이다. 경제학자들은 인센티브에 관해 설명할 때 습관적으로 조업권 쿼터제를 활용한다.* 세계적으로 상당수의 해역에서 과도한 조업활동이 벌어지면서 어업 자원이 고갈되는 심각한 위기가 현실로 나타나고 있다. 각국 정부는 휴어기를 설정하고 매년 규정된 기간 내에만 생선을 잡도록 했다. 현재 중국은 각 해역에서 '복계휴어(伏季休漁)**' 제도를 실시하고 있지만 조업 강도가 큰 지역에서는 문제가 좀처럼 해결되지 않고 있다. 어부들이 더 많은 생선을 잡을 수 있는 최첨단 장비와 어선을 사들여 닥치는 대로 어업 자원을 남획하고 있기 때문이다.

일례로 미국 알래스카 해역에서는 조업 기한을 매년 사흘로 제한했었는데 어민들이 사흘 동안 근해의 모든 어업 자원을 싹쓸이한 적도 있었다. 어민들로서도 불만이 한두 가지가 아니다. 겨우 사흘 동안 조업하려고 값비싼 장비를 사들였으니 기상조건이 아무리 열악해도 배를 타고 바다로 나가야 하지 않겠는가?

그러던 중 일부 경제학자가 조업권 쿼터제를 제시하자 아이슬란드 등의 국가에서 이를 받아들였다. 쿼터제는 정부가 매년 어느 정도 규모의 어업 자원을 포획할 것인지 계산한 후에 모든 어민에게 조업량을 나눠주는 방식이다. 어떤 형태의 선박을 사용할 것인지, 또 언제 조업

---

* 참고: http://en.wikipedia.org/wiki/Individule_fishing_quota
** 매년 삼복(三伏) 기간을 휴어기로 설정한 데서 비롯된 이름 -옮긴이

을 할 것인지 아무런 제한도 없지만, 정부가 정한 연간 한도는 절대로 초과하면 안 된다.

그렇게 해야 어민 사이에 과도한 경쟁이 일어나지 않도록 사전에 방지할 수 있을 터였다. 어민들은 쿼터제를 환영했는데, 그 이유는 무엇보다 쿼터제에 조업권을 거래할 수 있다는 조건이 포함되어 있었기 때문이다. 선박 상태도 안 좋은데 날씨까지 험해 조업을 할 수 없다면 좋은 어선을 보유한 다른 어민에게 자신의 조업권을 팔 수 있으니 그야말로 편리한 조건이었다. 이 제도가 제대로 운영되려면 어선의 포획량을 일일이 감독할 수 있도록 정부에서 좀 더 적극적으로 관여해야 한다. 그럼에도 불구하고 현재에도 그 효과는 무척 탁월한 편이다.

하지만 인센티브 제도가 제대로 운영되지 않는다면 역효과를 불러온다. 하교 시간이 됐는데도 유치원에 아이를 맡긴 학부모가 제때 아이를 데리러 오지 않는다면 교사는 자신의 시간을 학부모를 기다리는 데 할애해야 한다. 근무 시간이 끝났는데도 학부모의 상황 때문에 자신의 시간을 내줘야 하는 것이다. 교사에게 이는 불공정한 처사라 하겠다. 이러한 점을 감안해 이스라엘의 몇몇 유치원에서 부모가 10분 늦을 때마다 3달러에 해당하는 벌금을 부과한다는 규칙을 도입했다.[*] 과연 어떤 결과가 생겼을까? 지각이 줄어들 것이라는 예상과 달리 약속했던 시간보다 늦게 나타나는 부모가 오히려 증가했다.

벌금제도가 없었을 당시, 학부모들은 자신이 교사의 시간을 빼앗았다는 생각에 어떻게 해서든 늦지 않으려 노력했다. 자신이 늦어서 교

• 참조: 유리 그니지, 존 리스트(John List) 《무엇이 행동하게 하는가(The Why Axis: Hidden Motives and the Undiscovered Economics of Everyday Life)》. 《괴짜경제학》에서도 이 내용을 다루고 있다.

사가 화가 난 게 아닌지 걱정하기도 했다. 그러던 중 10분 늦을 때마다 3달러씩 벌금을 부과한다는 규정이 생기자, 학부모들은 교사의 선의와 인정이 구매 서비스로 바뀌었다는 사실을 깨달았다. 교사가 불쾌하다 해도 몇 달러만 내면 그만이니, 죽기 살기로 달려올 필요가 없다고 생각하게 된 것이다. 연구자들은 이스라엘 내 유치원 스무 곳을 선발한 후 그중 여섯 곳에서 벌금제도를 실시했다. 실험 결과, 여섯 개 유치원에서 부모가 지각하는 사례가 일제히, 그리고 현저하게 증가했다. 그 유치원들은 나중에 해당 규정을 취소했지만 다른 유치원에 비해 부모들의 지각률은 여전히 높은 것으로 나타났다.

지각했을 때 벌금을 내는 정책은 운용 가능성은 높지만 이렇게 개선의 여지가 존재한다. 우리 집 꼬마가 다니는 유치원은 지각하면 약간의 벌금을 내야 하는데, 1분 지각할 때마다 5달러의 벌금을 내야 한다고 규정을 바꾼다면 어떻게 해서든 지각하지 않으려고 먼지 나게 달려갈 것이다.

아무튼 이렇게 상부에서 계획하여 아래로 확대하는 일방적인 형태의 외부인센티브 정책은 경제학자가 문제를 해결하는 데 가장 즐겨 사용하는 두 가지 방법 중 하나이다.

그렇다면 나머지 한 방법은 무엇이냐고? 바로 시장화이다.

시장은 인센티브 신호를 전달하는 방식이다

10년 전쯤에 경제학 정신에 충실한 일을 한 적이 있었다. 그때는 지금과 달리 인터넷을 통해 영화나 드라마를 보는 게 그리 쉽지 않았다. 동영상 사이트에서 원하는 영상을 직접 볼 수 없었던 것은 물론이거니와 BT(BitTorrent)*와 같은 다운로드 툴이 전혀 발전하지 않은 상태였기 때문이다. 그런데 해외에 거주 중인 중국인을 위한 사이트가 하나 있었다. 중국어로 된 영상의 소스를 제공하는 곳이었다.** 그 사이트의 '코인'을 구매한 뒤에 그것으로 다시 다운로드 권한을 구매하는 방식으로 운영되는 유료 사이트였다. 사실 소스를 제공한다는 것 자체가 이미 불법이지만 당시에는 누구도 개의치 않았다. 게다가 해당 사이트의 서비스는 무척 '합리적'이었다. 소스를 하나 다운받는 데 10센트면 충분했다. 나 역시 그 사이트의 단골고객이었다.

그러던 어느 날, 해당 사이트에서 '유료 찾기' 서비스를 실시한다는 공지를 발표했다. 유료 찾기 서비스란 해당 사이트에서 제공하지 않는 영화를 찾는 고객을 위한 특별 서비스로, 6달러 상당의 코인을 지불하면 사이트 담당자가 해당 소스를 찾아주는 방식이었다. 예상과 달리 고객들의 반응은 싸늘했다. 어느 누구도 영화 한 편 보겠다고 60배나 더 비싼 값을 내려 하지 않았기 때문이다.

나는 사이트 관리자에게 시장의 원리를 이용해서 문제를 해결해보자고 제의했다. 관리자로서는 사실 6달러를 누가 낼 것인지에 전혀 관심이 없었다. 그저 소스만 찾아주고 6달러만 받으면 그만이었기 때문이다. 고민 끝에 나는 소스를 찾는 개인 한 사람이 6달러를 한 번에 지불할 것이 아니라 여러 명이 나눠서 지불하는 방식을 떠올렸다. 일단 당신은 이용료의 일부 금액을 지불한 후에 선택한 소스를 목록에 올려

---

* P2P파일 전송 프로토콜의 이름이자 이것을 이용하는 응용프로그램의 이름. 비트토렌트를 이용하면 파일을 인터넷상에 분산하여 저장해놓고 다수의 접속을 사용하여 동시에 가져올 수 있다.-옮긴이

** 사이트 이름이 Chinesemovie.net이었던 것으로 기억한다. 이 책을 쓰면서 찾아봤더니 이미 폐쇄된 것 같다.

야 한다. 그러면 당신이 선택한 소스를 마음에 들어 하는 다른 사람이 이용료의 일부를 추가 결제한다. 이렇게 해서 소스 하나를 다운받는 데 필요한 6달러가 채워지면 사이트 관리자는 소스를 찾으면 된다.

관리자는 내 제안에 큰 관심을 보이며 즉시 사이트 운영에 반영했다. 사이트 내에 '추천 영화 코너'가 생기자, 사용자들은 크게 호응하며 자신이 좋아하는 영화에 1달러를 걸어두었다. 얼마의 시간이 흐른 뒤에 목표치인 6달러가 채워지자 사이트 관리자는 영화 소스를 찾기 시작했다. 이렇게 해서 사이트 관리자는 돈을 벌었고, 사용자는 자신이 보고 싶은 영화를 볼 수 있게 됐다.

이보다 더 중요한 사실은 어떤 소스가 볼 만한 것인지 사용자가 직관적으로 판단할 수 있게 됐다는 점이다. 사이트의 다른 사용자에게 더 이상 물어볼 필요 없이 추천 영화 코너에 올라온 목록을 통해 자신이 원하는 내용을 찾을 수 있었다. 특정 영화를 꼭 보겠다면 혼자서 6달러를 지불하면 되고, 그렇지 않다면 다른 사람들과 함께 돈을 모으면 되는 일이었다. 모든 사용자에게 지식이 공유되면서 신호는 효과적으로 전달됐다.

시장의 장점이 바로 여기에 있다. 가격 신호를 통해 시장은 우선적으로 처리해야 할 일을 먼저 처리할 수 있고, 가장 뛰어난 실력을 가진 사람에게 그가 가장 잘할 수 있는 일이 돌아가도록 분배할 수 있다. 시장이라는 메커니즘을 사용하지 않는다면 무엇을 해야 할 것인지, 또 그것을 누가 할 것인지 묻는 질문에 답하기 어렵다. 그런 점에서 시장의 최대 장점은 신호문제를 해결함으로써 자원을 합리적으로 분배할 수 있다는 데 있다.

일시적으로 희귀한 제품이 있다고 가정해보자. 그 제품의 생산을 원하는 사람들이 늘어나면서 대량생산이 이뤄진다면, 시장은 희소성 문제를 해결할 수 있는 최고의 수단이 된다. 휴대전화는 개발 초기 단계에는 무척 귀했다. 시장경제에서 희소성은 곧 비싼 가격을 의미하고, 비싼 가격은 그것을 원하는 사람들이 많다는 뜻이다. 각 업체는 앞다투어 휴대전화 연구개발과 생산에 매달리기 시작했다(휴대전화는 일시적 희소성을 가졌을 뿐 본질적으로 대량생산이 가능한 제품이다). 국가의 기술력 공백을 메우겠다거나 인민을 위해 복무하겠다는 것이 아니라, 휴대전화가 비싸니 돈을 벌 수 있다는 이유 때문이었다. 그 덕분에 휴대전화 가격은 점차 저렴해졌다.

시장의 운용 원리는 너무나 간단하지만 그에 따른 결과는 그야말로 대단하다고 하겠다. 그래서 시장에 매료된 일부 경제학자들은 시장에 불가능한 것은 없다고 주장한다. 하지만 우리가 일상에서 겪게 되는 시장화의 사례, 이를테면 교육과 의료 민영화 등의 경우는 그다지 성공적이지 못했다. 그 이유는 무엇인가? 아마도 우리가 시장을 충분히 이해하지 못했기 때문일 것이다.

경제학자의 눈에 비친 가격은 단순히 돈을 가리키는 것이 아니라 인센티브 신호에 속한다. 중국에서 시장이라고 하면 사유 재산이라는 개념을 가장 먼저 떠올린다. 그만큼 아직 가격 신호에 대한 인식이 부족한 편이다. 사람들이 종종 시장화를 사유화와 같다고 생각하는 탓에 일단 사유화하면 모든 문제가 해결될 것이라고 여긴다. 대체 무슨 이유 때문일까? 스스로를 위해 일한다는 생각에 더 열심히 노력하게 되리라고 기대하는 것일까? 시장경제에서도 대부분의 사람들은 다른 사람의 회사에서 일한다. 그들이 근무하는 곳에는 대기업과 같은 관료주의가 성행하기도 하고 먹고살기 위해 그저 묵묵히 일하는 일상도 존재한다. 요컨대 사유 재산권은 기본적인 조건일 뿐이고, 가격이라는 신호가 존재할 때 시장은 비로소 활력을 띠게 된다.[*] 재산권을 사유화하더라도 신호가 신통치 않으면 시장은 활력을 잃는다.

중국 축구는 20여 년 전부터 시장화 개혁에 착수한 끝에 지금은 중국에서 시장화가 가장 광범위하게 이루어진 스포츠 종목으로 자리 잡았다. 그럼에도 왜 국제 경기 성적은 항상 그 모양일까? 축구를 좋아하는 팬들의 성원에 힘입어 중국 국내 축구리그는 큰 인기를 구가하고 있다. 덕분에 우수한 기량을 가진 선수들은 자신의 실력에 맞는 고액의 몸값을 받고 있다. 여기까지의 상황을 보면 중국 국내 축구리그가 순탄하게 잘 운영되고 있는 듯하지만 중국 축구의 근본적인 문제는 유소년 훈련에 있다.[**] 중국 축구리그에서 뛰는 최고 선수 몇 명의 몸값이 아시아 내 라이벌 구단 전체 선수들의 몸값을 합친 것보다 비싸지만, 중국에서 축구에 매달리는 아이들이 과연 얼마나 되던가? 2013년 U17 국가대표팀은 중국 내 51명의 유소년 선수 중에서 선발된 후보로 간신히 팀을 꾸리기도 했다.[***]

한 자녀 정책, 축구로 성공할 수 없다는 사회적 인식, 축구 때문에 부상당할까 봐 걱정하는 부모의 마음을 아무리 헤아려봐도 현재의 상황을 설명하기에는 역부족이다. 이와는 대조적으로 '프리랜서 모델'이라는 직업은 최근 많은 사람으로부터 큰 인기를 끌고 있다. 좋게 말해

- 시장이 활력을 띨 수 있는 또 다른 요소는 분산된 정책결정 시스템이다. '가장 쉬운'이라는 범위에 속하지 않는 내용이라 이 책의 4장 7절 '시장경제, 죽기 아니면 살기'에서 다루고 있다.
- •• 매우 설득력 있는 연구에 따르면, 외국 용병이 전체 리그의 수준을 결정한다면 유소년 선수들의 실력이 미래 국가 대표팀의 수준을 결정한다. 참고: worldsoccertalk.com에 실린 Scott Alexander의 칼럼 'Why Making Premier League More English Is Not England's Answer, 2010년 6월.
- ••• 〈베이징완바오(北京晚報)〉: '후계자를 잃은 중국 축구, U17 국가대표 후보선수 겨우 51명', 2013년 6월 18일.

서 프리랜서지, 제대로 된 모델 매니지먼트사에 등록되어 있지도 않고 매니저도 없다. 그저 자신의 몸 하나로 돈을 버는 직업으로 젊은 사람만 할 수 있는 일이다. 이런 점에서 프리랜서 모델 일은 축구에 투신하는 것보다도 안정적이지 못하다. 게다가 소득 역시 여성 유흥업소 종사자보다 못하지만 많은 청년들이 도전하고 있다.[•]

지원자가 미어터지는 프리랜서 모델, 턱없이 부족한 축구선수. 희비가 엇갈리는 이 현상의 근본적인 원인은 축구라는 영역에서는 시장의 가격 신호가 제대로 전달되기 어렵다는 데 있다. 프리랜서 모델 업계는 간단한 훈련만 받아도 누구나 할 수 있을 만큼 진입장벽이 낮지만, 축구의 경우 오랫동안 훈련하고 거액의 돈을 쏟아부어도 투자한 만큼의 수익을 얻을 수 없을 만큼 문턱이 높다. 합리적인 시장이라면 천정부지로 치솟는 성인 축구선수의 몸값이라는 신호가 유소년 축구계에 전달되어야 한다. 높은 이적료로 유명한 프로축구 선수가 있다고 가정해보자. 여러 구단에서 비싼 몸값을 지불할 정도로 가치 있는 선수이니 아마도 유소년 시절부터 '러브콜'을 받았을 것이고, 그를 지도하는 유소년 축구 코치 역시 꽤나 넉넉한 연봉을 받았을 것이다. 하지만 현실을 살펴보면 현재 중국에서 유소년 축구 코치는 스타 선수의 '덕'을 거의 보지 못한다.

이와는 대조적으로 10여 년 전 아마추어 체육학교 시대에는 지금보다 더 많은 유소년 축구선수들이 등장했다. 게다가 중국의 유명한 축구감독 쉬건바오(徐根寶)의 말에 의하면 선수 개인의 기량에 대한 체육학교의 지도 수준이 지금의 클럽보다 훨씬 까다롭고 높았다고 한다.

• 21CN: '베이징 프리랜서 모델 생존스토리: 업소 종사자만도 못한 삶!' 2013년 6월 18일.

체육학교는 공립에 속했지만 4년에 한 번 열리는 전국체전을 위해 기꺼이 유소년 훈련을 실시했다. 체육학교에 있어 전국체전에서 거둔 성적은 프로축구 클럽 시장의 가격보다 훨씬 직접적이고 유용한 신호를 의미했기 때문이다. 체육학교를 시장경제라고 간주할 수는 없지만, 체육학교 제도는 또 다른 방식으로 인센티브 신호를 전달하는 문제를 해결했던 것이다.

교육과 의료 분야의 시장화는 왜 성공하지 못했는가? 두 영역의 내부 가격 신호가 제품의 품질과 수요를 전혀 반영하지 않기 때문이다. 학비가 비싼 학교라고 해서 교육 품질이 더 뛰어나다고 할 수도 없고 학교의 명예와 학생이라는 자원은 학비보다 훨씬 중요한 신호에 속한다. 중국의 의료 시장은 가짜 신호로 가득 차 있다. 민간 의료기관이 걸핏하면 사기꾼의 소굴로 비춰지는 까닭에 사람들은 차라리 국립병원을 더 신뢰한다. 유럽에서조차 사람들은 개인병원이 아닌 국립병원을 더 선호한다. 이와 비슷한 현상을 과학자들 사이에서도 확인할 수 있다. 일부 과학자는 국립대학교나 대학원에 소속되어 과학 연구 작업에 종사하는 것을 선호한다. 기업으로부터 특허료를 받을 때까지 기다리는 쪽보다 정부로부터 연구비용을 지원받는 쪽이 낫다는 것이다. 이는 응용 연구에서 기초 연구에 이르는 절대다수의 영역에서 가격 신호가 전달되는 길이 원체 멀고 길기 때문이다.

그러므로 시장화는 재산권 개혁이라는 단순한 문제로 이해해선 안 된다. 또한 신호가 효과적으로 전달될 수 있는 건실한 기본 조건이 마련될 때 비로소 진정한 의미의 시장경제라고 할 수 있다.

결과는 예상을 벗어날 수 있다

단톈팡(單田芳)선생*은 평서 도중에 '큰 책을 읽는 사람'이라는 표현을 종종 들려주신다. 여기서 '큰 책'이라 함은 여성 독자들이 열광하는 소설《랑야방(瑯琊榜)》과 같은 것이 아니라 나라를 다스리고 천하를 태평하게 만드는 법을 알려주는 심오한 학문을 다룬 책을 의미한다. 그러한 관점에서 보면 경제학을 좋아하는 사람은 큰 책을 읽는 사람이다. 큰 책을 여러 번 본 사람은 세상을 올바르게 가르치고자 하는 충동에 종종 사로잡히곤 한다. '내 말을 진작 들었다면 지금 당신을 고민에 빠뜨린 문제가 일찌감치 해결되었을 것을!' 이런 생각에 안타까운 마음을 드러내기도 한다. 경제학이 세상을 구하고 더 풍요롭게 만드는 기술을 연구하는 학문임에 틀림없으나 경제학자는 신중의 미덕을 결코 잊지 말아야 할 것이다.

왜냐면 이 세상은 복잡한 시스템이기 때문이다. '복잡하다'를 의미하는 영단어로는 'complicated'와 'complex'가 있다. 일반적으로 영국인, 미국인은 두 단어 사이에 어떤 차이가 있는지 알지 못하지만 학술적인 관점에서 볼 때는 그 차이가 무척 크다. 전자 complicated는 설명하기 어려울 정도로 두서도 없고 그 수량 또한 많아서 번잡하다는 뜻을 가리키고, 후자 complex는 내부의 각 요소 사이에 다양한 관계가 형성되어 하나의 반응이 전체에 연계됨을 가리킨다. 그래서 각 부분의 요소를 한데 모은다고 해도 본체를 제대로 설명할 수 없다. 그러므로 complex는 complicated보다 좀 더 고차원적인 복잡함을 의미한다. 과

---

* 1934년 출생. 쥘부채·손수건·딱따기 등의 도구를 사용하며 주로 장편 이야기를 들려주는 평서 (評書)의 대가 -옮긴이

학자들이 말하는 '복잡성 이론'은 complex를 가리키며, 우리가 말하는 복잡함 역시 complex를 의미한다.

복잡계(Complexity System)는 좀처럼 예측하기 어렵다. 나비가 한쪽에서 날개를 흔든다면, 매우 희박한 가능성이지만 천리 밖의 다른 곳에서 거대한 토네이도가 일어날 수도 있다. 그래서 정부가 공표한 어떤 정책으로부터 비롯된 영향력이 의도와는 전혀 어긋난 방향으로 확대될 수도 있는 것이다.

앞에서 언급한 유치원 학부모의 지각과 같은 문제처럼 때로는 어떤 사건에서 예상과 전혀 다른 결과가 나오기도 한다. 실험을 실시하기 전에 정답의 범위를 알고 있더라도 예상치 못한 결과가 나올 것인가? 이에 답하기 위해 흥미로운 예시를 들려주겠다.

경제학자들은 정부가 저소득 계층에게 직접적으로 돈을 지급하면 어떤 결과가 발생할 것인지에 큰 관심을 보였다. 음식 쿠폰 등 각종 복지혜택을 누리고 있는 저소득자와 무소득자에게 '마이너스 소득세'를 부과하면 어떨까? 고소득 계층에 소득세를 부과하듯이 말이다. 다시 말해서 나이, 질병, 자녀의 유무에 상관없이 소득이 낮으면 나라에서 무조건 돈을 지급해주는 것이다. 친서민 정부로서는 당연히 해야 할 일처럼 보이지만, 그렇게 했다가는 무임승차를 부추길 수 있고 경제 활동 동기를 저해할 수 있다는 지적과 우려를 피하기 어렵다.

실험만이 주장을 뒷받침하고 객관적 사실을 확인할 수 있는 최고의 방법이다. 1966년 미국의 경제학도인 헤더 로스(Heather Ross)는 위에서 설명한 공공정책을 실험해볼 기회를 얻었다.** 500백만 달러의 실험비

** 참고: 작가 이언 에어즈(Ian Ayres), 《슈퍼크런처(Super Crunchers)》

를 손에 쥔 헤더는 특정 지역을 찾아가 빈곤 가정을 무작위로 선별한 뒤 정부 보조금이라는 명분으로 각 가정에 매달 돈을 지급했다. 그리고 여러 개월이 흐른 뒤, 해당 복지 혜택을 받는 가정과 조건은 비슷하지만 혜택을 받는 데서 탈락한 가정과 비교분석을 실시했다.

그 결과 지원금을 지급해도 빈곤 계층의 취업률에는 그다지 변화가 없다는 사실을 확인할 수 있었다(적어도 실험 기간에는 그러했다). 하지만 복지 혜택을 받은 빈곤 가정의 이혼율이 크게 증가했다는 뜻밖의 결과가 나왔다. 복지 혜택과 이혼율 사이에 어떤 관계가 있을 것이라고 어느 누구도 예상하지 못했다. 중국 사람들은 제아무리 금슬 좋은 부부라도 돈이 없으면 고되다고 한다. 그런데 미국인들은 돈이 있으면 불화를 겪는 것일까? 이 결과를 토대로 유럽의 복지 선진국에서 출생률이 점차 감소하는 상황을 이해할 수 있을 것 같았다. 하지만 아쉽게도 이와 관련하여 보다 진전된 결과를 보여주는 연구가 시행되지는 않았다.

이처럼 정부가 나서서 조치를 취하는 사회개혁 실험은 제대로 설계되지 않으면 뜻밖의 결과를 초래한다. 혹여 꼼꼼히 설계했다고 해도 별다른 효과를 가져다주지 않을 수 있다. 사회학자 피터 로시(Peter Rossi)는 1960~1980년대의 다양한 사회활동 프로젝트의 효과를 검토한 뒤에 '정석'이나 다름없는 논문을 발표했다.* 논문에서 그는 다음과 같은 불문율을 제시했다.

철칙 : 모든 대규모 사회제도의 최종 영향평가 예상값은 0이다.

• "The Iron Law Of Evaluation And Other Metallic Rules", Rossi; Research in Social Problems and Public Policy, volume 4(1987), page 3-20.

(The Iron law: "The expected value of any net impact assessment of any large scale social program is zero.")

결국 '고쳐도 큰 쓸모가 없고 고치지 않아도 그리 나쁘지 않다'는 얘기다. 이런 이유로 일부 공공지식인을 제외한 엄격한 학자들은 사회 개혁에 상당히 비관적이어서 적극적인 조치를 감히 제시하지 못한다.

공공지식인은 하고 싶은 바를 그저 말할 뿐이지만 관리자는 과감히 행동으로 옮길 줄 알아야 한다. 이를 설명하기 위해 다시 중국 축구에 대한 이야기를 꺼내야 할 것 같다. 중국 축구가 스포츠 시장화 개혁의 선봉장이라면, 중국 축구협회는 각종 혁신적인 인센티브 수단을 제공하는 실험자로 나섰다. 결론적으로 말해서**, 축구협회는 다음과 같은 인센티브 수단을 제시했다.

- 외국계 골키퍼를 스카우트하지 않고 중국 대륙 출신의 골키퍼를 육성한다.
- 2008년 베이징올림픽을 위한 인재 육성 차원에서 20세 이하 선수 최소 두 명 이상을 출전명단에 포함시킨다.
- 국가대표팀이 월드컵에서 선전할 수 있도록 선수의 해외 체류를 금지한다.
- 경기 입장률이 낮은 경우 클럽에 벌금을 부과한다.
- 헤딩골 능력을 높이기 위해서 헤딩골을 2점으로 처리한다.

•• 출처: 넷이즈(NetEase) 이미지 기사. http://sports.163.com/photoview/0B6P0005/113186.html

이에 대해 몇몇 규정은 만족스러운 성과를 낼 것이라는 추측이 이어졌다. 하지만 외국계 골키퍼의 출전을 금한다는 규정만 남았을 뿐, 나머지는 잘못된 판단이라는 사실이 입증되어 폐기되고 말았다. 중국 축구협회는 여기에 굴하지 않고 2001년과 2004년에 리그 승급제를 두 번이나 취소하는 해괴한 수단을 사용했다.

당시 축구협회 책임자는 축구리그에 대한 열기가 다소 식으면 국가대표 선수들이 국가대표전에 좀 더 집중할 수 있을 것이라고 생각했다. 하지만 이러한 충격요법은 스스로 제 발등을 찍는 예상치 못한 심각한 결과를 초래했다. 사건의 결과가 연쇄적으로 번져나가기 시작한 것이다. 리그제 폐지 → 리그에 대한 관심 감소 → 관중 감소 → 후원업체 이탈 → 클럽 자금난과 임금 체불 → 경기력 후퇴 → 관중 재차 감소 및 중국 축구에 대한 관심 감소 → 아이를 축구선수로 키우려는 부모의 꿈 실종 → 계속되는 악순환…….

그래서 부득이한 경우가 아니라면 자신의 공상대로 유례없는 대단한 무언가를 하겠노라 함부로 복잡계를 흔들지 않는 게 좋다. 그로 인해 마지막에 어떤 결과가 나올지 전혀 알지 못하기 때문이다.

이는 또한 음모론이 전혀 믿을 수 없다는 것을 설명한다. 종이에 머물러 있는 각종 가상적인 실험은 더더욱 믿기 어렵다. 우리는 매우 복잡한 세계에서 살고 있으며 어느 누구도 그 세계를 완벽하게 제어할 수 없다.

- 이 책의 출판에 즈음해서 중국 본토 팀이 홍콩 팀 때문에 2018년 세계월드컵 예선전 아시아 지역 12강 출전권을 하마터면 놓칠 뻔했다. 홍콩 팀의 골키퍼가 공을 막아내기 위해 죽기 살기로 자신의 몸을 던진 것은, 중국 축구협회에 대한 개인적인 원한 때문이었다. '외국계 골키퍼'라는 이유로 축구협회가 중국 슈퍼리그에 이적할 수 없다고 판정했기 때문이다. 엄밀히 말해서 중국 축구협회의 모든 인센티브 수단은 실패했다.

가장 쉬운 경제학을 이해한 뒤에는 생각에 많은 변화를 겪게 될 것이다. 이전처럼 자산, 복지, 환경에 열중하지 않고 동정심도 많이 줄어들 것이다. 강한 정부의 힘을 더 이상 믿지 않으며 시장이 자율적으로 돌아가도록 내버려두는 편이 최선이라고 생각할 것이다. 이는 분명 좀 더 보수적인 '증세'이지만 엄격하게 말해서 '자유지상주의(Libertarianism)'라고도 할 수 없다. 우리는 사실상 자유진영도 보수진영도 아닌 제3의 파**, 즉 자유의지론자(Libertarian)로 변한 것이다.

　　상당한 수의, 어쩌면 절대다수의 경제학자가 자유의지론자 진영에 설지도 모르겠다.

　　지식인은 사회과학에서 강경한 입장을 고수해서는 안 된다. 구체적인 상황도 제대로 파악하지 못한 채 시장화 개혁에 직접 나선다면 실수할 것이 불 보듯 뻔하다. 하지만 이론적으로 말해서, 세계의 문제가 경제적 문제라고 생각한다면 자유의지론자의 입장이 옳을 수도 있다. 이 입장을 반박하기란 상당히 어려울 것이다.

　　하지만 여기서는 가장 쉬운 경제학에 대해 이야기하고 있다는 사실을 명심하기 바란다. 더욱 복잡해진 경제학은 다양한 결론을 가지고 있다. 과연 그 원리를 뛰어넘을 수 있을까? 아마도 그 문제는 여기에서 다룰 수 있는 문제가 아닌 것 같다.

•• 제3의 파는 이 장 7절의 '인간의 도덕성은 어디서 비롯되는가?'에서 다시 한번 등장한다.

4

유권자의
'뇌구조' 살펴보기

미국식 민주주의에 반대하는 사람들은 자본주의 체제하의 유권자
는 모두 이기적이라고 생각한다. 유권자가 개인의 이익을 따져 표를
던지므로 필연적으로 국가의 전체적인 이익에 피해를 주게 된다는 것
이다. 또 정치가들은 투표기간이 되면 언제나 그렇듯 너나없이 허무맹
랑한 공약을 약속하다가 결국에는 유권자의 뜻과는 거리가 먼 정책을
내놓는다고 여긴다. 하지만 위의 두 가지 생각 모두 틀렸다.

상당수의 연구에 따르면 유권자는 사심 없이 자신의 표를 행사한
다. 자신이 후보한테서 어떤 실질적 혜택을 받을 수 있는지 따지는 것
이 아니라 애국심과 같은 고상한 기분에 휩싸여 투표하는 것이다. 또
한 미국의 정치가가 내놓는 정책의 상당수에서 유권자의 생각을 충실
히 담기 위한 노력의 흔적을 찾아볼 수 있다(최근 실시된 각종 유권자 설문조

사 덕분에 정치가들이 사용할 수 있는 정책적 범위가 점차 제한적으로 변하고 있다). 현재 미국식 민주주의는 사심을 내려놓는 유권자, 유권자를 만족시키기 위해 노력하는 정치가 덕분에 시민의 요구를 현실화하기에 더할 나위 없이 좋은 제도로 평가받고 있다.

그런데 역설적이게도 미국의 민주주의가 활력을 잃고 만 것도 바로 이 때문이다.

2008년 금융위기 이후 미국의 보호무역주의 경향이 점점 강해지고 있다. 철강산업의 경우, 2009년 초에 비준된 경제 활성화 계획 규정에 따라 정부의 인프라 건설 프로젝트에는 미국 본토에서 생산된 철강만 사용할 수 있다. 게다가 2015년 2월, 미국 정부는 일부 중국산 철강재에 대해 430퍼센트의 반덤핑관세를 부과했다. 이에 중국학자들은 앞다투어 칼럼을 게재하며 현재의 보호무역주의가 미국 경제를 해칠 것이며, 중국 생산자가 아니라 미국 소비자가 궁극적으로 피해를 보게 될 것이라고 주장했다. 역사적으로 보건대 1930년대에 실시된 보호무역주의 정책은 미국 내 경제 대공황을 한층 악화시켰다는 평가를 받고 있기도 하다.

중국 경제학자들은 미국 정부가 보호무역정책을 펼 것이 아니라 이성적으로 행동해주기를 기대한다. 미국의 경제학자들뿐만 아니라 전 세계 경제학자들 역시 보호무역주의에 반대한다. 경제정책이 경제학자의 주장처럼 실시된다면 세계에는 보호무역주의가 결코 존재하지 않을 것이다. 하지만 미국의 정치 현황은 경제학자의 주장이 아니라 유권자의 민심을 좇고 있다. 미국 조지메이슨대학교(George Mason University)의 경제학과 교수 브라이언 캐플랜(Bryan Caplan)은 2007년《이성적 유권자에 관한 신화(원제: The Myth of the Rational Voter)》에서 유권자가 경제학자와 의견차를 보이는 현상에 대해 상당히 흥미로운 설명과 분석을 내놓았다.

많은 사람들이 생각하는 이상적인 민주선거 제도에서는 후보자가 공약한 정책을 유권자가 충분히 이해하고 있으며, 이성적으로 후보자의 능력과 정책의 장단점을 판단할 수 있다고 가정한다. 민주주의의 저력은 여러 사람들의 의견 중에서도 가장 많은 사람들이 동의하는 의견이 최대의 행복을 가져다줄 것이라는 생각에 있다. 이를테면 사람들은 오디션 프로그램에서 문자투표로 원하는 상대를 고르거나 온라인에서 마음에 드는 영화에 평점을 줄 수도 있다. 참가자 수가 많다면 최종적으로 가장 높은 점수를 받은 대상이 최고의 가수, 최고의 작품이 되는 영광을 차지한다. 그런 점에서 민주주의는 효율을 강조하는데, 우리는 이러한 행위를 '집단지성(The Wisdom of Crowds)'이라고 부른다.

하지만 정치 선거와 오디션 프로그램은 별개의 일이다. 아이돌 스타나 가창력이 뛰어난 무명의 가수를 선발하는 오디션 프로그램에서 시청자는 후보의 노래와 춤 등을 직접 확인할 수 있지만 정치가의 능력은 공약이나 정책을 통해 검증되기 때문이다. 하지만 대다수 유권자는 그들의 정책을 심도 있게 이해하는 데 무관심하다. 1992년 미국 대선 기간 동안, 조지 부시(George H. W. Bush) 대통령 후보가 기르는 개의 이름이 '밀리'라는 사실을 알고 있는 유권자는 무려 86퍼센트나 됐지만, 조지 부시와 빌 클린턴 모두 사형을 지지한다는 사실을 알고 있는 유권자는 겨우 15퍼센트에 그쳤다. 대다수의 유권자가 구체적인 정책에 기본적으로 아무런 관심도 보이지 않았다는 뜻이다. 정치학자들 역시 대다수의 유권자가 무지하다는 사실에 공감한다.

하지만 선거제도의 묘미는 유권자가 아무리 무지하더라도 민주주의가 여전히 활기를 유지한다는 데 있다. 대선 기간이 되면 수많은 언론사가 벌떼처럼 몰려들어 각 후보자의 장단점을 설명하고 유권자들은 그들을 이모저모 살펴보기 시작한다. 클린턴이 젊어서 좋다는 사람, 경험 많은 부시가 든든하다는 사람, 오바마가 잘생겨서 좋다는 사람, 군인 신분으로 베트남전에 참가한 매케인(John McCain) 후보를 점찍었다는 사람도 있다. 무지한 유권자의 표가 집중력 없이 무작위로 분포되어 혼재 양상을 보인다면, 결국 각자의 표가 서로 영향을 받는 상황에서 각 후보자의 득표수는 대체적으로 비슷한 수준을 유지할 것이다. 결국 후보자의 정책과 행정능력을 꼼꼼히 따진 1퍼센트의 유권자들이 던진 표가 선거의 향방을 가르게 된다.

하지만 캐플랜은 유권자의 무지함은 무작위로 분포하지 않으며, 이들이 경제문제에 대해 전체적으로 오해를 하고 있다고 지적했다. 크게 네 가지 문제를 놓고 일반대중과 경제학자 사이에 의견이 대립하는데, 불행히도 진리는 소수의 사람 편인 듯하다.

첫째, 경제학자는 시장과 보이지 않는 손을 믿지만 일반대중은 민간기업의 탐욕을 종용하는 행위가 어떻게 사회에 커다란 이익을 가져다주는지 이해하지 못한다. 그들은 기업이 수익을 창출한다는 사실만 이해할 뿐, 이윤이 기업의 효율 증대와 서비스 개선을 촉진한다는 사실은 보지 못한다. 일반대중은 기업이 차지하는 이윤이 너무 많다고 생각한다. 이를테면 유가가 올랐을 때 경제학자는 시장의 공급과 수요관계에 의한 결과라고 여기지만, 일반대중은 석유 기업이 더 많은 이윤을 창출하기 위해 탐욕을 부린 결과라고 보는 것이다.

둘째, 경제학자는 자유무역을 지지하지만 일반대중은 본능적으로 수입품에 거부감을 보이며 국산품을 선호한다. 대외무역의 장점을 저

평가하는 일반대중은 외국업체들이 자국의 일자리를 약탈한다고 여긴다. 또한 기업이 일자리를 해외로 유출하는 행위가 자국 내 실업률을 부추기는 주된 원인이라고 생각하는 일반대중과 달리, 경제학자들은 기업의 행위가 실업률과는 거의 무관하다고 말한다.

셋째, 대중은 감원을 지나치게 두려워한다. 새로운 기술은 인력 절감 효과를 가져오지만 일반대중은 기술이 여전히 위험하다고 말한다. 하지만 경제학자들은 개인의 업무는 그가 생산하는 제품이 팔릴 때만 비로소 의의를 지닌다고 주장한다. 하물며 기업의 자유로운 감원정책은 사회 전체적으로 봤을 때 취업률을 떨어뜨리지도 않는다. 기업이 감원할 수 있는 권리가 자신에게 있다는 것을 깨달아야 경기가 좋아졌을 때 더 많은 인력을 고용할 수도 있기 때문이다.

넷째, 대중은 종종 사회적 문제의 심각성을 과대평가하고 경제 실적을 지나치게 과소평가한다. 좋지 않은 물건은 좋은 물건보다 소비자에게 더 큰 인상을 남긴다. 담배를 피우는 청소년들을 보며 일반대중은 사회가 점점 타락하고 있다고 개탄하기도 하고, 월스트리트의 금융 스캔들 기사를 읽으며 모든 부유층이 구제할 수 없을 만큼 부패했다며 혀를 차기도 한다. 미래의 삶을 가늠할 수 있는 예상 기준에 대한 일반대중의 눈높이가 경제학자보다 훨씬 높은 셈이다. 이러한 인식을 토대로 유권자는 경제학자와 달리 정부가 시장에 적극적으로 관여하기를 기대한다.

미국의 정치인들은 유권자의 이러한 오해를 이해하고 있을 뿐만 아니라 그 오해에 영합하는 데도 능하다. 자유무역 반대활동에서 물 만난 고기처럼 뛰어다닐 뿐만 아니라 걸핏하면 중국의 '불공정무역'을 맹공격한다. 특히 민심을 직접적으로 대변하는 미국 하원의원들의 활동이 눈부시다. 하원의원은 임기가 2년에 불과한 탓에 재선에 대한 스트레스에 항상 노출되어 있다. 캐플랜이 인용한 통계 보고서에 따르면 미국 대통령, 부통령과 내각 장관의 70퍼센트, 상하 양원 의원의 50퍼센트 이상이 변호사로 일한 경험이 있다고 한다. 이에 반해 전문적으로 경제학 교육을 받은 정치가는 손에 꼽을 정도다. 왜냐면 유권자는 경제학자를 싫어하기 때문이다.

어쩌면 누군가는 경제학자의 말이 옳다고 할 수 있는 근거가 뭐냐며, 어쩌면 경제학자의 견해야말로 오해 아니냐고 따질 수도 있겠다. 경제학자의 이론은 이성적인 분석에서 비롯되며 역사적 사실을 근거로 하는 반면, 일반대중의 선호도는 직감과 감정에 100퍼센트 의존하고 있다. 하지만 정책의 장단점은 사람들의 직감과는 종종 정반대로 나타난다. 사람들은 소외계층에 대한 복지 증대는 좋은 일이며, 정부의 감세가 긍정적인 효과를 가져오리라고 생각하지만, 이 두 가지 상황이 상호 모순적이라는 것은 깨닫지 못한다. 고액의 임금을 강제로 규정하는 정부의 행위가 노동력의 가격을 보장해주리라고 생각하지만, 그렇게 해서 보장된 노동력은 인위적으로 남아돌 수도 있다는 것을 모른다. 실제로 유럽에서는 수십 년 동안 노동력 시장에 대해 정부 차원에서 엄격한 감시·감독을 한 탓에 장기적인 높은 실업률로 골치를 썩고 있기도 하다.

유권자는 갖고 싶은 물건을 살 때보다 자신의 표를 던질 때 사심을 버리려고 노력한다. 사실 자유무역으로 인해 일자리를 잃은 사람은 소수에 불과하며, 저렴하고 품질 좋은 수입품이 대다수 소비자의 삶에 더 큰 행복과 편의를 가져다준다. 이러한 사실은 미국 유권자들이 위안화를 평가절상하라고 외치면서도 중국산 제품을 구입하는 점을 봐도 알 수 있다. 그렇다면 그들은 왜 보호무역주의를 지지하는 인물과 정당에 투표하는가? 근본적인 원인은 자신의 손에 들린 한 장의 표를 대수롭지 않게 생각하기 때문이다. 캐플랜은 유권자의 이러한 투표 태도를 '이성적인 무지'라고 불렀다. 사실 무지함은 이성적인 선택이다. 자신의 표로는 전체적인 큰 틀을 좌우할 수 없으니 표 한 장을 행사하기 위해 각 후보자의 장단점을 일일이 따지거나 경제학을 공부할 필요가 뭐란 말인가?

《이성적 유권자에 관한 신화》의 결론에서 브라이언 캐플랜은 이성적인 무지함에 경제문제에 대한 일반대중의 오해까지 더해지면 민주주의는 활기를 잃는다고 주장한다. 경제학자는 시장을 무척이나 신뢰하지만, 동시에 시장의 활기를 잃게 만들 수 있는 다양한 상황에 대해서도 신중하게 연구한다. 하지만 민주주의에 대한 사람들의 믿음은 거의 종교와 같다. 요컨대 경제학자는 시장을 만능으로 여기지 않지만 민주주의를 신뢰하는 사람들은 민주제도가 만능이라고 여긴다. 그들에게 민주주의가 활기를 잃고 있다고 알려준다면 그들은 아마 보다 적극적으로 민주주의를 실시해야 한다는 해결방안을 제시할 것이다.

사람들은 뭔가를 원할 때면, 자신이 유권자로서 표를 행사하며 뭔가를 기대했을 때와는 전혀 다른 자세를 취한다. 캐플랜이 대답하지 않은 중요한 문제가 있다. 바로 유권자가 자신의 이익을 위해 투표하는 것이 아니라면 '무엇을 위해 투표하는가?'이다. 그렇다면 유권자는 대체 무엇을 원하는 것일까? 유권자를 '비이성적'이라고 비난하거나 유권자가 아둔하다고 대놓고 이야기한다면 지나치게 단순한 답변이 될 것이다. 유권자가 투표에 참여할 때의 심리를 살펴보면 매우 명확한 규칙이 하나 존재한다. 당선을 기대하는 정치인이나 정권 재창출을 꿈꾸는 정권이라면 앞으로 설명할 규칙에 반드시 귀 기울여야 할 것이다.

《이성적 유권자에 관한 신화》처럼 학술적 향기로 가득 찬 서적에서 제시한 근거를 보면 주류 경제학자의 선거에 대한 인식을 알 수 있다. 그들은 무지한 유권자의 표가 서로 상쇄된다는 잘못된 생각에 머물러 있는 것이다.

그런 점에서 오히려 경선에 참가한 사람들이 유권자의 심리를 더 많이 알고 있는 것 같다. 게다가 그들은 적극적으로 이러한 심리를 이용하려 든다. 정치인들이 경선 공략을 유권자가 학습할 수 있는 교재로 만들지 않는 것은 참 아쉬운 일이다.

다행히 한 인지언어학자가 '유권자는 무엇을 원하는가?'라는 문제에 대한 해답을 찾기 위해 본격적으로 뛰어들었다. 캘리포니아대학교 버클리캠퍼스의 교수 조지 레이코프(George Lakoff)는 2008년에 출간한 《폴리티컬 마인드: 21세기 정치는 왜 이성과 합리성으로 이해할 수 없을까?(The Political Mind)》에서 매우 흥미로운 사고(思考)모델을 소개했다.

레이코프는 유권자가 원하는 것을 '서사(Narrative)'라고 불렀다.

인지학자들은 인간 두뇌가 복잡한 외부 세계를 인식하는 작업이 '서사'를 통해 해독된다는 사실을 발견했다. 이를테면 걸프전의 발발에 대한 사람들의 인식 과정은 다음과 같다. '이라크가 쿠웨이트를 공격해서 걸프전이 발발했다. 그래서 미국은 UN 연합군을 앞세워 이라크를 공격했다.' 이 전쟁은 배후에 매우 복잡한 정치적·경제적 원인이 있지만, 일반대중에게는 '힘없고 착한 사람을 괴롭히는 나쁜 악당을 영웅이 물리쳤다'는 이야기로 인식될 뿐이다.

대뇌는 서사를 좋아한다. 자신이 어떤 사람처럼 보일지는 자신이 현재 어떤 서사를 구현하는지에 달렸다. 이를테면 열심히 일할 때 우리는 '노력을 통해 풍요로운 삶을 누린다'는 서사를 일구고 있는 것이다. 어떤 인물에 대한 이해는 그들을 우리 머릿속 서사에 투영시켰을 때 비로소 이뤄진다. 그리고 이 모든 것은 무의식적으로 진행된다.

서사는 인간의 감정을 다스릴 수 있는 힘을 갖고 있다. 하나의 서사를 들을 때 인간의 두뇌에서는 두 곳의 감정 구역(긍정적 감정, 부정적 감정으로, 서로 다른 곳에 위치한다)이 수시로 활성화된다. 서사 속 인물이나 사건에 대해 사람들의 호평과 악평이 혼재하는 이유가 바로 여기에 있다. 빌 클린턴이 백악관 여성 인턴과 부적절한 관계를 맺었다는 사실이 만천하에 공개된 뒤에도 힐러리 클린턴은 남편과 이혼하지 않았다. 누군가가 힐러리를 '피해를 입었음에도 관용을 베푼 여성'이라고 해독한다면 그에게 힐러리는 긍정적인 인물로 부각된다. 이와 반대로 '권력을 잡는 데 혈안이 돼서 뭐든지 참겠다는 탐욕스러운 여성'으로 파악한다면 부정적인 인물로 인식된다. 2008년 대선 기간 동안에 한 여대생은 힐러리만 아니라면 민주당 후보 누구에게라도 표를 던지겠다는 의사를 밝혔는데, 이는 후자의 서사를 통해 힐러리를 이해한 결과였다.

정치인과 정치·경제적 의제 모두 상당히 복잡한 존재이므로 다양한 분야의 요소를 검토하거나 손익을 따져야 한다. 하지만 대부분의 사람이 그러한 계산을 할 수 있는 시간도, 능력도 없으면서 전문가의 이야기에는 귀를 기울이지 않고 자신의 판단에 따라 행동한다. 그리고 그들은 서사에 의거해 판단을 내린다. 그 때문에 정치판에 훤한 노련한 정객들은 유권자를 상대로 경제학 수업을 펼치는 대신 감동적인 이야기를 들려준다.

걸프전 당시, 조지 부시 대통령은 처음에 '자위'라는 서사를 앞세워 이라크가 미국의 석유공급을 위협하고 있다고 설득했다. 하지만 유권자들은 이를 귓등으로도 듣지 않았다. 그래서 위대한 영웅은 선량한 약자를 도와야 한다는 명분을 내세웠고, 그때서야 유권자들은 미국의 참전에 동의했다. 그의 아들인 조지 부시(George W. Bush) 역시 매사에 '대테러'를 내세워 원하는 결과를 얻어낼 수 있었다. 2004년 경제 실적이 휘청거리는 상황에서도 그가 연임에 성공할 수 있었던 비결은 바로 테러에 대한 미국인의 공포와 불안을 자극했기 때문이다. 조지 부시의 핵심참모인 칼 로브(Karl Rove)가 세운 경선전략은 명확했다. '경제는 신경 쓰지 말고 오로지 테러에 대해 이야기하라!' 실제로 조지 부시의 대테러주의 서사는 상당히 성공적이었다. 2004년 봄, 미국 정부의 9·11사건 진상조사 위원회는 사담 후세인이 알카에다를 지원하지 않았다고 발표했지만, 그해 8월에도 50퍼센트에 해당하는 유권자가 9·11사건의 배후에 이라크가 있다고 생각했다. 2006년에도 그 이야기를 믿는 유권자는 46퍼센트나 됐다.

유권자는 두 가지 종류의 서사에 열광한다. 하나는 '적군을 두려워하지 않는 용기', 그리고 나머지 하나는 '자기 속죄를 위한 노력'이다. 누군가 두 가지 이야기를 모두 들려줄 수 있다면 그가 미국 대통령으로 당선되는 것은 불 보듯 뻔한 결과였다. 조지 부시가 테러에 맞서는 미국 행정부를 전면에 내세운 것은 첫 번째 서사를, 젊은 시절에 폭음을 즐기며 사고를 쳤던 일화를 대중에게 종종 들려준 행동은 두 번째 서사를 의식한 것이다. 실제로 영웅은 자신의 출신에 얽매이지 않으며, 유년시절이 힘들수록 나중에 더 크게 성공한다. 그런 면을 보여주는 예시로는 오바마 전 대통령만큼 적절한 사례도 없을 것이다. 흑인으로서 오바마가 미국 사회에서 정계에 진출하고 대통령의 자리에 오르기까지 얼마나 많은 노력을 기울여야 했을지는 어렵지 않게 상상할 수 있다. 게다가 워싱턴 정계에서 아무런 존재감도 드러내지 못했던 젊은 정치인이 '변화'를 외치며 유권자에게 자신의 생각을 전하려 최선을 다했다. 그리고 오바마가 들려준 이야기에 미국 유권자는 열광했다.

1921년 당시 중국의 후스(胡適) 선생*은 '호인정부(好人政府)'라는 명제를 제시하며, 민주제도가 좋은 사람들을 선발해 정부로 보내주는 역할을 담당해주기를 기대했다. 하지만 '좋은 사람'도 결국 서사다. 유권자는 각종 서사를 통해 누가 좋은 사람인지 판단한다. 후스와 달리 경제학자들은 유권자가 좀 더 이기적으로 행동하기를 기대한다. 즉 자신의 이익에서 출발해서 투표해야만 '보이지 않는 손'이 민주제도에 날개를 달아준다고 주장하는 것이다.

하지만 유권자는 투표할 때 자신의 미래 이익을 고려하지 않고 자신의 대뇌에 새겨진 서사에 의존해 현재의 감정을 '표' 한 장에 담는다. 사람들이 국산제품을 선호하는 것은 저렴한 가격 경쟁력을 내세운 마케팅 효과가 아니라 애국이라는 서사에 호소한 결과다.

캐플런은 활기를 잃은 민주주의를 위해 세 가지 해결책을 제시했다. 그중에서 첫 번째 전략은 그가 점찍어둔 '상책'이라고 감히 확신한다. 그는 시장으로 민주제도를 대체해야 한다고 주장했다. 다시 말해서 일부 경제 영역에서 정부의 감시·감독을 철회하고 대중 스스로 선택할 수 있는 환경을 만들자는 것이다. 이 효과를 설명하기 위한 가장 좋은 예시가 바로 TV다. 케이블 TV의 경우 공중파와 달리 제한이 많지 않기 때문에 영화 전문 유선 방송 HBO에서는 수준 높은 다양한 작

---

* 중국의 사상가·교육가이자 문학혁명 추진자의 한 사람으로, 중국의 구어체 언어 백화(白話)가 공식 문어로 정착되는 데 공헌했다.-옮긴이

품을 선보일 수 있었다. 캐플랜은 차선책으로 서사만 듣는 일반대중의 투표권을 제한하고 복잡한 사물과 현상을 이해할 수 있는 사람에게 더 많은 투표권을 부여하자는 의견을 제시했다. 마지막에 '하책'으로 제시한 방법은 울며 겨자 먹기로 제시한 듯한데, 교육을 강화함으로써 대중의 경제적 상식 수준을 높이자는 내용이다. 아쉽지만 경제학은 서사를 이용할 수 없는 분야다.

5

높은 효율의 방임

성공한 사람이 모두 나쁜 사람이라면 당신은 왜 착한 사람 노릇을
계속하려 드는가?

반문이 아니라 순수한 호기심에서 비롯된 질문이다. 우리는 대부분
착한 사람이 보답받기를 바라지만, 이런 보상과 관련된 어떠한 과학적
근거도 아직까지 존재한 적이 없다. 그뿐만 아니라 심리학자들은 보답
을 받는 사람 중 대다수가 '착한 사람'이 아니라는 최신 연구 결과를
발표하기도 했다.

우리는 이따금 자신에게 유리한 쪽과 자신의 양심에 비추어 당당한
쪽을 놓고 선택의 기로에 놓이게 된다. 당신이 이성적인 사람이라면
어느 쪽을 선택할 것인가?

유능한 사람들의 습관

최근 인터넷에서 '사고력 문제(一道思考題)'라는 글을 우연히 보게 됐다. 여기서는 누구나 겪을 수 있는 난처한 상황이 등장하는데, 이를테면 '상사가 부패를 저질렀다는 사실을 알게 됐다면 당신은 어떻게 할 것인가?'라는 문제가 주어지는 것이다.

이 질문에 대해 글쓴이인 차오리리(曹莉莉)는 이렇게 대답한다.

"당신이 평소 상사의 부패를 목격할 수 있는 기회조차 없었던 평범한 직원이라면 할 수 있는 일은 거의 없다. 현실적으로 당신의 유일한 선택은 보고도 모른 척하며 제 밥그릇을 챙기는 쪽이다. 설사 상사가 부정·부패를 저질렀다는 사실을 신고하려고 해도 주장을 뒷받침해줄 증거가 없기 때문이다.

당신이 비서나 보좌 같은 중요 관계자라면 상사의 편에 서서 옳지 못한 행동에 동참하는 일만큼은 반드시 피해야 한다. 그렇지 않으면 훗날 사건의 진상이 밝혀졌을 때 당신이 가장 먼저 희생될 것이다. 또한 이 사실을 신고해서도 안 된다. 그 사실이 알려지면 다른 상급자들은 당신을 절대로 고용하지 않을 것이다. 그러니 상사가 더 이상 부정·부패를 저지르지 못하도록 수단과 방법을 가리지 말고 설득해야 한다. 그가 당신의 말을 들은 척도 하지 않거든 사직서를 내라!"

본분에 충실하면서도 양심을 지킬 수 있다는 점만 보면 글쓴이의 답변은 완벽하다.

하지만 '내 일찍이 옛날 어진 사람의 어진 마음을 헤아려본 적 있으니, 어진 사람의 마음은 두 가지 마음이 달랐다(予嘗求古仁人之心, 或異二

• http://www.ledu365.com/a/shehui/37211.html

者之爲)*는 말이 있다. 그러므로 차오리리의 답변은 당신이 계속 평범한 사람으로 머물고 싶을 때 취해야 할 행동이다. 그저 그런 사람이 아니라 사람들을 이끄는 리더가 되고 싶다면 어떻게 행동해야 할까?

사회적으로 높은 자리에 있는 사람들을 한번 보자. 그들 역시 사회생활을 하는 과정에서 필시 부정·부패를 저지르는 상사를 만날 것이다. 차오리리의 해답에 비추어 그들의 선택을 추론해보자. 첫째, 높은 자리에 있는 사람은 상사와 '노는 물'이 같으니 결정적 증거에 접근할 수 있을 것이다. 둘째, 그들의 상사는 몇 마디 설득에 마음을 돌릴 만큼 어설픈 각오로 부정·부패를 저지르지는 않을 것이다. 셋째, 현재 사회적으로 높은 자리에 있으니 그들은 사표를 내지 않은 것이다.

우리가 내릴 수 있는 가장 합리적인 결론은, 사회적 지위가 높은 사람들은 물이 너무 맑으면 물고기가 살지 못한다고 생각한다는 것이다. 다시 말해서 그들은 확실한 증거를 손에 넣고도 신고하지 않는 쪽을 선택했다. 최악의 경우 상사와 함께 부정·부패를 저지를지도 모른다.

진흙 밭에 일단 발을 한번 딛고 나면 위험하지만 동시에 기회도 생긴다. 발을 더럽히기 싫다고 멀찍이 떨어져 있으면 아무도 당신에게 같이 놀자고 하지 않을 것이다. 어쩔 수 없이 각종 위험과 이익을 따지는 데 급급하다 보니 모양새도 영 살지 않는다. 이런 현실 때문에 정의의 투사를 자처하던 몇몇 사람들은 현 사회의 민낯을 보고 아예 계산기도 두드려보지 않고 '강호'를 등지기도 했다.

대학교에 다니던 시절에 종종 구룽(古龍) 선생의 소설을 빌려보곤 했다. 소설《원월만도(圓月彎刀)》에 나온 한 구절의 문장이 내 청년 시

• 출처: 범중엄(范仲淹)의 〈악양루기(岳陽樓記)〉 –옮긴이

절의 피를 뜨겁게 달아오르게 만들었다. 심지어 그 구절을 밑줄로 표시하기도 했다. "그는 바른길(正道)에서 두각을 드러내고자 했다." 대체 어떻게 해야 바른길에서 두각을 드러낼 수 있단 말인가?

이 문제에 대한 해답을 알기 위해 구룽의 다른 소설을 읽어봤지만 아무런 답도 얻지 못했다. 그러던 중에 많은 독자들로부터 사랑을 받은 베스트셀러인 스티븐 코비(Stephen Covey)의 《성공하는 사람들의 7가지 습관(The Seven Habits of Highly Effective People)》에서 그 답을 찾을 수 있었다. 이 책에서 강조하는 일곱 가지 습관 중 두 번째, 즉 '원칙 중심적으로 일해라'가 바로 그것이었다.

스티븐 코비는 스스로 사명감을 갖고 자신의 삶을 위해 비전과 방향을 찾으라고 말한다. 여기서 말하는 비전이란 성공한 후에 섬에 들어가 은퇴생활을 즐기겠다는 식의 목표가 아니라 보다 고차원적인 이상을 가리킨다. 이를테면 세상을 바꾸겠다는 식의 개인의 궁극적인 기대치와 가치관 같은 것을 뜻하는 것이다. 훗날 당신의 장례식을 찾아온 사람들로부터 존재의 가치를 인정받거나 높은 평가를 받을 수 있는 목표 말이다. 이러한 사명감에 의거해 자신에게 헌법과 같은 원칙을 세우고 항시 명심하는 것이다. 자신의 비전을 실천하기 위해서는 매사에 최선을 다해야 한다.

돈, 쾌락, 명성 또는 업무, 가정 등을 가치의 중심으로 삼을 수도 있겠지만 모두 '원칙'에는 미치지 못한다.

이를 설명하기 위해 스티븐 코비는 한 가지 예시를 들었다. 당신은 퇴근한 후 아내와 연극을 보러 가기 위해 귀가 중이었다. 그런데 갑자기 사장이 오늘 급하게 해결해야 할 일이 있다며 회사로 복귀해 업무를 끝내라고 지시하는 게 아닌가! 업무 중심인 사람이라면 야근을, 가정이 중심인 사람이라면 당연히 아내와의 약속을 선택할 것이다. 이와 대조적으로 원칙 중심인 사람은 전반적인 상황을 고려한다. 즉 충동적인 영향 속에서도 꿋꿋하게 자신의 원칙을 선택하고, 사명감 또는 의무에서 비롯된 자발적인 결정을 선택한다. 업무 중심인 사람이라면 승진 또는 동료와의 경쟁에서 이기기 위해 야근하는 쪽을 선택할 것이다. 하지만 원칙을 중심으로 삼는 사람이 회사로 돌아가 야근하는 쪽을 선택했다면 진심으로 회사를 위하는 마음에 따른 행동이라고 볼 수 있다. 이러한 결론이 나오기까지 아마도 다음과 같은 사고의 과정을 겪을 것이다. '회사의 중요한 이익이 걸린 일이니 아내한테 미안하지만 회사로 돌아가서 일해야겠다. 반대로 별다른 의미도 없는 일이라면 아내와의 약속을 지키는 편이 낫겠지.'

원칙 중심적인 사람이 상사의 부정을 발견한다면 어떻게 행동할까? 아마도 우리의 기존 계산과는 전혀 다른 답을 찾을 것이다. 다시 말해서 어떻게 해야 자신에게 유리한가 알아내려 머리를 굴리는 것이 아니라 회사, 심지어 국가를 위해 행동할 것이다.

그렇기 때문에 원칙을 중심으로 삼아 성공한 사람들은 티끌보다도 가벼운 존재감을 가진 사람들과는 전혀 다른 일처리 솜씨를 보여준다. 도덕적 사명감을 짊어진 그들은 눈부신 오라를 뿜내며 주변으로부터 부러움과 존경 어린 시선을 받는다.

1989년에 출판된 《성공하는 사람들의 7가지 습관》은 구구절절 옳은 말을 소개하고 있지만 학술적인 연구 뒷받침이 부족하다는 아쉬움을 남긴다. 이러한 내용의 글을 썼을 때 과학적 연구 결과가 뒷받침되지 않은 이야기는 현대인에게는 결코 통하지 않는다.

책이 출판된 지 벌써 20년도 더 됐지만, 성공한 사람들의 습관에 따르면 바른길에서 두각을 나타낼 수 있다는 주장을 뒷받침할 만한 과학적 증거가 존재하는가? 그렇지 않다.

누가 더 이기적인가?

중국의 유명 부동산업체 완퉁(萬通) 홀딩스의 CEO 펑룬(馮侖)은, 유학자 상인인 유상(儒商) 출신으로 현 청쿵허치슨 실업 CEO이자 아시아 최고의 갑부인 리자청(李嘉誠)과 홍콩에서 식사시간을 가졌다. 펑룬은 소탈한 리자청의 모습에서 큰 인상을 받고 그때의 일화를 담은 글을 발표했다.[*] "리자청은 뜻밖에도 엘리베이터에서 손님을 맞이하고 있었다. 식사하거나 사진을 찍을 때도 '추첨 순서'에 따라 일을 진행했다. 현장에 있는 모든 사람을 존중하는 그의 태도에 무척 큰 인상을 받았다. 게다가 '자아를 세우고, 무아를 좇다'라는 제목의 강연 역시 훌륭했다. 그의 행동과 발언에서 '돈 말고 소프트파워(Soft Power)'의 힘을 충분히 느낄 수 있었다."

이 이야기는 그다지 놀랍지 않다. 왜냐면 사람들은 진정한 엘리트는 남다른 배포와 안목을 지녀야 한다고 믿기 때문이다. 사람들은 리자청이 차익을 노리는 투기나 이익을 위해 다른 사람에게 손해를 입히는 얄팍한 수작이 아니라 상대를 진정으로 감응시키는 매력을 통해 성공했다고 생각한다. 심지어 어떤 사람들은 엘리트의 사고방식은 보통 사람과는 질적으로 다르다며 '가난한 사람은 자신에게 관대하지만 부자는 다른 사람에게 관대하다[**]'는 글귀를 들려주기도 한다.

---

* 펑룬: '리자청의 식사 대접법.' http://finance.sina.com/leadership/crz/20140603/082819312234.shtml
** http://www.heliangshui.com/gushi/952.html

하지만 이런 이야기만 가지고는 제대로 된 상황을 파악할 수 없으니 주장을 뒷받침해줄 만한 연구 결과를 찾아보는 편이 좋겠다. 2012년에 발표된 연구 논문*에서 심리학자인 폴 K. 피프(Paul K. Piff)와 그의 동료는 일곱 가지 연구에 착수했다. 그 결과, 부자와 소위 상류층이라고 일컫는 사람들의 도덕 수준은 일반인보다 높지 않고, 심지어 어떤 경우에는 그보다 못한 것으로 나타났다.

처음 두 연구에서 피프 등은 샌프란시스코 해안가에 위치한 횡단보도와 사거리에서 그곳을 지나가는 수백 대의 차량을 관찰했다. 두 지역은 신호등이 없는 대신 교통 표지판만 세워진 곳이다. 캘리포니아주에는 자동차보다 보행자가 우선이며 사거리에서는 뒤에 오는 자동차가 앞서 있는 자동차에 양보해야 한다는 규정이 있다. 이번 실험에서 어떤 운전자가 양보하고, 또 어떤 운전자가 새치기를 했을까?

실험이 끝난 후 연구자들은 운전자가 탑승한 차량을 가격대에 따라 크게 다섯 가지로 구분했는데, 연구 결과 가장 저렴한 가격대에 속하는 차량이 위의 두 실험에서 교통법규를 가장 충실하게 준수한 것으로 나타났다. 이와는 대조적으로 제일 비싼 가격의 자동차는 법규 위반을 제일 많이 저질렀다. 운전자의 연령과 성별 등의 요소를 제외했을 때도 비싼 자동차를 타는 사람일수록 교통법규를 제대로 지키지 않는다는 결론은 변함이 없었다.

세 번째 연구에서는 캘리포니아 주립대학교 버클리캠퍼스에 다니는 대학생 100명을 대상으로 실험이 진행됐다. 먼저 이들의 사회 · 경

• Paul K. Piff et al., Higher social class predicts increased unethical behavior, Proc Natl Acad Sci U S A. 2012 Mar 13; 109(11): 4086-4091. 관련 보도기사: http://news.sciencemag.org/2012/02/shame-rich

제적 배경을 조사한 뒤에 일상생활에서 저지를 수 있는 여덟 가지 부도덕한 행동에 대한 설명을 들려주었다. 그런 뒤에 이들에게 이와 비슷한 행동을 한 적이 있냐고 물었다. 예로 든 여덟 가지 부도덕한 행동은 부자를 겨냥해 설계된 것이 아니라 보통 사람들도 쉽게 저지를 수 있는 일이었다. 이를테면 식당에서 아르바이트를 하다가 음식을 몰래 훔쳐 먹기, 학교에서 쓰는 인쇄용지를 집으로 가져가기, 커피를 사고 더 받은 거스름돈 돌려주지 않기 등등이다. 실험 결과, 사회적·경제적으로 지위가 높은 사람일수록 부도덕한 행동을 쉽게 저지르는 것으로 나타났다.

나머지 연구에서도 상류층에 속하는 피험자일수록 탐욕스럽고 이기적인 것을 긍정적으로 생각하는 경향이 짙다는 결과를 확인할 수 있었다. 그중 일부는 목적을 위해서라면 취업을 위한 면접 등에서 거짓말을 해도 무방하다고 생각하는 사람도 있었다. 그리고 그들은 생각을 서슴없이 행동으로 옮기는 모습을 보여주었다. 주사위 던지기 게임에서 이기면 현금을 준다고 하자 점수를 속이는 속임수를 사용한 것이다. 이뿐만이 아니었다. 심리 영향 평가에서도 상류층으로 구분된 피험자의 도덕성이 낮다는 사실을 엿볼 수 있었다. 다른 계층보다 더 쉽게 물건을 훔치는 경향이 있음을 드러낸 것이다.

이 실험을 어떻게 이해해야 할까? 부자들의 도덕적 수준이 낮은 이유는 그들이 다른 사람들의 눈치를 전혀 보지 않기 때문이다. 보통 사람은 보유한 자원이 제한적이기 때문에 반드시 다른 사람과 협력하고 서로 의존해야 생존할 가능성이 높아진다. 즉 다른 사람에게 보이는 자신의 이미지가 중요하기 때문에 함부로 부도덕한 짓을 저지르지 못한다. 이에 반해 부자들은 혼자서 살아갈 만큼 충분한 자원을 손에 쥐고 있기 때문에 다른 사람들의 관심을 필요로 하지 않고, 다른 사람의 시선도 전혀 신경 쓰지 않는다. 낯선 이방인과의 교류 내용을 확인하는 연구 실험[*]에서 부자일수록 겉으로 드러나는 상대에 대한 관심과 상호작용이 적은 것으로 나타났다.

이는 다시 말해서 부유함이 부도덕을 낳는다는 말과 일맥상통한다. 2015년에 실시된 최신 연구[**]에서도 비슷한 결과를 얻을 수 있었는데, 사회·경제적 지위가 높은 그룹은 자신을 위해 속임수를 쓰지만 평범한 사람은 다른 사람을 위해 속임수를 사용하는 것으로 나타났다. 그런데 여기서 한발 더 나아가 평범한 피험자들에게 모종의 권력을 부여하는 실험을 실시했다. 그러자 그들 역시 즉각적으로 이기적인 모습을 보이며 자신의 이익을 위해 부정행위를 저지르기 시작했다.

또 다른 가능성으로 부자는 부도덕하기 때문에 부자가 된 것이라는 주장이 있다. 앞에서 피프 등의 연구자는 탐욕을 대하는 부자들의 태도가 보통 사람과 본질적으로 다르다는 사실을 발견했다. 보통 사람은 탐욕에 대해 상당히 부정적이지만 부자는 탐욕이야말로 성공의 원동력이라고 여긴다. 이들은 무슨 일이든 항상 자신에게 유리한 방향으로 끌고 가려 한다. 그래서인지 탐욕스러운 사람이 그렇지 않은 사람보다 더 많은 돈을 버는 것 같다. 피프는 논문에서 부도덕한 사람일수록 더 쉽게 돈을 벌 수 있는 메커니즘은 연속적인 성향을 띠고 있어서 사회적인 빈부격차가 점점 확대된다고 지적했다.

- Rich People Just Care Less By Daniel Goleman, October 5, 2013 http://opnionator.blogs.nytimes.com/2013/10/05/rich-people-just-care-less/
- 보도 기사: http://arstechnica.com/science/2015/02/the-powerful-cheat-for-themselves-the-powerless-cheat-for-others 논문 출처: http://psycnet.apa.org/?&fa=main.doiLanding&doi=10.1037/pspi0000008

연구 결과를 놓고 다양한 해석이 있을 수 있겠지만, 연구자들은 실험이 사회적·경제적 지위가 높은 집단이 보통 사람보다 훨씬 이기적이라는 사실을 뒷받침한다고 인정했다.

소호(SOHO) 차이나의 CEO 판스이(潘石屹)와 유명 투자자 장레이(張磊)가 각각 하버드대학교와 예일대학교에 기부금을 냈다는 소식에 중국 네티즌은 분통을 터뜨렸다. '외국대학교에 기부금을 낼 만큼 돈이 많다면서 왜 국내 대학교는 찬밥 취급하는가?', '희망공정(希望工程)*** 에도 기부금을 내라!' 등등의 비난이 쏟아졌다.

하지만 희망공정에 기부하는 것은 죄다 보통 사람들이다. 월간지 〈애틀란틱(The Atlantic)〉의 보도에 따르면**** 2011년 미국 내 최저 소득계층의 20퍼센트에 속하는 사람들은 총재산의 3.2퍼센트를 기부한 것으로 나타났다. 이와는 대조적으로 최고 소득계층의 20퍼센트에 속하는 사람들이 기부한 금액은 총재산의 1.3퍼센트에 불과했다. 2012년 최고 기부액 상위 50위 안에 오른 기부 내역 중에서 사회복지나 빈곤문제 해결에 돈이 사용된 경우는 단 한 건도 없었다. 그렇다면 부자들의 기부금은 어디에 쓰인 것일까? 그 혜택은 명문 대학교와 박물관이 몽땅 차지했다.

부자는 보통 사람들에 비해 더욱 이기적이다. 보통 사람은 동정심 때문에 기부를 하지만 부자들은 오로지 자신의 목적을 위해 지갑을 연다. 보통 사람은 '내 부모, 내 아이를 사랑하는 마음으로 남의 부모, 남의 아이도 사랑한다(老吾老以及人之老, 幼吾幼以及人之幼)'는 관점에서 좀 더

*** 주로 빈곤 지역 아동에게 기초학습 기회를 제공하고 학습환경을 개선해주는 중국의 대표적인 공익사업 ―옮긴이
**** http://www.theatlantic.com/magazine/archive/2013/04/why-the-rich-dont-give/309254/

적극적인 행동을 취한다. 이에 반해 상류층은 인정사정 볼 것 없이 자신의 이익을 위해서만 움직인다.

공정한 세상이라는 가설

앞에서 언급한 연구 내용을 몇 번이고 살펴봤지만 '원칙 중심주의' 라는 습관이 승진, 임금 인상 또는 세속적인 의미의 성공을 거두는 데 도움이 된다는 것을 입증하는 증거를 단 하나도 발견하지 못했다. 도덕적인 사람이 되어야 성공의 동력을 얻을 수 있다는 주장을 증명할 만한 연구 역시 찾을 수 없었다.

어떻게 해서든 다른 사람을 함정에 빠뜨리고 등쳐먹을 생각만 하는 사람이라면 당연히 성공할 리 없다. 그렇다고 해서 아무런 사심도 없이 그저 남을 위해 봉사만 한다고 좋은 결과를 얻는 것도 아니다. 궁극적으로 좀 더 쉽게 성공하려면 겉으로는 다른 사람과 잘 어울리면서도 속으로는 지극히 이기적인 계산을 하고 필요에 따라 남을 속일 줄도 아는 사람이 되어야 한다.

하지만 이러한 주장은 우리가 알고 있는 상식에 위배된다. 좋은 사람은 정말 보답을 받지 못하는 것일까? 보상에 관계없이 기본적으로 좋은 사람이 되어야 한다는 이야기에는 찬성하지만, 아무리 좋은 사람이라고 해도 일단 세상을 있는 그대로 보는 눈을 지녀야 할 것이다.

종교적 믿음이나 인과응보라는 개념을 신뢰하지 않는다고 해도 우리는 으레 좋은 일을 하면 그에 상응하는 보답을 받고, 나쁜 짓을 하면 벌을 받을 것이라고 생각한다. 다시 말해서 우리는 세상이 공정하다고 생각하는 것이다. 하지만 현실은 전혀 그렇지 않다. 심리학자는 이러한 착각을 '공정한 세상 가설(Just-World Hypothesis, 또는 Just-World Fallacy)'이라고 부르기도 한다.

세상은 결코 공정하지 않다. 공정은 소설이나 영화가 우리에게 보여주는 환상일 뿐이며, 악당은 모두 패하고 영웅은 승리한다는 시나리오는 그저 우리의 바람을 반영하고 있을 따름이다.

스탠포드대학교 비즈니스 스쿨의 교수 제프리 페퍼(Jeffery Pfeffer)는 《파워: 왜 누군가는 가졌고 또 다른 누군가는 갖지 못했나?(원제: Power: Why Some People Have It–and Others Don't)》에서 공정한 세상 가설에 대한 믿음은 크게 세 가지 피해를 가져다준다고 주장했다.

첫째, 다른 사람의 성공에서 아무것도 배울 수 없다. 성공을 위해 수단과 방법을 가리지 않는 사람을 탐탁하지 않게 여기는 당신은 그에게서 무언가를 배우려 들지 않을 것이다. 상황이 그렇다 보니 다양한 경험을 배울 수 없다. 사실 상대에 대한 호감도와 배움의 가치 사이에는 아무런 관계도 없다.

둘째, 주어진 일에만 최선을 다하면 된다며 세상에서 일어나는 나쁜 일을 모른 척하게 된다. 하지만 그러면 자신의 의지를 실천하기 어렵다. 곧 다른 사람들이 앞을 가로막고 있음을 알게 될 것이다.

셋째, 성공한 사람과 실패한 사람이 전혀 다른 결과를 얻게 된 데는 그만한 이유가 있을 것이라고 생각하게 된다. 하지만 이는 완전히 틀렸다. 사람들이 쉽게 저지르는 실수 중 하나는, 성공한 사람의 행동은 모조리 좋게만 보고 실패한 사람의 행동은 다 안 좋게 보는 것이다.

그렇다면 어떻게 해야 이 세상에서 성공할 수 있을까? 페퍼 교수는 《성공하는 사람들의 7가지 습관》과 달리 현실적인 실증 연구를 대거 인용했다. 그는 다양한 연구 결과를 예시로 들며 우리에게 두 가지 사실을 알려준다.

첫째, 개인의 권력, 승진에서 업무 실적은 중요한 요소가 아니다. 실적 또는 성적은 CEO, 사회단체장, 학교 교장, 정부관리 등이 직위를 유지하는 데 미치는 영향이 크지 않으며, 일반 직원의 승진에 미치는 영향도 그리 크지 않다.

둘째, 당신의 승진 속도를 결정하는 가장 중요한 요소는 상사와의 관계다. 상사와 원만한 관계를 유지하는 데는 세 가지 방법이 있다. 즉 상사 앞에서 자신을 치켜세우기, 상사의 의도를 충분히 이해하기, 마지막으로 상사에게 아부 떨기가 바로 그것이다.

페퍼는 이번 실험은 미국에서 진행된 연구라고 언급했다. 중국이라는 단어는 아예 꺼내지도 않았지만 이것이 전 세계적으로 공통된 문제라는 사실은 굳이 말하지 않아도 알 수 있을 것이다.

좋은 사람이 되면 왠지 기분이 좋아질 것 같지만, 좋은 사람이 되겠다는 결심은 평범한 사람의 생각일 뿐이다. 경제학자의 관점에서 얘기하자면 당신은 '이성적인 사람'이 되어야 한다. 이는 곧 당신이 자신의 이익에 따라 행동할 것이며 '좋은 사람'이 될 수 없음을 뜻한다.

그렇다면 우리는 어떻게 행동해야 하는가? 어떻게 해서든 좋은 사람이 되겠다면 결국 이 세상에서 도태되는 것일까?

그렇지 않다. 왜냐면 좋은 사람이 반드시 실패한다는 확실한 증거 역시 없기 때문이다.

칸트식 방임주의

이제 세상을 바라보는 올바른 가치관이 정립됐으니 좋은 사람, 도덕적 양심을 갖춘 사람이 되면 어떤 장점이 있는지 분석해보자.

코비가 제시하는 성공한 사람들의 두 번째 습관이 원칙 중심이라면, 첫 번째는 '적극적 · 주도적인' 태도이다. 이는 도덕의 중요한 요소라 하겠다.

야근하는 사람에게 수당을 준다는 상사의 이야기에 퇴근 후에도 일하기로 했다면 당신은 적극적 · 주도적이 아니라 '소극적 · 수동적'으로 행동한 셈이다(외부에서 주어지는 자극에 따라 반응했기 때문이다). 이는 비교적 저급한 행동으로 자유의지를 발휘하지 못했다는 점에서 노예나 세균과 크게 다를 것이 없다.

이보다 좀 더 지능적으로 행동했다면, 이를테면 사장으로부터 눈도장을 받기 위해 수당 없이도 자발적으로 야근했다면 어떨까? 야근을 자청한 이유가 여전히 자신의 이익에서 출발한 것이므로 당신은 물질적 자극, 즉 외부적 자극에 반응한 셈이다.

진정한 의미의 적극적 · 주도적 행동이란 외부의 자극이 아니라 온전히 자신의 의지에 의해 이뤄지는 것을 가리킨다. 당신의 자유의지가 외부적 제약과 분리되어야 자극과 반응 중간쯤에 있을 때 선택하고 행동할 수 있는 판단력과 능력을 가질 수 있다.

코비가 대놓고 이야기하지는 않았지만 그가 말한 적극적 · 주도적인 행동은 사실상 칸트 철학의 도덕관과 일맥상통한다.

어떤 이익을 좇거나 처벌을 피하기 위해서 한 일이나 자신의 동정심을 만족시키기 위해서 한 일은 진정한 의미의 도덕적 행동이 아니다. 그런 행동을 한 사람은 진정한 자유의지를 가지고 있지 않은 것이다. 책임, 의무를 실천하고자 하는 순수한 의도에서 무언가를 했을 때야말로 진정한 의미의 도덕, 진정한 자유의 실천이라고 평가할 수 있다.

칸트 철학은 원체 방대한 데다 복잡해서 온전히 이해할 수는 없지만 자유의지 하나만으로도 우리가 왜 좋은 사람이 되어야 하는지 충분히 설명할 수 있다.

앞에서 언급한 이야기를 다시 한번 정리해보겠다. 그동안 많은 연구 결과를 조사했지만 도덕적인 사람이 세속적인 의미의 성공을 거두는 데 유리하다는 증거를 제시한 논문은 단 한 편도 보지 못했다. 반면에 도덕이 세속적인 의미의 성공에 도움이 되지 않는다고 주장하는 논문은 셀 수 없이 많이 읽었다.*

그렇다면 우리는 왜 도덕적인 사람이 되어야 하는가? 왜냐면 나는 감정 또는 다른 무언가의 노예가 되고 싶지 않기 때문이다. 다른 누구도 아닌 스스로의 주인이 되고 싶기 때문이다.

남의 비위를 맞추거나 세상을 향해 머리 숙이는 것 말고도 성공할 수 있는 또 다른 방법이 있다. 그것은 바로 자신의 지혜와 용기를 믿고 다른 사람이 감히 도전하지 못한 모험에 뛰어들어, 다른 사람이 버린 책임과 대가를 스스로 등에 짊어지는 것이다. 성공하기 위한 성공률을 의식해 계산기를 두드릴 것이 아니라 자신이 신봉하는 원칙과 책임감에 따라 행동해야 한다는 뜻이다.

다시 말해서 우리는 오로지 자신의 의지에 따라 행동해야 한다. 칸트는 마음 가는 대로 행동할 때 (이 역시 자유의지에 속한다) 비로소 진정한 의미의 자유로운 선택이 이루어진다고 주장했다.

이런 면에서 '방임'은 좋은 의미를 지니고 있다. 그렇다고 해서 어린아이가 자기 마음대로 행동하는 것을 내버려두어야 한다는 뜻은 아니다. 아이는 자유의지가 아닌 욕망에 따라 행동하기 쉽기 때문이다.

• 다음 논문은 그중 하나다: Mark D. White, Can homo economicus follow Kant's categorical imperative? Journal of Socio-Economics 33(2004) 89-106.

칸트와 코비가 말하듯이 자유의지와 원칙이 전제된 방임이야말로 진정한 의미의 방임이라고 할 수 있다.

사실 자유의지에 따라 행동한다고 해도 크게 좋아지는 것은 없다. 칸트의 학설에 따르면 좋아지는 게 없는 게 맞다. 뭔가 좋아진다면 그것을 책임과 의무에 따른 행동으로 볼 수 없기 때문이다.

하지만 나름대로 자유의지에 따랐을 때의 좋은 점에 대해 고민해봤다. 고민 끝에 사람이 자신의 의지에 따라 행동했을 때 커다란 자존감을 얻을 수 있다는 사실을 발견했다. 다른 사람의 의견이나 명령에 따라서 행동하는 사람은 그 결과의 책임에서 어느 정도 자유로울 수 있을지는 몰라도, 스스로의 결정에 책임지는 법은 영영 배우지 못할 것이다. 자신의 의지를 행동으로 옮기는 과정에서 결단력과 실행력을 얻게 되고, 그런 경험이 쌓이면서 자존감도 높아지는 법이다.

이번 글의 맨 처음으로 다시 돌아가보자. '상사가 부패를 저질렀다는 사실을 알게 됐다면 당신은 어떻게 할 것인가?' 현실 세계에서 비슷한 경우에 놓이게 되면 구체적인 상황에 따라 그에 맞는 선택을 하는 수밖에 없다. 가상의 문제에 대해 정답을 말할 수는 없지만 '우리는 선택에 의해 노예도 주인도 될 수 있다'는 말로써 방향을 정할 때 도움을 줄 관점을 제시한다.

칸트는 융통성이라고는 전혀 없는 인물이다. 어떤 사람도 도구가 될 수 없다며 칸트는 누구도 속이지 말라고 주장했다. 혹여 어쩔 수 없는 상황에 놓이게 되더라도 다른 선택을 해서는 안 된다고 말했다. 하지만 나는 수양이 부족한 탓인지 누군가가 스스로 노예가 되기를 선택했다면 그냥 내버려둬도 된다고 생각한다. 당신이 노예와 주인 중에서 어느 쪽이 되기를 선택했든 상황에 따라 때로는 속세에 영합하기도 하고, 때로는 속세에 맞설 줄도 알아야 한다고 생각한다. 그에 따른 결과는 성공일 수도, 어쩌면 실패일 수도 있을 것이다.

하지만 전혀 다른 두 가지 태도에서 얻게 되는 자존감의 크기는 그야말로 하늘과 땅 차이일 것이다.*

---

* 칸트는 이른바 도덕적인 우월감을 얻기 위해 행동했다면 여전히 자유로운 것이 아니며 부도덕하다고 설명했다.

6

'이기심'이라고
부르는 차별

최근 블로그에서 하버드대학교가 실시한 '내재적 연관 검사(Implicit Association Test)*'를 추천한 적이 있다. 이 검사는 교묘한 방법을 사용해서 흑인에 대한 인종차별 여부를 발견해낸다. 추천 이후 블로그에 많은 댓글이 달렸는데 테스트를 통해 자신들이 백인보다 흑인을 더 선호한다는 결과를 얻었다는 반응이 대다수였다. 중국에는 인종차별이 없다던 중국 프로축구팀 헝다(恒大)의 외국인 용병 엘케손(Elkeson de Oliveira Cardoso)의 말이 사실인가 보다.**

그렇다고 해서 중국에 차별이 없는 것은 아니다. 중국에도 지역, 성

---

* http://implicit.harvard.edu/implicit/china/
** http://jiangsu.china.com.cn/html/2014/dgxw_1110/511680.html

별, 연령 등의 차별이 존재한다. 이러한 차별이 인종차별보다 낫다고도 할 수 없다. 이러한 차별에 대해 제대로 알고 나면 인종차별이 그렇게 나쁜 것은 아니라는 사실을 발견할지도 모르겠다.

이 책은 차별에 대해 올바른 정치적 입장을 견지하고 있음을 밝혀 둔다. 다만 차별은 매우 유용한 사고방식이며 누구나 다 하고 있다는 점을 이야기하고 싶을 뿐이다. 바로 이러한 점 때문에 교육, 홍보를 통해 차별을 없애는 것은 근본적으로 불가능하다. 게다가 사람들은 특정 집단에 대한 차별을 없애는 일이 무척 어렵다는 것을 알면서도 정작 자신이 누군가에게 배척당하기를 원하지는 않는다.

앞서 소개한 하버드대학교의 테스트는 사람의 심리 상태를 관찰했지만, 차별문제에 대한 연구는 사실 사람의 심리보다는 현상 그 자체에 집중해야 한다. 중국 프로축구 사이트에 달린 네티즌의 댓글을 가만히 살펴보면 산둥 사람과 광둥 사람의 신경전이 빠지는 법이 없다. 광둥 클럽을 응원하는 축구팬이 산둥에 갔다가 식당에 가면, 가게 주인이 경쟁 팀의 팬인 그를 쫓아내야 하는가를 두고 의미 없는 설전이 이어진다. 사실 실질적인 의미를 지니고 있는 것은 다음과 같은 차별이다. 여성과 노인을 고용하지 않으려는 기업, 농촌 특기생을 외면하는 대학교, 허난(河南) 사람과는 거래 안 한다는 장사꾼 등등.

차별에 대한 연구는 설문조사가 아닌 실제 실험을 통해 확인하는 것이 가장 정확하다. 예를 들어 얼마 전에 서로 다른 세 곳의 경영대학원에 다니는 연구자들이 미국 대학교수들의 인종차별에 관한 실험을 실시했다.* 연구자들은 259개 대학교에서 교편을 잡고 있는 6,500명의 교수를 무작위로 선발한 뒤 박사 연구생이 되고 싶다는 이메일을 보냈다. 이들에게 전달된 이메일은 발신자의 이름만 빼고 100퍼센트 똑같았다. 이러한 상황에서 교수는 발신자의 이름만 보고 상대의 인종과 성별을 추측했다.

실험 결과를 받아든 연구자들은 크게 실망했다. 평소 자유주의의 선봉자, 위대한 교육자라고 존경받는 교수들이 인종은 물론 성별에 대한 편견을 여과 없이 드러냈기 때문이다. 차별을 가장 덜 받는 집단은 역시 백인 남성이었다. 당신이 만일 여기에 속한다면 교수로부터 답장을 받을 확률이 87퍼센트에 이른다. 만일 당신이 여성 또는 흑인, 라틴계, 인도인 또는 중국인이라면 답장을 받을 확률은 평균 62퍼센트에 그친다. 이 중에서도 특히 나를 분노케 만든 사실은 겸허한 자세로 학문에 대한 열의를 불태우는 상당수의 중국 학생들이 여러 집단 중에서도 가장 많은 차별을 받고 있다는 사실이었다.

그 밖에도 이번 연구를 통해 소수집단에 속하는 교수가 자신이 속한 집단을 더욱 차별한다는 것이 확인됐다. 여교수는 여학생을 무시하고 흑인 교수는 흑인 학생을 멀리했다. 라틴계 교수 역시 마찬가지였다. 중국계 교수가 중국인 학생을 편견 없이 대한 것이 유일한 예외였다.

아무리 생각해도 좀 이상하다. '차별'이 특정 집단에 대한 악의를 의미하는 것이라면 대학교수들은 왜 자신의 인종을 차별하는 것일까? 교수들이 백인 남학생을 유독 선호하는 것은 백인 남성이 학계에서 성공할 가능성이 높아서 그런 것일까? 백성 남학생을 제자로 데리고 다니면 폼이 나서? 그도 아니면 중국 학생들로부터 너무 많은 메일을 받은 나머지 답장을 상대적으로 적게 한 것일까?

이와 비슷한 성격의 연구는 지금껏 많았다. 다음 내용들이 모두 그

• http://www.nytimes.com/2017/05/11/opnion/sunday/professors-are-prejudiced-too.html

결과로 알려진 사실이다. 벤처투자자는 여성을 경시하기 때문에 동일한 조건이라면 남성 창업자에게 투자하고, 이왕이면 잘생긴 사람에게 돈을 댄다.* 또 대조적으로 여성 창업자의 외모는 아무런 점수도 되지 못한다. 실리콘밸리에서는 나이 많은 사람을 꺼린다. 그 때문에 머리숱이 없는 일부 청년들은 젊게 보이기 위해 모발이식 수술을 받은 뒤 취업에 나서기도 한다.** 여성 과학자의 논문은 인용되는 횟수가 남성 과학자보다 적다*** 등등.

그런데 연구 결과를 가만히 살펴보면, 소위 차별이라는 것은 특정 계층에 대한 내면의 적개심이 아니라 그저 자신의 이익 도모에서 비롯된 행동이라는 생각이 든다. 우리의 기억 속에 성공한 창업가와 과학자는 모두 남성이었으며 새로운 것을 배우고 즉시 활용할 줄 아는 엔지니어는 모두 젊은 청년이었다. 이런 특정 계층에게 더 많은 관심을 기울였을 때 우리는 지금보다 한결 더 나은 무언가를 기대할 수 있다. 이와 같은 심리가 편견일지도 모르겠지만 그렇다고 해서 못된 심리라고는 할 수 없다. 하지만 그 점을 어떻게 증명할 것인가?

2007년 저널리스트이자 베스트셀러 저자인 말콤 글래드웰(Malcolm Gradwell)의 《블링크(Blink)》와 2008년 예일대학교 교수 이언 에어즈의 《슈퍼크런처》는 모두 학생을 고객으로 변장시킨 뒤 자동차 판매 매장에서 자동차 구입 실험을 한 내용을 담고 있다. 미국에서는 자동차를 구입할 때 자동차 딜러와 가격을 흥정할 수 있는데, 1989년에 진행된 이 실험에서는 백인 남성과 백인 여성, 흑인 남성과 흑인 여성이 고객

• http://www.guokr.com/article/438408/
•• http://www.solidot.org.org/story?sid=38854
••• htt[://www.guokr.com/article/437714/

으로 가장해 참여했다. 이들은 시카고에 있는 모든 자동차 매장을 직접 방문했고, 실험 결과 자동차 딜러가 흑인 남성에게는 터무니없이 비싼 금액을 부르는 것으로 나타났다. 흑인 여성에게는 좀 더 낮게, 백인 여성에게는 그보다 좀 더 낮은 가격을 제시했다. 그리고 백인 남성에게는 상당히 경제적인 금액을 제시했다. 훗날 비슷한 연구가 진행됐는데 역시나 흑인은 마음에 드는 가격을 얻어내지 못했고 합리적인 자동차 할부 이율 혜택도 받지 못했다. 심지어 시승할 수 있는 기회조차 백인보다 적었다.[****]

이것이 공개적인 적개심의 표현이 아니란 말인가? 가격을 흥정하는 목적은 거래를 성사시키기 위함이다. 고객에게 비싼 가격을 제시했다는 것은 적개심 때문에 거래조차 포기하겠다는 뜻을 에둘러 표현한 행동이 아닌가? 성급히 결론 짓기 전에 다음 이야기를 보자.

흑인이 자동차를 구매하는 과정에 대한 연구는 계속 진행됐다. 2013년에 출판된, 행동경제학자 유리 그니지와 존 리스트의 책《무엇이 행동하게 하는가》는 이와 관련된 최신 실험 결과를 소개했다. 그리고 다시 한번 흑인이 가격차별을 받는다는 사실을 확인해주었다. 흑인 고객이 BMW를 보여 달라고 하면 자동차 딜러는 백인 고객에게보다 높은 금액을 제시했을 뿐만 아니라 시승할 기회도 거의 주지 않았다. 그런데 저렴한 금액대의 자동차를 구매하려고 하면 상황이 달라졌다. 백인 고객과 거의 비슷한 금액 정보를 얻었을 수 있었던 것이다.

흑인에게 백인보다 더 높은 판매가를 제시한 자동차 딜러는 흑인의 수입으로는 자동차를 구매하지 못하리라는 생각에 아예 비싼 금액을

[****] http://www.finalcall.com/artman/publlish/Business_amp_Money_12/article_101211.shtml

제시해 흥정 자체를 끝내려 한 것이다.

차별은 크게 두 종류로 나뉜다. 하나는 '적대적 차별'로 상대는 물론 자신이 손해를 보더라도 상대에 대한 적개심을 대놓고 드러내는 것이다. 나머지 하나는 '경제적 차별'로 순수하게 이기적인 이유로 특정 계층을 구분해서 상대하는 행위다. 여기에는 개인적인 감정이 들어 있지 않다.

사회가 발전함에 따라 적대적 차별이 감소하고 있는 것과 달리 경제적 차별은 점점 증가하고 있다.

흑인에게 고가를 제시하는 것처럼 얼핏 적대적 차별처럼 보이는 많은 현상이 사실 경제적 차별에 속한다. 흑인이 주변에 나타나면 지갑이든 가방을 단단히 움켜쥐기도 하고, 지역 사회에 동성애자가 있으면 에이즈 모니터링을 강화한다. 공항 보안대는 중동 사람처럼 보이는 승객에 대해 좀 더 엄격한 보안검사를 실시하기도 한다. 이러한 행동은 그들을 증오해서 그런 것이 아니라 흑인에 의한 범죄율이 더 높고, 동성애자에 의한 에이즈 발생 확률이 이성애자보다 높기 때문이다. 대부분의 테러리스트가 중동 출신이라는 최근의 경향 역시 크게 작용한다.

이런 경제적 차별자의 사고방식을 '통계적 차별(Statistical Discrimination)'이라고 부른다. 개별적인 주체가 소속 집단의 일반적인 이미지로 자기 자신이 재단되는 상황을 제대로 이해하기란 그리 쉽지 않다. 하지만 이러한 사고방식은 일종의 편견으로서 누군가에게 억울한 피해를 입힐 수 있는 동시에 유용하기도 하다. 차등적 대우가 많은 사람에게는 불공평한 게 사실이지만 한편으로 효율을 높이는 효과를 지니고 있기 때문이다. 최근 아이들과 함께 미국 공항을 찾았는데 몇 번이나 그린존으로 가라는 지시를 받았다. 그린존에 들어가면 신발을 벗을 필요도 없고 노트북을 가방에서 꺼내지 않아도 된다. 아마도 보안 담당자는 대가족을 우르르 끌고 다니는 사람은 테러리스트가 아닐 거라고 판단한 듯했다. 하지만 그 후 나 혼자서 공항을 찾았을 때는 개미 한 마리 못 죽일 것처럼 생긴 이 착한 '중국인'을 한참 동안 심사했다.

인종차별에 대해 다시 생각해보자. 인종차별의 기원은 아마도 경제적 차별에서 비롯됐을 것이다. 2013년 진화심리학서인 《이성의 동물(The Rational Animal)》은 이민족과의 접촉을 꺼리는 것은 사람의 가장 기본적이면서도 자동적인 사고라고 설명했다. 이러한 사고는 질병에서 벗어나려는 본능에서 비롯되었으며 심미관과는 무관하다. 과거 질병은 사람과 사람 사이에서 쉽게 전염된 데다 특히 새로운 질병은 외부인에 의해 전파되는 일이 비일비재했다. 《총, 균, 쇠(Guns, Germs, and Steel)》를 본 사람이라면 토착인은 외부인이 가져온 병균에 매우 취약하다는 사실을 알 것이다. 인종차별은 이러한 본능이 금기로 변하고, 금기가 집단적 편견으로, 집단적 편견이 다시 악의로 변하면서 생겨난 것일 가능성이 높다.

아직까지도 다른 인종을 비하해 자신의 우월감을 찾으려는 어리석은 사람이 있지만 이런 경우를 제외하고 악의적인 차별은 크게 줄어들었다. 이제 많은 사람들이 경제적 차별에 주목하고 있다. 나쁜 소식은 특정 집단에 대한 경제적 차별을 없애는 일이 무척 어렵다는 것이다. 하지만 불행 중 다행으로 개인의 경제적 차별은 해결될 수 있다.

《무엇이 행동하게 하는가》에서는 흑인이 길을 물었을 때 사람들의

• 저자는 더글라스 켄릭(Douglas T. Kenrick), 블라다스 그리스케비시우스(Vladas Griskevicius)이며, 원서의 부제는 'How Evolution Made Us Smarter Than We Think'이다.

반응을 관찰하는 실험을 언급하고 있다. 그리고 그 결과는 우리가 반드시 한 번쯤은 진지하게 생각해봐야 할 문제다. 연구자는 다양한 성별, 연령의 백인과 흑인을 모은 뒤 시카고 길거리에서 사람들에게 길을 묻도록 했다(실험 참가자들이 묻는 장소는 무척 찾기 쉬운 곳이다). 그런 뒤에 어떤 집단의 사람들이 얼마나 도움을 받았는지 통계를 내보았다. 결과는 예상을 벗어나지 않았다. 백인 여성이 사람들로부터 가장 많은 도움을 받았고 흑인 남성이 가장 적은 도움을 받았다. 대부분의 사람들은 '모른다'며 흑인 남성과의 대화를 피했고 심지어 어떤 사람들은 엉뚱한 방향을 아무렇게나 가리키기도 했다. 하지만 흑인 노인과 흑인 여성은 사람들로부터 충분한 도움을 받았다. 이는 흑인 청년의 범죄율이 높은 데 대한 일종의 경제적 차별로서, 그에게 길을 알려주는 일에 시간을 들이지 않으려는 경향은 자기보호 차원에서 비롯된 듯하다.

어떻게 해야 차별을 깰 수 있을까? 연구자는 앞선 실험에 참가했던 흑인 청년에게 성공한 비즈니스맨처럼 보이는 양복 정장을 입힌 뒤에 행인들에게 길을 묻도록 했다. 그 결과, 청년은 여러 사람으로부터 많은 도움을 받았다.

특정 집단이 가진 전체적인 이미지를 억지로 바꾸려면 대대적인 홍보나 교육이 가장 주효하다. 할리우드 영화에서 흑인에게 긍정적인 이미지를 심어주려고 노력하는 것 역시 그 일환이다. 앞서 소개한 내재적 연관 검사(IAT)도 실시하기 전에 피험자에게 흑인에 관한 긍정적인 정보, 특히 흑인 운동선수가 올림픽에서 금메달을 땄다는 등의 뉴스를 들려주면 차별의 수위가 낮아지는 효과를 볼 수 있다. 그렇다고 해서 매번 인위적으로 정보를 전달해서는 안 된다. 홍보의 효과 역시 제한적이기 때문이다. 특정 인종에 의한 범죄율이 높다는 사실이 명확한 데도 그들을 무고한 피해자로 묘사한다면 현실을 호도하는 것이다.

게다가 경제적 차별의 범위에서 이뤄지는 구체적 행동의 의미는 그다지 크지 않다. 이과 계열의 교수가 여성 대학원생의 과학연구 능력이 남성만 못하다는 이유로 그녀들을 받아들이지 않는다면 홍보와 교육만으로 성차별을 없앨 수는 없다. 약자에 머무는 사람은 다른 사람이 자신을 차별한다고 원망하지만 거기서 벗어나고자 하는 사람은 스스로 차별에 맞선다.

행동경제학 실험을 진행한 존 리스트 등이 노벨 경제학상을 수상하게 될 것이라는 소문이 들린다. 말을 꺼낸 김에 장애인이 받는 차별에 대해 이야기해보자. 리스트 등은 실험에서 자동차를 고치러 서비스센터를 찾아간 장애인은 비장애인보다 30퍼센트나 높은 견적서를 받는다는 사실을 확인했다. 수리를 받으려는 자동차는 똑같은 모델인데 왜 이런 일이 생긴 것일까? 서비스센터 직원은 행동이 자유롭지 못한 장애인이 이곳저곳 돌아다니며 가격을 비교하지 않으려 한다는 것을 잘 알고 있었던 것이다.

후속적으로 실시된 실험에서 연구자들은 장애인에게 서비스센터에 도착한 뒤 가장 먼저 '특별한 주문'을 들려주도록 했다. 그 한마디에 장애인들은 일반인과 똑같은 금액이 적힌 청구서를 받을 수 있었다.

"오늘 세 번째 받는 견적서네요."

7

인간의 도덕성은
어디서 비롯되는가?

인간의 도덕성은 어디서 비롯되는가? 하늘에서 '툭'하고 떨어지는
것인가? 맞다! 우리의 두뇌 안에 고유한 것인가? 맞다!

위의 문답은 마오쩌둥(毛澤東) 주석의 어록˙을 장난삼아 일부러 뜯어
고친 게 아니라 과학적인 근거를 바탕으로 한 주장이다. 도덕에서 말
하는 정의는 어떤 일을 처리하는 데 동원된 방법의 정확성보다 더 쉽
게 논란을 일으킬 수 있다. 옛사람들의 생각은 대체로 단순했다. 눈앞
의 이익에 정신이 팔려 진실을 외면하거나, 자신의 이익을 위해 다른
사람에게 피해를 입히는 행위를 모두 부도덕한 것으로 판단한 것이다.

---

* 마오쩌둥, '인간의 올바른 사상은 어디서 비롯되는가?', 1963년 5월. 원문은 "인간의 올바른 사상은
  어디서 비롯되는가? 하늘에서 떨어지는가? 아니다! 개인의 머릿속에 고유한 것인가? 아니다!"이다.

요컨대 옛날에는 정의로운 행위를 실천할 수 있는가가 문제였을 뿐, 행위가 정의로운 것인지 그렇지 않은 것인지 판단하는 데는 논쟁의 여지가 없었다.

오늘날 사람들은 정치문제를 공개적으로 이야기할 수 있는 사회에 살아가고 있다. 인터넷만 슬쩍 봐도 하나의 문제를 놓고 치열하게 격돌하는 경우가 수두룩하다. 애국심을 조국에 대한 순수한 사랑이라고 주장하는 사람이 있는가 하면, 우매한 대중심리일 뿐이라고 치부해버리는 사람도 있다. 개인은 집단의 이익에 부합하게 행동해야 한다고 주장하는 사람도 있고, 개인의 자유가 그 무엇보다도 중요하다는 사람도 있다. 블로그나 SNS에서 벌어지는 '댓글 혈전'을 보고 있노라면 내가 살고 있는 세계가 얼마나 다양한 사람들로 이루어져 있는지 새삼 느끼곤 한다.

뉴욕대학교의 사회심리학자인 조너선 하이트(Jonathan Haidt)의 책 《바른 마음(The Righteous Mind)》** 은 서로 다른 정치적 이념을 지닌 사람들은 서로 다른 유형에 속한다고 말한다. 인간의 도덕적 사고는 후천적으로 습득하는 것이 아니며 임의로 만들어낸 결과도 아니다. 이는 인간의 두뇌에 고유한 것으로, DNA에 의해 상당 부분 결정되기도 한다. 가장 중요한 사실은 하이트가 연구를 통해 다양한 정치 이념 뒤에 숨겨진 도덕적 배경을 되돌아보게 만들었다는 것이다.

애국주의에 대해 논하기 전에 문제를 풀어보자. 다음 내용이 부도덕한 것인지 판단해보라.

** 중국어판은 물론 한국어판으로도 번역되어 있다.

1. 기르고 있던 개가 자동차 사고로 죽자, 개고기가 맛있다는 이야기에 주인은 개 시체를 가져다가 요리로 만들어 먹었다.

2. 한 남성이 슈퍼마켓에서 살아 있는 닭을 사 성관계를 맺은 후 삶아서 먹어버렸다. 모든 과정은 누구에게도 들키지 않았으며 누구에게도 피해를 주지 않았다.

3. 한 여성이 오래된 국기를 갖고 있자니 귀찮고 그렇다고 그냥 버리기도 아까워서 잘게 찢어 걸레로 만들었다. 어느 누구에게도 이 사실을 들키지 않았다.

사람들의 다양한 도덕관을 조사하기 위해 하이트 본인이 생각해낸 문제다. 그러므로 정답이란 존재하지 않는다.

대부분의 미국인은 이들 행위를 모두 부도덕한 것으로 볼 수 없다고 대답했다. 왜냐면 이들의 행위로 인해 아무도 피해를 입지 않았기 때문이다. 그렇다고 해서 이러한 행위가 괜찮다는 것도 아니다. 특히 첫 번째 경우는 개를 좋아하는 미국인의 성향을 감안했을 때 쉽게 수긍하기 어렵지만 이를 '부도덕'하다고까지 해석할 필요는 없다고 대답했다. 당신이 집에서 뭘 해도 다른 사람은 이래라저래라 따질 자격이 없다는 것이다. 하지만 인도에서 똑같은 질문을 던지자 전혀 다른 대답을 들을 수 있었다. 사람들은 이들 행위 모두가 부도덕하며 반드시 처벌받아야 한다고 목소리를 높였다.

미국은 개인주의 사회로서 개인의 자유 보장을 최우선시하고 그다음으로 집단의 이익을 따진다. 이러한 사회에서 도덕적 신념은 그리 중요하지 않다. 부도덕하다는 비난은 다른 사람에게 피해를 입혔거나 불공평하게 행동했을 때 받게 된다. 이와는 대조적으로 인도는 가정과 집단이 중심이 되는 사회로 사람과 사람 사이의 협력, 조화 등을 강조한다. 인도와 같은 사회에서는 무례하거나 불경한 행동에 저항심을 드러내기 때문에 국기를 걸레로 쓰거나 기르던 개를 잡아먹는 반전통적 행위에 크게 반발한다. 중국 사회가 인도와 같은 집단주의 쪽으로 좀 더 기울어지기를 바라지만, 인도 사회는 현대 중국에는 없는 또 다른 종류의 도덕관, 즉 '신성(神性)'이 존재한다. 이 도덕관에 따르면 사물은 수직적 관계로 이루어져 있으며, 상위에 있을수록 순수하고 품위 있는 것이다. 반면에 수직적 관계에서 밑으로 내려갈수록 더럽고 추악하며 비천한 것으로 여겨진다. 이른바 신성 도덕관에서는 고상하고 의미 있는 일을 할 수 있도록 언제나 수련에 힘쓰라고 요구한다. 닭과 성관계를 맺었지만 누구에게도 피해를 주지 않았다고 볼 수도 있을 것이다. 하지만 신성 도덕관에서는 이러한 행위가 신성에 위배되며 혐오감을 불러일으킨다며 부도덕하다고 말한다.

재미있는 사실은 주어진 예시를 모두 부도덕하다고 판단한 근거가 뭐냐고 묻자 개인적인 도덕관이 아니라 실용주의적인 입장에서 대답했다는 사실이다. 예를 들어 죽은 개를 먹은 사람들은 비위생적으로 처리된 개고기를 먹고 병에 걸릴 수도 있다는 것이다. 때로는 아무런 이유를 말하지 못하는 경우도 있었다. "그건 잘못됐어요. 왜 그런지는 모르겠지만……."

이처럼 어떤 사건의 도덕성을 판단하는 일은 무척 간단하지만 자신의 판단에 근거가 되는 이유를 찾는 데는 많은 시간이 소요된다. 과학자들은 인간의 도덕적 판단은 이성적 계산이 아닌 직관, 감정을 통해 빠르게 진행된다고 믿는다. 사람의 이성은 감정을 위해 '서비스'되는 것 뿐이다. 도덕적 판단은 일단 정답을 들려준 뒤에 그것을 입증할 방법을 생각한다. 《바른 마음》에 소개된 두 가지 실험은 바로 이러한 사실을 증명하고 있다.

첫 번째 실험은 피험자가 도덕적 판단에 관한 문제를 풀 때 인지적 부담을 가중시키는 방식으로 진행된다. 이를테면 문제를 풀면서 동시에 긴 숫자를 외우도록 하는 것이다. 피험자가 이성적 계산과 동시에 도덕적 사고를 해야 할 때, 인지적 부담은 피험자의 판단 속도를 떨어뜨릴 것으로 예상됐다. 하지만 실험 결과, 인지적 부담이 가중된 상태에서도 피험자는 재빨리 도덕적 문제를 판단했다.

이보다 좀 더 치밀하게 설계된 두 번째 실험에서 피험자는 이를테면 '테이크(take)' 또는 '오픈(often)'과 같은 특정 단어를 봤을 때 기분 나쁜 생각이 드는 최면술을 받았다. 최면술이 어떻게 이뤄졌는지는 잘 모르겠지만 주입 효과는 확실했다. 최면에서 깨어난 피험자들은 특정 단어를 보자 이유는 잘 모르겠지만 그냥 기분이 안 좋다고 했다. 이를 확인한 후 해당 단어가 들어간 문제를 피험자들에게 보여주자 거부감을 드러내며 부도덕하다고 답했다. 그런 뒤에 특정 단어가 삭제된 문제를 보여주자 부도덕하지는 않다고 답했다. 무엇보다도 실험자들을 경악시킨 것은 다음 문제에 대한 피험자들의 반응이었다.

댄(Dan)은 학생과 교사가 참가하는 토론회를 준비하고 있다. 토론회에 앞서 그는 회의에서 다룰 만한 흥미로운 소재를 찾기 위해 몇몇 학생과 교사를 만났다.

아무리 봐도 부도덕한 내용은 보이지 않는 문장이지만 불쾌하게 느끼도록 만들어진 단어를 여기에 넣는 순간, 피험자들은 댄에게 남들에게 말 못 할 목적이 있는 것이 분명하다며 부도덕한 행동을 저질렀다는 반응을 보인 것이다.

그래서 도덕적 판단은 '하늘'에서 떨어진다는 것이다. 누군가 어떤 사건에 대해 부도덕하다고 말했다면 그는 자신이 그렇게 이야기한 근거를 찾아낼 것이다. 하지만 그 판단을 내리게 된 진짜 원인이 그저 자신의 미묘한 직관 때문이라는 사실은 전혀 알아채지 못한다.

그렇다면 인간의 직관적 판단은 무엇을 근거로 하는가? 바로 모델에 대한 식별이다. 우리의 대뇌에는 다양한 모델이 설정되어 있는데, 특정 모델에 맞는 대상을 식별하면 즉각적으로 반응한다. 예를 들어서 길을 가던 중에 갑자기 누군가가 당신을 향해 달려들 듯 뛰어오면 자연스레 긴장하게 된다. 긴장감은 당신의 코앞에서 벌어질 상황모델에 대한 반응이다. 뱀에 대한 공포감도 이와 비슷하다. 인간의 두뇌 속에는 뱀에 대한 탐측모델이 내장되어 있다. 그래서 뱀을 보거나 뱀과 비슷한 물건만 봐도 자동적으로 이를 식별해내고 두려움이라는 감정 기제를 작동시킨다.

이러한 식별능력은 후천적인 사건에 의해 습득되는 것이 아니라 유전자에 새겨져 있다. 그래서 태어나는 순간 이를 자동적으로 깨닫는다. 요컨대 진화가 우리에게 가져다준 본능이다. 신경과학계의 최신 설명에 따르면, 인간이 태어났을 때 대뇌 상태는 '백지'가 아니라 최소한의 개요라도 들어 있는 초고 상태의 원고라고 한다. 성장 과정에서 자신의 경험을 통해 내용을 수정할 수 있지만 초고가 책의 성격을 결정하는 중요한 뼈대가 된다는 사실은 변함이 없다.

하이트는 이 문제에 대한 여러 피험자의 반응을 통계해서 도덕관에 관한 기본 이론을 제시했다. 인간의 두뇌에는 가장 기본적인 여섯 가지 도덕적 요소가 존재하며, 이를 기본으로 일상생활에서 나타나는 각종 사건의 모델을 식별함으로써 자동적으로 도덕적 판단을 내리게 된다는 주장이다.

하이트는 여섯 가지 요소를 미각을 이루는 수용체에 비유하고 있다. 이 요소들이 중국 유교의 '오상(五常)*'과의 대응관계를 보여준다는 점에서 무척 흥미로운 이론이다. 오상과의 대응관계는 내가 발견한 사실로, 그 내용을 자세히 훑어보면 '지'가 도덕을 의미하지는 않지만 인, 의, 예, 신은 모두 하이트의 미각 수용체와 매칭된다. 공자, 맹자, 동중서(董仲舒)가 하이트의 기본 요소를 오래전에 미리 언급했다는 사실이 놀라울 따름이다.

이제부터 바른 마음이라는 '혀'를 구성하고 있는 여섯 가지 미각 수용체에 대해 알아보자.

관심/피해(Care/Harm)

'인'에 해당하는 항목이다. 어린 개체가 힘들어하는 모습을 보면 도와주고 싶은 생각이 드는 것은 (사람을 포함한) 포유동물의 본능이지만 파충류는 이런 감정적 충동을 거의 느끼지 못한다. 어미 악어는 자신이 낳은 알에서 나온 새끼 악어를 돌보지 않는다. 하지만 우리는 자신의 아이는 물론, 이웃집 아이와 낯모르는 사람의 아이를 봐도 절로 보호본능을 느낀다. 심지어 아이처럼 작은 동물이나 장난감에도 비슷한 감정을 느낀다. 여기서 좀 더 적극적으로 발전한다면 박애정신으로 자신의 가족과 친구, 지인, 나아가 사회 전체를 대할 수 있다.

• 사람이 지켜야 할 가장 기본적인 덕목, 즉 인(仁), 의(義), 예(禮), 지(智), 신(信) -옮긴이

공정/부정(Fairness/Cheating)

타인과 협력하는 과정에서 나타나는 상호호혜적인 메커니즘으로 '신'에 해당한다. 사람들은 협력을 통해 생겨난 공동의 이익은 반드시 공정하게 분배되어야 한다고 생각한다. 그리고 누군가가 부정한 방법을 통해 이익을 취하면 분노한다. 관심과 사랑으로 생겨난 이타적 행위는 측은지심을 지닌 사람에게서 찾아볼 수 있는 것으로 대가를 기대하지 않지만, 공정한 협력에서 비롯된 이타적 행위는 대가를 기대한다. 한쪽은 일방적으로 뭔가를 지불하고 나머지 한쪽은 아무것도 지불하지 않는다면 우리는 그것은 불공평하다고 말한다.

충성/배신(Loyalty/Betrayal)

'의'에 해당하는 항목으로, 강호의 '의리'에 상당한다고 볼 수 있다. 인간이 천성적으로 집단에 소속되려는 경향을 지녔다는 사실은 이미 여러 실험을 통해 증명된 바 있다. 어린 소년들을 두 개의 그룹으로 나눈 뒤 각자 그룹명을 짓고 마스코트를 정하게 했다. 이 과정을 통해 소년들은 자신이 속한 그룹에 자연스레 충성심을 느끼고 팀원들과 어울리면서 외부인에게 맞섰다. 애국주의의 기원이 바로 여기서 시작된다. 충성심을 통해 구현된 단합력은 집단의 경쟁력에 상당한 도움이 되며 외부의 위협에 민감하게 반응한다.

권위/복종(Authority/Subversion)

윗사람과 높은 지위에 오른 사람에 대한 존경심으로 구현되는 덕목으로 '예'에 해당한다. 전통사회에서 예를 강조한 것은 권위자에 대한 경외심 외에도 기존 사회 질서에 대한 경의를 중요시했기 때문이다.

신성/타락(Sanctity/Degradation)

종교적인 색채가 강한 요소로서, 중국의 전통적 도덕관에서 집중적으로 다루는 문제는 아니지만 우리 모두에게 존재하는 덕목이다. 여기에 관여하는 감정은 '혐오'로, 이는 불길한 대상을 꺼리는 진화된 본능이라 할 수 있다. 전에 한 독일인이 '식인(食人)'을 당하고 싶다는 광고를 내자 뜻밖에도 많은 사람이 관심을 보였다. 여러 명의 지원자 중 선택된 한 사람이 그를 살해한 뒤 약속대로 먹어버렸다. 두 사람 모두 다른 사람에게 피해를 주지 않고 자신의 의사에 따라 행동했지만 이러한 행위는 결코 용납될 수 없다. 왜냐면 이는 '혐오감'을 불러일으키기 때문이다.

자유/탄압(Liberty/Oppression)

유교는 자유와 탄압에 대해 그다지 관심이 없지만 도교에서는 많은 관심을 보인다. 중국의 도교에서는 자신이나 타인에 대한 자유가 모두 중요하며 탄압을 지양해야 한다고 주장한다.

인간의 두뇌는 이 여섯 가지 구역으로 이루어져 있다. 누가 타인에게 피해를 입히는 것을 기꺼워하는가? 또 누가 부정행위를 선호하는가? 충성보다 배신하는 편이 더 낫다고 누가 그러던가? 특정한 측면만 놓고 봤을 때 좋고 나쁨은 누구나 쉽게 알아차릴 수 있지만, 인간의 머릿속에서 여섯 구역이 차지하는 상대적인 크기는 모두 다르다. 이를테면 어떤 사회에서 조직에 대한 충성도, 권위 있는 인물에 대한 존경은 그다지 중요한 도덕적 항목이 아니다. 그래서 똑같은 일에 대해서 다양한 도덕적 요소가 서로 다른 해결책을 제시할 때 무엇을 취하고 무엇을 버릴 것인

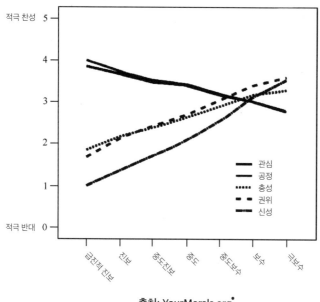

적극 찬성 5 —

4 —

3 —

2 —

1 —

적극 반대 0 —

급진적 진보　진보　중도진보　중도　중도보수　보수　극보수

━━ 관심
━━ 공정
‥‥‥ 충성
━ ━ 권위
━━━ 신성

출처: YourMorals.org*

지 사람마다 다른 선택을 한다. 동성결혼에 대해 혐오감으로 강한 거부감을 드러내는 사람이 있는가 하면, 자유가 더 중요하다며 지지하는 사람도 있다.

　모든 정치적 성향은 이 여섯 가지 도덕적 요소의 조합에 대응한다. 하이트 등의 연구자들은 2011년 모럴 테스트 사이트(YourMorals.org)를 개설한 뒤로 13만 명이 넘는 사람들을 대상으로 테스트를 진행했다. 그리고 이를 통해 각 정치 성향에 부합하는 도덕적 요소의 조합을 찾아낼 수 있었다. 이 연구 결과는 뇌신경과학자들이 적극적으로 지지할

---

* 이 표는 하이트 등이 개설한 사이트의 테스트 결과를 통계한 결과이다. 그림 내 X축은 피험자의 정치적 성향으로, 왼쪽에서 오른쪽으로 갈수록 진보에서 보수로 넘어가는 변화를 보여준다. 여러 도덕적 문제에 대한 다양한 피험자의 인지 정도는 아래에서 위로 갈수록 적극 반대에서 적극 찬성으로 변화한다. 테스트에 사용된 다섯 가지 도덕적 요소는 관심, 공정, 충성, 권위, 신성으로 '자유'는 이번 조사에 등장하지 않았다가 훗날 하이트에 의해 이론에 추가되었다.

만큼 신뢰할 수 있다.

기능적 자기공명영상(functional Magnetic Resonance Imaging: fMRI)은 실험 도중 피험자의 대뇌를 관찰할 수 있게 해주는데, 하이트와 동료들은 이를 이용해 또 다른 실험을 실시했다. 먼저 피험자에게 도덕 판단의 글을 읽게 하고, 피험자의 대뇌가 핵심 단어에 대해 즉각적으로 보이는 찬반 반응을 관찰한다. 그리고 이를 기록하여 실험 전에 조사한 피험자의 정치적 입장과 비교하는 것이다. 실험이 끝난 후 하이트는 도덕적 요소 관련 핵심 단어에 보인 피험자의 뇌 반응이 앞서 언급한 모럴 테스트 사이트의 조사 결과와 상당 부분 일치한다는 사실을 발견할 수 있었다.

미국에서 가장 중요한 정치 파벌은 민주당을 위시한 자유주의자(liberal)와 공화당을 대표하는 보수주의자(conservative)다. 이들의 정치적 이념은 각자의 도덕적 항목으로 설명할 수 있다.

자유주의자는 관심, 자유와 공정을 사랑하지만 (그중에서 가장 중요한 것은 관심이다) 충성, 복종과 권위, 신성에는 아무런 관심도 없다. 자유주의자가 생각하는 이상적인 사회는 개별적인 독립 개체로 구성되며, 관심과 사랑이 존재할 때 건강하게 성장한다. 그다음으로는 공정함이 강조되어야 한다. 한편 자유와 공정함을 희생해서라도 소외계층을 보호해야 한다며 사회적 약자에 대한 동정심을 드러내기도 한다. 민주당이 높은 복지 - 높은 세금정책을 지지하는 이유가 바로 여기에 있다. '자유/탄압'이라는 도덕적 항목에서 자유주의자는 타인을 탄압하지 않는 데 초점을 맞추고, 공정함에서는 공정한 결과에 집중한다. 즉 모든 사람에게 똑같은 혜택을 제공하는 것이 이상적인 사회를 위한 조건이라고 생각한다.

보수주의자는 모든 도덕적 항목을 똑같이 중시하지만 모든 사람의 탄생은 독립적이지 않다고 말한다. 그들이 생각하는 가장 이상적인 사회모델은 당신의 위치가 이미 정해져 있으며, 가정과 사회관계 또한 이미 성립되어 있는 형태다. 보수주의자는 사회의 전통적 가치가 그 사회의 운용에 매우 중요하게 작용한다고 생각한다. 그래서 반드시 전통을 존중해야 한다고 주장한다. 질서를 유지하려면 권위에 대한 존중, 조직에 대한 충성, 개인의 품성 수양이 선행되어야 한다. 자유에 대해 보수주의자는 자신에 대한 탄압이 이뤄져서는 안 된다는 데 초점을 맞추기 때문에 정부의 증세에 반대한다. 공정함에 대해서는, 공헌도에 따른 분배를 가장 중요하게 생각하기 때문에 관심을 희생하더라도 게으른 사람을 처벌해야 한다고 말한다.

사실 자유주의자든 보수주의자든 속으로는 스스로를 영웅으로 여긴다. 또한 모든 영웅이야기는 '현 세계에 존재하는 위험을 내 손으로 해결한다'는 똑같은 결말을 보여준다.

자유주의자는 어떤 이야기를 들려주려는 것일까? "특정 국가의 정부, 강자와 대기업에 의해 사람들은 탄압을 받고 있다. 우리와 같은 지식인은 부당한 탄압에 맞서도록 사람들을 이끌고 낡은 사회를 무너뜨리고 새로운 사회를 세워야 한다. 사회의 진보를 이끄는 것이 우리의 임무다!" 영웅이 탄압받는 사람들을 해방시키는 데 초점을 맞춘 그들은 소외계층에 관심을 가지고 불평등에 대해 분노하라고 말한다.

이에 반해 보수주의자의 이야기는 외부의 위험으로부터 사람들을 지키는 데서 시작된다. "사람들이 평화롭게 살아가던 중에 갑자기 자유주의자가 나타나서 범죄를 정당화하고 기존의 전통적 가치에 반기를 들며 도덕적 관념을 훼손하려 든다. 설상가상 거짓말을 일삼고 일하지 않는 사람에게 우리의 것을 나눠주려 한다. 그래서 우리는 자유주의자와 싸우려는 것이다!"

둘 중 누가 맞고 누가 틀리는가? 그것을 알 수 있는 가장 확실한 방법은 있는 그대로의 현상을 지켜보며, 개별 의제를 구체적으로 분석하는 것이다. 하지만 대부분의 사람은 이념으로부터 영향을 받는다. 심지어 과학자들은 자유주의자와 보수주의자의 유전자가 다르다고 주장하기도 한다. 유전자의 차이는 크게 두 가지 요소에 의해 나뉜다. 하나는 위험에 대한 민감도, 나머지 하나는 새로운 것에 대한 관심이다. 위험에 유독 민감해서 같은 편과 함께 외부의 적에 맞서는 쪽을 선택한다면 당신은 보수주의자에 해당한다. 새로운 것이나 새로운 경험을 통한 즐거움을 추구하고, 기존 질서에 반감을 느낀다면 자유주의자에 속한다. 두 종류의 유전자가 개인의 도덕적 요소의 우선순위를 결정한다는 증거가 충분한지 알 수 없지만, 정치적 이념에 선천적인 인자가 작용한다고 주장하는 비슷한 연구를 여러 번 본 적이 있다.

이런 연구에 따르면, 사람이 태어나면 대뇌에 정치적 성향이라는 씨앗이 뿌리내기 시작한다. 이러한 특성은 삶의 지향점을 제시하고, 특정한 유전자는 그것을 발전시키는 데 필요한 적합한 환경을 스스로 찾아가게끔 이끈다. 이를테면 자유주의자는 태생적으로 교사가 정한 규칙에 반감을 드러내며 스스로 자유주의 예술에 대해 찾아보게 된다. 또한 모든 제재에 반감을 드러내면서 자신이 영웅이 되어 사람들을 해방시킨다는 이야기를 스스로 실천하고 있다고 확신한다. 이와 반대로 보수주의자는 천성적으로 전통적 가치에 호감을 보이며 자신이 속한 민족·문화에 대한 자부심과 애국심을 드러낸다. 인생의 경험과 중대한 변화 역시 개인의 이념을 바꿀 수 있지만 태생적인 요소도 결코 무시할 수 없는 것이다.

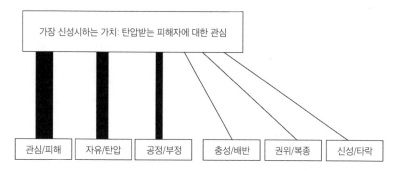

자유주의자의 도덕적 요소 조합

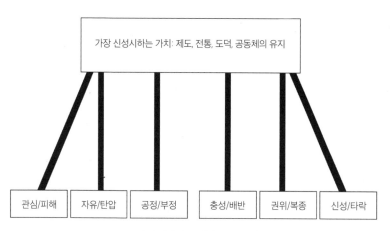

보수주의자의 도덕적 요소 조합

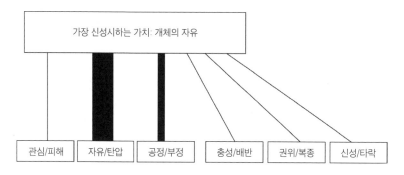

자유의지론자의 도덕적 요소 조합

미국의 두 정치 파벌이 저마다 수많은 추종자를 거느릴 수 있었던 것은, 심지어 자유주의자의 이상이 일부 지식인들로부터 '보편적 가치'라고 불릴 수 있었던 것은, 정치인들의 뛰어난 언변술 때문이 아니라 배후에 있던 도덕적 기반 때문이었다. 한편, 자유주의자와 보수주의자 외에 '자유의지론자'라고 불리는 세력이 있다. 이들은 자유를 강조하며 공정함을 중시하지만 다른 도덕에 전혀 개의치 않는다. 상당수의 경제학자가 자유의지론의 입장을 취하고 있지만 관심이 부족하기 때문에 많은 사람들로부터 지지를 받지는 못하고 있다.

절대다수의 미국 지식인들처럼 하이트 역시 확고한 자유주의자였다. 하지만 연구를 위해 다양한 국가의 문화를 접한 후 미국 지식인의 생각이 극히 이례적이라는 사실을 서서히 깨달았다. 누군가는 현대심리학에서 연구하는 것은 세상에서 가장 '기괴한(WEIRD)' 사람이라고 지적했다. 여기서 WEIRD는 '서양의(Western)', '우수한 교육을 받은(Educated)', '산업화된(Industrialized)', '부유한(Rich)', '민주적인(Democratic) 사람'의 이니셜로 만든 단어다. 이렇게 연구의 행위자나 대상이 서양 사회에서도 특수한 경우에 해당하고, 그 때문에 그들의 연구는 그에 속하지 않는 세계 사람과는 다소 동떨어진 결과를 내놓는다. 하이트는 서른 살이 되기 전에 연구를 위해 인도를 처음 방문했다. 처음에는 인도인의 신성 관념과 집단의식을 이해하지 못했지만 그곳에서 상당한 시간을 보낸 끝에 인도문화에 대해 조금씩 알게 되었다. 그러고 나서야 인도인의 도덕관을 받아들인 것은 물론, 이성을 사용해서 도덕관을 설명할 수 있는 근거도 찾기 시작했다.

각국의 도덕문화가 모두 다르기 때문에 하이트처럼 타인의 도덕관을 이해하는 법을 배우기란 그리 쉽지 않다. 이를 설명하기 위해 가장 쉬운 예를 들어보겠다. '나는⋯이다(I am⋯)'이라는 말을 사용해서 20자 내에서 글을 지어보라. 미국인이라면 대부분 자신의 심리적 특성을 적을 것이다. '나는 기쁘다', '나는 외향적이다', '나는 재즈를 좋아한다' 등등. 이와는 대조적으로 아시아인은 삶에서 자신이 담당하고 있는 역할과 사회적 관계를 설명할 것이다. '나는 아들이다', '나는 사내대장부다', '나는 후지쯔의 직원이다' 등등.

여기까지 쓰고 나니 나라면 뭐라고 썼을지 갑자기 궁금해지기 시작했다. 아마도 나라면 '나는 중국인이다(I am Chinese)'라는 글을 가장 먼저 썼을 것 같다.

8
시대를 관통하는 권력의 여러 법칙

19세기 말, 벨기에 왕국의 국왕 레오폴드 2세(Leopold Louis Philippe Marie Victor)는 국민들의 존경의 대상이 되기에 충분한 인물이었다. 그는 민주와 자유의 기치를 내걸고 40여 년의 집권 기간 내내 벨기에를 전제 독재국가에서 현대 민주국가로 변화시키는 데 많은 노력을 기울였다. 모든 성인 남성에게 선거권을 부여하고 심지어 미국보다 50년이나 빨리 노동조합에 의한 파업을 허용했다. 유럽 다른 나라들보다 먼저 아동과 여성을 보호하는 일에 앞장섰다. 1881년에는 기초교육을 실시하면서 어린 소녀들에게도 배움의 기회를 주었다. 그리고 1889년에는 법률을 통해 20세 이하 청소년의 노동활동을 금지했다. 레오폴드 2세의 치하에서 벨기에의 국가 경제 역시 크게 발전했다. 루스벨트보다도 먼저 고속도로, 철로와 같은 인프라 건설에 힘썼으며 그를 통해 실업률을 낮추고 경제성장을 촉진했다.

하지만 벨기에의 식민지였던 아프리카의 콩고에서 레오폴드 2세는 전혀 다른 이미지로 알려져 있다. 레오폴드 2세의 통치하에서 여성과 아동을 포함한 절대다수의 콩고인은 어떠한 인권도 보장받지 못했다. 노예로 전락한 그들은 경찰의 손에 끌려가서 강제노동에 투입됐다. 명령에 맞서면 손이 잘리는 끔찍한 형벌을 받으며 수많은 사람들이 하루하루 목숨을 부지하는 데 급급했다. 노예로 전락한 사람들 중 1천만 명도 넘는 사람들이 모진 박해 속에서 목숨을 잃었다. 이 모든 것은 고무무역으로 막대한 이윤을 벌어들이기 위한 레오폴드 2세의 명령으로 빚어진 비극이었다.

똑같은 사람이건만 한 국가에서는 민주정치를, 또 다른 국가에서는 잔혹한 독재정치를 펼친 까닭은 대체 무엇인가? 이러한 질문에 누군가는 제도의 차이라고 즉답하겠지만, 여기서 말하는 '제도'는 답안이라기보다는 문제 그 자체라 할 수 있다. 레오폴드 2세가 집권한 벨기에의 제도가 민주적으로 변모할 때 같은 기간 그가 지배한 콩고의 정치는 왜 점차 퇴보했는가? 레오폴드 2세가 자국민이 아닌 이민족을 배척했기 때문일까? 하지만 훗날 콩고에서 자체적으로 선출한 지도자라고 해서 더 나을 것도 없었다. 그 역시 악명 높은 독재자였다.

《프리딕셔니어 미래를 계산하다(The Predictioneer's Game)》에서 저자 브루스 부에노 데 메스키타(Bruce Bueno de Mesquita)는 레오폴드 2세에 대한 질문에 답을 제시한다. 즉 그의 이중적 통치는 콩고에서는 소수의 사람들만 만족시켜도 권력을 유지할 수 있었지만, 벨기에에서는 더 많은 사람들의 요구를 충족시켜야 했기 때문이라는 것이다. 이 답변은 얼마나 더 많은 사람을 만족시켜야 하는가에 초점을 맞추어 '제도론'

과 구분된다. 이때 사람의 수는 제도에서 '규정'한 것이 아니라 실력이 구체화된 형태라고 할 수 있다.

데 메스키타와 그의 동료들은 다년간의 연구 끝에 다양한 정치 현상을 거의 완벽하게 해석할 수 있는 이론을 찾아냈다. 그들은 국가, 기업 또는 국제조직의 정치적 성향을 '민주'와 '독재'로 간단히 구분할 수는 없지만, 세 가지 집단의 규모로 묘사할 수 있다고 주장한다. 국가를 예로 들었을 때는 다음과 같다.

• **명목 선출인단:** 명의상 선거권과 피선거권을 가진 전체 공민을 의미한다. 하지만 그들 중 상당수는 누가 지도자가 되는지에 아무런 영향을 주지 못한다.

• **실제 선출인단:** 지도자의 선출에 실제로 영향을 주는 사람을 가리킨다. 미국의 경우 이들은 선거 당일 투표하는 유권자에 해당하며, 사우디아라비아 국왕과 같은 군주에게는 왕실위원회 및 충성위원회(Allegiance Committee)의 일원을 의미한다.

• **승리 연합:** 지도자의 권력을 유지하는 데 반드시 필요한 세력이다. 미국 대통령에게는 중요 선거구에서 자신에게 표를 던지는 사람들이며, 독재자에게는 군대와 귀족 내부의 열혈 추종자이다.

한 국가의 정치 체제가 민주적인지 판가름하는 기준은 선거의 집행 여부가 아니라 승리 연합(이하 '연합'으로 표기)의 인원수에 달려 있다. 리더가 일하는 본질적인 목적은 연합을 위해 '복무'하는 데 있다. 왜냐면 연합은 리더를 '전복'시킬 수 있는 권리가 있기 때문이다(그들에게는 리더가 이익을 보장해주지 못한다면 언제든지 리더를 교체할 능력이 있다). 연합원 수가 많을수록 그 국가는 우리가 통상적으로 이야기하는 민주국가에 해당한다. 반대로 연합원 수가 적을수록 선거 여부에 상관없이 사실상 독재국가로 분류된다. 매우 간단해 보이는 이론이지만 그 배후에는 엄청나게 복잡한 수학모델, 통계 데이터와 연구 사례가 존재한다. 해당 자료들은 정치학 관련 간행물에 등장한 이래 《정치적 생존론(원제 : The Logic of Political Survival)》이라는 학술서로 집대성된 뒤, 2011년에 《독재자의 핸드북(The Dictator's Handbook)》이라는 책으로 탄생했다.

대중적인 역사서와 영화 등에는 권모술수를 자유자재로 부리는 사람들이 종종 등장한다. 자희태후(慈禧太后)와 위충현(魏忠賢)처럼 수준 떨어지는 인물이 평생 학문을 닦은 지식인들을 손바닥 위에서 가지고 놀기도 한다. 정치 투쟁은 특수한 재능을 필요로 하는 학문인 것일까? 데 메스키타의 '삼차원 이론'은 정치의 속성을 정확히 짚어내고 있다고 할 수 있다.

체제에 상관없이 모든 지도자가 행동하는 데에는 궁극적으로 두 가지 목적이 존재한다. 하나는 권력의 획득이고, 나머지 하나는 권력의 유지다.

최악의 독재자라고 해도 자신의 의지에 따라서만 행동할 수는 없으므로 연합에 의존해서 통치를 실시한다. 그러므로 지도자가 호감을 사야 할 대상은 국민 전체가 아니라 연합이다. 오로지 국민을 위하거나 장기적으로 국가발전을 계획하는 지도자가 민주국가에서도 오랫동안 권력을 유지할 수 없는 이유가 바로 여기에 있다. 그에 반해 부패한 독재자는 장기간 안정적으로 권력을 유지한다.

• 중국어와 한국어로 번역되어 출간되었다.

이러한 사실에 입각했을 때 삼차원 이론은 정치 투쟁에 대한 우리의 여러 가지 의문에 대해 답해줄 수 있다. 명나라의 태조 주원장(朱元璋)은 왜 공신을 죽이려 했는가? 변법(變法)은 왜 어려움에 부딪혔는가? 불법 이민자를 환영한다는 미국 민주당은 기술이민자에 대한 특별혜택에는 왜 반대하는가? 민주적인 미국은 왜 타국의 민선 정부를 전복시키려 하는가? 자연자원이 풍부한 국가일수록 민주화와 멀어지는 까닭은 무엇인가? 경제발전은 왜 민주주의를 가져다주지 않는가? 여기서 언급한 모든 문제는 지도자와 연합의 상호작용으로 해석될 수 있다. 삼차원 이론은 다양한 제왕술을 해석할 수 있다는 점에서 학술 버전의《후흑학》이자 현대판《한비자(韓非子)》라고 할 수 있다.

정치인들이 어떤 정책을 펼칠 것인가? 이 물음에 대한 답은 이념에서 출발한다. 예를 들어 공화당은 가정의 가치를 강조하고 동성애와 낙태 등을 반대한다. 하지만 소위 자유주의 또는 보수주의 사상은 일반대중에게 들려주기 위한 것일 뿐, 다양한 정당으로서는 일부 유권자의 이익을 대변하며 중도파를 끌어들이는 것이 무엇보다도 중요하다. 정치인은 일단 대중보다 훨씬 똑똑한 동물이다. 그들은 개인적인 호불호에 따라 행동하지 않고 오로지 이익 계산을 통해 움직인다.

《독재자의 핸드북》은 권력에 관한 다섯 가지 일반법칙을 제시했다. 당신이 독재자, 민주국가의 지도자, 기업의 CEO 또는 동네 반장이든 아무 상관없다. 설사 국가 운영이나 기업관리에 대해서 아무것도 모른다고 해도 다음의 원칙을 철저히 지킨다면 권력을 충분히 지킬 수 있다.

첫째, 연합은 작을수록 좋다. 연합원 수가 적을수록 그들을 매수하는 데 드는 비용이 줄어들기 때문이다.

둘째, 명목상의 선출인단은 많을수록 좋다. 그들의 규모가 크면 당신에게 불만을 품은 연합원을 쉽게 교체할 수 있다.

셋째, 돈을 관리하라. 지도자는 돈이 어디에 있는지 알아야 하며, 돈의 흐름을 통제해야 한다. 사담 후세인은 집권하기 7년 전에 이미 이라크의 석유를 장악하는 데 성공했다.

넷째, 당신에 대한 연합의 지지에 충분히 보답해야 한다. 과도하지 않게 적정선을 지키는 것이 중요하다.

다섯째, 연합의 주머니에서 꺼낸 돈을 다른 사람들에게 주지 마라. 연합의 이익을 훼손한 어떠한 개혁도 진행될 수 없다. 카이사르 대제도 연합의 주머니에서 나온 것을 사람들에게 나눠주려다가 결국 암살당하고 말았다. 역사상 법과 제도를 바꾸려했던 사람들은 결국 실패했다.

다시 말해서 지도자가 하는 일은 무척 간단하다. 세수, 자원 판매 또는 해외 원조를 통해 얻은 돈을 연합을 먹여 살리는 데 일부 사용하고 나머지 대부분은 자신이 갖는 것이다(좋은 지도자라면 국민들을 위한 복지 정책을 펼칠 수도 있을 것이다). 연합은 필연적으로 '보답'을 받지만 연합의 중요한 힘인 경찰은 왜 독재국가일수록 낮은 대우를 받는가? 답은 무척 간단하다. 지도자의 입장에서는 경찰의 부패를 조장하는 편이 그들에게 돈을 주는 것보다 훨씬 간편하기 때문이다.

연합은 지도자를 응원하는 진정한 추종자지만 동시에 지도자를 끌어내릴 수 있는 집단이다. 이 점에서 그들은 지도자의 최대 적수라고도 할 수 있다. 이 때문에 연합을 상대하는 지도자는 그들을 매수하는 것 외에 외부인으로 연합원을 교체하는 수단을 사용하기도 한다. 루이 14세가 왕위를 계승한 초기, 연합 내의 귀족들은 그의 사람들로 채워지지 않았었다. 그래서 루이 14세는 명목상의 선출인단을 확대함으로써 외부인에게 정치와 군사의 핵심 권력층으로 진입할 수 있는 기회를 제공했다. 신규 귀족을 대거 수혈하는 대수술 과정에서 루이 14세는 심지어 기존 귀족을 베르사이유 궁전에 가둬두기도 했다. 그리고 신규 귀족이 계속해서 권력을 유지하려면 반드시 왕권의 힘에 의존하도록 '판'을 짰다.

지도자에게 연합원의 능력은 결코 중요하지 않다. 오히려 유능할수록 자신에게 해로울 뿐이다. 자신에 대한 흔들리지 않는 충성심만이 무엇보다도 중요하다. 주원장은 왜 공신들을 죽이려 했는가? 연합의 능력을 약화시키는 동시에 연합원은 언제든지 교체 가능하다는 것을 증명하기 위함이었다. 중국 황제가 안정적인 통치를 유지할 수 있었던 가장 큰 이유는 과거제를 통해 명목상의 선출인단을 확대함으로써 공신과 귀족에게 언제든지 교체될 수 있다는 경고를 준 데 있었다.

이렇게 연합과 명목 선출인단의 상대적인 대소 관계가 정치판을 결정하는 중요한 요소로 작용한다. 선거 투표, 언론의 자유, 삼권분립, 감시 시스템 모두 부차적인 요소일 뿐, 연합원 수가 충분히 많으면 성공적인 민주정치를 이룩할 수 있다. 연합원 수가 적으면 민주국가라고 해도 독재형 부패현상이 나타날 수밖에 없다.

《독재자의 핸드북》에서도 이를 보여주는 좋은 예시가 등장한다. 미국 캘리포니아주 벨시티의 인구는 4만 명도 채 안 되고 경제도 그다지 발전한 편이 아니지만, 시장은 78만 달러의 연봉을 챙기고 시정 위원회 회원 역시 10만 달러의 연봉을 받았다(LA 시장의 연봉은 20만 달러, 미국 대통령의 연봉은 40만 달러이며, 다른 지역 시정 위원회의 연봉은 수천 달러에 불과하다). 시장이 말도 안 되는 연봉을 챙길 수 있었던 것은 소수의 사람들만 참가할 수 있는 투표 시스템 덕분이었다. 이 때문에 벨시티는 '밀실정치'가 가능한 곳이 되고 말았다.

국제올림픽위원회(IOC)와 국제축구연맹(FIFA)은 연이은 부패 스캔들에 휩싸이면서도 특정 의장에 의해 오랫동안 장악되어왔다. 왜냐면 이들 조직은 모두 소규모 조직이기 때문이다. 총 115개 의석이 있는 국제올림픽위원회에서 중대 사안을 결정하는 데는 58표만 확보하면 된다. 다시 말해서 소수의 위원들에 의해 투표 결과가 결정된다는 뜻이다. 실제로 국제올림픽위원회에서 올림픽 개최 도시를 결정할 때 뇌물을 받는다는 사실은 이미 공공연한 비밀이다. BBC에 의하면 국제올림픽위원회 전체를 매수하는 데 1천만 달러가 소요된다고 한다.

국제축구연맹의 상황은 더 심각하다. 원하는 결과를 낙찰받으려면 13표를 확보해야 하는데, 이는 곧 위원 한 명을 매수하는 데 더 많은 돈이 들어간다는 뜻이다. 일부 보도에 따르면, 한 위원은 자신의 몸값으로 800만 달러를 불렀다. 이처럼 국제축구연맹이 심각하게 부패한 까닭에 카타르처럼 자격을 갖추지 못한 국가가 월드컵 개최국으로 선정되는 황당한 일이 벌어지기도 했다.* 부패를 청산하는 방법은 사실 무척 간단하다. 연합원 수를 확대하는 것만으로도 문제가 해결된다. 예를 들어서 올림픽에 참가하는 선수 전원에게 투표권을 주는 것이다. 물론 올림픽위원회 의장이 동의하지 않겠지만 말이다.

상장사는 수많은 소액 주주(명목 선출인단)로 구성되지만 회사를 움직이는 이사회는 십여 명의 주주에 의해 장악된다. 연합원 수가 적다

• 이 책이 출판되기 전에 국제축구연맹에서 유사 이래 최대의 반부패 조사를 실시하면서 여러 명의 위원이 물러났다.

는 것은 CEO로서는 쉽게 독재 체제를 구축할 수 있다는 뜻이다. 일반적으로 CEO의 연봉은 성과에 따라 결정된다고 생각하지만 잡지 〈이코노미스트〉가 2012년에 보도한 최신 통계[*]에 따르면, CEO의 연봉과 실적은 전혀 관계가 없다. CEO가 사용할 수 있는 최고의 전략은 실적을 올리는 것이 아니라 이사회에서 정치를 하며 자신의 사람을 심는 것이다. 연구에 따르면 이사회에 측근을 많이 거느린 CEO일수록 재임 기간이 길다고 한다. 실제로 HP(Hewlett-Packard Company)의 여성 CEO 칼리 피오리나(Carly Fiorina)는 고압적인 태도를 고집하다가 컴팩(Compaq)을 인수하는 실수를 저지르고 말았다. IT업계 전체가 그 결정을 비웃었지만 임기 동안 보여준 그녀의 행동은 하나같이 권력의 원칙을 따르고 있었다.

피오리나는 CEO로 취임하자마자 이사회에서 자신과 뜻이 다른 사람들을 제거하며 연합원 수를 줄이는 데 몰두했다. 게다가 수많은 반대에도 불구하고 컴팩을 인수하기로 마음을 굳혔다. 그리고 명목상의 선출인단을 확대하기 위해 이사회에서 보다 적극적으로 자신의 반대 세력에 맞섰다. 그런 뒤에는 연합을 매수하고자 새로운 이사회에게 연봉 인상을 실시했다.

HP의 실적이 곤두박질치면서 주가가 떨어지자 6년 동안 CEO로 활동했던 피오리나도 결국 2005년에 물러났다. 그렇게 떠날 때도 여전히 두둑한 퇴직금을 챙겼다. 사실 피오리나를 해고할 수 있는 '열쇠'는 주식을 지닌 주주들이 쥐고 있었다. 주가에 대한 주주들의 관심은 피오리나에 대한 '애정'보다 당연히 훨씬 뜨거웠다. HP가 기업이 아닌

- http://www.economist.com/blogs/graphicdetail/2012/focus-0

국가였다면 피오리나는 지도자의 자리에서 '탄핵'되었을 것이다.[**]

국민이 광범위한 투표권을 향유하고 연합원 인원 수가 이론상 전체 유권자의 50퍼센트 이상인 민주국가에서 권력의 법칙은 과연 힘을 발휘할 것인가? 결론적으로 말해서 민주국가의 지도자는 독재국가의 지도자와 본질적으로 아무런 차이가 없다. 그들은 반드시 자신의 열혈 추종자들의 이익부터 보장해야 하는 것이다.

데 메스키타는 민주 정치에 대해 이야기할 때 소위 '국가의 이익'이란 환상에 불과하다는 사실을 반드시 짚어야 한다고 강조한다. 추상적 개념인 국가는 자체적인 이익이 없으며 (이에 반해 국가를 구성하는 다양한 구성원은 각자의 이익을 지니고 있다) 정치인은 이익 집단을 대표해 힘겨루기를 할 뿐이다. 연합원 수가 너무 많은 민주국가의 지도자는 돈으로 연합을 매수할 수 없지만 대신 정책을 선사할 수 있다.

미국 대선을 예로 들어 설명해보겠다. 버락 오바마의 열혈 추종자는 라틴계, 흑인으로 대표되는 가난한 소수 민족, 청년과 여성이었다. 대통령으로 당선된 뒤 오바마는 사회복지 개선, 의료보험 강화와 커뮤니티 복지 확대 등에 대량의 세수를 투입했다. 미트 롬니(Mitt Romney)는 오바마의 정책을 강하게 비난했지만,[***] 만약 그가 당선됐더라도 자신의 지지자들을 위한 정책을 펼쳤을 것이다.

미국 정계에서 흔히 볼 수 있는 이어마크(Earmark)와 포크배럴(Pork Barrel) 현상[****]은 정치인들이 자신의 선거구 유권자에게 혜택을 가져다주

[**] 피오리나는 한때 미국 공화당 대통령 후보자 중 한 명으로 떠오르기도 했다.

[***] http://www.slatic.com/blogs/trending/2012/11/15/why_mitt_romney_lost_claims_obama_won_election_because_of_gifts_to_blacks.html

[****] 이어마크란 미국의회 의원들이 지역구를 위해 연방예산을 특별히 할당받는 행위를 말한다. 양(羊)의 귀에 표시를 해 소유주를 분명히 했던 데서 유래되었다. 포크배럴은 미국의회 의원들이 지지자들을

는 수단을 의미한다. 《독재자의 핸드북》에서는 민주국가인 미국에서 권력의 법칙이 나타나는 여러 가지 상황을 열거하고 있다. 블록 투표 (Block Voting, 대의원에게 대표하는 사람 수만큼의 표 수를 인정하는 방식 – 옮긴이)나 선거구를 구분한 국회의원 선거는 연합원 수를 축소시키는 데 목적을 두고 있다. 민주당은 이민 확대 및 불법 이민자 대사면 등을 주장하며 명목상의 선출인단을 확대하려 한다. 양당 모두 돈줄을 쥐기 위해 세법을 특히 중요하게 생각하는데, 복지를 외치는 민주당과 달리 공화당은 불치병 연구 등 부자에게만 유리한 사업에 거액의 지원금을 지급하려 할 뿐만 아니라 부자에 대한 증세와 의료보험 개혁에는 반대한다. 이것은 모두 각 연합의 이익을 위해 계산된 행동이다.

미국 이외에 각국에서 실시되는 선거 수단은 셀 수 없이 많다. 싱가포르에서는 리콴유(李光耀)에게 투표하지 않은 선거구의 주택 계획을 축소하기도 했다. 돈을 주고 투표권을 직접 구매하는 일부 국가에서는 당선 후보자에게 가장 많은 표를 던진 선거구에 도로를 내주거나 지원금을 지급하는 정책을 실시한다.

어떤 사람들은 민주주의 국가의 지도자는 진정으로 민주주의를 사랑하기 때문에 그들의 힘을 빌려 자국에서 민주주의를 실현할 수 있을 것이라고 믿는다. 이들의 생각은 지나치게 천진난만하다. 민주국가의 지도자는 사람들에게 기쁨과 행복을 선사하려고 하지만 그 대상은 자국 국민에 국한된다. 그는 국내에서는 온갖 제약에 시달리지만 다른 나라에 대해서는 사실상 독재자처럼 행동한다. 미국 대통령은 미국이 전 세계에 민주주의를 설파해야 한다고 입버릇처럼 말하지만 이는 완

위해 정부 보조금을 확보하거나 정부자금을 쓰는 행위를 가리킨다. –옮긴이

전히 헛소리다. 왜냐면 미국의 대외정치는 미국인의 이익만을 최우선시하기 때문이다. 이를 위해 미국은 외국 정부에 미국에 유리한 정책을 실시하라고 요구하면서 크게 두 가지 방법을 사용한다. 하나는 전쟁, 나머지 하나는 지원이다. 전쟁은 가끔씩 사용되는 데 반해 지원은 흔히 사용된다.

2010년, 여성 경제학자 담비사 모요(Dambisa Moyo)가 출간한《죽은 원조(Dead Aid)》는 아프리카에 대한 선진국의 지원에 어떠한 긍정적인 효과도 없다는 사실을 보여주는 다양한 증거를 제시한다. 대다수의 지원금과 물자는 현지 독재자가 독점하며, 그는 연합을 제 편으로 끌어들이기 위해 흥청망청 지원금을 퍼주는 게 바로 현실이다. 독재국가의 빈민에게 직접 원조를 제공하려고 들면, 그 나라 정부는 세금부터 내라고 요구한다. 이렇게 도움이 되지 못한다는 사실을 알면서도 선진국과 국제기구는 왜 계속해서 지원을 제공하는 것일까?

지원의 목적이 원래 독재정부를 매수하는 데 있기 때문이다. 지원은 구실에 불과하다. 그 돈이 실제 어떻게 사용되는지 직접 확인하기는 대체적으로 불가능하다. 전에 미국은 이집트에 대한 지원을 통해 이집트와 이스라엘 간의 평화회담을 추진하려 했다. 하지만 이집트 정부는 미국으로부터 받은 지원금으로 미국을 위한 자국 내 홍보활동을 펴지 않았다. 그 결과, 이집트 일반 민중들 사이에서 미국에 대한 반감만 커지고 말았다.

데 메스키타는 연합원 수가 적은 국가일수록 정부가 쉽게 매수된다는 것을 입증하는 간단한 수학모델을 제시했다. 소수의 연합원을 매수하는 데 많은 돈을 쓸 필요가 없기 때문이다. 똑같은 금액을 민주국가에서 사용해봤자 어떤 문제도 해결할 수 없지만 독재국가에서는 커다란 변화를 이끌어낼 수 있었다(독재국가일수록 내부첩자가 등장하기 더 쉬운 법이다). 독재국가에 지원을 제공한다는 것은 독재자가 입지를 공고히 하는 데 필요한 연합을 매수하도록 돕는 것과 같다. 통계에 의하면, UN 안보리 이사회 이사국으로 선출된 국가는 임기 동안 경제발전과 정치적 자유가 원래보다 퇴보했다. 대체 그 원인은 무엇인가? 남보다 더 많은 발언권을 얻었으니 더 많은 지원금을 내야 했기 때문이다. 이른바 이런 '안보리 효과'는 독재국가일수록 더 확연히 드러난다.

미국의 지도자들은 매수가 쉽다는 점에서 독재정치 시스템을 지닌 외국 정부를 더욱 선호한다. 최근 일부 아프리카 국가의 민주화로 미국은 무거운 부담을 짊어지게 되었다. 역사적으로 봤을 때 민선 정부로 구성된 정부는 미국인에게 도움이 되지 않았다. 미국은 심지어 직접 출병을 통해 민주정부를 무너뜨리고 '허수아비 정권'을 세우는 일도 했다. 대표적인 예가 칠레의 피노체트(Augusto José Ramón Pinochet Ugarte) 정권이다.

이러한 지적에 혹자는 미국이 민주주의 확산을 원하지 않느냐고 반문한다. 그렇다. 사실 미국은 입으로만 민주주의를 외칠 뿐 실제로는 타국의 민주화를 원치 않는다. 미국인에게 자국의 이익을 희생하면서까지 타국의 민주화에 힘쓰겠냐고 묻는다면 분명 'No'라고 대답할 것이다. 《독재자의 핸드북》에서는 무엇이 '민주'냐고 묻는다. 민주란 '**자국** 인민의, 인민에 의한, 인민을 위한 정부(government of, by, and for the people at home)'인 것이다.

《독재자의 핸드북》이 미국식 민주주의의 폐단을 지적했음에도 혹자는 이 책이 여전히 미국의 민주주의를 지나치게 미화하고 있을 뿐만 아니라 미국의 승리 연합원 수를 확대했다고 말한다. 한 연구 결과에 따르면, 상당수 미국 유권자의 의지는 선거 후에 전혀 반영되지 않는다고 한다. 어쨌든 이 책의 기본적인 논조는 검토해볼 만하다. 이 책에서는 민주화를 신성시하지 않는다. 다만 독재체제는 소수의 사람들을, 민주체제는 다수의 사람들을 매수하려 들며, '매수'야말로 모든 정치체제의 본질이라는 사실을 알리고 있을 따름이다.

《독재자의 핸드북》을 읽고 나니 불현듯 이런 생각이 들었다. 민주주의의 본질은 장기적인 목표나 위대한 사상에 대한 논의가 아니라 그저 주어진 매일을 행복하게 살 수 있도록 하는 것이 아닐까? 누군가는 민주주의가 수단이라고 하지만 사실 민주주의는 그 자체가 목적이다. 《독재자의 핸드북》은 경제발전과 같은 조건하에서 민주국가의 교육과 의료 수준이 독재국가보다 훨씬 뛰어나며, 지진 등 자연재해로 인한 사망자 수 역시 훨씬 적다는 것을 보여주는 다양한 연구 데이터를 소개한다. 한 통계에 따르면 독재국가일수록 수도의 공항에서 도심지까지 이어진 고속도로가 직선을 이루고 있는 경우가 많다고 한다. 왜냐면 독재국가일수록 토지 수용이 쉽기 때문이다.

민주주의 제도는 사람들의 단기적인 이익을 만족시켜주는 데 목표를 둔 복지제도라고 볼 수도 있다. 이러한 주장을 가장 잘 설명해주는 현상이 무분별한 정부 부채다.

모든 정부는 돈을 빌리는 일에 거부감을 느끼기는커녕 기꺼이 빚을 지려 한다. 물론 그 돈을 갚는 일은 다음 정부의 몫이다. 게다가 내가 돈을 빌리지 않아도 경쟁자가 빌릴 수 있으니, 차라리 내가 빚을 내서 정부 부채가 늘어나는 한이 있더라도 경쟁자에게 정권이 넘어가지 않도록 하는 편이 낫다. 정부는 이익을 창출하기 위해 빚을 지는 것이 아니다. 정부의 부채는 연합의 환심을 사는 데 사용된다. 독재정부의 부채 한도는 오직 돈을 빌려주는 쪽이 협조적이냐 아니냐에 달려 있다. 그렇다면 민주정부의 경우에는 어떨까? 빚을 갚지 못하면 신용등급을 낮춰버리면 된다. 본래 경제가 성장할 때는 빚을 갚기 쉽지만 서구 국가의 정부는 돈이 있어도 그렇게 하지 않는다. 결국 정부가 국가의 장기적인 이익을 고려하지 않고 부채를 지고 있다고 비난하는 정치인들은 '그 빚은 내 빚이 아니야!'라는 속내를 내비치고 있는 것이다.

민주정치는 다양한 폐단을 지녔지만 독재정치보다는 훨씬 우수하고 강하다. 그래서 대부분의 사람들이 민주국가의 길을 동경하는 것이다. 진정한 민주국가란 어떻게 탄생하는가? 민주주의의 선결조건은 국민의 혈세를 통해 정부가 성장하는 데서 출발한다. 석유와 같은 자원을 가진 국가라면 독재자는 연합을 먹여 살리는 데 필요한 수익을 보장해줄 자원을 손에 넣기만 하면 된다.

현재 미얀마에 민주화의 바람이 불고 있지만,《독재자의 핸드북》의 분석에 비춰 보면 자원이 풍부한 미얀마에서는 자원을 독점한 군부가 막대한 이익을 챙기고 있으므로 민주화의 열망은 결국 사그라질 것이다. 국가의 수익이 세수에 의존하는 상황에서만 독재자는 수익을 확보하기 위해 국민에게 더 많은 자유를 제공하고 시장경제 정책을 실시할 수 있다. 현재 러시아의 민주화가 예전만 못한 수준까지 퇴보한 중요한 원인 역시 유가 상승에 있다.《독재자의 핸드북》에서는 심지어 유가가 지금과 같이 고공행진을 했다면 고르바초프는 개혁을 실시할 이유가 전혀 없었을 것이라고 분석하기도 한다.

민주주의를 실천하기 위한 또 다른 선결조건은 국가의 건국 초기에 연합원 수가 다수를 이뤄야 한다는 점이다. 조지 워싱턴이 무소불위의 권력을 휘두르지 않고 민주주의를 실행한 것은 뛰어난 인품 때문이라고 칭찬하기도 하지만 이는 전혀 틀린 생각이다. 조지 워싱턴에게는 황제라고 불릴 만한 '밑천'이 전혀 없었다. 미국의 건국 초기, 특정 주가 압도적인 실력을 지닌 형국이 아니었고 여러 주로 구성된 연맹은 전반적으로 비슷한 존재감을 뽐내고 있었다.

그렇다면 오늘날 독재국가는 어떻게 해야 민주국가로 '전환'될 수 있는가? 이와 관련해 가장 찾아보기 쉬운 주장은 경제발전을 통한 민주화라 하겠다. 다시 말해서 경제발전은 필연적으로 사람들에게 더 많은 자유를 선사해줄 수 있다. 부유함과 자유를 맛본 사람들은 더 많은 민주적 권리를 요구할 것이다. 하지만 《독재자의 핸드북》에서는 이러한 주장을 아예 무시해버린다. 왜냐면 국가의 소득이 증가하면, 지도자가 손에 넣은 자금으로 연합을 매수하고 편안히 살 수 있으니 굳이 민주화를 실시할 이유가 없기 때문이다.

하지만 역사를 되짚어보면 국가 경제에 심각한 문제가 생기면, 이를테면 지도자가 연합을 다독이는 데 필요한 돈이 없는 상황이 펼쳐지면, 그 국가는 갑자기 민주체제로 돌아설 가능성이 크다. 이러한 관점에서 볼 때 경제위기가 닥쳐올 때 독재자에게 돈을 빌려주는 것은 그의 독재를 돕는 일과 진배없는 셈이다. 그렇다면 몇 년 전에 일어난 이집트 개혁은 어떻게 이해해야 할까?《독재자의 핸드북》은 군대가 이전처럼 길거리 시위에 나선 군중을 진압하지 않았기 때문에 가능했다고 말한다. 무바라크(Hosni Mubarak) 대통령이 자신들의 이익을 제대로 지키지 않는다는 불만에 차 있던 군대가 수수방관하는 태도를 보인 것이다. 당시 무바라크는 경기가 불황인 상태에서 미국으로부터 지원금을 얻지 못해 수중에 충분한 돈이 없었다.

결론적으로 말해서 민주주의의 본질은 선거가 아니라 연합원의 많고 적음에 있다. 민주화를 위해서는 연합원을 늘려야 하지만 지도자는 결코 이러한 요구를 수용하지 않을 것이다. 권력의 법칙에 따라 지도자는 자신의 권력을 유지하기 위해 연합원 수를 줄이려 하기 때문이다. 이와 함께 명목상의 선출인단이 어떠한 상황에서든 꾸준히 확대되기를 기대한다. 하지만 연합의 규모를 키우는 힘은 연합 그 자체에서 비롯된다. 독재국가의 연합원은 원래 인원이 적을수록 자신에게 떨어지는 이익이 크다는 이유로 연합의 확대를 원치 않는다. 하지만 연합원이 적다면 지도자에 의해 언제든지 교체될 수 있다는 위험성이 있다. 그런 점에서 정권 교체 시기가 아니더라도 자신들의 존속이 위협받을 수 있다. 그러므로 연합은 조직의 존속을 위해 신규 연합원을 받아들일 수밖에 없다. 소련의 해체가 '위로부터의 혁명'이라는 혹자의 평가는 아마도 이러한 시스템을 따랐기 때문일 것이다.

《독재자의 핸드북》에서는 단순한 수학모델을 사용해서 연합원이 꾸준히 증가하면 경제적 혜택이 돌아온다고 설명하기도 한다. 연합원의 증가는 국가가 보다 민주적인 특성을 지니게 된다는 뜻이며, 이는 곧 세율의 인하를 의미한다. 그리고 이것이 좀 더 열심히 일할 동기를 부여해줌으로써 경제를 활성화하고 나아가 개개인의 수익을 증대시키는 효과로 이어진다는 것이다. 하지만 개인적으로 이런 설명은 적절치 않다고 생각한다. '민주국가에서는 세율이 낮다'는 전제는 높은 수준의 복지를 위해 높은 세율을 부과하는 일부 유럽 국가에는 적용될 수 없기 때문이다.

경제발전이 민주주의를 가져다준다는 논점은 나름 일리가 있다고 생각한다. 2011년에 출판된 매트 리들리(Matt Ridley)의 《이성적 낙관주의자(The Rational Optimist)》에서는 상품 거래가 인류에게 막대한 혜택을 가져다준다고 강조한다.《이성적 낙관주의자》에서는 이른바 민주주의와 법치제도는 위로부터 아래로 국민에게 일방적으로 강요할 수 있는 것이 아니라고 말한다. 시장의 교환 과정에서, 즉 국민들이 서로 충돌하고 타협하며 호혜를 추구하는 과정에서 탄생하는 것이라는 의미다. 경제발전에 따라 국가에 더 많은 권리를 과감하게 요구할 수 있는 사람들이 점점 늘어나고 있다. 그 목소리가 충분히 커진다면 그들은 모든 정당이 눈독 들이는 대상이 될 것이다. 그리고 그들 역시 승리 연합에 가입하고 싶어 할 것이다.

대부분의 사람들은 한두 번 실패를 겪으면 포기하거나
운명에 수긍한 뒤 주변 사람들처럼 빅데이터가 예측한
삶을 살아간다. 하지만 어떤 사람들은 결코 무릎 꿇지
않는다.

제2장
컨베이어 벨트 시대의 영웅

1

학교라는 등급 분류기

　중국의 입시교육은 계속해서 나빠지는 공기 질과 같다. 모두들 심각한 문제라고 생각하지만 이미 익숙해져서 '흠'이 아니라 '개성' 정도로 치부해버린다. 명문 대학교에 들어가기 위해, 더 높은 점수를 따기 위해 기계적으로 공부하는 것을 당연하게 여기는 것이다.

　중국 내 대부분의 고등학교가 비슷한 경향을 보이지만 허베이(河北) 헝수이(衡水) 고등학교는 정도에서 한참 벗어나고 말았다. 언론 보도에 따르면* 헝수이 고등학교는 명문대 진학률이 높은 학교다. 주입식 교육, 학생에 대한 밀착관리 및 모니터링, 인성보다는 성공을 외치는 교

•　〈중궈칭녠바오(中國靑年報)〉, 2014년 10월 칼럼. '헝수이 고등학교의 비밀' 글쓴이: 리빈(李斌).
　http://zqb.cyol.com/html/2014-10/23/nw.D110000zgqnb_20141023_1-03.htm

칙 때문에 학생들은 식사를 하거나 운동을 할 때도 단어장을 손에서 놓는 일이 없었다. 하물며 오락이나 여가활동은 전혀 용납되지 않았다. 게다가 학교에서 지급한 교과서 외에 외부의 참고서나 서적도 읽지 못하도록 규정했다. "1학년 여학생이 심한 목감기에 걸린 채로 자습실에서 공부하고 있었다. 목이 너무 아파 물을 마시려고 자리에서 일어나자, 그 모습을 발견한 선생님이 멀리 싱저우(邢州)시에 있는 여학생의 어머니를 본교로 소환했다. 이 사실을 안 여학생은 눈물을 흘리며 학교 경비실에서 숙제를 해야 했다."

대학 입시가 아무도 원치 않지만 어쩔 수 없이 싸워야 하는 전쟁이라면, 학생들이 제아무리 군비를 축소해야 한다고 외쳐도 헝수이 고등학교는 군비 경쟁에 박차를 가할 것이다.

과연 헝수이 고등학교의 선택은 옳은 것일까? 과도한 입시교육이 원래부터 그다지 강한 편도 아니었던 중국인의 창의력을 더 훼손하지는 않을까? 남다른 창의력을 지닌 학생이 헝수이 고등학교에서 재능을 다 잃는 것은 아닐까?

이 문제에 대해 답하기 전에 고등학교가 대체 무슨 용도를 지녔는지부터 알아보는 게 좋겠다. 교과서적인 뻔한 답변에 따르면, 고등학교는 국민이 갖추어야 할 자질을 키우기 위해 고등수준의 지식을 전수받는 곳이다. 하지만 현실은 이와는 많이 다르다.

고등학교에서 우리는 직장생활이나 일상생활에 아무런 쓸모도 없는 지식을 배운다. 대부분의 사람은 고등학교를 졸업한 후에 미분, 적분 계산식이나 복잡한 분자식을 몰라도 전혀 지장 없이 살아간다. 고등학교 때 배운 지식 중에는 그 분야의 전공자조차 필요로 하지 않는 것이 포함되어 있기도 하다. 전문작가도 고등학교 국어시험에서 높은 점수를 받을 것이라고 장담 못 할 정도다. 어쩌면 작문 과목에서 낙제할지도 모른다.

물론 고등학교에서 유용한 정보를 배울 수도 있지만 입시시험은 일찌감치 '유용한' 범주에서 벗어났다. 입시문제를 푸는 방법을 배우려면 고도의 훈련을 받아야 하는데, 이러한 훈련은 현실 세계에서의 유용성에 목적을 두고 있지 않고, 오로지 시험에서 높은 점수를 받는 데만 초점을 맞추고 있다. 그래서 고등학교 때 배우는 지식을 '건강 체조'가 아닌 '기록 경기'라고 하는 것이다.

오늘날 고등학교의 가장 근본적인 목적은 지식의 전수나 인재의 육성이 아니라, 인간을 등급별로 분류하는 데 있다. 일부 학생은 고등학교를 졸업하고 명문 대학교에 진학한 후 고액 연봉과 사회적 체면이 보장된 직장에 들어간다. 또 일부 학생은 그저 그런 대학교에 입학하고, 나머지 학생은 대학교 문턱도 밟지 못한다. 이처럼 우리는 시시각각 사회에 의해 등급이 매겨지는데, 그중에서도 고등학교 때 부여되는 등급이 거의 평생 유지된다. 이 점에서 고등학교는 일종의 '등급 분류기'라고 할 수 있다.

시험 출제자가 잔뜩 꼬일 대로 꼬인 해괴한 문제를 내는 까닭은 이런 문제에 무슨 거창한 의미가 있어서가 아니다. 출제 목적은 수험생들이 문제를 풀지 못하도록 하는 데 있다. 아무리 이상한 문제라도 일단 풀고 나면 인간의 사고능력과 의지 등이 단련될 수 있지만, 그것은 그다지 중요하지 않다. 그 무엇보다 중요한 것은 문제가 인간을 다양한 등급으로 구분할 수 있을 만큼 충분히 어려워야 한다는 점이다. 수험생의 IQ나 의지의 차이 따위는 상관없다. 그저 문제가 사람과 사람을 분류하고 계급으로 나눌 수 있다면 그것만으로 충분하다.

혹자는 이런 제도는 잘못된 것이라며 강하게 분개할지도 모르겠다. 인간을 꼭 분류해야 하는 이유가 있는가? 인간의 재능은 계속해서 변화하지 않던가? 예술이나 사회처럼 입시에 포함되지 않는 과목 역시 중요하지 않은가? 명문 대학교에 들어가지 못했어도 위대한 성과를 올린 사람들도 많지 않은가? 모두 맞다. 하지만 먼저 현대사회의 운용 방식을 짚어보자.

실업자는 왜 생기는가?

가장 이상적인 사회는 '실업률 제로' 사회다. 노동력이 시장의 공급-수요 관계에 의해 100퍼센트 결정된다면, 다른 사람보다 낮은 임금을 감수하는 한 당신은 언제든지 일할 기회를 얻을 수 있다. 하지만 현실적으로 이러한 현상은 3D 업종에서만 목격된다.

예를 들어 중국의 농민공(農民工)*을 살펴보자. 건설업 분야 농민공의 현실을 적은 업계 관계자의 글을 인터넷에서 우연히 본 적이 있다.** 그의 설명에 따르면 농민공이 권익을 보장받지 못하는 데는 그들의 수준 낮은 행태가 크게 작용한다. 농민공은 일단 일에 대한 책임감이나 사명감이 부족하다. 그저 돈을 벌고 싶은 마음에 며칠 동안 일하다가 힘들거나 돈 몇 푼을 쥐고 나면 농사일이 바쁘다며 슬쩍 사라진다. 도급업자로서는 새로 일할 사람을 구해야 하니 작업 진도나 품질을 전혀 보장할 수 없다.

사실 '수준 낮은 행태'는 비단 중국 농민공에게서만 발견되는 문제

---

* 농촌을 떠나 도시에서 일하는 중국의 빈곤층 노동자. 이들은 도시와 농촌 주민을 엄격하게 구분하는 중국의 주민등록제도 때문에 임금·의료·자녀교육 등에서 큰 차별 대우를 받고 있다.-옮긴이
** '농민공의 임금문제' 글쓴이: @뤄창(裸槍), http://www.weibo.com/p/1001603800923997626634

가 아니다. 100년 전, 미국의 포드자동차 역시 똑같은 문제 때문에 곤혹을 치른 적이 있었다.

당시 포드자동차는 기존의 자동차제작 방식과는 전혀 다른 방식으로 신규 차종을 생산하기 시작했다. 숙련된 기술을 보유한 전문 기술자가 아니더라도 누구든지 쉽게 배울 수 있는 작업 프로세스를 구축한 것이다. 이 방식이 제대로 자리 잡는다면 헨리 포드(Henry Ford)로서는 일손을 찾지 못할까 봐 전전긍긍하지 않아도 될 터였다. 현재 중국 작업현장의 도급업자처럼 헨리 포드 역시 이랬다저랬다 하는 작업자 때문에 여간 난처한 게 아니었다. 높은 업무 강도, 긴 업무시간, 낮은 임금 때문에 몇 달은커녕 며칠도 버티지 못하는 작업자들이 수두룩했다. 그러다가 돈이 떨어지면 다시 슬금슬금 나타나는 탓에 이직률이 높아지면서 업계는 악순환에 빠지고 말았다.

1914년, 고민 끝에 포드는 작업자의 일일 최저임금을 5달러로 인상하고 (당시 평균 임금의 두 배 이상에 해당한다) 업무시간을 9시간에서 8시간으로 단축했다.

포드사가 지급하기로 한 임금은 당시 미국에서 한 식구가 먹고살기에 충분한 수준이었다. 직장에 처음으로 애착이 생긴 작업자들은 자신의 일에 최선을 다하기 시작했다. 작업자들이 해고되지 않으려고 열심히 일하자 회사는 안정적으로 성장을 구가하기 시작했다. 중국의 도급업자는 이런 포드사의 경험에서 배울 점이 있을 것이다. 하지만 본문에서 다루려는 핵심은 그게 아니다.

시장에 형성되어 있던 것보다 높은 수준의 임금 때문에 사람들은 포드사에서 일하고 싶다며 제 발로, 그것도 앞다투어 몰려들었다. 수천 명이 서로 고된 노동을 하겠다며 모여든 통에 소란이 일어난 것은 아마도 역사상 처음 있는 일이었을 것이다!

이러한 상황이 펼쳐지자 포드사는 작업자를 선발하기 위한 기준을 마련했는데 그 내용이 꽤나 황당하다. 집을 깨끗하게 유지해야 한다는 등의 내용은 아무리 봐도 업무 성과와는 그다지 관계가 없는 것처럼 보이기 때문이다. 사실 선발 기준은 구직자를 탈락시키기 위해 마련된 것에 불과했다. 포드사에 들어간 사람과 그러지 못한 사람 간의 차이는 운 좋게도 합격자 명단에 이름이 올라갔느냐, 올라가지 못했느냐 외에 아무것도 없었다.

한편 포드사의 전략은 현대 기업에 시사하는 바가 크다. 일은 '누구라도' 할 수 있다. 하지만 기업은 더 많은 임금을 지불하는 한이 있더라도 '누구나'가 아니라 충성심과 단합력을 지닌 직원을 원한다. 특히 전문적인 기술을 요구하는 업무일수록 이러한 성향은 더욱 두드러지게 나타난다. 과거 중국에서는 의학에 대해 조금이라도 아는 사람은 '맨발 의사(赤脚醫生)''라고 부르며 의료활동을 허용했었다. 하지만 지금은 정규 의료기관의 학위가 없으면 환자를 진료할 수 없다. 까다로운 조건과 높은 임금은 의사의 전문성과 사기를 보장해준다는 점에서 올바른 방법이라 하겠다.

그래서 '문턱'이 필요하다. 이러한 문턱은 어떤 분야에 들어가고자 하는 사람 중 일부를 걸러낸다. 그리고 이미 안으로 진입한 사람이 실제로 자신의 능력을 통해 지위를 얻었다고 느끼게 만들고 다른 사람에게도 공정하다는 기분이 들게 한다. 어떤 업무를 수행할 수 있는 능력

• 팀 하포드(Tim Harford)는 자신의 책 《당신이 경제학자라면(The Undercover Economist Strikes Back)》에서 이 일에 대해 농담 삼아 "헨리 포드가 실업을 발명했다"라고 설명했다.
•• 농촌 의무대원으로 정식 교육 과정을 밟지 않고 경험에 의거하여 의술을 행하는 무면허 의사 -옮긴이

을 지닌 사람은 많기 때문에 문턱이 제한된 정원수 외의 인원을 도태시키는 역할을 하는 것이다. 그리고 학력은 가장 좋은 문턱이 된다.

경쟁게임

영국의 경제학자이자 저널리스트인 팀 하포드는 '결혼슈퍼마켓'이라는 사고실험을 통해 경쟁에 대해 설명한 적이 있다.* 남성과 여성 각 스무 명이 방 안에 앉아 있다. 진심에 상관없이 게임을 통해 커플이 되면 10만 원 상당의 상금을 받을 수 있다. 즉 남녀 참가자가 각각 5만 원씩 챙길 수 있다는 뜻이다.

게임에 참가한 남성 참가자가 한 명 부족하다면 스무 명의 여성은 열아홉 명의 남성을 두고 경쟁해야 한다. 자신과 커플이 되면 상금을 나눠주겠다는 제안이라도 해야 하는 것이다.

이 게임에서 흥미로운 점은 한 명의 여성이 가격을 제시하는 순간, 다른 여성들도 어쩔 수 없이 그렇게 해야 한다는 데 있다. 커플이 못 돼서 탈락한 것도 모자라 한 푼의 상금도 챙기지 못하는 것은 어떤 여성에게도 달갑지 않은 일이다. 그러니 여성들로서는 상금을 나눠 갖는 한이 있더라도 경쟁적으로 남성에게 가격을 제시하게 될 것이다. 이 경쟁이 극단으로 치닫게 되면 여성들은 10원만 갖고 나머지 돈은 모두 자신과 짝이 돼주는 남자에게 주어야 하는 상황에 처한다. 그럼에도 불구하고 결국 한 명의 여성은 끝내 커플을 이루지 못할 것이다.

여성들은 상금을 차지할 수 있다는 생각에 기권할 생각은 좀처럼 하지 않는다. 하지만 자신이 도태될 수 있다는 불안에 더 큰 대가를 기

• 이 내용은 《경제학 콘서트2(The Logic of Life)》에 소개되어 있다.

꺼이 감수하려 든다.

대학교 입시에도 이러한 게임의 법칙이 작용한다. 희귀한 자원인 명문 대학교에 진학하려는 응시생 수가 신입생 모집 인원보다 많기 때문에 입시 경쟁은 치열하게 변한다.

대학교 입시 경쟁은 원래 치열한 편이지만 형수이 고등학교의 학생들은 좀 더 극단적인 방법으로 게임에 임했다. 그들은 게임의 난이도를 최고등급으로 끌어올렸다. 앞의 예시에 비유한다면 이들은 남성 파트너에게 상금 나누기를 제안한 절박한 심정의 여성 참가자인 셈이다.

지금과 같은 입시교육이 중국의 미래에 부정적으로 작용하지는 않을까? 군비 경쟁과 같이 과열된 입시교육 탓에 모든 고등학생이 입시를 위해 공부하고, 그 때문에 경제 개혁의 힘을 잃는 것은 아닐까?

결코 그렇지 않다.

국가는 교육을 통해 부강해지는가?

한국의 대학교 입시 경쟁은 중국보다 치열하다. 서울대학교, 고려대학교, 연세대학교는 한국의 3대 명문대로 흔히 '스카이(SKY)'로 알려져 있다. 해당 학교들은 오로지 시험 점수만 따질 뿐 스포츠, 문학, 가정 배경 등을 전혀 감안하지 않는다. 한국의 대기업에서 높은 자리에 오른 임원들이 대부분 SKY 출신이라서 CEO끼리도 이른바 학연이 형성되어 있다. SKY의 진학 여부에 따라 향후 받게 되는 연봉은 그야말로 천양지차다.

한국 고등학생의 학습 시간은 형수이 고등학교에 결코 뒤지지 않는다. 학생들은 학교에서 하루 종일 공부하는 것도 모자라 하교한 후에는 학원으로 향한다. 이들 학원은 입시 스킬을 알려주는 전문적인 교육기관으로서 학생의 학업에 있어서 일반 공립학교보다 더 중요한 역할을 담당한다. 유명 입시학원에서 소위 '스타 강사'로 불리는 강사의 한 해 연봉이 400만 달러(약 45억 원)에 이르는 경우도 있다.

형수이 고등학교가 학생에 대해 실적관리를 한다면 한국의 고등학교는 교사에 대해서도 이런 관리를 실시한다. 즉 다양한 지표를 통해 학생의 성적 향상을 위한 교사의 능력과 노력을 평가하는 것이다. 한국에서 인기 강사는 마치 연예인과 같은 인기를 누리며 여러 학원과 학생으로부터 러브콜을 받기도 한다.

심지어 한국에서는 학생들이 대학 입시에 좀 더 집중할 수 있도록 남녀공학 제도를 폐지해야 한다는 주장이 제기되기도 했다. 연구 결과를 보면 대학 입시 성적은 혼자 공부하는 시간의 양에 많은 영향을 받는다. 그런데 이성교제의 기회가 상대적으로 더 많은 남녀공학 학교의 학생들은 단성(單性)학교의 학생들보다 자습시간이 주당 1시간가량 적고, 인터넷 채팅 등에 시간을 더 많이 할애한다는 조사 결과가 나왔던 것이다.* 형수이 고등학교는 학생 간의 교제를 엄격히 금지하고 있지만 공학제를 유지하고 있다.

점점 길어지는 야간 자율학습 시간이 청소년의 성장, 발달을 저해할 수도 있다는 점 때문에 학계와 수험생, 학부모, 학교와 학원 간에 논쟁이 일자, 결국 한국정부가 나서서 사태에 종지부를 찍었다. 즉 저녁 11시 이후에 이뤄지는 수업을 모두 금지하는 한편, 이를 위반한 학원을 신고할 경우 포상금을 지급하는 '학원 파파라치' 제도를 실시한 것

• 〈환추이스바오(環球時報)〉 '한국에서 남녀 공학제가 입시 성적에 미치는 영향' http://www.chinanews.com/gj/2013/03-28/4683441.shtml

이다. 밤늦도록 이뤄지는 불법 강의를 신고한 사람들이 타 간 포상금만 한 해 25만 달러(약 2억 8천만 원)에 달한다고 한다.**

하지만 과학 또는 기술 분야에서 한국의 혁신능력은 군비 경쟁을 떠올리게 하는 입시교육으로부터 별다른 영향을 받지 않는 것 같다. 한국은 아시아에서 과학기술이 가장 앞선 국가 중 하나로 손꼽히며 여러 분야에서 중국을 앞지르고 있다. 그뿐만 아니라 철저한 입시문화 속에서도 한국은 중국보다 뛰어난 축구선수를 여럿 배출했다. 영화, 드라마, 음악 분야에서도 모두 한참 중국보다 앞서가고 있다. 대체 무슨 이유 때문일까?

우리는 상식적으로 교육이 강해야 국가가 강해진다고 생각한다. 그래서 아무리 가난해도 배움을 포기하지 말라고 이야기한다. 하지만 사실 이는 오해에 불과하다.

역사적 기록을 살펴보면, 한 국가의 교육 수준은 그 국가의 경제가 발전한 시점부터 비약적으로 향상되었다. 1960년대 대만의 식자율(Literacy Rate)은 필리핀보다 낮았고 1인당 소득 역시 필리핀의 절반에 불과했다. 교육이 경제성장을 결정한다면 당시 대만의 성장 잠재율은 필리핀에 못 미쳤을 테지만, 현재 대만의 1인당 국민소득은 필리핀의 열 배에 이른다. 한국의 상황 역시 비슷하다. 같은 기간 한국의 식자율은 아르헨티나보다 훨씬 낮았고 1인당 국민소득도 5분의 1 정도에 불과했다. 하지만 현재 한국의 1인당 국민소득은 아르헨티나의 세 배에 달한다.

중국이 교육 투자에 적극적으로 나선 것도 사실 최근 중국 경제가

** 출처: 아만다 리플리(Amanda Ripley), 《세계에서 가장 똑똑한 아이들(The Smartest Kids in the World)》

고속성장을 구가한 이후의 일이다.* 과거 경제가 발전하기 전 배고팠던 시절에 중국의 교육은 방치되어 있었지만, 낙후된 교육 수준이 경제성장의 발목을 붙잡지는 않았다.

즉 교육 수준이 경제성장을 결정한다고 볼 수 없다. 그보다는 경제성장으로 사회에 고소득 직업이 생겨나고, 그 자리에 대한 수요 때문에 보다 수준 높은 교육에 대한 요구가 생겨난다고 보는 편이 옳다. 물론 다수의 뛰어난 인재를 육성해내는 좋은 교육 시스템 없이는 혁신을 구가하기 어렵다.** 하지만 한 국가에서 신규 일자리가 생겨나지 않는다면 혁신형 인재는 불필요한 존재로 전락할 것이다. 요컨대 인재와 일자리는 사실 동시에 성장한다. 그리고 일자리 기회가 교육의 발전을 견인한다는 사실은 역사적 기록을 통해서도 확인할 수 있다.

인재는 결코 신비한 존재가 아니다. 시장 시스템하에서 첨단 IT업체는 인재가 필요한 경우 언제든지 쉽게 자격을 갖춘 인력을 찾을 수 있다. 한국은 산업 업그레이드를 완료한 후 젊은 세대에게 수준 높은 일자리를 대량으로 제공했다. 그러자 청년 세대는 해당 일자리를 차지하기 위해 자연스레 공부에 열중하기 시작했다. 그들은 대학교와 대학원 과정에서 업무와 관련된 다양한 지식과 경험을 쌓는다. 학교에서 배우지 못한 유용한 지식은 실제 업무 수행 과정에서 대부분 익히게 된다(물론 이를 위해서는 명문 대학교에 먼저 진학해야 할 것이다).

결론적으로 말해서 학생들이 대학 입시 준비에 많은 시간을 보내는지 아닌지는 국가 경제에 별다른 영향을 주지 않는다.

• 출처: 니콜라스 탈레브(Nicholas Taleb), 《안티프래질(Antifragile)》
•• 경제학자 알리슨 울프(Alison Wolf)의 《교육이 중요한가?: 교육과 경제성장에 관한 신화(원제: Does Education Matter?: Myths About Education and Economic Growth)》는 이 문제를 심도 있게 다루고 있다.

빈자와 부자: 누가 명문 대학교에 진학해야 하는가?

그렇다고 해서 교육이 중요하지 않다는 것은 아니다. 개인에게 교육은 무척 중요하다. 명문 대학교 출신이라는 학력 덕분에 평생 벌 수 있는 소득의 단위가 달라질 수도 있다는 사실을 누구나 알고 있지 않은가? 물론 여기에는 인과관계에 관한 문제가 하나 있다. 명문 대학교에 진학할 수 있는 학생이라면 무척 똑똑할 테니 미래에 높은 소득을 거둘 것이 분명하다. 그렇다면 그 소득은 그의 타고난 머리 덕분일까, 아니면 명문 대학교 졸업장 덕분일까?

똑똑한 학생이 우연히 이러저러한 원인 때문에 (이를테면 시험 당일에 컨디션 조절에 실패했다거나 고향에 있는 대학교를 선호해서) 충분한 실력을 지녔음에도 명문 대학교에 진학하지 않았다면 향후 그는 어느 정도의 소득을 올리게 될까?

미국의 경제학자 스테이시 데일(Stacy Dale)과 앨런 크루거(Alan Krueger)는 약 2만 명에 달하는 고등학교 졸업생을 대상으로 사회 진출 10년, 20년 후의 소득 현황을 조사했다.*** 확인 결과, 명문 고등학교 졸업생의 소득은 일반 고등학교 출신보다 훨씬 높은 것으로 나타났다. 그리고 1976년에 아이비리그에 들어간 학생의 1995년 연평균 소득은 9만 2천 달러였지만, 일반 대학교에 입학한 학생의 연평균 소득은 7만 달러에 그쳤다.

두 경제학자는 또 한 가지 흥미로운 사실을 소개했다. 명문대에 진학할 능력은 있지만 결국 일반 대학교에 진학한 519명에 대한 통계도

*** 연구 소개 출처:http://www.nytimes.com/2000/04/27/business/economic-scene-children-smart-enough-get-into-elite-schools-may-not-need-bother.html
http://ecnomix.blogs.nytimes.com/2011/02/21/revisiting-the-value-of-elite-colleges/

실시한 것이다. 이들은 명문대와 일반대에 동시에 합격한 학생들이었는데, 졸업 후 그들의 연봉은 높은 수준을 유지했다. 명문대와 일반대 중 어느 쪽을 선택했든지 상관없이 말이다. 여기서 한발 더 나아가 해당 학생이 SAT(Scholastic Aptitude Test, 대학진학을 위한 미국의 학력평가시험으로 여러 번 응시할 수 있다)에서 좋은 성적을 받았다면 이러저러한 이유로 명문대로부터 퇴짜를 당했더라도 최종 소득은 명문대생들과 비슷한 수준을 유지했다.

다시 말해서, 똑똑한 학생에게 명문대 진학 여부는 삶에 결코 중요하게 작용하지 않는다. 어느 길을 가든지 성공할 것이 분명하기 때문이다. 한 번 선택에서 배제된 것이 크게 영향을 미치지 못할 만큼 사회는 충분히 복잡하고 시장은 효과적으로 작동한다. 그러므로 당신에게 충분한 능력이 있다면, 푸단(復旦)대학교가 아닌 중난(中南)대학교에 간다고 해서 미래 소득에 영향을 받지는 않을 것이다.

하지만 이런 경우엔 가정적 요소가 중요하게 작용하지는 않는지 생각해봐야 한다. 왜냐면 위의 결론은 저소득 가정의 학생들에게 적용되지 않기 때문이다. 이 연구는 저소득 가정의 학생이 명문대에 진학하지 못할 경우 삶에 커다란 영향을 받을 수 있다는 사실도 발견했다. 이들은 첫발을 잘못 디디면 성공의 길로 들어서기가 무척 어려웠다. 그러므로 당신이 저소득 가정 출신일 경우에는 중난대학교에서 아무리 뜨거운 러브콜을 외쳐도 능력만 된다면 푸단대학교에 가야 한다.

그렇다면 저소득 가정의 자녀들은 중산층, 나아가 부유층 자녀들에 비해 어떤 점이 부족한 것일까? 아마도 커뮤니케이션 능력, 가정의 인맥을 통한 취업, 상상력 같은 전체적인 소양이 부족할 것이다. 경제적 사정이 넉넉한 가정이라면 자녀가 자신의 능력을 있는 그대로 발휘할 수 있도록 뒷받침해줄 수 있을 것이다. 그 때문에 아이는 더 많은 기회를 잡을 수 있다. 하지만 안타깝게도 저소득층에게는 그럴 여유가 없다.

소득이 낮은 이들에게 상상력은 매우 사치스러운 것이다. 2014년에 실시된 연구*에 따르면 지니계수(Gini's coefficient)**를 기준으로 했을 때 수익 – 분배가 평균에 가까운 국가일수록 부모는 아이에게 '상상력'을 강조했고 교육적 수단은 덜 강압적인 방식을 썼다. 이와 대조적으로 빈부차가 심한 국가일수록 학부모는 자녀에게 '죽기 살기'로 공부해야 한다고 강조했고 교육 스타일 역시 일방적이었다. 그리고 중국의 경우 후자 중에서도 가장 극단적인 사례로 꼽혔다.

경쟁으로부터 오는 스트레스가 크지 않다면, 어떤 대학을 가든지 또는 무슨 일을 하든지 얻게 될 소득이 비슷하다면, 한가롭게 상상력을 키우는 데 관심을 기울일 수 있을 것이다. 명문 대학교에 진학하지 못해 미래에 받게 될 소득이 기대에 못 미친다고 해도 열심히 공부한 뒤에 자신의 꿈을 좇으며 상상의 나래를 펼쳐도 될 것이다.

하지만 지니계수가 0.47인 시대에 형수이 고등학교에 다니는 학생들은 상상력에 제한을 받을 수밖에 없다. 부유한 가정이라면 자녀가 명문 대학교에 진학하지 못해도 소득이 달라질 것이 없으니 형수이 고등학교 같은 곳에 보내지 않아도 그만이다. 상상력을 펼치는 일을 막을 필요 없이 언제든 해외로 보내 공부를 시킬 수도 있다.

미국의 대학교는 학생을 선발할 때 단순히 SAT 점수만 따지지 않

• Matthias Doepke, Fabrizio Zilibotti, Tiger moms and helicopter parents : The economics of parenting style, 11 October 2014, VOX CEPR's Policy Portal. http://www.woxeu.org/article/economics-parenting
•• 대표적인 소득분배지표로 빈부격차와 계층 간 소득의 불균형 정도를 보여준다. 수치가 높을수록 불평등이 심하다는 뜻이다. -옮긴이

는다. 문학, 스포츠, 예술활동, 다양한 클럽활동, 리더십, 자원봉사 등이 모두 중요한 평가요소가 된다. 이러한 선발 기준은 부유한 가정 출신의 아이에게 유리하게 작용한다. 아이가 스포츠를 배우고 싶다면 최고의 피겨스케이팅 코치를 초빙하고, 유명인의 추천장이 필요하다면 입학하려는 학교의 이사장에게 전화 한 통만 걸면 된다. 리더십과 사회 공익에 관심이 있다면 자원봉사자 경력을 쌓으라고 원하는 나라로 보내주면 된다.

형수이 고등학교의 학생 중 대부분에게는 아마도 이런 여유가 없을 것이다. 그들은 해외에 있는 대학교에서 유학 중인 친구들을 부러워할까? 어쩌면 그럴 수도, 어쩌면 그렇지 않을 수도 있다. 다만 한 가지 확실한 사실은 형수이 학생들은 사회를 원망하지 않는다는 것이다. 보도에 따르면, 학교의 세뇌 교육 덕분에 이들은 '이길 때까지 싸운다, 될 때까지 한다'는 구호를 외치며 자신을 강하게 채찍질한다. 열심히 노력하면 성공의 자격을 갖추게 된다고 생각하는 아이들이 어쩌면 중국에 새로운 힘을 불어넣어 줄지도 모른다.

어른들이 아이들에게 올바르게 생각할 수 있는 여건을 만들어줘야 한다. 그것이 바로 차이나드림 아니겠는가?

2

섬세한 이기주의자와
아이비리그의 순한 양

현재 국가와 국민을 걱정하는 기성세대는 일류 명문 대학교를 포함한 중국의 대학교에 큰 기대를 하지 않는다. 중국의 대학교는 학술적인 창의력이 떨어지는 데다 사회적 책임감도 없다는 인상을 주기 때문이다. 베이징대학교 첸리췬(錢理群) 교수의 말을 빌리자면 학교에서 양성된 학생들은 모두 '섬세한 이기주의자'다. 그렇다면 미국 대학교의 상황은 어떨까? 아이비리그 학생은 문무(文武)로 나라를 안정시킬 덕과 재능을 겸비하고 있을까? 또 영웅정신과 모험정신을 갖추고 있을까? 미국 명문 대학교의 학부생은 어떤 경험을 하게 될까? (중국 유학생은 일반적으로 연구 논문을 쓰는 데 목적을 두고 대학원에 진학하는데, 여기서 말하는 것은 그런 학교생활이 아니다.)

이러한 문제에 대해서는, 중국 본토 출신으로는 최초로 전액 장학금을 받으며 1999년에 하버드대학교에 입학했던 류이팅(劉亦婷)에게 묻는 것보다 예일대학교 교수 윌리엄 데레저위츠(William Deresiewicz)*처럼 학술계에 정통한 현지인에게 묻는 것이 더 정확하리라. 2014년에 윌리엄 데레저위츠는《공부의 배신(Excellent Sheep)》이라는 저서를 발표했는데, 그는 '섬세한 이기주의자'보다 다소 거친 '온순한 양'이라는 표현을 사용했다.

《공부의 배신》은 미국 명문 대학교의 교육을 비판하고 있지만 단순히 문제점을 지적하는 데 그치지 않고 운영 시스템에 대한 설명도 하고 있다. 이 책에는 중국에 관한 이야기가 없지만, 중국과 미국을 대표하는 명문 대학교의 교육을 같이 놓고 비교해본다면 매우 재미있는 결과를 얻을 수 있을 것 같다. 미국의 교육에 대해 잘 모른다면《공부의 배신》을 통해서 두 나라 대학교 사이의 거대한 차이를 단박에 이해할 수 있을 것이다. 그리고 어느 정도 알고 있다면《공부의 배신》을 통해서 두 나라 대학교 사이의 커다란 유사점 또한 한번에 이해할 수 있을 것이다.

이 과정에서 현대 대학교의 궁극적인 목적이 무엇인지 되돌아볼 수 있는 계기를 얻기 바란다.

양처럼 순한 학생

독자의 이해를 돕기 위해 중국 칭화(淸華)대학교에 다니는 샤오밍과 미국 예일대학교에 다니는 조라는 가상의 인물을 설정했다. 각국을 대표하는 일류 대학교에 들어갈 수 있을 정도로 두 사람은 출중한 실력을

---

* 현재 예일대학교를 떠나 집필에 전념하고 있다.

지닌 엘리트에 속한다. 사람들은 두 학생이 미래 사회를 짊어질 기둥, 심지어는 나라를 이끌 지도자가 될 수도 있다며 내심 큰 기대를 하고 있다.

하지만 샤오밍의 이미지는 지도자와는 거리가 멀다. 중국의 낙후된 지역 출신인 샤오밍은 체격도 왜소하고 눈도 나빠 두꺼운 안경을 끼고 있다. 사회생활을 경험한 적이 거의 없어 말재주도 변변치 않다. 한마디로 말해서 공부 외에 잘하는 게 없다. 일부 직설적인 사람들은 샤오밍을 가리켜 공부만 할 줄 아는 책벌레라며, 입시교육의 피해자라고 지적하기도 했다.

하지만 정확히 말해서 샤오밍은 입시교육의 피해자가 아닌 수혜자다. 가족들은 물론 고향 사람들에게 샤오밍은 공부를 잘한다는 한 가지 사실만으로 자랑거리 그 자체이다. 칭화대학교는 성(省) 전체에서 장원을 차지한 우수학생을 유치하기 위해 샤오밍을 베이징에 초대하기도 했다. 그리고 샤오밍이 입학 지원서에 사인을 할 때까지 마치 슈퍼스타를 대하는 팬들처럼 최고의 배려와 대우를 아끼지 않았다.**

조의 아버지는 CEO, 어머니는 전업주부로 둘 다 예일대학교 졸업생이다. 조가 예일대학교에 입학한 것은 그저 가문의 전통을 따른 결정이었다. 미국 대학교는 입학생을 선발할 때 시험 점수만 보는 것이 아니라 학생의 종합적인 실력을 평가한다. 샤오밍에 비해 조는 매우 다재다능하다. 고등학교 때 친구들과 밴드를 결성하고는 작곡, 작사는 물론 악기 연주에도 매달렸다. 어릴 때부터 수영, 테니스, 아이스하키를 취미로 즐겼으며 클럽에 가입해 대회에 참가하기도 했다. 조는 다

•• 이 에피소드는 실제로 일어난 일이다. 참고 '내부자의 비밀: 베이징, 칭화대학교는 왜 우수학생을 유치하지 못하는가?', http://news.sina.com.cn/c/2015-06-29/014232027289.shtml

양한 개성과 재능을 가진 사람들을 하나의 팀으로 조직하고 이끄는 능력이 탁월한 까닭에 고등학교 때 부회장으로 활동했다. 또 누구보다도 따뜻한 마음을 지녀서 틈틈이 커뮤니티 내의 병원에서 장애인 재활 운동을 돕기도 했다.

조는 까다로운 수학문제를 푸는 실력은 샤오밍보다 못하지만 그렇다고 해서 학업 성적이 낮은 것도 아니었다. 그는 고등학교 2학년 때부터 몇몇 대학교의 AP(Advanced Placement)˙를 시작했다. 대학교에 입학하지도 않았지만 이미 미적분과 거시경제학처럼 샤오밍이 한 번도 배운 적 없는, 대학 입시 과목 이외의 분야에 관한 지식을 쌓았다.

대부분의 명문 대학교처럼 예일대학교에서도 고등학교를 졸업한 뒤 1~2년 동안 쉬었다가 재입학하는 제도를 운영 중이다. 학업 스트레스에서 벗어나는 것은 물론, 젊을 때 세상을 경험해볼 수 있는 좋은 기회이다. 조는 예일대학교에 입학한 뒤 1년 휴학을 신청했다. 그 시간을 얼렁뚱땅 흘려보낸 게 아니라 6개월간 유럽을 여행한 뒤 아프리카를 찾아 빌 & 멜린다 게이츠 재단(Bill & Melinda Gates Foundation)˙˙에서 자원봉사자로 활동했다. 그러고 나서는 잠비아의 에이즈 감염자 수를 줄이기 위한 프로그램에도 동참했다.

샤오밍은 자신이 누리는 모든 혜택과 명예가 점수에서 비롯된다는 사실을 잘 알고 있다. 남보다 높은 점수를 받아야 장학금을 받을 수 있고, 해외 유학은 물론 안정적인 일자리와 고액 연봉을 보장받을 수 있다. 이를 위해서 샤오밍은 대학교에 진학한 뒤에도 고등학교 때와 다

• 대학과목선이수제. 대학 과정을 고등학교에서 미리 듣는 제도이다. -옮긴이
•• 마이크로소프트의 빌 게이츠와 그의 아내 멜린다 게이츠가 설립한 기부 재단이다. -옮긴이

름없이 모든 과목에서 A플러스를 받기 위해 노력했다.

이와 대조적으로 조는 샤오밍보다 훨씬 다이나믹한 시간을 보내고 있다. 그는 다양한 학생조직의 구성원으로서 방학 때마다 자원봉사자로 활동하거나 유명 대기업에서 인턴으로 일했다. 이뿐만 아니라 전문적인 스포츠 프로그램에도 참가하고 교수님, 동기들과 함께 독서 토론회를 열기도 했다.

이처럼 중국과 미국의 대학교육 시스템은 전혀 다르다. 샤오밍과 조의 이야기를 보고 어떤 생각이 드는가? 입시교육에 찌든 샤오밍에 비해 조가 자신의 경력을 쌓으면서 알차고 즐거운 시간을 보내고 있다고 생각하는가? 또는 조가 샤오밍보다 우수한 인재라고 생각하는가? 만약 그렇다면 당신의 생각은 완전히 틀렸다. 조와 샤오밍은 매우 비슷한 유형의 사람들이기 때문이다.

조가 다양한 과외활동에 적극적으로 참가하는 까닭은 이들 활동이 미국의 학생평가 시스템에서 점수와 마찬가지로 매우 중요한 비중을 차지하고 있기 때문이다. 샤오밍이 GPA(Grade Point Average, 학부 성적 평균 학점)에 매달리는 것과 마찬가지로 조가 과외활동 경험에 열을 올리는 것 역시 각종 평가 기준을 충족하기 위한 행동일 뿐이다. 조는 매일 정신없이 바쁜 시간을 보내지만 진정으로 관심을 갖거나 열정을 불태우는 대상은 없다. 샤오밍은 오로지 시험에만 매달리면 되지만 조는 교수나 동기들 사이에서 자신의 일상적인 이미지도 관리해야 하는 이중고에 시달린다. 그런 이유 때문에 조는 다른 사람들이 자주 언급하는 책에 관한 내용도 파악해야 한다. 그래서 책의 프롤로그와 에필로그만 읽은 채 결론 내거나 서평을 읽는 방식으로 다양한 책을 읽은 척한다. 한 권의 책에서 자신이 무엇을 배울 수 있는지 조로서는 신경 쓸 겨를

조차 없다.

샤오밍이 섬세한 이기주의자라면 조 역시 같은 유형이라고 할 수 있다. 1960~1970년대와 그보다 좀 더 앞선 시절 미국의 대학생들은 국가의 큰일에 관심을 기울이고 심지어 사회활동을 위해 자신의 학업을 희생할 만큼 막대한 사회적 책임감을 가지고 있었다. 하지만 업계별 소득 격차 확대, 비싼 대학 등록금 때문에 오늘날의 대학생들은 전례 없이 치열한 경쟁 체제에 내몰려 있다. 이른바 '스펙'을 쌓는 것 외에 다른 일에 관심을 기울일 만한 시간조차 없는 것이다. 그래서 지금 대학생들은 무언가에 깊이 관여하기를 꺼린다. 칭화대학교에서는 여성의 날이 되면 선배 언니 또는 후배 동생들에게 축하인사를 건넬 만큼 한가로운 편이지만 예일대학교 같은 미국의 일류 대학교에서는 연애할 시간도 내기 힘들다.

조와 샤오밍은 모두 정신력이 그리 강한 편은 아닐 것이다. 큰 고비 없이 순탄한 길을 걸으며 단번에 명문 대학교에 진학한 이들은 아마도 어릴 때부터 가족과 교사의 사랑을 독차지했을 것이다. 자신들에 대한 주변의 기대를 저버리기는커녕 오히려 완벽하게 부응했고, 빽빽한 시험 일정과 선발제도를 견뎌낸 뒤 승자로 취급받는 데 이미 익숙해져 있다. 이렇게 현실의 벽에 한 번도 부딪힌 적 없는 탓에 이들은 다른 사람보다 더 실패를 두려워한다. 이런 성향은 대학교에 들어가면서 점점 극단적으로 흐르게 된다. 뭔가에 성공하면 자신을 대단한 사람이라고 생각하지만, 실패하면 자신을 아무짝에도 쓸모없는 쓰레기로 여기는 것이다. 조의 경우 고등학생 때, 예일대학교에 들어가지 못하면 자신은 도살장에서 일하는 일꾼과 다를 게 없다며 심각하게 고민한 적도 있었다.

이런 학생들은 대학 입학 후 자신처럼 똑똑하고 열심히 노력하는 사람이 수없이 많다는 사실을 깨닫고 큰 충격에 빠진다. 그래서 주변의 변화에 일희일비하고 항상 걱정과 불안을 달고 다니는 통에 관심이 있는 수업보다는 잘할 수 있는 수업을 선택한다. 그러다 보니 대학교에서 자신의 인맥이나 능력을 확대하기는커녕 점점 자신이 그려놓은 선 안으로 숨어들려 한다.

사람들은 흔히 명문 대학교는 형식에 얽매이지 않고 학생 개인의 능력과 개성을 있는 그대로 존중할 것이라고 생각한다. 그 학생들 역시 자신의 흥미와 관심에 따라 다양한 길을 선택하고 자신의 영역에서 재능과 열정을 마음껏 발휘할 것이라고 상상한다. 하지만 안정을 추구하고 모험을 외면하는 분위기 속에서 학생들은 다른 사람과 달라지는 것을 두려워하며 서로를 흉내 낸다. 샤오밍은 대학교에 입학하자마자 가장 먼저 선배들로부터 학내 전자게시판에서 사용하는 은어나 전문 용어를 배웠다. 그래서 학교 외부의 사람들과 이야기하다가 간혹 그런 단어가 튀어나오기는 하지만 절대 학교생활에 대해 떠들지는 않는다. 남들과의 차이점을 최대한 드러내지 않으면서 주변 사람과 같다는 것을 보여주기 위해서다.

학내 게시판에는 토플 응시, 학점 쉽게 받는 법, 프로젝트 확보, 해외출국 전 접종할 예방주사 횟수 등의 '공략'이 자세히 설명되어 있다. '출세의 길'에 훤한 샤오밍은 공략과 다른 내용이나 상황을 만나면 인터넷을 검색한다. 그 길에서 한 걸음도 벗어나지 않으려는 것이다. 샤오밍의 선배인 량즈(梁植)는 칭화대학교에서 학위를 세 개나 따고도 졸업 후에 어떤 일을 해야 할지 답을 찾지 못했다. 그래서 TV 토크쇼 프로그램에 나가 조언을 청했다가 연예계 유명인사이자 학교 선배인 가

오샤오쑹(高曉松)에게 욕만 잔뜩 먹고 말았다.[*]

"자네 지금 우리 사회를 바꾸기 위해 무엇을 해야 할지 궁금한 것이 아니라 어떤 직업을 택해야 좋을지가 궁금한 건가? 칭화대학교에서 대체 뭘 배웠나? 그러고도 칭화인이라고 하겠나!"

가오샤오쑹은 어쩌면 조를 무시할지도 모르겠다. 입학하자마자 조는 예일대학교가 다양성을 강조하는 대학이라는 사실을 알게 됐다. 전 세계 국가에서 개성 만점의 능력을 지닌 다양한 인종의 청년들이 무한한 발전 가능성을 지니고 예일에 와 있었다. 이렇게 탁월한 학습 환경을 누리게 된 우수한 학생들이라면 고대 생물학이나 로봇기술, 정치학을 배워야 하는 것이 아닐까? 졸업 후 우간다로 날아가서 빈민 구제에 앞장서야 하는 것 아닐까?

하지만 학생들은 주변의 조언이나 상황을 살피며 금융과 컨설팅이 미래 직업으로서 아주 전망이 좋다는 사실을 서서히 깨닫는다. 통계[**]에 따르면 2014년 하버드대학교 출신의 70퍼센트가 월스트리트의 금융회사나 맥킨지앤드컴퍼니 등과 같은 컨설팅사에 이력서를 제출했다. 금융위기 전인 2007년에는 50퍼센트에 이르는 하버드대학교 학생들이 월스트리트에서 일자리를 찾았다. 이와는 대조적으로 정부와 정치 관련 조직에서 일자리를 찾은 학생은 3.5퍼센트에 불과했다.

금융과 컨설팅은 모두 고액 연봉을 보장하는 데다 경력상 보기에도 좋고 전공에 상관없이 누구나 도전할 수 있다는 공통점이 있다. 사실 이

- '답답한 후배를 향한 선배 가오샤오쑹의 쓴소리, 과연 개인의 문제일까?', http://news.xinhuanet.com/edu/2014-12/04/c_127276958.htm
- •• 잡지 〈워싱턴 먼슬리(Washington Monthly)〉, September/October 2014, 'Why Are Harvard Grads Still Flocking to Wall Street?' By Amy J. Binder. http://www.washingtonmonthly.com/magazine/septemberoctober_2014/features/why_are_harvard_grads_still_fl051758.php

기업들 역시 당신이 무엇을 배웠는지 그다지 관심이 없다. 당신이 명문 대학교 출신이며 똑똑하고 유능한 사람인지 아닌지가 중요하다.

명문대 학생들은 이렇듯 다른 사람들의 요구에 맞춰 반응하고 모험을 즐기지 않으며 서로를 흉내 낸다. 모두 같은 방향으로 조용히 따라가니 그 모습이 마치 순한 양과 다름없지 않은가?

가짜 엘리트와 진짜 엘리트

순한 양은 다루기가 쉽다. 중국 학생들은 슈퍼히어로가 되는 것은 어색해 하지만 순한 양이라면 누구보다 잘해낼 수 있다. 엄청난 교육열로 스파르타식 훈육법을 따르는 소위 '타이거맘'의 성공 사례가 알려진 이후, 그 방식을 따르는 부모들이 생겨났다. 이런 부모 밑에서 자란 아이가 무언가를 공부할 때 학습 분야 선택의 기준은 당연히 대학입시가 된다. 순한 양이니 시키는 대로 열심히 공부한다. 샤오밍이 어떤 훈육법으로 가정 교육을 받았는지는 알 수 없지만, 칭화대학교에 입학하는 데 음악 점수가 필요했다면 당장 바이올린 수업을 신청했을 것이다. 그런데 중국 교육의 특징이 '점수'라면, 현재 미국의 교육 역시 '학력주의(Credentialism)'를 강조한다. 그렇다면 미국의 명문 대학교는 중국인 학생에게 순식간에 점령당하지 않을까?

그런 일은 없을 것이다. SAT 2,230점(상위 1퍼센트 미만), GPA 4.67, 반 전체 2등, AP 13과목, 전국영어경시대회 및 수학경진대회 참가, 2008년 오바마 대통령 취임식 합창단*** 등의 화려한 이력을 지닌 중국

*** Solidot: '완벽한 ACT 성적으로도 스탠포드대학교, 예일대학교 또는 프린스턴 대학교에 입학할 수 없는 아시아계 학생들.' 최초 보도: Business Insider, http://www.businessinsider.com/michael-wang-says-ivy-league-discriminates-against-asians-2015-5

인 학생 마이클 왕(Michael Wang)의 이야기가 큰 화제를 낳은 적이 있다. 그가 2013년 아이비리그 일곱 개 대학과 스탠포드대학교에 입학 신청서를 제출했지만, 주변의 예상과 달리 펜실베이니아대학교를 제외한 모든 학교로부터 입학 신청을 거부당했기 때문이다.

이렇게 중국인, 나아가 아시아계 학생은 제아무리 성적이 뛰어나고 다양한 조건을 갖췄다고 해도, 또 명문대 입학에 필요한 요건을 두루 갖췄다고 해도, 아이비리그에 진출하지 못하는 경우가 적지 않다. 이에 대해 많은 사람이 아시아계에 대한 인종차별이라고 주장한다. 최근 하버드대학교의 불공정한 입학 허가 결정에 대해 일부에서는 법적인 대응을 시사하며 '불공정한 하버드(harvardnotfair.org)'라는 사이트를 개설하는 등 본격적인 행보를 시작했다.

《공부의 배신》을 읽었다면 이런 불공정한 처사의 이유를 잘 알겠지만, 정작 '아이비리그의 담장'을 넘으려 애쓰는 아시아계 학생들 대부분은 아이비리그에 대해 전혀 이해하지 못하고 있다.

백과사전 같은 잡다한 지식을 조금이라도 갖춘 사람이라면 이른바 아이비리그가 원래는 스포츠 연맹을 의미한다는 사실을 알고 있을 것이다. 하지만 물론 아이비리그가 미국 청소년 스포츠의 활성화를 위해 조직된 것은 아니다. 그렇다면 아이비리그의 본질은 무엇인가? 바로 미국 상류층 자제들의 교육과 사교를 위한 대학이라는 것이다.

19세기 중반, 거미줄처럼 복잡해진 철도망과 함께 미국 전역이 통일된 경제체로 성장하면서 WASP(White Anglo-Saxon Protestant)* 출신의 새로운 상류층이 꾸준히 생겨나기 시작했다. 이들은 곧 자녀들이 서로

• 앵글로색슨계 백인 신교도. 미국 사회의 주류를 이루는 지배 계급 -옮긴이

친분을 쌓게 해줄 '장소'를 필요로 하게 됐는데, 그 역할을 해준 것이 아이비리그였다. 이들 학교에서는 공립 고등학교에서 가르치지 않는 내용, 이를테면 그리스어, 라틴어 등을 입학 과목에 포함시키면서 서민 자녀들에게서 명문 대학교에서 공부할 수 있는 기회를 아예 박탈해버렸다.

이렇게 명문 대학교는 상류층의 지위 유지, 영향력 확대를 위한 수단으로 활용되었다. 이들은 학교에 기부금을 내고 자녀를 입학시킨 뒤, 자신이 운영하는 기업이 학교의 후원업체가 되도록 했다. 이런 과정이 반복되면서 명문 대학교는 점차 상류층을 위한 '그들만의 리그'가 되었다. 하지만 이 일을 비난할 수는 없다. 왜냐면 하버드대학교는 사립 교육기관이며 일반인에 대한 '공정함'을 지켜야 할 의무가 원래 없기 때문이다.

그 시절 하버드대학교에 입학할 수 있는 '자격'을 갖춘 학생이 그 학교에 들어가기는 쉬웠다. 학생을 입학시킬 때 학업 성적을 전혀 따지지 않았기 때문이다. 실제로 1950년까지 하버드는 신입생 열 명을 뽑을 때 신청 지원자가 열세 명에 그쳤다. 예일대학교의 합격률 역시 46퍼센트에 달했다. 지금처럼 합격률이 100 대 1 또는 1,000 대 1과 같은 상황은 상상도 할 수 없었다.

학교에서는 학업 성적에 비해 학생의 인성을 더욱 높이 평가하고 다양한 스포츠, 과외활동을 강조하는 인재론을 강조했다. 아마도 당시의 미국 명문 대학교는 우리가 생각하는 이상적인 학교로서 진정한 의미의 교양교육을 실천하는 곳이었던 것 같다.

하지만 상류층에서는 계속해서 이렇게 가다가는 자신들의 기득권을 유지할 수 없다고 판단했다. 새로운 사회세력이 끊임없이 등장하는 상황에서 일방적으로 사람들을 배척하는 방식은 지배층에 불리하게 작용하기 때문이다. 또 한편으로 이들 '엘리트' 자제의 교육 수준은 질적으로 떨어지는 편이었다.

19세기 말, 일부 대학교를 중심으로 그리스어, 라틴어 시험을 폐지하고 공립 고등학교 졸업생에게 기회를 제공하기 시작했다. 하지만 그로 인해 유대인 학생의 비율이 폭발적으로 늘어나자, 심기가 불편해진 상류층은 추천장, 인터뷰, 스포츠, 리더십 등 다양한 입학 조건을 추가하기 시작했다. 그로 말미암아 훗날 아이비리그라는 '스포츠' 연맹이 탄생하게 되었다.

이후 유사한 개혁이 번갈아 추진됐다. 1860년대에는 점수만 보고 입학을 허용했는데, 이 때문에 당시 재학생의 평균 신장 기준이 1.27센티미터 낮아지기도 했다. 최후의 타협 결과, 지금처럼 시험 성적을 중시하는 것은 물론 스포츠 등 '교양' 조건까지 따지게 된 것이다.

상황이 이렇게 되자, 이른바 교양교육은 더 이상 인품 수련의 수단이 아니라 상류층 자제의 진학을 보장하는 수단으로 전락했다. 그렇다고 모든 '교양'이 명문 대학교 진학에 도움이 되는 것은 아니다. 귀족적인 분위기가 물씬 풍기는, 그리고 미국식 전통에 충실한 상류층에 걸맞은 교양을 익혀야 한다. 기타가 아닌 첼로를 배워야 하는 이유, 우슈(武術)가 아니라 펜싱을 배워야 하는 이유가 바로 여기에 있다. 입학 면접 때도 뛰어난 교양을 선보여야 하는데, 이를 증명하는 데는 유명인의 추천장보다 더 좋은 게 없다. 학생 클럽에 참가하는 것만으로는 부족하다. 반드시 특정 커뮤니티의 리더로 활동해야 하고, 베이징올림픽 자원봉사자처럼 행복해 죽겠다는 표정이 아니라 진실하고 공손한 자세를 지녀야 한다.

한마디로 말해서 일반 가정의 아이들이 할 수 없는 일을 해야 하는 것이다. 당신이 상류층이 아니라면 이들 명문 대학교의 교육을 받기 위해서는 그런 '척'이라도 해야 한다.

미국의 명문 대학교에서는 일반적으로 저소득 가정 출신 학생을 위한 등록금 감면 정책을 실시하고 있다. 예를 들어 하버드대학교는 가정의 연소득이 6만 달러 이하인 학생의 학비를 100퍼센트 면제해주고, 18만 달러 이하 가정의 경우 연소득 최대 10퍼센트에 해당하는 비용만 학비로 지불하도록 규정하고 있다. 연소득이 18만 달러라면 94퍼센트의 미국 가정보다 부유하다는 뜻이니, 등록금 면제 범위만 놓고 보면 '통 큰 정책'이 분명하다. 하지만 하버드대학교에서 해당 혜택을 받는 학생 수는 40퍼센트에 불과하다(하버드대학교에 자녀를 보내는 학부모 대부분의 연소득은 18만 달러를 넘는다). 스탠포드대학교 학생의 50퍼센트가량이 연소득 30만 달러 이상(미국 전체 가정 소득 상위 1.5퍼센트에 해당한다) 가정 출신이며, 15퍼센트만이 연소득 6만 달러 미만(미국 전체 가정 소득의 56퍼센트에 해당한다) 가정 출신이라는 데이터가 존재한다.[•] 이는 다시 말해서, 전자에 속하는 가정 출신의 수험생이 스탠포드대학교에 입학할 가능성이 후자보다 124배 높다는 뜻이다.

대학교에 다니면서 쓰는 돈보다는 대학교에 들어가기 전에 쓰는 돈의 액수가 진짜 중요하다. 한 통계에 따르면, SAT 성적은 가정 소득과 정비례한다고 한다. 귀족적 소양을 쌓을 수 있는 방법 중에서 사립 고등학교에 입학하는 것보다 확실한 방법도 없다. 하버드, 예일과 프린스턴대학교에 진학한 신입생 중 22퍼센트는 미국 내 100대 고등학교 출신으로, 이는 전미 고등학교의 0.3퍼센트에 해당한다. 게다가 100곳 중

• http://web.stanford.edu/group/progressive/cgi-bin/?p=119

에서 사립학교가 아닌 곳은 겨우 여섯 곳에 불과하다.

다시 말해서 평범한 가정에 태어났다면 이미 출발점에서부터 승부가 정해진 경기를 치러야 한다는 뜻이다. 주어진 운명을 순순히 받아들이지 않으려는 '가짜 상류층'이 날로 판을 치는 현재, 아이비리그에서는 어떤 대책을 마련하고 있을까?

《공부의 배신》에서는 예일대학교의 실제 진학 조건을 일부 소개했다. 만일 당신이 특정 분야에서 뛰어난 성적을 거뒀다면 입학은 떼놓은 당상이다. 하지만 이때 웬만한 타이틀은 통하지 않는다. 인텔 과학상처럼 전국구 수준의 상을 타야 인정받을 수 있다. 그렇지 않다면 '전반적인 발전'을 이뤄내야 한다(예일대학교에서 말하는 전반적인 발전이란 AP 7~8과목, 과외활동 9~10가지를 의미한다). 이때에는 합격이 보장되지는 않기 때문에 추천장이나 가정의 도움이 반드시 필요하다. 이와 대조적으로 아시아계 학생들이 존재감을 드러내는 SAT 성적은 실제 진학 과정에서 별다른 의미를 갖지 못한다.

그런 점에서 아이비리그에 들어가는 것보다 칭화대학교에 입학하는 편이 좀 더 쉬울 것 같다. 명문 대학교를 꿈꾸는 미국의 고등학생들이 중국의 수험생보다 고달픈 이유가 바로 여기에 있다.

하지만 이것만으로는 부족한지 예일대학교는 거액의 기부금을 낸 인사의 자녀를 받아들이는 제3의 입학 루트를 운영하기도 한다.

명문 대학교의 비즈니스 모델

이렇게 말하고 보니 미국 사립 명문 대학교는 전 국민이 아니라 상류층을 위해 존재하는 곳처럼 느껴진다. 그래서 그들도 '공정함'을 위한 나름의 노력을 기울이고 있는데, 이를테면 등록비 면제, 소수 인종 특별

입학(아시아계 제외) 등이 그 예다. 사실 이런 노력의 이면에는 크게 두 가지 목적이 있다. 하나는 상류계층에 신선한 피를 수혈해줌으로써 사회 시스템의 안정성을 유지하는 것이다. 그리고 나머지 하나는 비영리기관으로서 학교의 면세 자격을 유지하는 것이다.

이들 명문 대학교가 상류층을 위한 교육 기관이라면 무엇보다도 엄격한 기준에 따라 학생을 선발하여 진정한 미래의 리더로 육성하는 데 정성을 기울여야 하지 않을까? 하지만 윌리엄 데레저위츠는 사실 이들은 학생의 교육에는 아무런 관심도 없다고 말한다.

중국과학기술대학교에서 신입생 입학 시기에 학부모회를 개최한 적이 있었다. 그 자리에는 베이징에서 온 부모가 있었는데 무슨 일 때문에 불려온 것인지 잘 모르는 눈치였다. 그런 학부모를 향해 총장은 이번에 베이징 지역에서 비교적 낮은 성적의 학생들을 받아들였으니, 동기들을 따라잡으려면 그 아이들은 좀 더 열심히 공부해야 한다고 설명했다. 그 자리에 있던 부모는 무척 미안한 표정을 지었다.

예일대학교와 같은 미국 대학교라면 이런 일은 절대로 생기지 않을 것이다. 학생들이 부모님의 특권을 통해 입학했다는 사실을 잘 알고 있기 때문이다. 게다가 학교는 시시각각 학생들을 칭찬하고 끊임없이 치켜세운다. 이런 상황에서 그들은 자신이 어떤 자본의 투입도 없이 오로지 능력만으로 성공했다고 생각하게 되어서, 국가의 현실에 관심을 갖기는커녕 명문대에 들어갈 수 없는 보통 사람들을 이해하지도 못한다. 그들은 보통 사람은 가기 힘든 대학교에서 특별한 대우를 받으며 공부를 하다가, 사회에 나가서도 보통 사람들보다 수월하게 성공한다. 그래서 자신의 성과에 대해 자부심을 가지고 있지만 사실 이것을 진정한 자신감이라고 볼 수는 없을 것이다.

학생이 엘리트라면 그에 걸맞게 대접해줘야 한다. 일반 대학교에서 커닝을 하거나 기말고사를 망치면 꽤나 난처한 상황에 몰리게 될 것이다. 하지만 예일대학교에서는 그다지 대수롭지 않은 문제일 뿐이다. 레포트 마감일을 연기해도 되고, 수업에 빠져도 학점이 깎이지 않는다. 언제나 실수를 보충할 수 있는 두 번째 기회가 제공되기 때문이다. 윌리엄 데레저위츠가 예일대학교에서 직접 목격한 바에 따르면 학점 관리를 못해도, 커닝했거나 레포트를 베낀 사실이 들통나도, 심지어 동기의 신변을 위협했어도 퇴학당하지 않았다고 한다.

미국 명문대 학생들은 평소 과외활동 때문에 정신없이 바쁜 시간을 보내고 그곳의 교수들은 학생으로부터 좋은 평가를 받기 위해 높은 점수를 남발한다. 이러한 경향은 시간이 갈수록 심화되고 있다. 1950년, 미국 공립 및 사립대학교 학생의 평균 GPA는 2.5였지만 2007년에 이르러서는 공립대학교가 3.01, 사립의 경우에는 3.30으로 나타났다. 특히 입학이 하늘의 별 따기보다 어렵다고 알려진 사립대학교의 GPA는 3.43에 달했다. 입학하기는 어려워도 졸업하기는 쉬운 대학교라니, 세상에 그런 곳이 어디 있단 말인가?

GPA의 신뢰도가 점점 떨어지고 있다는 사실을 통해 과거 미국의 대학교가 지금보다 훨씬 엄격했다는 사실을 유추할 수 있다. 시어도어 루스벨트(Theodore Roosevelt, 재임 기간 1901~1909년)부터 프랭클린 루스벨트(Franklin Delano Roosevelt, 재임 기간 1933~1945년) 시대에 명문 대학교는 상류층 자제를 위한 곳이 분명했지만 교수법이 지금보다 훨씬 엄격했다. 옛날 상류층은 명예, 용기, 소박함, 강인함 같은 가치를 무척 중요하게 생각했고, 그래서 당시 학교들은 사회의 발전을 위한 희생정신과 리더십 등을 지닌 엘리트 육성을 가장 우선시했다. 그에 반해 '신흥 귀족'으로 가득 찬 오늘날의 대학은 미국 엘리트 계급의 타락을 있는 그대로 보여주고 있다.

그렇다면 명문 대학교는 교육이 아닌 무엇에 관심을 기울이고 있을까? 바로 명성, 아니 좀 더 정확히 말해서 돈이다.

유에스뉴스 앤 월드리포트(U.S News & World Report)에서 매년 발표하는 전미 대학 순위는 학생이나 학부모만 보는 것이 아니다. 대학교에서 확보할 수 있는 기부금, 심지어 신청 가능한 은행 대출금 모두 이 순위에 따라 결정된다. 입학 조건이 점점 까다로워지고 있지만 학교 측에서 더 많은 지원자를 받기 위해 홍보를 펼치는 까닭은 무엇인가? 입학률 때문이다. 입학률은 대학교 순위 선정에서 주요 평가 항목이며 낮을수록 좋다. 그렇다면 이들 학교는 왜 학생을 고객으로 여기고 까다로운 요구를 하지 않는가? 졸업률 역시 순위 계산에 중요하게 작용하기 때문이다. 졸업률은 높을수록 좋다.

현대 대학교에서 교수에게 부여된 가장 중요한 임무는 교육이 아니라 프로젝트를 따내는 일이다. 프로젝트를 수주하고 좋은 성과를 얻었을 때 학교의 명예를 드높일 수 있을 뿐만 아니라 더 많은 연구 보조금을 확보할 수 있기 때문이다. 이 문제에 있어서는 미국과 중국의 대학교가 모두 똑같은 입장을 취한다. 수업만 잘하는 교수는 학교에서 찬밥 취급받기 일쑤다. 학교가 프로젝트라고 해서 모두 애지중지 여기는 것은 아니다. 기초과학보다는 이윤을 창출할 수 있는 응용과학에 더 많은 관심을 보인다. 윌리엄 데레저위츠는 이른바 돈이 될 만한 프로젝트에 대한 학교 측의 탐욕과 근시안적 안목에 협력업체조차 질렸을 정도라고 지적하기도 했다.

졸업생의 기부금은 이들 학교에 중요한 수익원이 된다. 하버드대학교는 수백억 달러를 기부한 졸업생들 덕분에 세계적인 부자 대학교가 되기도 했다. 앞서 하버드 졸업생의 대부분이 월스트리트나 컨설팅 회사에 취직한다고 언급했는데, 이는 사실 학교의 바람이 반영된 결과이기도 하다.

미국 명문 대학교 출신 기업가가 모교에 거액을 기부했다는 소식은 심심찮게 들을 수 있다. 2008년 미국의 서브프라임 위기 당시 거액의 이익을 챙긴 헤지펀드 투자자 존 폴슨(John Alfred Paulson)은 하버드대학교 공학 및 응용과학 아카데미에 4억 달러를 기부했다. 역사상 최고의 기부금을 받은 하버드대학교에서는 그의 이름을 딴 아카데미를 세웠다. 또 세계 최대 사모펀드사 블랙스톤 그룹의 스티븐 슈워츠먼(Stephen Schwarzman)은 예일대학교에 1억 5천만 달러를 기부했다. 그런데 이때 하버드대학교에서 크게 아쉬워했다. 슈워츠먼이 하버드대학교에 입학 신청서를 냈다가 떨어진 학생이었기 때문이다. 그래서 누군가가 〈뉴욕타임스〉에 하버드대학교는 빅데이터를 사용해서 어떤 입학 지원자가 장차 억만장자가 될 것인지 좀 더 과학적으로 분석해야 지금과 같은 실수를 방지할 수 있을 것이라는 글을 싣기도 했다.[*]

이들 대학교의 진료상담 센터는 법률, 의료, 금융, 컨설팅 외의 직업에는 아무런 관심도 기울이지 않는다. 미래에 교수가 되거나 사회활동가가 되고 싶은가? 그렇다고 해서 학교에서 당신을 그리 자랑스럽게 여기지는 않을 것이다. 학교는 모교에 기부금을 낼 수 있는, 돈을 많이 벌 수 있는 직업을 선택하기를 기대한다.

미국인 마이클 왕이 아이비리그 진출에서 좌절했던 것과는 대조적

- 〈뉴욕타임스〉, 'Harvard Admissions Needs 'Moneyball for Life' By Michael, Lewis, June, 2015.

으로 중국의 난징외국어고등학교에 다니는 학생 여러 명은 아이비리그에 입성할 수 있었다. 어째서일까? 이는 아마도 아이비리그가 세운 미래 기부금 전략의 일환인 것 같다(신흥 경제체제 국가의 우수 학생이 앞으로 돈을 벌 가능성이 더 많다고 판단했으리라). 요컨대 지금 아이비리그의 눈에는 '브릭스(BRICS)'** 출신 고등학생이 서유럽 출신보다 더 매력적으로 보일 것이다.

결론적으로 말해서 미국 명문 대학교는 안정적인 비즈니스 모델을 찾았다. 그리고 그 모델에서 중요한 것은 순위, 프로젝트, 입학생과 졸업생의 기부금일 뿐, 학문이라는 항목은 배제되어 있다.

중국의 명문 대학교는 사립대학교가 아니지만, 혹시라도 미국 사립 명문 대학교를 롤모델로 삼거나 앞서 지적한 문제를 배워야 할 장점으로 여긴다면 미국 대학의 전철을 밟게 될 것이다.

칭화대학교가 이러한 움직임을 보인 적이 있는데, 당시 칭화대 교수 청야오(程曜)는 단식투쟁을 벌이기도 했다.*** 이에 반해 윌리엄 데레저위츠는 자신의 분노를 극단적으로 표출하지는 않았다. 그는 대학교는 학생 스스로 인생관, 가치관과 진정한 사고력을 기를 수 있도록 지도해야 하며, 자유과를 추구해야 한다고 지적했다. 심지어 학생들에게 명문 대학교에 진학하지 말라고 호소하기도 했다.

샤오밍과 조가 어떻게 해야 하냐고 묻는다면 나 역시 들려줄 답이 없다. 어쩌면 인생관, 가치관, 사고력은 대학에서 배우는 것이 아니라 우리 스스로 배워야 하는 것인지도 모른다. 아니, 어쩌면 배울 필요가 전혀

•• 브라질·러시아·인도·중국·남아프리카공화국의 신흥경제 5국 -옮긴이
••• 〈난팡런우저우칸(南方人物週刊)〉, '칭화대 교수 청야오가 단식투쟁을 선택한 이유', http://www.infzm.com/content/82443

없는 것인지도 모르겠다. 윌리엄 데레저위츠는 월스트리트의 고액 연봉을 포기하고 자신이 원하는 일을 하는 학생들도 있었다고 전했다.

아무리 분업화, 전문화가 높은 수준까지 이뤄졌다고 해도, 기존에 만들어진 시스템이 아무리 정교하다고 해도, 얌전한 양들에게 그 운용을 맡길 수는 없을 것이다. 그렇게 사는 양 역시 그리 행복하지는 않으리라.

3

가난한 사람을 평범한 사람으로
만들어주는 교육법

오늘날 많은 사람이 교육을 일종의 서비스로 간주하며, 대상이 어느 정도의 가치를 지녔느냐에 따라 차등적인 교육을 제공해야 한다고 말한다. 하지만 일부 이상주의자는 여전히 교육을 사회적 책임이라고 생각한다. 교육해야 할 대상의 재산 정도에 상관없이 우수한 인재로 육성해야 할 의무가 있다는 것이다. 이들의 이상이 현실적으로 실현 가능한 것일까?

교육을 서비스라고 생각하는 사람은 미국 사립 고등학교의 사례를 눈여겨볼 것이다. 하지만 의외의 사실은, 가난한 사람에게 양질의 교육이 집중되어야 한다고 주장하는 이상주의자 역시 미국으로부터 중요한 교훈을 배울 수 있다는 점이다.

가난한 사람과 교육

미국에서 4인 가구 기준 최저 생계유지선은 중국의 중산층보다 훨씬 높은 연소득 2만여 달러라고 한다. 하지만 수치만 놓고 정확한 현실을 파악하기는 역부족이다. 사실 미국의 빈곤 가정 아동은 중국의 빈곤 아동보다도 훨씬 힘든 고난을 겪는다.

당신이 불행히도 미국의 빈곤 가정에서 태어났다면 평범한 사람이 되기란 무척 어려울 것이다.

일단 평범한 사람이 되려면 세 가지 조건을 반드시 만족해야 한다. 첫째, 결혼한 뒤 아이를 낳는다. 둘째, 고등학교를 졸업한다. 셋째, 안정적인 일자리를 찾는다. 연구 통계에 따르면 미국에서 이 세 가지 조건을 만족하기만 하면 빈곤의 함정을 피할 확률이 무려 98퍼센트에 달한다고 한다.[*] 그다지 까다롭지 않은 조건처럼 보이지만 많은 미국인이 그 충족에 어려움을 겪는다.

미국 내 빈곤 아동의 3분의 2 이상에 달하는 숫자는 한부모가정 출신으로, 먹고사는 데 바쁜 부모로부터 제대로 된 관심을 받지 못한다. 충분한 보호와 가르침을 받지 못한 탓에 아이들은 어릴 때부터 자기조절 능력을 잃기 쉽다. 그들 중 상당수가 고등학교를 졸업하지 못한다. 고등학교 졸업장을 따기 어렵거나, 학업을 포기할 정도로 생활고에 시달려서가 아니라, 약물과 파티에 취해 제때 일어나서 학교에 가지 못하기 때문이다.

간신히 고등학교를 졸업한다고 해도 빈곤한 학생이 대학교를 가기란 여전히 녹록지 않다. 이들은 중국의 전문대학교에 해당하는 커뮤니

- 참고: 데이비드 브룩스(David Brooks), 《소셜 애니멀(The Social Animal)》

티 칼리지에서 공부하기도 한다. 하지만 거기에서도 학생 중 절반 이상이 임신한 적이 있거나 가까운 미래에 아빠가 될 상황에 놓여 있다.

정상적인 일자리를 찾지 못했다면 임신은 결코 축복받을 일이 되지 못한다. 하지만 한 흑인 여고생이 기자와의 인터뷰에서 열여섯 살이 되도록 임신한 적이 없는 사람은 집안에서 자신이 처음이라며 자랑스럽게 이야기할 만큼 빈곤층 청소년의 임신은 흔한 일이다.

임신하지 않으려면 조금의 자제력이라도 있어야 한다. 자제력이라는 것은 가장 기본적이면서도 동시에 중요한 덕목이다. 중국에서는 문제라고 해도 시험을 무시하지는 못하는 터라 커닝 페이퍼를 만들기도 한다. 이에 반해 미국의 문제아는 '차원'이 아예 다르다. 언제 시험을 보는지조차 모르는 것이다. 대학교 후원금 신청서조차 귀찮다는 이유로 제대로 채우지 않거나 취업 면접일을 까먹기 일쑤다. 면접을 보고 일자리를 찾았다고 해도 별것도 아닌 이유로 아무 때나 직장을 때려치우기도 한다.

미국에 인종을 분리하는 제도는 존재하지 않지만 '평범한 사람'과 가난한 사람은 같은 커뮤니티 안에서 살아가지 못한다. 빈곤한 흑인 가정 주변에는 비슷한 형편의 흑인들이 산다. 흑인 아동은 자기조절 능력을 갖추고 있다고 해도 사회의 밑바닥에서 벗어나기가 낙타가 바늘구멍 통과하기보다 어렵다. 모범생이 되려고 했다가는 주변의 흑인 친구들에게서 백인이 되고 싶은 것이냐며 비웃음과 손가락질을 받게 되기 때문이다.

그런 점에서 미국의 가난한 사람과 '평범한 사람' 사이에 존재하는 가장 근본적인 차이는 능력도, 경제적 조건도 아닌 문화적 차이다. 가난한 흑인 아동에게 당장 문제가 되는 것은 정부와 학교 정책이 아니라 그들의 부모, 이웃과 학교 동기이다. 이러한 현상은 중국의 빈곤 아동이 처한 현실과는 전혀 다르다.

빈곤은 복잡계의 여러 가지 요소가 한데 모여 생겨난 결과다. 이러한 사실을 보여주는 연구나 조사도 많다. 빈곤층을 돕는 방법으로는 취업 지원, 보조금 지급, 학업 지도 등이 있지만, 어느 한 가지 방법만으로 문제를 해결하기는 어렵다. 또 가난한 흑인 학생이 '평범한 사람'이 될 수 있도록 돕는 학교의 지원책이 제한적인 데 반해 가정과 환경의 영향은 보다 크게 작용한다.

그래서 빈곤 퇴치를 위한 교육에 따르는 어려움은 이상주의자의 상상을 훌쩍 뛰어넘는다. 상황이 이렇다 보니 무슨 일이든 자격증이 필요한 현대사회에서 자격의 유무를 반드시 따져야 하는 부모를 평가하는 자격증은 왜 없냐는 불평까지 나오는 것이다.

인터넷에는 가난한 사람은 하등의 도움도 안 되는 쓰레기라며 출산이나 양육 자체를 제한하거나 알아서 도태되도록 내버려둬야 한다는 주장이 떠돈다. 하지만 선량한 마음을 지닌 대다수의 사람들은 사회가 가난한 사람들에게 빚을 졌으니 마땅히 보상을 해야 한다고 말한다.

소수인종에 대한 미국의 '적극적인 우대정책(Affirmative Action)'과 다양한 복지제도는 가난한 사람들을 빈곤에서 구제하지 못했다. 게다가 빈곤 계층은 사회복지를 누리면서도 당면한 현실에서 벗어나기 위해 노력하지 않는다. 그저 지금보다 더 나은 복지 대책을 내놓으라고 요구할 뿐이다.

이러한 상황에서 미국 빈민층에게 여전히 희망이 있는 것일까? 아쉽게도 그 희망은 그리 크지 않다. 하지만 미국은 진보하는 힘을 지니고 있다. 그들은 빈곤 아동에게 점수에 따라 진학할 수 있는 학교를 지정하거나 빈민층에게 직접적으로 복지를 제공하기 위한 법안을 구상하는 것이 아니라, 과학적인 방법으로 빈곤문제를 해결하고자 한다.

바로 혁신적 교육을 통해서다.

차터 스쿨

1993년 마이클 파인버그(Michael Feinberg)와 데이브 레빈(Dave Levin)은 공립학교의 낙후된 환경과 교육기관의 관료주의적 행태에 대한 불만에서, 막 비준된 차터 스쿨(Charter School) 법안에 의거해 자체적으로 학교 시스템을 만들었다. 그 결과물이 바로 '아는 것이 힘 프로그램(KIPP, Knowledge Is Power Program, 이하 KIPP으로 표기)'이다.

이른바 차터 스쿨은 공립학교로서 학생에게 등록금을 받지 않고 정부 지원금을 받지만 학교의 운영 방침을 자체적으로 결정할 수 있는 자주권을 갖고 있다. 교육 방향과 교수방식, 교사 모집, 기부금 운용 및 지역별 분교 설립에 이르기까지 학교 재량에 따라 독창적이고 융통성 있게 운영할 수 있는 것이다.

당초 KIPP은 5~8학년에 이르는 중학교를 중심으로 설립되었다가, 나중에 초등학교, 고등학교 시스템이 추가되면서 현재까지 미국 내 수십 개 학교에서 2만 명 이상이나 되는 학생을 길러냈다.*

빈곤 계층을 위해 특별히 설립된 만큼 KIPP은 지역 내에서도 주로 교육 여건이 가장 열악한 곳에 세워진다. KIPP의 학생 90퍼센트 이상이 흑인과 멕시코계이며 87퍼센트가 빈민층 출신이다.

---

* Rod PAIGE and Elaine WITTY, The Black−White Achievement Gap: Why Closing It Is the Greatest Civil Rights Issue of Our Time, 2009

파인버그와 레빈은 당시 각 학교의 교육법을 조사한 뒤, 같은 생각을 지닌 교사들을 모아 KIPP에서 다양한 교육법을 시도했다. 학부모들에게 교육활동에 반드시 동참해달라고 호소하는 한편, 정기적으로 교사 연수도 실시했다. 이러한 방법이 제대로 통할지 판가름할 수 있는 기준으로는 대학 진학률을 선택했다.

KIPP이 처음부터 괄목할 만한 성과를 거두자, 매스컴으로부터 큰 주목을 받기 시작했다. 그 후 KIPP은 거액의 개인 기부금을 유치하면서 더 많은 분교를 세울 수 있었다.

KIPP과 같은 취지를 지닌 교육기관을 세우려면 무엇보다도 가난한 사람에게 기회를 줄 수 있다는 것을 증명해야 했다. 그렇다면 형편이 어려운 수많은 사람 중에서도 어떤 계층을 겨냥할 것인가? 기회가 모든 사람에게 공정하게 돌아갈 수 있도록 입학시험에서 우수한 성적을 거둔 학생을 선발해야 하는 것이 아닐까? 하지만 KIPP은 조건 없이 모든 사람에게 평등한 기회를 제공하는 것이 진정한 공평함이라고 판단했다. 그래서 성적이 아닌 추첨제를 통해 신입생을 선발했다.

추첨의 참여는 학생으로서는 평생 가장 중요한 기회를 얻는 일이다. 당첨 결과에 따라 전혀 다른 인생을 살 수 있기 때문이다. 미국 내 빈곤 아동의 대학 진학률은 8퍼센트에 불과하지만 KIPP의 졸업생은 80퍼센트가 대학에 진학했다.

입학 때부터 성적이 우수한 학생을 선발하는 것이 아니기 때문에 KIPP이 거둔 성과는 더욱 의미심장하다. KIPP의 입학생들은 처음 수학, 영어 과목에서 또래들과 비교도 안 될 정도의 점수를 받았다. 단순히 점수가 낮은 차원이 아니라, 1~2학년 낮은 단계의 수업도 제대로 소화하지 못할 정도였다. 그런 학생들이 8학년이 되었을 무렵, 전체 중

80퍼센트가 지역의 평균 점수를 뛰어넘었다. 다시 말해서 해당 지역, 이를테면 뉴욕의 모든 학생과 비교했을 때도 성적이 상위권에 속했다.

대체 어떤 교육방법을 사용했기에 단기간에 이런 놀라운 성과를 낼 수 있었던 것일까?

KIPP에서 처음 사용한 방법은 무척 간단했다. 어떻게 해서든 학생들을 몇 시간이라도 더 학교에 붙잡아두는 것이다. 일반적으로 미국의 초중학생은 아침 8시에 등교해서 3시에 하교하지만, KIPP 학생은 7시 25분에 등교했다가 4시 30분에 하교하곤 했다. 다시 말해서 아이들은 새벽 5~6시에 침대에서 일어났다가 저녁 5~6시가 되어야 집에 돌아갈 수 있었다는 뜻이다. 하루 종일 학교에서 공부하느라 지친 아이들은 숙제를 마치자마자 곧장 잠에 곯아떨어졌다. 상황이 이렇다 보니 부모한테서 좋지 못한 영향을 받거나 이웃 아이들과 어울려 못된 짓을 저지를 기회도 점차 줄어들었다. 그뿐만 아니라 KIPP은 토요일 오전까지 수업을 실시했고 여름 방학도 다른 학교보다 훨씬 짧았다.

하지만 무엇보다도 중요한 비결은 아이들이 전혀 경험하지 못했던 문화를 가르친 것이었다.

노력은 학습할 수 있다

KIPP에는 하나의 목표와 두 가지 기본 지침이 있다.

먼저 목표는 대학교에 반드시 입학해야 한다는 것이다. '대학교'는 KIPP에서 가장 쉽게 보고 들을 수 있는 단어다. 교사와 학생, 그리고 학부모는 학교 곳곳에 걸려 있는 캠페인 문구에서 그 목표를 수시로 다시 확인한다. 초등학생이라고 해도 예외는 아니다. 초등학생들도 학교의 방침에 따라 주변에 있는 대학교를 방문해 KIPP 출신 선배들과 만나 자신도 꼭 대학교에 가겠다는 꿈을 키운다. KIPP의 학급 명칭은 졸업생이 대학교에 입학했을 때의 연도에 따라 정해지고, 교실에는 각 대학교의 이름이 붙는다. KIPP의 모든 학생은 저마다 원하는 대학교를 한두 곳 정도는 기본적으로 정해둔다.

기본 지침은 '열심히 공부해서 훌륭한 사람이 되자(Work hard. Be nice)'이다. 흔하디흔한 격려의 말이지만 KIPP에서는 이 말이 지닌 무게감이 전혀 다르다. 대학교에 진학하기 위해 반드시 행해야 하는 사항이기 때문이다.

KIPP의 학생들은 학교에서 머무는 시간이 다른 학교의 학생보다 길 뿐만 아니라 매일 두 시간씩 숙제를 해야 한다. 교사들은 숙제를 하다가 궁금한 것이 있으면 밤이라도 상관없으니 언제든지 전화하라며 학생들에게 자신의 전화번호를 알려준다. 협력과 토론을 강조하는 미국의 일반적인 교육기관과 달리 KIPP은 매일 아침 수학문제를 푸는 자습시간에는 반드시 정숙해야 한다고 규정하고 있다.

영국의 전 수상 데이비드 캐머런(David Cameron)이 '9×8=72'를 몰랐다는 기사를 보고서 서양 교육에서는 구구단을 외우는 걸 그다지 중요하게 여기지 않는 것 같다고 생각했었다. 하지만 KIPP의 학생들은 큰 소리로, 그것도 리듬까지 타면서 구구단을 외워야 한다.

KIPP은 흔히 중국의 고등학교가 하듯이 학생들에게 응원의 구호를 크게 외치게 하거나, 교사들에게 교실 맨 앞에서 '읽어, 얘들아, 읽어(Read, baby, read)'와 같은 구령을 내리게 하기도 한다.*

그중에는 'There are no shortcuts(지름길은 없다)'와 같은 구호도 있다.

---

* 참고 영상, http://www.youtube.com/wathc?v=rADvu0cPHYA

KIPP은 요령만 가르쳐주는 학습법을 믿지 않으며, 학생들에게도 공부는 결코 장난이 아니라고 가르친다. 첫 수업에서 KIPP의 교사들은 스타워즈 OST에 맞춰 진지한 표정으로 앞으로 매우 어려운 여정이 펼쳐질 것이라고 경고한다.

학습 강도 강화, 정신적 독려 등은 중국 교육기관의 전통적인 방식과 비슷하지만 KIPP이 외치는 '열심히 공부하라'는 독려는 단순히 말로만 그치지 않고 물질적인 보상으로 이어진다.

입학 첫날, 신입생을 맞이하는 KIPP의 교실은 을씨년스럽기 그지없다. 교실에는 책상도, 의자도 없다. 학생들은 어쩔 수 없이 맨 바닥에 앉아 첫 수업을 받아야 한다. 왜냐면 KIPP에서는 모든 것을 노력을 통해 '쟁취'해야 하기 때문이다. 성적이 뛰어날수록, 활동이 두드러질수록 의자도 책상도 빨리 받을 수 있다.

이런 방침이 다소 극단적인 것은 분명하지만, 최근 일부 경제학자가 진행한 실험에 따르면 학업 성적과 평소 활동에 따라 학생에게 상금을, 그것도 현금으로 직접 지급하면 성적과 졸업률을 높이는 데 상당히 효과적이라고 한다.[**] 이러한 방법을 두고는 일부 학생에게만 혜택이 집중될 수 있다는 반발의 목소리가 적지 않다. 하지만 KIPP의 경우 일찌감치 다양한 상금제도를 마련해둔 상태다.

이 제도[***]는 학습 성적이 우수한 학생이 아니라 '좋은 학생'을 선발해 상금을 지급한다. 학생이 잘해야 하는 일을 잘해냈을 때 보상을 지

[**] 상금을 통한 학생의 학업 의욕 고취에 대해 본문 후반부에 등장하는 자제력 연구 등에서 보다 구체적으로 다루고 있다. 《이공계의 뇌로 산다》에서도 상세한 내용을 소개한 바 있다.

[***] 주간 〈타임스〉, Thursday, Apr. 08, 2010, Should Kids Be Bribed to Do Well in School? By Amanda Ripley

급하는 방식으로, 스스로 올바른 습관을 기르고 그것을 자연스레 몸에 익히도록 만드는 데 취지를 두고 있다. 예를 들어서 제때 일어나서 등교하거나 교실에서 적극적으로 발표하거나 긍정적인 태도를 보이는 학생은 상금을 받을 수 있고, 이 돈으로 교내에서 물건을 마련할 수 있다. 요컨대 학교에서 이뤄지는 학생들의 일거수일투족이 그들에 대한 시험으로 이어진다.

KIPP은 어떤 종류의 보상이 학생들을 지도하는 데 유리한지 알아내기 위해 방대한 규모의 실험을 실시하며 많은 성과를 냈다. 그중에서 중요한 것은 보상이 처벌처럼 반드시 즉각적으로 이루어져야 한다는 사실이다. 학생의 반응에 대한 빠른 피드백, 적절한 타이밍의 보상과 처벌이 중요하다. 실제로 KIPP은 매주 1회 학생에게 '상금'을 결산하기도 한다. 그 밖에도 학년별로 보상에 대한 니즈가 다르다는 사실도 발견했다. 초등학생들은 연필 몇 자루만으로도 충분했지만 고등학생들은 자유를 원했다. 이를테면 우수한 활동을 보여줬다면 점심을 먹은 뒤에는 혼자서 이어폰을 꽂고 음악을 들을 수 있는 자유 말이다. 당신의 추측이 맞다. KIPP에서는 점심시간도 허투루 넘어가는 법이 없다.

교양을 어떻게 가르칠 것인가?

이러한 보상제도가 감옥을 연상시키는가? 사실 KIPP은 감옥의 운영방식 일부를 그대로 답습하고 있다는 점에서 자유를 숭상하는 학교라고 할 수는 없다.

복도를 걷는 법, 앉는 법, 떨어진 물건을 줍는 법, 심지어 볼일을 본 뒤 손 씻는 법, 손을 씻고 나서 사용하는 휴지의 장 수 등등 모든 것에 엄격한 규정이 존재한다.

교실에서 누군가가 발표를 할 때면 나머지 학생들은 정해진 동작에 따라 발표자를 바라봐야 한다. 교실에서 학생들은 반드시 통일된 두 종류의 음량으로 대화해야 한다. 구체적인 상황에 따라 음량의 크기가 결정된다. 누군가가 교실에서 말썽을 피운다면 교사는 수업을 모두 중단하고 친구가 잘못을 극복할 수 있도록 도울 방법에 대한 토론을 시작한다.

이러한 규정은 KIPP의 이른바 '훌륭한 사람이 되자(Be nice)'는 기본 지침의 실천 방안에 해당한다. KIPP에서 '좋은 사람이 된다'는 것은 입으로만 떠드는 구호가 아니라 구체적인 행동 준칙이 있는 실제 목표다. 이 준칙은 학교 당국이 머리를 쥐어짜 만든 것이 아니라 철저한 과학적 연구에 의거해 정한 것이다.

사람을 대학교에 입학할 수 있는 수준, 즉 단순한 시험기계 수준으로 만드는 일은 성공적인 교육이라고 할 수 없다. KIPP의 창립자 중 한 명인 데이브 레빈은 KIPP 졸업생에 대한 추적 연구를 통해 어떤 학생이 대학교에 입학하고 성공적으로 학업을 마치는지 분석했다. 그 결과, 무척 소중한 자료를 얻을 수 있었다.

레빈은 대학교를 무사히 졸업한 학생은 KIPP에서 성적이 우수했던 학생이 아니라 낙관성이나 적응력, 사교성이 남달랐던 학생이라는 사실을 발견했다. 그제야 그는 그동안 자신들이 저지른 실수를 깨달았다. KIPP이 학업 면에서 눈부신 성적을 올렸지만 그에 반해 인품, 인성 등의 교양교육은 한참 부족했다는 사실이었다.

- 참고: 대니얼 코일(Daniel Coyle), 《탤런트 코드(The Talent Code)》
- 참고: 폴 터프(Paul Tough), 《아이들은 어떻게 성공하는가? : 기개, 호기심, 그리고 기질의 숨겨진 힘
  (원제: How Children Succeed: Grit, Curiosity, and the Hidden Power of Character)》

학생은 인성과 재능을 겸비해야 한다, 교양교육이 중요하다 등등의 이야기는 중국의 교육 종사자들이 입버릇처럼 이야기했던 터라 그다지 신선하게 느껴지지 않는다. 레빈의 주장 역시 대단할 것이 없다. 하지만 그가 중국의 교육자와 구분되는 점은 그저 말에만 그치지 않고 실제 데이터를 통해 증거를 제시했다는 것이다.

교양교육을 제대로 실행하려면 무엇을 어떻게 해야 할까?

펜실베이니아대학교의 심리학자 마틴 샐리그만(Martin Seligman)과 크리스토퍼 피터슨(Christopher Peterson)에 따르면, 이론적으로 인류는 문화적 차이를 초월하는 인성을 지니고 있다. 이는 전 세계 모든 사람들이 인정하는 바인데, 이를테면 지혜, 자제력, 유머 등등이 여기에 포함된다. 두 사람은 이를 스물네 개의 인성으로 정리했다.

이 이론이 마음에 들었던 레빈은 이를 KIPP 전교생이 갖춰야 할 미덕으로 육성하기로 결심했다. 샐리그만과 피터슨을 직접 찾아간 레빈은 항목이 너무 많다며 실천하기 쉽도록 좀 더 간단하게 추려달라고 청했다. 이에 두 사람은 KIPP을 위해 강인함, 자제력, 열정, 사교, 감사, 긍정적인 마음, 호기심이라는 기본 인성을 정리해주었다. 이들 인성이 대학 진학과 무슨 관련이 있을까? 사교력이 대학교에서 무사히 학업을 마치는 데 과연 도움이 될까? 한 연구에 따르면, 대학교를 무사히 졸업할 수 있는 조건 중에 당신의 이름을 아는 교수가 적어도 한 명이 있어야 한다는 내용이 포함된다.

이 일곱 가지 인성은 KIPP의 '핵심 가치관'으로 자리 잡았다. 중국의 교육기관에서 교훈을 널리 알릴 때처럼 KIPP은 캠페인 구호나 홍

보물 부착 등의 방법으로 학생들에게 이 덕목들을 주입하기 시작했다. KIPP의 방식이 중국식 선전 방법보다 좀 더 앞선 것은 사실이다. 학생들에게 무조건 덕목들을 외우라고 하기보다는 좀 더 융통성 있게 스스로 몸에 익히도록 지도했기 때문이다.

스탠포드대학교의 마시멜로 실험(Stanford Marshmallow Experiment)에 대해 들어보았을 것이다. 네 살짜리 아이들 앞에 마시멜로가 가득 담긴 바구니를 놓고 하나씩 먹게 한 후, 어른이 나갔다가 15분 후에 돌아올 때까지 바구니를 건드리지 않으면 그 후에 마시멜로를 두 개 더 줄 것이라는 조건을 건다. 확인 결과, 어른이 돌아올 때까지 마시멜로를 먹지 않고 참은 아이는 나중에 남다른 성과를 이루어냈다. KIPP의 학생들은 이 이야기를 잘 알고 있다. 학교에서 나눠준 티셔츠에 '자제'라는 단어 대신 '그 마시멜로를 먹지 마!'라고 찍혀 있을 정도다.

KIPP의 교양교육은 단순히 말로만 그치지 않고 일상생활에서도 진행된다. 학교는 '핵심 가치관'에 맞는 행동을 한 친구에 대해 기록해둘 수 있는 카드를 배부했다. 예를 들자면 '윌리엄이 무척 열정적으로 행동했다. 수학시간에 선생님이 질문할 때마다 손을 들었다'와 같은 내용을 적는 것이다.

그 밖에도 KIPP은 일반 학교에서 흔히 사용하는 GPA와 함께 CPA(Character Point Average, 인성 평균 성적)를 평가한다. 즉 교사는 학생의 행동에 따라 일곱 가지 항목에서 점수를 매긴다. 축구선수의 기술적 특성을 평가하는 것처럼 학생의 인성을 평가하는 것이다. 그리고 부족한 항목이 있는 것으로 나타나면 개별 면담을 실시하고 학부모에게 알려 함께 문제점을 해결한다.

KIPP은 사고방식, 행동 양식을 주입하는 것은 물론, 일련의 제도를 통해 그것을 실천하라고 주문한다. KIPP의 이런 방침 뒤에는 성격은 타고나는 것이 아니며 후천적으로 습득·교육될 수 있다는 확신이 자리 잡고 있다. 그리고 심리학자들 역시 그 주장에 동의한다.

KIPP식 에티켓

오래전 누군가가, 빈곤층 아동이 중산층 출신 아동과 구분되는 대표적인 특징은 평소 사람과 사물을 대하는 태도라고 지적했다. 친절한 말투와 행동, 기본적인 에티켓은 인성을 닦는 데 무척 중요하다. 중산층 출신 아동의 경우 부모의 모습에서 기본적인 에티켓을 자연스레 익히게 되지만, 빈곤층 가정의 아동은 그 기회를 얻기 힘들다. 그래서 KIPP은 부모 대신 아이들에게 에티켓을 가르치기로 했다.

KIPP은 엄격한 예절 수업을 실시한다. 교사가 "안녕!"이라고 인사하면 학생은 "안녕하세요"가 아니라 "안녕하세요, ○○선생님!"이라고 해야 한다. 또 교사가 "알겠니?(Is it clear?)"라고 물으면 "네(yes)"나 "알겠어요(Clear)"가 아니라 반드시 "확실히 알겠어요(Crystal)"라고 대답해야 한다(crystal은 '수정'을 뜻하지만 KIPP에서는 '확실히 알겠다'는 뜻으로 통한다).

KIPP의 교사들은 SLANT*라는 규정에 따라 학생들을 지도한다. SLANT는 학생들이 반드시 수행해야 하는 다섯 가지 동작의 약어인데, 그 동작들은 다음과 같다.

- Sit up(바로 앉기): 자세가 단정해야 건강한 정신을 유지할 수 있을 뿐만 아니라 타인에게 존중을 표현할 수 있다. 교실에서는 물론 다른

출처: http://www.mitbbs.com/artcle_t1/Military/44229483_0_1.html

장소에서도 KIPP 학생은 항상 바른 자세를 유지해야 한다.

- Listen(경청): 읽는 것보다 듣는 것이 더 좋은 공부 비법이다. 교사, 동기, 그 누구의 말이라도 함부로 흘려듣지 마라. 상대의 말에 귀 기울일 때 비로소 더욱 다면적인 대화와 교류를 시도할 수 있다.

- Ask and answer questions(묻고 답하기): 학생은 과감하게 질문하고 대답할 줄 알아야 한다. 그렇게 하지 못하면 학생이 지식을 어느 정도 수준에서 이해하고 있는지 교사가 알 리 없다. 이 행동은 교사에게 가장 중요한 정보에 속한다. KIPP의 중학생들은 초등학생처럼 열정적으로 손을 들어 질문한다. 물론 교사가 질문을 할 때도 앞다퉈 손을 든다.

- Nod(끄덕이기): 상대의 말을 알아들었다면 이해했다는 뜻으로 고개를 끄덕여야 한다. 이것은 단순한 예의가 아니라 비언어적인 정보전달 방식이다.

- Track the speaker(화자를 쳐다보기): 말하는 사람에게 집중해야 존중의 표시와 함께 정보를 보다 명확하게 전달할 수 있다.

평범한 사람이 KIPP을 방문해서 학생들과 이야기를 나눌 기회를 얻게 된다면 지나친 관심에 불편함을 느낄 수도 있다. 학생들이 겸손한 표정으로 당신을 쳐다보고, 진지한 표정으로 당신의 말에 귀를 기울이며 열심히 고개를 끄덕일 테니 말이다. 당신을 깍듯이 대하는 학생들에게 둘러싸여 있다 보면 어느 순간 자신이 왠지 대단한 사람이 된 듯한 느낌이 들 것이다.

하지만 진짜 대단한 사람은 KIPP의 교사와 학생들이다. 열심히 공부해서 좋은 사람이 되자는 기본 지침은 사실 자제력을 필요로 한다.

열심히 공부하기 위해서는 학습 과정에서의 자제력을, 좋은 사람이 되기 위해서는 인간관계에서의 자제력을 길러야 한다.

자제력은 사실 본성에 반하는 행동이다. 하고 싶은 일이 아니라 해야 하는 일을 하도록 만들기 때문이다. KIPP은 왜 자제력을 추구하는가? 평범한 사람은 자제력을 발휘해 있는 힘껏 노력해야 재능을 펼칠 수 있다. 또한 자제력이 있는 사람은 아무리 힘든 상황에서도 밑바닥까지 추락하지 않는다. 자제력은 상상력보다도 훨씬 기본적이고 효과적인 소양으로서 빈곤에서 벗어날 수 있는 중요한 발판이다. 중국의 교육적 기틀이 미국보다 나은 것은 어릴 때부터 자제력을 강조하는 중국문화를 가르쳤기 때문이다.

초등학생 시절, 선생님은 수업 시간에 우리들에게 손을 뒤로 한 채 항상 바른 자세로 앉으라고 하셨다. 아무것도 모르던 때에야 선생님 말대로 했지만 머리가 조금 굵어지고 나서는 한 귀로 흘려듣기 일쑤였다. 어떻게 앉든 내가 편하면 그만이고 생각했다. 내 가치관은 누군가가 정해놓은 규칙에 얽매이지 않고 세상 그 무엇보다도 자유롭다고 여겼다.

하지만 이 글을 쓰고 있는 지금, 나도 모르게 허리를 바로 세운 채 자세가 흐트러지지 않도록 신경 쓰는 나 자신을 발견한다.

4

미국인이 말하는 성현의 길

최근 해외 중국어권 온라인 커뮤니티에 누군가가 열네 살 된 자신의 아들이 관찰한 기록을 올렸다.* '주변의 모든 인종은 위대함을 추구하는데(go for greatness) 오로지 중국인만 그렇게 하지 않는다.' 그러자 그에 댓글이 달렸다. '왜냐면 네가 본 중국인은 모두 사기꾼이거든!'

아무래도 소년은 진실을 잘 모르는 것 같다. 중국인은 위대함을 추구하지 않는 것이 아니라, 역사적으로 과도하게 위대함을 추구하던 시절에 겪었던 경험에 진저리가 난 것이다. 그 시절, 수많은 거짓 정의와 거짓 인의가 판을 쳤고 심지어 위대함을 추구한다는 기치 아래 온갖 악행이 묵인되었다. 그로 말미암아 현대 중국의 주류문화는 사상이나

• 출처 : http://www.mitbbs.com/artcle_t1/Military/44229483_0_1.html

이익에 초점을 맞추고 위대함이니 숭고함이니 하는 것에 관심을 두지 않는다.

사실, 위대함은 둘째 치고 일반적인 의미의 인격 수양에 대해서도 논하지 않는 것이 21세기를 살고 있는 우리의 현실이다. 이는 비단 중국에 국한된 문제가 아니라서, 세계문화를 주도하는 미국도 사정은 비슷하다. 우리가 이따금씩 이야기하는 '자제력', 'EQ' 등은 개인적인 노력을 통해 얻은 결과지, 윗세대가 말하는 품격과는 그다지 관련이 없다.

'위대함의 추구'에 대치되는 표현은 '비겁함의 추구'가 아니다. 비겁함을 추구하는 사람이 어디 있으랴? 그보다는 '성공의 추구'가 정확한 표현일 것이다. 중국인은 역사적으로 무척 오랫동안 위대함을 추구하는 시대를 살았지만 이제는 성공을 추구하는 시대에 살고 있다.

이 시대는 앞으로 어떻게 변할 것인가? 지금도 '품격'이라는 것이 여전히 쓸모가 있을까?

〈뉴욕타임스〉의 칼럼니스트 데이비드 브룩스는《인간의 품격(The Road to Character)》에서 자신이 영웅이라고 생각하는 인물들에 대한 이야기를 소개했다. 책에 등장하는 인물은 대부분 미국인이지만, 그들은 우리가 흔히 생각하는 미국인과는 전혀 다른 모습을 보여준다. 그들을 찬찬히 살펴보고 있노라면 중국 고전에서 칭송해 마지않는 '성현'의 모습이 절로 떠오른다.

브룩스의 주장에 따르면, 모든 인간의 본성은 크게 두 가지로 이루어져 있으며 서로 다른 지향점을 추구한다. 대니얼 카너먼(Daniel Kahneman)이《생각에 관한 생각(Thinking, fast and slow)》에서 인간의 사고를 시스템 I 과 시스템 II 로 나눈 것처럼, 브룩스는 두 가지 본성을 아담 I 과 아담 II 로 구분했다. 아담 I 은 성공을 추구한다. 어떤 회사에서 일하는가? 직위가 무엇인가? 어떤 성과를 거뒀는가? 이런 것이 아담 I 의 주요 관심사다. 이력서를 채울 수 있는 스펙, 재화와 지위에 관한 정보가 아담 I에게는 더할 나위 없이 소중하다. 이에 반해 아담 II는 도덕, 품격, 희생, 인생의 의미와 같은 위대함, 숭고함을 추구한다. 이력서를 채울 만한 내용은 아니지만 장례식장에 울려 퍼질 추모사에 들어갈 만한 덕목들이다.

요즘에는 남다른 업적을 세운 유명인의 추모사도 이력서와 마찬가지로 직위와 성취에 관해 이야기한다. 이런 점을 생각해보면, 이제 도덕적 미덕이란 그다지 내세울 것이 없는 이력을 가진 사람의 추모사에나 등장하는 단어가 되었는지도 모르겠다.

어쨌든 아담 I은 좀 더 현실적인 대상을 추구한다. 아담 II가 추구하는 것들은 물론 훌륭하지만 필수품이라기보다는 사치품에 가깝다. 사치품이라고 하니 온갖 종류의 위선을 연상하는 사람도 있겠지만, 그보다 여기서 정말 짚고 넘어가야 할 문제는 다음과 같다.

품격은 개인을 드러내기 위한 광고수단인가? 선행은 행위예술인가? 도덕은 자신을 가두는 족쇄인가? 아담 II의 지향점은 우리 세계에 실질적인 영향을 미치는가?

사실 품격은 사고와 마찬가지로 엘리트가 갖춰야 할 소양이다.

영웅들의 이야기

흑인 인권운동가 필립 랜돌프(A. Philip Randolph)는 내가 아는 가장 위대한 리더 중 한 명이다. 사진 속 그의 외모는 꽤나 충격적이었다. '잘생겼다' 혹은 '쿨하다' 등의 흔한 단어로는 설명이 안 된다. 할리우드의 잘나가는 흑인 배우들도 랜돌프 앞에서는 별 존재감을 드러내지 못할 것이다. 랜돌프의 외모를 한 단어로 콕 짚어 이야기한다면 오늘날 사람들이 거의 쓰지 않는 '존엄'이라는 말만큼 잘 어울리는 것도 없으리라.

랜돌프는 언제나 바른 자세와 단정하고 깔끔한 옷차림을 유지했다. 허물없이 지내는 친구나 지인을 대할 때도 허투루 구는 법이 없었다. 언제나 정확한 발음으로 단어의 각 음절을 또박또박 읽어냈다. 여자들에게 인기가 많았지만 그들을 대할 때는 항상 적당한 거리와 예의를 갖추었다. 또 랜돌프는 재물을 멀리하고 평생 소박한 생활을 했다. 사치와 향락에 빠진다면 어느 누구라도 양심을 버리고 부패할 수밖에 없다는 것이 그의 생각이었다.

당시 한 칼럼니스트는 랜돌프를 20세기 미국의 가장 위대한 인물이라고 평가하기도 했다. 그의 주장이 진리라고 단언할 수는 없지만, 랜돌프 같은 사람은 누구도 함부로 대할 수 없다는 사실에는 모두 수긍할 것이다. 이런 삶을 산 사람은 그 명예를 인정해줘야 한다.

당시 뛰어난 업적을 세우고자 했다면 랜돌프처럼 해야만 했을지도 모른다. 그때 흑인들은 핍박받는 상황에 처해 있었다. 하지만 이들은 순수한 철이 아니라 저마다의 생각과 저마다의 결함을 가진 '잡철'에 지나지 않았다. 오합지졸이나 다름없는 이들을 어떻게 사회 변혁의 원동력으로 조직할 것인가? 이 임무를 성공적으로 실천하고 권력을 쥐었다면, 권력에 물들지 않기 위해서 어떻게 해야 할까?

첫 번째 물음에 답하려면 먼저 모든 사람에게서 열심히 노력해야 한다는 공감대를 이끌어내야 한다. 실제로 흑인 지도자들은 비폭력 거리 시위에서 공감대를 찾아냈다. 그리고 그 공감대를 지키기 위해 감정을 최대한 억누르고 중립적인 태도와 사고를 유지하려 노력했다.

랜돌프는 원래 과격한 마르크스주의자였지만 많은 사람을 단합시키기 위해 자신의 이념을 포기했다. 이런 노력에 완벽한 개인의 품격까지 더했기에 그는 인권운동을 계속할 수 있는 동력을 확보할 수 있었다. 그리고 그 덕분에 마틴 루터 킹(Martin Luther King)과 같은 위대한 흑인 청년지도자가 등장하여 인종차별에 저항하는 운동을 대대적으로 이끌 수 있었다.

이것이 바로 품격의 힘이다. 수십 년 전에, 우리는 품격을 소중하게 여겼다.

프랜시스 퍼킨스(Frances Perkins)는 프랭클린 루스벨트의 집권 시절 노동부장관이자 미국 역사상 최초의 여성 내각의원으로 활동했던 인물이다. 그녀는 젊었을 때 하층 여성들의 처지에 관심을 기울여 여성노동자의 권익 보호를 위해 싸우는 사회운동가로 명성을 떨쳤다. 오늘날 온라인에서 활약하는 중국의 '공공지식인'과 달리 말보다는 행동으로 자신의 뜻을 드러낸 것이다.

당시 미국 사회에서는 가짜 직업소개소가 판을 치고 있었는데, 이들은 이주 여성들을 꼬드겨 카지노나 매춘업체에 팔아버리는 범죄를 태연하게 저질렀다. 젊은 퍼킨스는 정부가 행동을 취할 때까지 가만히 앉아 있을 수 없다며, 직접 가까운 직업소개소를 찾아가 위장 취업하는 방식으로 111건에 달하는 범죄 사실을 폭로하기도 했다.

또 퍼킨스는 봉사활동에 참가하여 부유층 여성들과 힘을 모아 빈곤층을 위한 취업, 교육서비스를 제공하고 아이를 돌봐주기도 했다. 이러한 활동을 벌이는 자원봉사자들은 보통 자신의 도움을 통해 성장하는 사람들을 보며 일종의 우월감을 느끼기 쉽다. 그들이 지금보다 더 나은 삶을 살아가는 모습을 보면서 자신이 좋은 사람이 된 것 같다며 자랑스러워하는 것이다.

하지만 퍼킨스가 이끈 자선단체는 자원봉사자들에게 자신의 도움에 대한 우월감을 버리라고 말했다. 봉사는 자신의 정서적 만족을 위한 일이 아니라 반드시 해야 하는 일, 그것도 잘 해야 하는 일이기에 하는 것이라는 생각을 가지라고 주문했다. 또 자신의 감정이나 의지에 따라 봉사할 것이 아니라 과학적으로 남을 도와야 한다고 지적했다. 요컨대 물고기를 잡아주지 말고 물고기를 잡는 법을 가르쳐주라는 것이다. 자선단체는 퍼킨스의 노력에 힘입어 불우한 이웃을 도우며 품격도 수양하는 커뮤니티로 탈바꿈했다.

퍼킨스는 빈민층의 권익을 위해 활동하면서 많은 정치 세력과 상대해야 했는데, 무턱대고 찾아가 불만을 터뜨리는 것이 아니라 융통성 있고 타협적인 자세를 유지하며 뜻한 바를 이끌어냈다. 그녀는 부패한 정치인도 어머니에 대한 존경심은 가지고 있다는 점을 깨닫고 서른세 살의 미혼녀였음에도 아이 딸린 어머니의 차림으로 다니기도 했다.

원칙만 지킬 줄 아는 도학자(道學者)에게 과연 이런 능력이 있을까? 퍼킨스가 보여준 행동과 결과에 비교한다면 오늘날의 자선가는 일개 행위예술가에 불과할 따름이다.

게다가 퍼킨스는 자신의 행동을 자랑히지 않았다. 정부관리로 변신하고 나서도 평소 이야기할 때 '나'라는 단어 대신 '어떤 이(one)'이라는 표현을 즐겨 사용했다. '루스벨트 정권의 여인'이라고 불렸음에도 자서전이나 회고록을 단 한 권도 내지 않았다(루스벨트에 관한 서적을 쓰기는 했다).

퍼킨스가 보여준 낮은 자세, 진지한 태도는 과거 미국 정치계의 상징처럼 여겨졌지만 지금은 보기 드문 미덕으로 기억되고 있다. 아이젠하워 정부의 내각 구성원 스물세 명 중에서 회고록을 발표한 관리는 단 한 명이었지만, 레이건 때는 서른 명의 관료 중에서 열두 명이 회고록을 출판했다. 내용도 처음에는 겸손한 자세로 자신의 정계 경험을 반성하고 고백하는 것이 대부분이었지만, 시간이 지날수록 낯 뜨거운 자화자찬으로 변질되고 말았다.

조지 부시(George H. W. Bush) 전 대통령은 경선 기간 동안 '나'라는 표현을 거의 쓰지 않았다. 오죽하면 그의 캠프에서 경선 후보가 어떻게 그렇게까지 자신을 드러내지 않느냐고 할 정도였다. 주변의 권유와 요청에 조지 부시가 공개적인 자리에서 '나'라는 단어를 사용하자, 다음 날 화가 난 어머니로부터 전화가 걸려왔다. "조지, 또 '나'라고 한 거니!"

자신을 드러내지 않는 겸손한 행동을 두고 현대인은 '만족 지연(Delayed Gratification)', 즉 내일 더 큰 즐거움을 누리기 위해 오늘의 즐거움을 참는 것이라고 설명하지만 이는 잘못된 생각이다.

《인간의 품격》에 등장한 인물 중에서 가장 깊은 인상을 준 사람은 다름 아닌 '가장 유명하지 않은 유명인사' 조지 캐틀렛 마셜(George Catlett Marshall)이다.

맥아더(Douglas MacArthur)나 패튼(George Smith Patton)은 영화 등을 통해 자주 접하는 인물로, 즉흥적이고 다혈질적인 개성 있는 캐릭터로 묘사된다. 혹자는 그들이 전형적인 미국인의 성격을 보여준다고 생각하기도 한다. 이와 대조적으로 조지 캐틀렛 마셜은 침착함, 냉정함, 논리성을 추구하고, 공사를 분명히 구분했다. 그런 그를 두고 인정머리 없다는 평가도 있었지만, 맥아더와 패튼이 관우, 장비와 같은 캐릭터라면 마셜은 제갈량을 떠올리게 한다.

마셜은 현실 속 인물이지만 소설 속 제갈량 못지않은 빼어난 인품을 지녔던 사람이다. 특히 탁월한 관리능력과 조직력으로 미군을 일사불란하게 지휘했다.

제1차 세계대전 당시 마셜은 60만 명에 달하는 병력과 90만 톤이 넘는 전쟁 물자를 성공적으로 공수하면서, 복잡하기 짝이 없었던 후방지원 문제를 깔끔하게 처리했다. 이 일을 계기로 그의 이름이 서서히 알려지기 시작했다. 마셜은 중대한 직무를 담당하는 자리에서도 작은 것 하나 그냥 넘어가는 법이 없었다. 대수롭지 않은 일도 어찌나 철저하게 따지던지, 혹자는 그가 전쟁터에서 세운 공훈이 아니라 깔끔한 일처리 때문에 승진했다고 떠들어대기도 했다.

제2차 세계대전 시기에 미국 육군참모총장의 자리에 오른 마셜은 국회와 동맹국으로부터 큰 신뢰를 받았다. 마셜이 단순히 미국의 이익만이 아닌 연합군 전체의 승리를 위해 열심히 싸우고 있다는 데 영국조차 동의할 정도였다. 미국 국회에서도 마셜이 '정치'가 아닌 '실전'을 위해 전력을 기울이고 있다고 확신했다. 이처럼 마셜은 흠 잡을 데 없는 일처리와 카리스마 넘치는 리더십으로 명성을 떨쳤고, BBC에서는 심지어 그를 '성인'이라고 부르기도 했다.

'오버로드 작전(Operation Overlord, 노르망디 상륙 작전의 연합군 암호명 – 옮긴이)' 실행에 앞서 마셜에게 연합군 총사령관의 자리에 오를 수 있는 기회가 생겼다. 이것은 제2차 세계대전을 통틀어 가장 큰 규모로 계획된 군사작전으로, 성공하면 청사에 길이 이름을 남길 수 있는 영광이 주어질 터였다. 군대를 이끄는 장군이라면 당연히 그 기회를 놓칠 리 없었다. 당시 마셜은 연합군 정부 수뇌를 비롯해 군대, 일반 시민으로부터도 폭넓은 지지를 받고 있었기에 처칠(Winston Churchill)과 스탈린(Joseph Stalin)은 그에게 작전권을 넘기려고 했다. 루스벨트도 마셜이 고개만 끄덕이면 작전 지휘봉을 건네주겠다고 이야기한 상태였다. 아이젠하워(Dwight Eisenhower) 역시 이번 작전을 수행하는 데 마셜보다 적합한 인물은 없다는 데 동의했다. 그리고 무엇보다도 중요한 사실은 마셜 자신도 이번 임무를 수행하고 싶어 했다는 것이다.

하지만 루스벨트는 고민이 깊어졌다. 마셜이 이번 기회를 놓치는 바람에 50년 뒤에 아무도 기억하지 못하는 그저 그런 인물로 남는 것은 원치 않으면서도 그에게 전선으로 떠나라고 확실하게 권하지는 않았다. 그가 워싱턴에 남아 자신을 도와주기를 바랐기 때문이다. 그래서 마셜의 속내를 슬쩍 떠보기로 했다. 마셜은 자신 때문에 대통령이 난처해지는 것을 원치 않는다고 대답했다.

결국 루스벨트는 마셜을 자신의 집무실로 불러 이번 작전을 지휘하고 싶으냐고 직접적으로 물었다. 마셜의 입에서 'Yes'라는 대답이 떨어진다면 아무리 대통령이라고 해도 별다른 선택이 없었다. 하지만 마셜은 최선의 결과를 낼 수 있는 쪽으로 움직이겠다고 답했다. 결국 연합군 총사령관이라는 영예는 아이젠하워에게 넘어갔다.

연합군을 승리로 이끈 아이젠하워는 훗날 미국 대통령으로 선출됐지만, 마셜은 역사에 자신의 이름을 남길 수 있는 또 다른 기회를 영영 얻지 못하는 듯했다. 하지만 마셜은 트루먼(Harry S. Truman) 대통령 집권하에서 67세의 나이로 국무장관 자리에 올랐다. 그리고 '마셜플랜(Marshall Plan)'의 주인공이 되어 지금도 많은 사람들의 뇌리에 남아 있다(정작 마셜 본인은 어떤 자리에서도 마셜플랜이라고 이야기한 적이 없다).

마셜의 이야기에서 가장 감탄할 만한 점은 그가 '품격'을 '성공'에 이르는 도구로 여기지 않았다는 점이다. 만약 그랬다면, 루스벨트의 질문에 고개를 끄덕이고 간단히 연합군 총사령관의 지위를 얻었을 것이

• 제2차 세계대전 후, 1947년~1951년까지 미국이 서유럽 16개 나라에 행한 대외원조계획 -옮긴이

다. 하지만 그는 품격에 따라 대의를 좇아 최고의 자리에 오를 수 있는 기회를 버렸다.

성현의 길

위대한 영웅이 되고 싶다면 품격을 갖출 수 있는 길을 가라는 브룩스의 이론을 찬찬히 살펴보자. 성현에 관한 사례가 극히 적다 보니 아무래도 과학적인 근거도 부족하고 실험도 불가능할 것 같다. 하지만 브룩스의 이론이 중국 고대 현자의 지혜와 통하는 점이 많다는 사실은 발견할 수 있다. 심지어 그의 이론은 중국의 고대 현자께서도 딱 꼬집어서 이야기하지 못한 내용을 자세하게 설명하고 있다.

예상치 못한 방법으로 불현듯 성현이 되었다는 사람도 있다. 캉유웨이(康有爲)와 같은 경우가 그 예이다. 그는 앉아서 공부를 하다가 마치 뭔가에 홀린 듯한 경험을 했다고 한다. "갑자기 천지만물이 나와 하나가 된 것처럼 느껴지고 광명이 밝는 듯했다." 그는 어느 순간 자신이 공자의 환생처럼 느껴지더니 순식간에 세상의 큰 도와 가르침을 깨달았다고 한다.

하지만 브룩스가 말하는 성현이 되는 길의 출발점은 오만함이 아니라 겸손함이다. 겸손하다는 것은 자신에게도 다른 사람들처럼 결함이 있다는 사실을 인정한다는 뜻이다. 자신의 사고에 편견이 존재하며 성격에도 약점이 있다는 사실을 받아들이는 것이다.

이는 서구의 전통적인 '뒤틀린 목재(Crooked Timber)' 사상과 일맥상

• 글쓴이: 바이셴(白鵬), 제목 '무술광상곡(戊戌狂想曲)'. 출처: 2012년 4월 〈징지관차바오(經濟觀察報) 서평/신간〉 http://book.douban.com/review/5399537/#!/i!/ckDefault

통한다. 이 말은 임마누엘 칸트(Immanuel Kant)가 처음 소개했다. "인간이라는 뒤틀린 목재에서 곧은 것이라고는 그 무엇도 만들 수 없다." 즉자신의 결함을 받아들이고 겸손한 태도를 취할 때 비로소 약점을 극복하는 투쟁의 과정을 통해서 품격을 닦을 수 있다.

그렇다고 해서 칸트의 주장이 성악설에 기반을 두고 있는 것은 아니다. 그의 주장에 따르면 사람의 머릿속에는 선과 악의 속삭임이 뒤엉켜 있다. 그러므로 악의 속삭임에 귀를 닫고 선의 속삭임에 귀를 기울여야 한다는 것이다.

현대 뇌신경 과학자라면 칸트의 주장에 동의할 것이다. 그들은 인간의 두뇌에서 이뤄지는 사고는 하나의 목소리가 아니라, 픽사의 애니메이션 〈인사이드 아웃(Inside Out)〉처럼 매순간 뒤엉켜서 충돌하는 다양한 목소리라고 주장한다.

두뇌에 존재하는 다양한 속삼임을 '옳고 그름'이라는 잣대로 정확히 분류하기란 거의 불가능하다. 왜냐면 인간의 두뇌에는 분노, 시기, 동정, 질투 등 다양한 감정적 요소가 뒤죽박죽 섞여 있기 때문이다. 다양한 상황에서 어떤 감정이 옳고 어떤 감정이 그른 것인지는 판단하기무척 어렵다. 사실 가장 원시적인 도덕심은 감정적 충동이다.

부정적인 감정의 충동을 억누르지 않고 방치해둘수록 반발심이 커지면서 결국 폭발하고 만다. 그래서 아무리 작은 일이라도 함부로 마음을 놓으면 안 된다. '악한 일은 아무리 작은 것이라도 하지 마라(勿以惡小而爲之)'는 고대 현자의 가르침을 떠올리게 하는 대목이다.

품격의 수련은 이러한 충동을 없애는 것이 아니라 제대로 통제하는데 목적을 두고 있다. 그런 점에서 '정에서 비롯되지만 예의에서 그쳐야 한다(發乎情止乎禮)'는 공자의 가르침과 비슷하다고 본다.

예를 들어서 분노는 부정적인 정서로서 통제하기가 쉽지 않다. 이에 관해《인간의 품격》은 아이젠하워가 어떻게 분노를 다스렸는지 소개하고 있다. 그는 일기에 자신에게 무례하게 행동한 사람들의 이름을 적었다. 그들에게 복수하기 위해서가 아니라 자신의 분노를 스스로 희석시키고 통제하기 위함이었다. 또 누군가에 대한 증오를 풀어야 할 때면 상대의 이름을 종이에 적은 뒤 쓰레기통에 던져버리기도 했다.

이렇듯 감정적 충동을 통제하기 위해서는 그 방법을 습관화하는 것이 좋다. 그러려면 평소에 작은 일이라도 품격을 수양할 기회로 여기고 한 순간도 방심하지 말고 최선을 다해야 한다. 고대 중국의 현인이 강조하는 '선은 아무리 작아도 행하지 않으면 안 된다(勿以善小而不爲)'는 가르침을 실천해야 하는 것이다.

자신의 마음을 스스로 다독일 줄 알아야 하는 것은 다른 사람이나 나의 이익을 위해서가 아니라 품격을 수양하기 위해서이다. 그런데 우리는 왜 품격을 닦아야 하는가? 아담Ⅱ는 대체 왜 추상적인 덕목을 중요시하는가?

바로 위대함을 추구하기 위해서다. 브룩스는 여기서 한발 더 나아가 '신성함(Holiness)'이라는 표현을 제시했다. 신성함이란 신을 믿으라고 전도하는 것이 아니라, 품격의 완성을 추구해야 한다는 뜻이다. 그렇다면 왜 우리는 신성함을 추구해야 하는가? 이유 따위는 없다. 인간은 본질적으로 물질적 삶만 추구하는 동물이 아니다. 삶의 의미를 찾으려 하고 의미 있는 삶을 추구한다. 그런 의미에서 '위대함'은 다른 목적을 달성하기 위한 수단이 아니라, 그 자체가 이미 우리가 태어날 때부터 추구해야 하는 목표다.

'뒤틀린 목재'에서 시작하는 성현의 길은 오늘날 주류문화에서 수용하고 있는 인성 이론과는 전혀 다르다.

요즘에는 다양한 내용의 국내외 영화부터 대학교 졸업식장의 축사까지 모두 '당신'을 치켜세우는 데 초점을 맞춘다. '당신은 원래 최고다', '당신은 남들과 다르다', '당신은 반드시 성공하도록 운명으로 정해져 있다', '당신의 내면에 귀를 기울여라!' 등 다른 무엇보다 자기 자신에게 집중하라고 권한다.

브룩스는 이러한 문화를 '빅미(Big Me)'라고 불렀다. 내가 중심이 되는 사회에서는 자신이 무엇에 흥미를 느끼는지 알아야 그 열정을 밑거름 삼아 직업을 선택할 수 있다. 일하는 목적 역시 자신의 욕망을 채우기 위함이다.

이러한 문화 속에서 여행을 좋아하는 사람은 경비를 마련해서 훌쩍 여행을 떠났다가, 돈이 떨어지면 다시 일거리를 찾는 방식으로 살기도 한다. 우리는 그런 사람을 부러운 눈길로 쳐다본다. 젊은 시절에 죽기 살기로 돈을 벌었다가 은퇴한 후에 멋진 섬에 가서 사는 것보다 더 나아 보이기 때문이다. 또 돈을 마련하기 위해서가 아니라 단순히 자신의 취미, 흥미 때문에 열심히 일하는 사람도 있는데, 이들은 우리에게 롤모델이 된다.

하지만 성현의 길은 이런 사람들의 길과는 전혀 다르다.《인간의 품격》에 등장하는 영웅들은 자신이 좋아하는 것을 살핀 후에 무언가를 선택하지 않았다. 궁극적으로 몸담을 대상을 스스로 선택한 것이 아니라, 그들이 대상에 의해 선택된 것이다. 그들은 살아가면서 어느 순간, 혹은 어떤 경험을 통해 자신이 선택되었음을 깨닫고 망설임 없이 자신을 바쳤다.

1911년 뉴욕의 트라이앵글 셔츠웨이스트(Triangle Shirtwaist) 공장 화재 사건*을 지켜본 퍼킨스는 노동자의 권익을 위해 평생 싸우기로 결심했다. 아이젠하워는 어린 시절 걸핏하면 화내고 제멋대로 굴기로 유명했지만 어머니의 가르침 아래 서서히 자신을 다스리는 방법을 터득하며 많은 사람에게 신뢰받는 군인이 되었다. 그리고 비록 재위 시절에는 크게 평가받지 못했지만 후세에 이르러 호평을 받는 대통령으로 기억될 수 있었다. 영국의 여성 작가 조지 엘리엇(George Eliot)은 연인 조지 헨리 루이스(George Henry Lewes)의 격려에 힘입어 정식으로 소설을 쓰기 시작했다. 사랑을 찾아 헤매던 자기중심적인 소녀가 위대한 여성 작가로 성장한 것이다.

이들은 뭘 하고 싶은지 자신에게 묻지 않고, 자신이 뭘 해야 하는지 세상에 물었다. 뭔가를 해냄으로써 자신의 욕망을 채우는 것이 아니라, 자신의 인성을 쉼 없이 단련하기 위해서 뭔가를 해내는 데 집중했다.

품격 수양의 궁극적인 목표는 성공이 아니라 성숙함이다. 《논어》에 나오듯이 '육척의 고아(어린 임금)를 맡길 수 있고, 백 리나 되는 나라의 운명을 맡길 수 있을 정도(可以托六尺之孤, 可以寄百里之命)'로 신뢰할 수 있는 사람이 되어야 큰일을 할 수 있는 법이다.

중용의 도

《인간의 품격》에 등장하는 인물들은 성현이 된 후 또는 품격이 성숙한 후에도 여전히 겸손함을 잃지 않았다. 이 책을 읽으면서 가장 경탄했던 대목은 아이젠하워가 대통령이 된 후에 보여준 리더십이었다.

---

* 146명이 사망해 미국 역사상 9·11 테러 다음으로 가장 많은 사상자를 낸 최악의 산업재해 사건으로 기록되고 있다. 사망자 대부분이 10대와 20대의 어린 여공들이라 충격은 더 컸다.-옮긴이

가장 정통에 가까운 중국인의 '중용의 도'를 오래전 미국 대통령에게서 발견하리라고는 생각지도 못했다.

오랫동안 군대를 이끌고 전쟁의 포화 속에서 살았던 아이젠하워는 임무에 충실하고 충성스러우면서도 신뢰할 수 있는 고대 중국 사대부와 같은 인물로 변신했다. 언제나 자신의 감정을 억누르는 데 익숙했던 그는 혁신적 사상은커녕 낭만과도 거리가 멀어서, 역사의 큰 수레바퀴를 굴리는 영웅으로서의 풍모는 부족했다. 하지만 이러한 면모는 연합군 총지휘관으로서 반드시 갖춰야 할 자질이었다. 최강의 전투력을 보유한 군대를 이끄는 지도자지만, 사실 그 역시 다른 사람들처럼 편견에 물들어 있었다. 하지만 결코 그것을 겉으로 드러내지 않고 연합군의 단합을 유지하기 위해 최선을 다했다. 또한 자신의 공로를 부하들에게 돌리고, 부하들의 잘못을 자신의 탓이라고 이야기했다. 이 정도면 고대 중국인의 기준에서도 '고귀한 인품'이라 할 만하다.

아이젠하워가 보여준 중용의 도에 대해 논하며 브룩스는 '중용(中庸, Moderation)'에 대한 설명을 들려주었다. 그가 생각하는 중용이란, 서로 대립되는 의견에 대해 중립적인 입장을 취하거나 맹목적으로 평등을 추구하는 것이 아니다. 또한 다양한 의견의 총합으로 결론을 내는 행위도 아니다.

브룩스는 유가의 경전을 인용하기는커녕 중국에 대해 일언반구도 꺼내지 않았다. 하지만 중용이라는 개념을 그 어떤 현대 중국 서적보다 명확하고 깔끔하게 정의했다.

즉 중용이란 다양한 이념, 감정의 요구, 도덕적 표준 사이에 수없이 많은 충돌이 존재한다는 것을 깨닫고 인정하는 것이다. 어느 것도 완벽한 것은 없으며, 누가 누구를 설득하거나, 무엇이 무엇을 소멸시킬 수 없다. 한마디로 말해서 갈등은 영원히 존재한다. 정치에 비유하자면, 다양한 입장을 대변하는 정파들이 서로 영원히 투쟁하는 모습과 비슷하다.

예를 들자면 열광과 자제라는 감정은 유용하지만 상호모순적인 관계를 맺고 있다. 두 가지 감정은 타고난 것이지만 이것들을 조화롭게 조율할 줄 아는 법을 배워야 한다. 이것이 '하늘이 명한 것을 본성이라 하고, 본성을 따르는 것을 도라 하며, 도를 닦는 것을 교라 한다(天命之謂性, 率性之謂道, 修道之謂敎)'는 《중용》 속 구절에 대한 가장 적절한 해석이 아닐까 싶다.*

정치적으로 입장이 다른 정파는 저마다의 주장을 내놓지만 의견이 충돌할 때면 각자의 입장을 조율해 협치를 추구해야 한다.

현상 유지와 과감한 투자 중 무엇을 택할 것인가? 자유와 보수 중 어디에 힘을 실어줘야 할 것인가? 여기에는 취사의 어려움이 따른다. 무엇을 취하기 위해 무엇을 버릴 것인가? 어쨌든 무언가가 버려진다는 점에서 결과에 대해 지나치게 큰 기대를 해서는 안 된다.

그러므로 최고 지도자는 무턱대고 어느 한쪽의 손을 들어주어서도

---

* 좀 더 과감하게 한마디 하자면, 《중용》의 특정 내용에 대한 사람들의 '일반적인 해석'에 대해 좀 더 논의할 필요가 있다고 생각한다. 예를 들어 '신독(愼獨)'에 대한 일반적인 해석은 누구의 감시도 받지 않고 혼자 있을 때도 자신을 단속한다는 의미로 알려져 있다. 하지만 앞뒤 구절을 살펴보면 그 의미가 조금 달라진다. "그러므로 군자는 보이지 않는 바를 조심하고 삼가며, 들리지 않는 곳을 두려워하는 것이다. 숨기는 곳보다 더 잘 드러나는 곳이 없으며 미세한 것보다 더 잘 나타나는 것이 없다. 그러므로 군자는 그가 홀로 있음을 삼가는 것이다(是故君子戒愼乎其所不睹, 恐懼乎其所不聞. 莫見乎隱, 莫顯乎微, 故君子愼其獨也.)" 이러한 내용을 감안했을 때, 신독은 군자가 중용의 도를 지키고자 할 때 반드시 여러 사람의 이야기에 귀를 기울이고 상황을 여러 차례 살펴야 한다는 의미로 해석할 수 있다. 중요한 정보를 놓치지 말고 혼자서 함부로 결단을 내리지 말라는 충고의 의미다. 다시 말해서 신독은 무지 또는 편견으로 결정하지 말고 삼가라는 뜻으로 풀이할 수 있다. '독'은 '혼자 있다'는 뜻이 아니라 '독단'이라는 의미를 뜻한다. 《중용》 같은 경전에 '남이 보지 않는 곳에서도 부끄러운 일을 하지 말라(不欺暗室)'와 같은 초보적인 가르침이 등장할 리 없다.

안 되고 귀찮다는 이유로 다른 한쪽의 손을 완전히 놓아서도 안 된다. 아이젠하워는 당시 상황에 따라 탄력적으로 행동하며 다양한 목소리 속에서 균형을 잡으려 노력했다.

리더십이란 폭풍우 한가운데서 배를 조종하는 것과 같다. 배가 왼쪽으로 너무 기울어졌으면 오른쪽으로 키를 돌리고, 오른쪽으로 기울어지면 재빨리 키를 왼쪽으로 돌려야 한다. 시시각각 변하는 균형점을 찾아 이리저리 의견을 조율하는 것, 그것이 바로 중용의 도다.

품격과 현대인

브룩스는 과거 사람들이 품격을 유달리 강조한 이유를 적절히 설명하고 있다. 그의 주장에 따르면 얼마 전까지만 해도 절대다수의 사람들은 무척 열악하고 고된 환경 속에서 살았다. 당시 사회는 '잘못을 받아들일 수 있는 능력(Fault Tolerance)'이 매우 부족했던 탓에 게으름을 피우면 한 해 농사를 망치거나, 폭식과 폭음을 즐기면 나머지 식구 전체가 고통에 시달려야 했다. 사치와 향락을 일삼으면 파산하고, 깨끗하지 못한 사생활을 즐기면 배우자의 인생을 끝장낼 수도 있었다.

단정하지 못한 품행으로 인한 대가가 원체 크다 보니 사람들은 단기적인 충동을 억제하며 강제적인 규율을 만들어냈다. 이러한 규율은 때로 품격을 일상적인 습관으로 만들기 위해 지나친 강압으로 이어지기도 했다. 규율의 강제는 우리 자제력이 온갖 유혹을 견디지 못할 것이라는 우려에서 비롯된 결과다.

이처럼 어려운 시절에 품격 수양을 강조한 일은 방직공장에서 흡연을 금지시키는 것처럼 객관적인 조건에 따른 결정이었다.

하지만 물질적으로 그 어느 때보다 풍요로운 시절을 즐기고 있는 현대인은 잘못을 쉽게 받아들인다. 누군가가 종종 작은 실수를 저질러도 아무도 신경 쓰지 않는다. 게다가 고도로 발달한 현대 상업은 소비자가 충동적이기를 기대한다. 별다른 생각 없이 먹고 마시고 즐겨야 그만큼 이익이 커지기 때문이다.

요즘에는 제멋대로 행동하는 것이 개성을 의미한다. 중국의 유명한 TV 맞선 프로그램인 〈두근두근 스위치(非誠勿擾)〉에 출연한 남성 출연자는 자신을 '식충'이라고 소개하며 사람들로부터 많은 관심을 받았다. 이에 반해 감정을 잘 드러내지 않은 출연자는 여성 출연자는 물론 시청자들로부터도 외면당했다.

지금과 같은 시대에 《인간의 품격》은 어떤 메시지를 전하고자 하는가? 브룩스는 책에서 경탄 어린 몇 마디 말을 할 뿐, 우리에게 품격을 갖춘 사람이 되라고 똑 부러지게 이야기하지 않는다. 심지어 브룩스 자신조차 스스로 품격을 갖췄다고 말하지 못한 채 그저 품격에 이르는 길을 알고 있다고 조용히 이야기할 뿐이다.

현대사회에서 품격에 이르는 길은 평범한 사람을 위해 준비된 것이 아니다. 평범한 사람에게 허락된 최댓값은 '섬세한 이기주의자'가 되는 길뿐이다. 사회가 정한 대로 자신에게 주어진 일을 깔끔하게 해내고, 사회가 제공하는 다양한 경제적 인센티브에 반응하는 것만으로도 충분한 것이다.

하지만 큰일을 하고 싶다면 반드시 품격을 갖춰야 한다. 그런 사람은 본능에 따라 반응하지 않고 자유의지에 따라 의사를 결정하며, 그 결정은 세상에 영향력을 행사한다. 그래서 그는 특정 국가가 마음에 들지 않는다고 동맹 가입에 반대해서도 안 되고, 특정 이론이 마음에 든다고 제도나 정책으로 삼아도 안 된다. 전체의 이익을 무시하고 자신에게 도움이 되는 방향으로 일을 추진해서도 안 된다. 스스로 큰일을 위해 희생할 각오가 되어 있어야 한다.

이런 엘리트들은 자신이 얼마나 대단한 행운을 잡았는지, 얼마나 월등한 조건을 지녔는지 잘 알 것이다. 그럼에도 권력을 남용하거나 평범한 사람을 무시해서는 안 된다. 물론 평범한 사람과 같은 삶도 허락되지 않는다. 그들은 '군자가 날이 마치도록 최선을 다하고 저녁에는 반성한다(君子終日乾乾, 夕惕若厲)'라는 《역경(易經)》 속 문장처럼 살아야 한다.

품격에 이르는 길에서 끊임없이 자신의 본능에 맞서 수련해야만 성현이라고 불릴 수 있다.

아무런 야심도 없고 주어진 현실에 안주하는 사람이 성현의 길을 연구해도 될까? 능력이 부족한 주제에 성현을 꿈꾸는 건 사회 불안을 조장하는 짓이 아닐까? 성현에 관한 온갖 일을 생각하면 못난 자신이 미워지지 않을까? 가뜩이나 살기 벅찬 마당에 영웅의 상처까지 고스란히 짊어져야 할까?

이런 질문에는 나도 뭐라 대답하기 어렵다. 다만 성현의 길을 연구하면 좋은 점도 있다. 바로 오늘날 이름을 떨치는 '공인' 대부분이 큰일을 할 재목은 못 된다는 사실을 알 수 있다는 점이다.

5

누가 영웅인가?

당신이 미국에서 대학교를 다니는 평범한 학생이라고 가정해보자. 당신이 아시아계 학생이라면 사람들은 대개 당신의 수학점수가 높을 것이라고 생각하기 쉽다. 그리고 당신이 여성이라면 그 반대라고 판단할 것이다. 그렇다면 당신이 아시아계 여성이라면 어떻게 생각할까?

이러한 물음에 답하기 위해 이른바 '행동경제학(Behavior Economics)' 실험이 생겨났다.* 연구자는 미국의 한 대학교에서 아시아계 여성을 대상으로 실험을 진행했다. 피험자는 첫 번째 임무로 낱말잇기를 받았

---

* 출처: 댄 애리얼리(Dan Ariely), 《상식 밖의 경제학(Predictably Irrational)》. 이 책이 중국에서 크게 유행한 만큼 두 가지를 반드시 짚고 넘어가야겠다. 첫째, 댄 애리얼리가 자신을 심리학자가 아닌 행동경제학자로 소개한 이유를 모르겠다. 그가 진행한 실험은 심리학 실험에 속한다. 둘째, 이 책에 소개된 실험 중에는 중복될 수 없다고 증명된 내용도 포함되어 있다. 아시아계 여성에 대한 실험 역시 예외가 될 수 있겠지만, 그래도 이 책에서 한번 다뤄보기로 한다.

다. 사실 이 실험의 궁극적인 목적은 심리적 암시의 힘을 알아보는 데 있었다. 1조 조원들은 여성과 관련된 단어를 보며 여성에 대한 주체성, 자신감을 키울 수 있었다. 이와 달리 2조 조원들은 아시아와 관련된 단어를 보았고, 그 결과 자신의 인종적 정체성을 강하게 느끼게 되었다.

두 번째 실험에서는 수학문제가 제공됐다. 확인 결과, 2조가 1조보다 월등히 높은 수학성적을 거뒀다.

여자는 수학점수가 낮고, 아시아계 학생은 수학점수가 높을 것이라는 추측은 모두 통계에 바탕을 두고 있다. 실험에 참가한 두 그룹에 대한 사회적 기대 역시 이와 비슷할 것이다. 이를 두고 성차별, 인종차별이라고 말한다면, 먼저 이 실험의 피험자들조차 사회적 기대에 동의하며 자신도 모르게 그에 부응하려 했다는 사실을 이해해야 할 것이다.

사회적 편견이 무의미하다고 누가 그러던가? 편견은 역사적 경험에 따른 결론에서 비롯됐다는 점에서 종종 정답을 보여준다. 또한 편견은 역사는 되풀이된다는 믿음에 바탕을 두고 있다. 그래서 빅데이터를 통한 미래 예측은 편견을 통해 이루어진다.

낮은 임금, 부정적인 이미지 탓에 월마트의 이직률은 무척 높은 편이다. 회사 측도 며칠 일하다가 그만두는 직원들 때문에 골치를 앓고 있다. 그래서 이들은 문제를 해결하기 위해 빅데이터를 통한 심리테스트를 실시했다. 그중 한 가지 문제는, 기업이 규칙을 따르지 않는 직원에게 두 번째 기회를 줘야 하는지 묻는 것이었다.

만약 당신이 '예'라고 대답한다면 월마트의 캐셔가 되겠다는 꿈은 절대로 이루지 못할 것이다. 통계 데이터에 따르면 그렇게 대답한 사람들이 쉽게 이직하는 것으로 나타났기 때문이다.

빅데이터는 인간을 거의 다 파악했다. 당신의 소득과 학력을 보고 무엇을 좋아하는지 알아낼 수 있고, 선호도를 보고 당신의 소득과 학력을 파악할 수도 있다. 비행기 연착 소식에 대한 반응은 물론, 도박판에서 얼마를 잃었을 때 괴로워할지도 알 수 있다. 대학교 졸업 후의 소득, 그 소득으로 살 수 있는 수명은 물론, 결혼 여부나 시기도 예측할 수 있다. 그 외에도 아시아계 학생의 수학 성적은 좋지만 여성의 성적은 나쁘다고도 한다.

평범한 사람들은 종종 주변 예측에 맞게 행동한다. 하지만 당신이 빅데이터의 예측에 들어맞는 행동을 보인다면 기계에 자리를 내줘야 할 것이다.

물론 세상 모든 사람이 빅데이터의 결과값에 따르는 것은 아니다. 통계모델로는 예측할 수 없는 사람도 있다. 통계란 말 그대로 다수의 행동 패턴을 의미한다. 소수의 데이터는 여러 사람에 대한 결과로 나온 데이터와 거리가 멀기 때문에 통계모델에서 오차로 인식되는 경우가 대부분이다.

통계의 범주를 벗어나는 그 소수를 말콤 그래드웰은 '아웃라이어(Outliers)*'라고 불렀다. 그들은 중국의 현대 작가 왕샤오보(王小波)가 말한 생활에 안주하기를 거부하는 '마이웨이를 걷는 돼지', 영화 〈매트릭스(The Matrix)〉의 AI에 맞서는 인간들, 〈다이버전트(Divergent)〉**의 억압적 질서에 반기를 드는 소녀 등의 모습으로 나타난다.

평범한 사람들은 우리에게 큰 감동을 주지 못한다. 남다르고 통계모델로 예측할 수 없는 존재야말로 진정한 영웅이라고 할 수 있다.

- 말콤 글래드웰, 《아웃라이어: 성공의 기회를 발견한 사람들(Outliers: The Story of Success)》. 아웃라이어는 통계에서 다수의 관측값에서 멀리 떨어진 데이터를 의미한다.
- 2014년에 개봉된 이 영화의 인기나 영향력은 그리 크지 않았다.

시스템

선진국과 개도국의 현대적 교육 시스템은 하나의 교실 안에 학생을 몰아넣은 뒤 교사가 일방적으로 수업을 하는, 이른바 컨베이어 벨트 모델로 정의할 수 있다. 이러한 양산형 교육방식은 '평범한 사람'에게 가장 유리하게 작용한다.

이상적인 교육모델은 학생의 학습 수준에 따라 수업이 진행되는 1대 1 학습법, 이른바 눈높이 교육이다. 과거 부유한 가문에서 뛰어난 학자를 스승으로 초빙했던 경우가 여기에 속한다. 무협소설에 등장하는 조연이 한 명의 스승으로부터 한 가지 무예를 전수받는 것과는 대조적으로, 주인공은 여러 명의 스승으로부터 다양한 절세무공을 전수받는다.

한편, 도교의 한 일파인 전진교(全眞敎)는 다른 분파와 달리 스승 한 명이 일곱 제자를 거느렸다. 그러다 보니 문파의 규모가 커질수록 제자의 수가 기하급수적으로 늘면서, 무예를 전수하는 수업이 수많은 제자들이 구령에 맞춰 훈련하는 '집단체조'로 전락하고 말았다.

말콤 글래드웰의 《아웃라이어》에는 지금은 잘 알려진 현상에 대한 이야기가 나온다. 9월 1일을 기준으로 입학 연령을 구분할 경우, 이듬해 8월생 아이와 9월생 아이가 한 교실에서 같은 내용의 수업을 같이 듣게 된다. 다시 말하면, 8월생 아이는 9월생 아이보다 한살 어린 상태에서 똑같은 수준의 수업을 받아야 한다는 뜻이다. 이 과정에서 9월생 아이는 일찌감치 큰 자신감을 얻게 된다. 그리고 그 영향은 이들의 대학 입학률이 8월생 아이보다 10퍼센트 높다는 실제 결과로 도출될 만큼 지속적이고 중요하게 작용한다.

스포츠 분야에서 이러한 효과는 더욱 두드러지게 나타난다. 《괴짜

경제학》의 공동 저자인 스티븐 레빗과 스티븐 더브너(Stephen J.Dubner) 는 〈뉴욕타임스 매거진〉을 통해 매우 흥미로운 사실을 발표했다.˙ 2006년 독일월드컵에 출전한 유명 축구스타 명단을 보면 대부분 선수의 생일이 1~3월에 몰려 있다는 것이다. 영국과 독일 청소년 축구선수의 경우, 절반이 모두 3월에 태어났다. 3월에 태어나면 축구천재라도 되는 것일까? 의문은 유럽 청소년 축구리그 등록 조건을 보면 풀 수 있다. 동년 1월 1일생부터 12월 31일생까지 같은 연령으로 등록하게 되어 있으므로, 감독들이 선수를 선발할 때 출생월수가 빠른 사람을 선택하는 것이다.

발육 정도가 모두 다른 학생을 한자리에 놓고 훈련시킨다면 공정하다고 볼 수 없다. 불공정한 결과는 예측도 가능하다. 실제 연령이 가장 중요한 변수로 작용하기 때문이다.

순전히 입시교육의 관점에서 봐도 교사들을 야간자습이나 보충 수업에 투입하는 일은, 상대적으로 적은 수의 교사가 다수의 학생을 지도하기 위한 임시방편일 뿐이다. 학생 개개인의 장단점이 모두 다르기 때문에 시험에서 좋은 성적을 거두려면 개인훈련이 반드시 필요하다.˙˙ 하지만 학생 수가 오십명 이상인 수업에서 교사는 누구를 기준으로 삼아 수업의 진도와 수위를 정해야 하는 것일까? 대부분의 경우 수업은 중하위권 학생에게 초점을 맞춰 진행된다. 모범생이 많은 학급이라면, 이 학생들은 시험에서 1점이라도 더 받기 위해 열심히 교사의 수업을 경청할 것이다. 하지만 하위권, 상위권 학생들은 휴대전화로 인터넷을

•   http://www.nytimes.com/2006/05/07/magazine/07wwln_freak.html
•• 《이공계의 뇌로 산다》에서 관련 내용을 자세히 소개한 바 있다.

하거나 참고서를 풀며 시간을 보낼 가능성이 크다.

편차는 학생들 사이에만 있는 것이 아니라 학교와 학교 사이에도 존재한다. 좋은 학교가 있는가 하면 그렇지 못한 학교도 있고, 기술자를 배출하는 학교가 있는가 하면 기업가나 과학자를 육성하는 학교도 있다. 이러한 차이가 있지만 각 학교에는 저마다의 '표준학생'이 있다. 그리고 교사의 최우선 임무는 최대한 많은 수의 학생을 지도하는 것이다. 물론 교사는 표준학생을 기준으로 모든 학생을 지도해야 하기 때문에 '특별 지도'와 같은 기회를 전혀 제공하지 못한다.

남다른 개성을 지닌 학생은 시스템이 낳은 산물이 아니라 시스템에 자발적으로 맞서는 존재다.

《서유기(西遊記)》에 등장하는 영대방촌산(靈臺方寸山)의 수보리조사 (須菩提祖師)는 천방지축인 손오공을 얌전한 모범생으로 만들 만큼 뛰어난 '수업의 달인'이었다.

수보리조사는 손오공이 비범한 재주를 지녔다는 사실을 한눈에 파악하고 특별 수업을 시작했다. "도에는 360가지 방문(傍門)^{•••}이 있는데 이 중 무엇을 배우겠느냐?"

"존사의 뜻에 따르겠습니다. 제자에게 부디 가르침을 주십시오."

순진한 모범생처럼 답하는 손오공의 모습에 수보리조사는 수도자 사이에서 유행하던 술(術), 유(流), 정(靜), 동(動)을 전수해주었다.

만약 손오공이 시스템에 순응하는 평범한 학생이었다면 '시험 내용은 무엇입니까?', '나중에 취업하려면 어떤 과목을 듣는 게 좋을까요?', '다른 사람들은 주로 뭘 배웁니까?' 등과 같은 질문을 던졌을 것이다.

••• 정도가 아닌 방식으로 자신이 원하는 것을 얻기 위한 수단 -옮긴이

하지만 손오공은 남들이 하는 것에는 아무런 관심이 없었다. 명문 대학교 졸업장을 쥐고 남들이 부러워할 만한 일자리를 찾기를 원하는 사람이라면 손오공이 철이 없다며 나무랄지도 모르겠다.

아무튼 손오공은 '자신'이 배우고 싶은 것에 초점을 맞추고 수보리 조사에게 가르침을 구했다. 그리고 그 덕분에 일흔두 가지 변신술을 터득하고 근두운을 얻는 성과를 이뤄냈다.

이에 반해 손오공과 함께 수련한 동기들은 근두운에 관한 이야기를 듣더니 '좋은 사업 아이디어'라며 눈을 반짝거렸다. "그 술법만 익히면 포병(鋪兵, 망을 보거나 공문을 전달하는 병졸 – 옮긴이)이 되어 먹고살 수도 있겠군. 어디 가서 굶지는 않겠어!"

얼마나 많은 영웅의 재목이 평범한 사람들의 시스템 속에서 빛을 잃어갔을까? 그런 이유로 많은 학부모가 직접 아이를 가르치거나 가정교사를 고용한다. 아들 녀석이 초등학교에 입학하기 전에 1학년 때 배울 내용을 미리 가르치면서 나는 내심 뿌듯해했다. 하지만 나만 그렇게 했던 것은 아니었나 보다. 개학하자마자 실시된 학력평가에서 학생들 대부분이 비슷한 성적을 보인 것이다. 마치 군비경쟁 하듯 다른 학부모들도 앞다투어 아이를 가르친 모양이었다.

다른 사람들과 다른 길을 선택했다는 점에서 손오공은 기존 시스템에 맞선 영웅이다.

그렇다면 학부모들도 시스템에 저항한 것일까? 그렇지 않다. 그들은 단지 좀 더 적극적으로 시스템에 순응한 것뿐이다. 자녀가 1점이라도 더 높은 점수를 받아 교사의 눈도장을 받도록 하려 했으니 말이다.

더 중요한 사실은 학생의 입장에서 학교와 학부모는 실은 동일한 성격의 존재라는 점이다(이들 모두 시스템을 이루는 요소다). 적어도 기초교육 단계에서, 학부모들은 여러 사회 계층에 속하고 그 다양한 수준에 맞는 학교에 자녀를 보내기 마련이다. 그래서 그 학교가 학생에게 '맞지' 않다면, 그는 자신과 어울리지 않는 계층에서 태어난 것이다.

계층별로 진행되는 미국 교육에 대한 분석

오늘날 상당수의 중국 학부모는 중국 입시교육을 비난하며 미국식 교육을 향해 동경의 눈빛을 보낸다. 그들은 학생의 개성을 존중하고 창의력을 강조하는 시스템 속에서 스티브 잡스와 같은 인물이 탄생한다고 믿는다.

하지만 미국 교육의 현황에 대해 잘 알고 있는 사람들은 전혀 다른 이야기를 한다. 그들은 미국 교육도 다른 나라들의 여느 제도와 마찬가지로 결코 완벽한 것은 아니며, 특히 미국의 기초교육에 많은 문제점이 있다고 지적한다. 더 나아가 미국 학생의 심각한 수학 실력을 예로 들며 엄격한 중국식 교육이 좀 더 효과적이라고까지 말한다.

이런 두 가지 주장 다 중요한 무언가를 놓치고 있다. 지금 이들이 말하는 미국의 교육은 대체 어떤 계층을 대상으로 이뤄지는 교육을 의미하는가?

미국은 엄격한 계층사회다. 각 커뮤니티가 집값에 따라 구분된다는 현실을 돌아보면, 어떤 의미에서는 이것이 일종의 인종, 빈부 분리라는 생각도 든다. 공립 중고등학교의 학비는 소재한 학군의 부동산세에 따라 결정되는데 이는 우리에게 두 가지 사실을 시사한다. 하나는 부유층이 거주하는 커뮤니티에 소재한 학교는 넉넉한 재정 덕분에 뛰어난 실력을 지닌 교사, 고급스러운 시설을 확보하고 더 높은 수준의 수업을 제공할 수 있다는 사실이다. 그리고 또 다른 하나는 학생들은 자신과 같은 계층의 친구들과 함께 수업을 듣는다는 사실이다.

미국 학생의 평균 수학 점수는 중국 상하이에 거주하는 학생들보다 훨씬 낮지만 상황을 자세히 들여다보면 이야기가 조금 달라진다. 미국 학생의 평균 수학 점수는 빈곤한 지역에 사는 흑인, 멕시코 이민자 때문에 낮아진 것이기 때문이다. 부유한 백인이 주로 거주하는 지역 학교의 수학 성적은 상하이와 크게 차이나지 않는다. 하지만 성적보다 더 중요한 문제가 있다.

중국의 한 도시 내에 위치한 좋은 학교와 그렇지 못한 학교를 구분하는 기준은 시험 성적, 명문고 진학생 수와 같은 '양적 차이'에 근거를 두고 있다. 이와 대조적으로 미국의 교육은 '질적 차이'에 의해 구분한다. 그레이트스쿨스닷오그(greatschools.org) 같은 사이트에서 미국 중고등학교의 종합 점수를 검색해보면, 각 학교의 인종 구성 분포도가 가장 먼저 노출된다. 전체 학생 중에서 백인, 멕시코계, 아시아계 학생의 비율을 보여준 뒤, 정부로부터 무료급식 혜택을 받는 빈곤층 학생 수가 표시된다. 그리고 이런 내용이 모두 제공된 후에야 비로소 학습 성적이 표시된다.

계층에 따라 학습방법, 육성 목표가 전혀 다르기 때문에 계층별 점수는 중요한 의미를 지닌다. 교육 연구가 진 애니언(Jean Anyon)은 1970년대 말에 다양한 계층이 한데 섞여 있는 몇몇 초등학교의 4학년, 5학년 수업과정을 참관했다. 그리고 이를 토대로 1980년에 〈사회계층과 은폐된 교육법〉*이라는 논문을 발표했다. 이 논문은 발표된 지 30년

---

* 〈사회계층과 은폐된 교육법(원제: Social Class and the Hidden Curriculum of Work)〉, 최초 발표: 〈교육 저널 (Journal of Education)〉, 1980.

이 훌쩍 넘었지만 그 내용은 지금 봐도 전혀 뒤처진 감이 없다.

중국의 입시교육 시스템에 분노하며 개혁을 주장하는 사람이 진 애니언의 논문을 본다면 아마 미국 교육 시스템의 민낯에 절망할 것이다.

진 애니언의 주장에 따르면 4학년, 5학년은 출발선이 비슷한 편이지만, 이들은 이미 앞으로 자신이 몸담게 될 (서로 다른 계층의) 일 또는 분야에 특화되어 있다. 콩 심은 데 콩 나고 팥 심은 데 팥 나는 법이고, 뱁새가 황새를 쫓다가는 가랑이가 찢어지는 법이라고 했던가.

노동자 계급을 교육하는 학교는 규정에 따른 프로세스를 강조한다. 학생은 내용에 대한 이해 없이 무조건 외우고 보는 기계식 교육 시스템 속에서 선택이나 결정의 기회를 접하지 못한다. 수학처럼 이해력을 필요로 하는 과목조차 풀이를 이해시키기보다는 무조건 풀이와 해답을 주입하는 형태로 수업이 진행된다. 수업 내용은 일반적으로 몇 가지 단계를 포함하고 있고, 학생은 그것을 철저하게 숙지해야 한다. 왜냐면 교사들은 최종 결과가 아니라 그 단계를 제대로 외웠는지만 확인하기 때문이다.

연산을 가르칠 때에도 가장 먼저 해야 할 일과 그다음에 해야 할 일을 알려주되, 그렇게 해야 하는 이유는 물론 최종 목표도 알려주지 않는다. 학생이 더 쉽고 빠른 방법을 찾아내도 즉시 오답으로 처리한다. 반드시 교사가 일러준 방식으로 문제를 풀어야 하는 것이다.

내가 초등학교를 다닐 때는 이보다 더 깐깐하게 절차를 따졌다. 수학 응용문제를 풀 때, '풀이'라고 쓰지 않으면 정답 여부에 상관없이 무조건 점수가 깎였다. 특히 우리 선생님은 한 치의 오차도 용납하지 않으셨는데, '3×5'가 아니라 '5×3'으로 썼다고 점수를 깎기도 하셨다.

하얼빈에서 가장 유명한 중학교에 입학한 나는 그곳에서 제일 잘 가르친다는 수학 선생님을 만났다. 하지만 수학 수업은 원리에 대해 설명하기보다는 풀이나 증명 과정을 달달 외우라고 하는 게 고작이었다(그때 배웠던 1차 방정식 풀이방식이 아직도 기억난다. 문제 풀이과정은 총 다섯 단계로, 분모 지우기 - 괄호 지우기 - 대입하기 - 같은 값끼리 더하기 - 방정식 풀기였다. 이 과정을 반드시 순서대로 처리해야 했다). 어떤 문제는 정해진 단계가 아니라 다른 방법으로 푸는 편이 훨씬 쉽고 빨랐지만, 수업 시간에는 무조건 정해진 풀이 단계를 따라야 했다.

학생일 때 나는 융통성이라고는 전혀 찾아볼 수 없는 학습법을 도저히 이해할 수 없었는데, 나중에 계층분석을 알고 나서 내가 받았던 교육은 진정한 의미의 교육이 아니라 노동자를 가르치는 훈련과정이라는 사실을 깨달았다.

노동자는 반드시 회사가 정한 프로세스에 따라 업무를 처리해야 한다. 아니, 규정에 따라 주어진 일을 처리하기만 하면 된다. 자신의 손을 거쳐 최종 생산된 제품 또는 서비스가 무엇인지는 컨베이어 벨트 앞에 선 노동자가 알아야 할 일도 아니고 관심을 가져야 할 일도 아니다. 그러니 교육도 향후 이런 결과를 내는 데에만 초점을 맞추고 있다.

노동자 계층을 상대하는 학교는 자연 및 사회 과목은 무조건 암기하라고 가르친다. 학생들은 교과서 외에 다른 책을 읽으라는 조언을 받지도 못하고, 배운 내용을 현실에서 확인할 수 있는 기회도 거의 얻지 못한다. 교사가 칠판에 적은 내용을 있는 그대로 베끼는 수업방식 탓에 심지어 교과서가 필요 없을 때도 있다. 왜냐면 교사가 적은 내용이 고스란히 시험에 나오기 때문이다.

학생은 엄격한 규율 아래 아무런 자유도 누리지 못한다. 교실에 있는 것은 모두 교사에게 '귀속'되므로 교사의 허락 없이는 뭔가를 만질 수도 없다. 학생을 대하는 교사의 태도 역시 고압적이다. 조용히 하라며 학생을 저지하기 일쑤다. 하지만 학생에게 엄격한 규율을 들이대는 것과는 대조적으로 교사는 규율에 얽매이지 않는다. 수업 시간에 늦게 들어오는 것은 물론, 하교를 알리는 종이 쳐도 계속 이야기한다.

중산층 계급의 학생을 지도하는 학교는 '똑바로' 하라고 가르친다. 중국의 입시교육처럼 학습교재를 중심으로 수업하며 교재의 내용을 반드시 이해하라고 주문한다. 문제를 푸는 데 자신만의 방법을 이용해도 좋다. 정답을 제시하는 게 무엇보다 중요하다.

사회과학을 가르치는 교사는 읽어야 할 교재를 알려주고 문제를 낸다. 그리고 교재의 내용을 정확히 파악했는지 알아보기 위해 확실한 정답이 있는 문제를 출제한다.

그러다 보니 학교에서는 교과서의 권위를 강조한다. 당연히 교과서에 언급된 어떤 내용이나 결론에 대해서 함부로 의문을 제기해서는 안된다. 비판적 사고를 좋아하는 학생이 논쟁의 여지가 있는 문제에 대해 의견을 제시한다면 그는 위험한 유형으로 분류될 것이다.

나는 헤이룽장(黑龍江)성에서 알아주는 명문 고등학교를 다녔는데, 그곳의 교사들과 학생들은 하얼빈 최고였다. 교과서에 대해 의문을 제기할 수 있는 자유는 주어지지 않았지만, 모든 학습과정은 편안한 분위기 속에서 이뤄졌다. 선생님들은 이따금 우리에게 농담을 건네기도 했다. 집에서 해야 할 숙제가 전혀 없는 대신 개인의 특성을 반영한 수업이나 훈련을 받아야 했다.

당시 우리들은 그곳에서 공부하는 목표를 명확히 알고 있었다. 실용적인 지식을 배우는 것도 당연히 중요했지만 당시 우리에게 부여된 가장 중대한 목표는 대학 입학이었다.

미국 내 일반 중산층을 대상으로 하는 학교 역시, 학생들이 대학교에 진학하거나 사회에 나가 일자리를 찾도록 하는 데 교육의 초점을 맞추고 있다.

여기서도 물론 교사가 학생을 통제하지만 적어도 수업 시간에 지각하지 않을 만큼 규정을 지킬 줄 안다.

전문직 계층 출신의 학생을 가르치는 학교는 창조력과 독립성을 강조한다. 미국인이 말하는 '전문가'란 의사, 변호사처럼 장기간 학습과 훈련을 거친 후에야 자격을 가질 수 있는 사람이다. 이들은 전문적 기술을 보유하고 있어서 자격증만 따면 당장 업무에 투입될 수 있으며, 자신만의 직무 원칙을 세울 수도 있다. 중산층에 속하는 이들은 넉넉한 소득 덕분에 삶과 일에서 균형을 잡을 수 있다.

이 전문직 계층의 자녀가 받는 교육이 바로 중국의 수많은 학부모가 부러워하는 미국식 교육이다. 초등학교에서도 교사가 학생에게 독립적 사고와 적극적 표현을 권한다. 학교 숙제도 단순 암기나 계산이 아니라 작문과 강연 중심으로 주어진다. 학생은 숙제를 하기 위해 스스로 그에 알맞은 교재를 찾거나 학습법을 선택하고, 자신의 생각을 드러낼 수 있는 언어적 표현과 상대를 이해시킬 수 있는 합리적인 사고법에 대해 고민한다.

내가 대학교에 가서야 접했던 방식을 이들은 초등학생 4학년, 5학년 때부터 시작하는 셈이다. 예를 들면 교사는 학생들에게 자신의 집에 있는 TV, 냉장고, 자동차 등의 물건 수량을 조사하라는 숙제를 내준다.

교실에 모인 학생들은 특정 물품의 숫자를 통계한 뒤 반 전체의 평균값을 구한다. 기계적인 계산은 무시해도 좋다. 교사가 계산기를 지급할 것이다. 그 대신 자신이 연구해야 하는 부분은 철저하게 파악해야 한다. 다른 학생이 당신의 결과를 검토할 것이기 때문이다. 통계 작업이 끝나면 누군가가 다른 반과 결과를 비교해보자고 제안할 수도 있다.

역사 수업에서 고대문명에 관한 내용을 배운다고 해보자. 교사는 고대문명 속 인물이나 사건을 주인공 또는 소재로 삼아 영화를 찍어오는 숙제를 내준다. 그러면 학생들은 팀을 조직해 시나리오, 연출, 연기, 촬영 등의 작업을 분배한다. 디지털 촬영 장비를 미처 구하지 못했다면 학부모가 8밀리미터 필름 편집 작업을 도와주기도 한다. 학생들이 때때로 학급 신문을 만들어 배포하면 교사는 세부적인 내용을 제공하거나, 보다 심도 있는 주제로 관심을 이끌어내기도 한다.

창의력을 강조하는 작문, 이론보다는 실험을 신뢰하는 과학 수업을 통해 학생들은 정답을 찾는 게 더 이상 중요하지 않다는 사실을 깨닫게 된다. 그보다는 무언가의 이유를 찾고 또 그것이 어떤 의미를 담고 있는지 정확하게 파악하는 게 더 중요하다고 생각하는 것이다.

교사는 무조건 학생을 통제하는 것이 아니라, 학생과의 교류를 통해 학급 전체를 어떤 방향으로 어떻게 끌고나가야 할지 고민한다. 학생들은 언제든지 도서관에 가서 책을 읽을 수 있다. 칠판에 출석만 표시하면 수업 도중에도 교사의 허락 없이 교실에서 벗어날 수 있다. 교사는 어떤 내용을 좀 더 다룰 것인지, 또 어떤 내용을 간략하게 짚고만 갈 것인지 학생들의 의견을 반영해 결정한다.

역시 미국 교육이라며 박수치기는 아직 이르다. 미국 최고의 학교는 아직 등장하지도 않았다.

최상위 계층을 가르치는 학교는 지식(智識)을 강조한다. 이들은 이른 바 자본가 계층으로 국가의 통치자 또는 기득권자를 부모로 두고 있다. 다른 사람이 정한 규칙을 따르는 방법을 훈련받지 않아도 되고, 고용주에게 잘 보이기 위해 이력서를 채울 스펙을 쌓지 않아도 된다. 왜 냐면 이들은 규칙을 따르는 법이 아니라, 규칙을 정하는 법을 배우기 때문이다. 이들에게 제공되는 교육의 핵심 목표는 결정과 선택이다.

교사는 수학시간에 나눗셈에 대해 가르칠 때에도 학생들에게 어떻게 계산할 것인지 묻는 것이 아니라, 이러한 상황에서 어떤 **결정**을 내릴 것인지 물어본다.

학생이 일단 먼저 몫을 구하겠다고 답하면, 교사는 올바른 결정이 었다고 평가하고 다음 계획에 대한 생각을 이끌어낸다. 그런 뒤에 나머지 학생들과 함께 그의 결정과 선택에 따른 결과를 평가한다.

교사는 문제를 푸는 방법을 알려주는 것이 아니라, 학생 스스로 공식, 즉 규칙을 세우도록 격려한다.

또한 맞고 틀림을 묻는 것이 아니라 의견에 '**동의**'하는지 묻는다. 다른 학생들이 그의 의견이 틀렸다고 판단한다면, 교사는 "친구들이 네 의견에 **동의**하지 않는구나"라고 설명한다. 물론 학생은 교사가 하는 말에도 동의하지 않는다고 이야기할 수 있다.

통치계급을 위한 교육은 표현력, 예술적 감각, PPT 수준과 같이 겉으로 드러나는 능력이 아니라 문제를 **분석**하는 능력에 초점을 맞추고 있다. 고대 그리스의 역사에 대해 배운다면, 역사 속 인물을 등장시킨 영화를 찍는 과제를 받는 것이 아니라 페리클레스가 펠로폰네소스 전쟁에서 어떤 실수를 했는지, 아테네 시민들도 잘못을 저지른 것인지 등에 대한 질문을 받게 된다.

최상위 계층은 미래의 지도자가 될 것이기 때문에 이제 막 4학년, 5학년이 된 초등학생들에게도 현실적인 문제에 대한 생각을 묻는다. "노동자들은 왜 파업을 할까요? 그들의 행동이 옳을까요? 인플레이션은 어떻게 막아야 할까요? 정답을 말하지 않아도 괜찮아요. 답을 몰라도 상관없어요. 이러한 문제들을 통해 여러분이 생각하는 법을 배우는 것이 가장 중요해요."

이 학생들은 시험 때문에 공부하지 않는다. 작문 수업에서 복잡한 어법에 대해 배웠다면 단순히 시험에서 정답을 맞히고 좋은 점수를 받는 데 그치는 것이 아니라, 배운 내용을 활용해야 한다. 그렇지 않은 글이라면 교사는 거들떠보지도 않는다. 작문 수업에서는 창의력, 감정 표현을 배우는 것이 아니라, 이야기의 구조와 논리를 강조한다. 구조와 논리야말로 사회나 과학 과목 보고서를 작성할 때 직접 활용할 수 있는 도구이기 때문이다.

학생은 자주적으로 사고하고 행동해야 할 뿐만 아니라 자율적이어야 한다. 그래서 모든 학생에게는 자신이 교사가 되어 수업을 진행할 수 있는 기회가 주어진다. 학생의 수업이 끝나면 교사와 나머지 학생들의 평가가 이어진다. 이들에게는 아무런 규정도 강요되지 않는다. 필요한 경우 누구든지 교실을 벗어날 수도 있고, 별도의 허락 없이도 학교 기물을 사용할 수 있으며, 단체 행동 때도 일일이 줄을 설 필요가 없다.

이러한 교육을 통해 학생은 선택과 책임을 배우게 된다. 학생 스스로 최우선 목표를 세우고, 그것을 달성하기 위해 무엇을 할 것인지 결정해야 한다. 그리고 이 결정에 따른 책임도 져야 한다. 학생의 자율능력이 부족하다고 판단되면 교사는 단호한 표정으로 입을 연다. "넌 자동차를 운전할 줄 아는 유일한 기사야. 자동차의 속도는 네가 결정하는 거란다!"

이런 말은 내가 미국 대학원에서 공부하던 시절에나 들었던 이야기다.

이렇게 철저히 계층별로 나뉘어 있는 미국에서 타고난 능력과 맞지 않는 계층에서 태어난다면 무척이나 답답한 상황에 처하게 될 것이다.

재능, 소질이라는 것은 유전된다. 현대 과학자들의 실험 결과는 IQ가 유전된다는 사실을 입증하고 있다. 여기에 가정이라는 환경적 요소까지 감안했을 때, **대부분의 경우** 자녀 세대는 부모 세대가 속한 계층에서 벗어나지 못한다.

하지만 사람이 기계와 다른 이유는 근본적으로 자유롭기 때문이다. 유전적·환경적 요소가 중요하게 작용한다고 해서 단순히 그 결과에 따라 사람의 운명이 정해지지는 않는다. 사람에게는 언제나 자유의지가 주어진다. 그래서 대부분의 경우 자신에게 주어진 틀을 깨고 나가지 못하지만, 모두가 그렇지는 않은 것이다.

미국의 사례에 비춰봤을 때, 초등학교 시절의 나는 노동자 계층에 속했다. 내가 다닌 학교는 교내에서 걷는 방법과 방향은 물론, 수업 시간에 손을 드는 방식까지도 모두 정해져 있었다. 하지만 몇몇 친구들은 신경도 쓰지 않고 학교의 일방적인 지시에 맞섰다. 선생님들은 그들이 저항 정신이 있다고 칭찬하기도 했다.

본론으로 돌아와서 현 단계의 중국 교육은 미국과 여전히 큰 격차를 보이고 있다. 또한 미국과 같은 선명한 계층분리 현상은 목격되지 않고 있다. 왜냐면 중산층 및 중하위층 가구가 교육 대상의 대부분을 차지하고 있기 때문이다.

중국의 계층별 3대 교육 목표

오늘날 중국의 컨베이어 벨트식 교육이 추구하는 목표는 '사람'을 육성하는 것이 아니라 '도구'를 선별하고 연마하는 것이다.

단순 도구의 양성은 자녀가 훗날 쉽게 일자리를 찾기 원하는 평범한 부모의 바람을 반영한 것으로, 주로 기능적인 학력, 기술을 갖추게 해준다. 어떤 의미에서는 실용적이라고 볼 수 있다. 단지 기능적 역할을 본다면 기술학교를 졸업하고 포크레인을 다루는 사람이나 하버드 대학교를 졸업하고 금융회사에서 일하는 사람이나 크게 다를 바 없다.

이에 반해 고급 도구는 일종의 공예품과 같다. 공예품은 특별히 어떤 용도를 위해 제작된 것은 아니지만 소장의 가치와 가치 상승의 장점을 지니고 있다. 공예품의 가치는 소재나 세공 솜씨 등 여러 지표를 통해 정해진다. 그래서 공예품 만들기에 대한 중국 학부모의 기대와 열망은 주로 '교양교육'의 형태로 나타난다. 이런 교육을 받으면 피아노도 칠 줄 알고 학교 성적도 좋으면서 영어까지 유창하게 구사할 줄 안다. 이에 빼어난 외모에 건강한 신체까지 곁들인다면 더 이상 바랄 것이 없다. 당신이 뛰어난 소질을 지닐수록 사람들은 당신을 좋은 사람이라고 생각하고 가까이 지낼 만한 가치를 지녔다고 판단할 것이다.

그런데 교양교육을 예술품이 아니라 공예품이라고 부르는 이유는 무엇인가? 예술품은 어떤 지표로도 가늠할 수 없기 때문이다. 진정한 예술품은 유일무이하며, 기존의 어떤 것과도 다르다. 한마디로 말해서 그 가치를 가늠할 기준이 없다는 뜻이다. 이에 반해 단순 도구나 공예품은 모두 '○○ 기준에 부합된다', '○○와 같다'는 평가를 받고자 한다.

하지만 이러한 교양교육을 통해 육성된 아이는 피아노를 친다고 해도 곡을 '정확하게' 칠 줄 알 뿐, 잘 칠 줄은 모른다.

대부분의 학부모는 남들과 다른 특별한 재능을 지녀야 한다고 아이에게 주문하지 않는다. 그저 뒤처지지만 않으면 그만이다. 그들이 말하는 '교양교육'은 학생을 단순 도구에서 고급 도구로 '강화'하는 데 목적을 두고 있을 뿐이다.

이들은 교육의 근본적인 출발점이 다른 사람으로부터 인정을 받기 위해 자신을 좀 더 그럴싸하게 만드는 데 있다고 생각한다. 이러한 생각은 현대인이 종종 접하는 시험제도와 관련이 있다. 행복한 삶, 그럴듯한 직장 모두 자신이 만들어낸 것이 아니라 누군가가 내게 제공한 것이다. 그래서 좋은 '사람'이 아니라 쓸모 있는 도구가 되려는 것이다.

이런 교육을 받고 자란 사람은 수동적으로 생각할 수밖에 없다(외부의 흐름이나 평가에 자신을 맞추는 것이다). 다른 사람이 자신에게 맞추는 것이 아니라, 언제나 자신이 다른 사람의 기준에 맞추는 데 익숙하다. 그 기준에 맞추기 위해 명문 대학교를 들어가고 대기업에 들어가서 높은 자리에 오른다. 자신을 다른 사람과 비교하는 태도 역시 외부의 평가와 시선을 의식한 결과다.

누군가가 온전히 스스로의 능력으로 사업을 일으켰다고 하면 대부분의 사람은 그를 부러워하기만 할 뿐 자신과 비교하려 하지는 않는다. 오히려 그는 자신과는 전혀 다른 종류의 사람이라고 생각하고 그에게 다가가 무임승차하려 한다.

다시 말해서 현대의 컨베이어 벨트식 교육 시스템은 노예교육이고, 고대의 엘리트 교육은 주인교육이다. 전자가 수동적이라면 후자는 주동적이다. 《논어》의 말씀처럼 '옛날에는 자기 자신을 위해 배웠지만, 오늘날은 남을 위해 배운다(古之學者爲己, 今之學者爲人).' 당신은 세상을 바꾸고 자신을 변화시키고 다른 사람을 지배하기 위해서 배우는가? 아니면 세상에 적응하고 자신을 한껏 꾸미며 다른 사람에게 선택받기 위해 배우는가?

주인은 아름다움을 살피는 법을 배우고 다른 사람을 어떻게 평가할 것인가에 관심을 두지만, 노예는 아름다움을 비교하는 법을 배우고 다른 사람이 자신을 어떻게 평가하는지에 집착한다. 주인은 옳고 그름을 분명히 판별하는 방법을 배우지만, 노예는 다른 사람의 시비관(是非觀)에 맞추는 법을 배운다. 그래서 도구를 어떻게 찾아내고 사용할 것인지 공부하는 주인과 달리, 노예는 어떻게 쓸모 있는 도구가 될 것인지 고민한다. 자원을 합리적으로 사용하는 법을 배우는 주인과 대조적으로, 노예는 자신을 다른 사람이 원하는 자원으로 가공하는 법을 익히려 매달린다. 주인은 '나는 무엇을 원하는가?'라는 물음에 대한 답을 찾으려 하고, 그 아래에 '나는 무엇이 되어야 할까?'를 고민하는 노예가 있다.

주인의 관점에서 문제를 살펴야 진정한 '주인의식'을 가질 수 있다. 주인의식이 바로 서면 당신은 더 이상 도구가 아니다.

일상생활이나 정통교육에서는 '자발적 선택, 아름다움에 대한 평가, 자신의 생각으로 세상을 변화시키기' 등의 문제를 거의 다루지 않는다. 그로 말미암아 주인의식은 그저 공허한 메아리로 그칠 뿐이다. 예를 들어 집을 산다고 가정해보자. 내 돈을 주고 산 집이니 내 취향에 맞게 인테리어를 꾸미고 가구도 배치해야 한다. 하지만 여전히 많은 사람이 자신의 취향보다는 타인의 기준에 맞추어 '체면'을 세울 방법을 고민한다. 자기 자신보다는 세상을 기쁘게 만드는 데 더 익숙하고 그것이 더 중요하기 때문이다. 요즘 젊은 유명 강사들은 '자신을 최고로 만들라'고 입버릇처럼 이야기하는데, 무엇 때문에 자신을 최고로 만들라고 하는 것인가? 예쁘게 치장하고 다른 사람의 선택을 받으라는 것인가?

중국의 주류문화는 지난 수십 년 동안 '빈곤층'에 초점을 맞춰왔다. 그 때문에 사람들은 스스로가 중심이 되는 것보다 타인에게 자신을 맞추는 데 더 많은 노력을 기울였다. 인터넷에 종종 올라오는 '직장백서'를 살펴보면 업무, 상사, 동료와 부대끼는 직장인의 고군분투가 고스란히 담겨 있다. 그들이 자신에게 유리한 계산을 하느라 잔머리를 굴리거나, 남의 비위를 맞추는 데만 치중하는 모습을 보고 있노라면 마음 한쪽이 짠해온다. 21세기를 살아가는 중국인은 기술력이 강하고 사교적인 성격, 적극적인 협력 정신을 지녔지만, 정신적인 성숙도는 전체적으로 아직 어린아이 같은 수준에 머물고 있다. 주인의식을 가진 사람은 손에 꼽을 정도로 적다.

미국의 실리콘밸리에 진출해 있는 중국과 인도 출신 IT 전문가의 수는 대체적으로 비슷하지만 업계에서 이들의 지위는 서로 다르다. 기업 관리직으로 올라서거나 스타트업에 도전하는 중국인의 숫자가 인도인에 비해 훨씬 적은 것이다. 인도는 중국에 비해 크게 낙후됐지만, 해외에서 인도인은 중국인을 앞서는 경우가 훨씬 많다. 그들이 중국인보다 영어를 잘해서 그런 것일까?

여러 가지 원인이 있겠지만 내가 생각하는 가장 중요한 이유는 따로 있다. 인도인은 중국인에 비해 주인의식이 강하다. 중국은 국가적 차원에서는 높은 주인의식을 지녔지만 개인적 차원의 주인의식은 인도에 비해 한참 뒤처져 있다. 주류 상류사회의 존재 유무가 이러한 결과를 가져왔을 수도 있으리라.

상류층 출신이라는 배경은 그 자체만으로 상당한 장점으로 작용한다. 세상을 대하는 태도나 마음가짐이 전혀 달라지기 때문이다. 그래서 예일대학교는 학생들이 그런 사고방식과 부유한 삶의 방식을 경험할 수 있도록 장학금 지원을 통해 중국 유학을 독려하기도 하고 뉴욕 브로드웨이에서 문화생활을 누리도록 돕기도 한다. 많이 보고 많이 배워야 원하는 것을 선택할 수 있는 능력도 생기는 법이기 때문이다.

결국 현대교육은 계층에 따라 세 단계로 구분되며 각기 다른 목표가 있다.

- 빈곤층 교육 단계 : 단순 도구로 양산되어 안정적인 일자리를 확보할 수 있는 기술과 능력을 갖추기를 기대한다.
- 중산층 교육 단계 : 개인의 가치를 끌어올리기 위해 고급 도구, 즉 '공예품'으로 강화되기를 기대한다.
- 상류층 교육 단계 : 주인의식을 고취하여 결정권을 행사하고 세상을 변화시킬 수 있게 만들고자 한다.

현대의 컨베이어 벨트식 교육 시스템은 사람을 첫 단계로 보내는 데 그친다. 두 번째 단계로 올라가려면 자신의 노력뿐 아니라 가정의 지원도 필요하다. 즉 학부모는 열심히 돈을 벌고 학생은 명문 대학교에 들어가야 하는 것이다. 세 번째 단계는 가정과 당사자 개인의 상황이 중요할 뿐, 학교교육은 사실상 큰 역할을 하지 못한다.

이러한 상황을 감안할 때 출신가정은 개인의 성장에 크게 영향을 미친다. 빅데이터는 사람이 교육을 선택하는 것인지 교육이 사람을 선택하는 것인지 명확하게 설명하지 못하지만, 출신가정의 영향력을 속 시원하게 설명해줄 수는 있다. 중산층 부모와 빈곤층 부모가 매일 자녀들과 나누는 대화의 분량에 관한 통계를 본 적이 있다. 보고서에 따르면, 대화에 동원된 단어의 수가 상대적으로 적은 빈곤층 출신 아동의 발육상태가 중산층보다 더디다. 이와 비슷한 성격의 연구는 다수가 존재하지만 모두 들려주는 결론은 똑같다. 즉 가정의 소득 수준과 부모의 문화 수준이 아이가 어떤 계층에 포함될 것인지 직접적으로 결정한다는 이야기다.

이렇게 객관적인 조건의 한계를 뛰어넘기란 쉽지 않다. 하지만 사람들이 정해진 각본대로만 움직인다면 세상살이가 너무 재미없지 않겠는가?

영웅의 법칙

일반적으로 아시아인은 자제력이 높은 인종으로 알려져 있다. 내일의 행복을 위해 오늘의 고통을 참을 줄 알고, 돈을 벌면 꼬박꼬박 저축한다. 이에 반해, 아프리카인은 하루 종일 힘들게 번 돈을 모으기는커녕 술값으로 날려버릴 만큼 자제력이 떨어진다고 한다. 그렇다면 이러한 차이는 어디서 비롯되는가? 이에 관한 무척 흥미로운 실험을 소개해보겠다.*

연구자는 어린이들을 대상으로 실험을 진행하고자 인도와 아프리카 태생 아이들에게 초콜릿을 주며 두 가지 선택권을 제시했다. 지금 당장 초콜릿을 먹을 것인가? 아니면 딱 일주일만 참고 기다렸다가 열 배 비싼 초콜릿을 받을 것인가? 결과는 예상대로였다. 대부분의 인도 아동은 일주일을 기다렸다가 더 좋은 초콜릿을 받는 쪽을 선택했지만

• 출처: 로이 바우마이스터와 존 티어니(Roy F. Baumeister and John Tierney), 《의지력의 재발견:자기 절제와 인내심을 키우는 가장 확실한 방법(Willpower: Rediscovering the Greatest Human Strength)》

아프리카 출신 아동은 초콜릿을 당장 먹는 쪽을 선택했다. 결과만 놓고 봤을 때 초콜릿에 대한 아이들의 선택은 모두 자신의 의지요, 운명에 따른 것이라 하겠다.

하지만 실험자가 실제로 파악하고자 하는 문제는 인종의 경향 따위가 아니었다. 사실 연구 대상은 한부모가정이었다. 가정환경이 대체로 안정적인 인도와 달리 아프리카에서는 홀어머니가 아이를 부양하는 경우가 대부분이다. 홀어머니 한 명이 여러 명의 아이를 부양하는 경우도 있고, 태어나기 전부터 이미 아버지를 여읜 유복자도 어렵지 않게 찾아볼 수 있다. 그리고 이러한 요소를 감안하고 본다면 사실 아프리카 아동과 인도 아동은 결과적으로 똑같았다. 한부모가정 출신인 인도 아동은 대부분 당장 초콜릿을 먹겠다고 선택했지만 양친을 모두 둔 아프리카 아동은 일주일 동안 참고 기다렸다가 더 좋은 초콜릿을 받는 쪽을 선택했던 것이다. 인도 출신이 좀 더 자제력이 있을 것이라는 인식은, 인도의 한부모가정 수가 아프리카보다 적다는 현실에서 파생된 결과일 뿐이다.

즉 아이의 자제력을 예측하는 실험에서 작용하는 최대 변수는 인종이 아니라 한부모가정이냐 아니냐 하는 사실이라 하겠다.

한부모가정에서 자란 아이들은 왜 자제력이 떨어지는가? 좀 더 심도 있게 진행된 연구 결과에서는 유전자가 중요하게 작용하는 것으로 확인됐다. 무책임한 아버지를 둔 아이는 한부모가정 출신으로 자랄 가능성이 높다. 설상가상 아버지의 무책임한 유전자를 물려받은 바람에 태어날 때부터 책임감이 결여된 성향을 보일 수 있다.

그렇다고 유전자에 전적으로 책임을 전가할 수는 없다. 환경적인 요소도 무척 중요하게 작용하기 때문이다. 부모 양쪽이 아이를 돌보는 편이 한쪽이 돌보는 편보다 훨씬 효과적이다. 그래서 사람들은 일과 가사, 육아 등을 병행해야 하는 홀어머니 밑에서 자란 아이는 제대로 관리되지 않았을 것이라고 생각한다. 하지만 아버지의 무책임한 성격 때문이 아니라 (이를테면 아버지가 갑자기 사망했다든가 하는) 다른 원인으로 홀어머니 밑에서 자란 아동의 자제력은 양부모가정 출신 아이와 무책임한 아버지 때문에 한부모가정이 된 아이의 중간쯤인 것으로 나타났다.

이런 점 때문에 부모 양쪽을 모두 둔 아이는 운이 좋은 것이다. 앞서도 말했듯, 미국 내 빈곤 아동의 3분의 2가 한부모가정 출신이다. 이러한 가정에서 태어난 아이는 염색체 말단소체(Telomere)가 '정상 아동'보다 짧다는 연구 보고서를 본 적이 있다. 가정 구조가 불안정한 아동의 말단소체는 가정 구조가 안정적인 아동에 비해 40퍼센트가량 짧다. 다시 말해서 이들의 수명이 정상 아동에 비해 짧다는 뜻이다.*

이는 과학적 결론이자 빅데이터이며 일반적인 추이다. 당신이 불행히도 빈곤한 한부모가정에서 태어났다면 사람들은 당신에게 큰 기대를 걸지 않을 것이다. 만일 당신이 초콜릿 한 개를 얻었다면 빅데이터는 당신이 그것을 당장 먹으리라고 예측할 것이다. 로또에 당첨되었다면 즉시 돈을 탕진할 것이고, 원나잇 데이트에서 어떤 여성을 임신시켰다면 도망가리라고 판단할 것이다. 그리고 누군가가 당신의 존재를 본떠 로봇을 발명한다면 로봇에는 당신의 성격과 운명이 이미 프로그래밍되어 있을 것이다.

당신이 평범한 사람이라면 말이다.

• 지식공유 사이트 '궈커왕(果殼網)'의 게시물 '[논문 이야기] 빈곤 아동의 단말소체가 더 짧다.' 글쓴이: Paradoxian. http://www.guokr.com/article/438226/

세상에는 출신 배경에 의해 정해진 대본대로 사는 삶을 수용하지 않는 사람들이 있다. 그들은 다른 대본을 선택한다. 누군가가 성공한 인물, 즉 청사에 이름을 남겼거나 남길 만한 사람들을 조사해보니 그들 중 상당수가 한부모가정 출신인 것으로 나타났다.**

- 인물사전에 이름을 올린 사람 중에서 한부모가정 출신은 모두 573명으로, 그중 25퍼센트가 열 살이 되기 전에 부모를 잃었다. 열다섯 살과 스무 살이 되기 전에 부모를 잃은 경우는 각각 34.5퍼센트, 45퍼센트로 나타났다.
- 영국 총리의 67퍼센트가 열여섯 살이 되기 전에 부모 한쪽을 여읜 것으로 조사됐는데, 해당 수치는 같은 기간 영국 상류층의 두 배에 해당한다.
- 44명의 미국 대통령 중에서 조지 워싱턴과 오바마를 포함해 어릴 때 부모를 잃은 인물은 모두 12명이다.

한부모가정이라는 환경은 커다란 시련임에 틀림없다. 하지만 이 인물들에게 한부모가정이라는 조건은, 글래드웰의 말을 빌리자면, '바람직한 어려움(Desirable Difficulty)'으로 작용했다(바람직한 어려움을 견뎌내지 못한다면 평범한 사람에 그치고 말지만 극복한다면 그보다 강해질 수 있다). 그런 점에서 이들이야말로 영웅이라고 할 수 있다.

이른바 영웅은 계층, 출신, 주변 환경, 성격 등의 한계를 극복하고, 정해

•• 출처: 말콤 글래드웰, 《다윗과 골리앗: 강자를 이기는 약자의 기술(David and Goliath: Underdogs, Misfits, and the Art of Battling Giants)》

진 프로그램에 따라 살아가는 것을 거부하는 사람이다. 빅데이터에 쉽게 간파되지 않으며 세상에 기쁨과 놀라움을 선사하는 이들은 로봇과는 다르다.

데이비드 브룩스는 《인간의 품격》에서 영웅적인 인물들을 고찰했는데, 책을 보면 이런 특징들을 한눈에 파악할 수 있다.

흑인 인권운동을 이끈 필립 랜돌프는 가난한 가정 출신이었지만 어릴 때부터 엘리트 교육을 받았다. 집안 형편이 넉넉하지는 않았지만 언제나 단정한 옷차림을 해야 했으며, 말할 때도 또박또박 자신의 생각을 이야기해야 했다. 학교에 입학한 후에는 백인 학생들과 함께 라틴어와 셰익스피어의 희곡을 공부했다. 랜돌프의 아버지는 종종 아들과 함께 흑인 정치 집회에 참석하기도 했다. 가족, 교사와 랜돌프 본인 모두 출신에 따른 한계를 극복하는 환경을 만들었다. 북송 유학자 주돈이(周敦頤)는 연꽃을 보고 '진흙에서 났으나 더럽혀지지 않은 깨끗함(出淤泥而不染)'이라고 했지만, 이 표현만큼 랜돌프의 성향을 정확히 드러낸 것도 없으리라.

조지 엘리엇이라는 필명을 사용한 메리 앤 에반스(Mary Ann Evans)는 랜돌프만큼 운이 따르지 않았다. 가족에 대한 사랑보다 종교적 헌신을 택한 가정은 어린 소녀에게 심리적·성신적인 안정감을 가져다주지 못했다. 어릴 때부터 사랑에 목말라 있던 메리 앤은 누군가를 쉽게 사랑했다가 이별하는 연애를 되풀이했는데, 상대는 종종 유부남이었다. 심지어 메리 앤은 자신의 외모를 비하하는 등 심한 열등감에 사로잡혔다. 이 정도면 분명한 성격적 결함이 있는 천박한 여인으로 끝날 수도 있었다. 하지만 메리 앤은 결코 자신을 포기하지 않았다. 책을 사랑했던 그녀는 수많은 책을 읽으며 종교의 굴레에서 탈출했다. 종교적 문제로 가족과 등을 돌려야 했지만, 정신적인 교류를 통해 그녀는 진정한 사랑을 만나 위대한 작품을 쓰는 데 매진할 수 있었다.

역사적으로 소위 '성현'이라고 불린 인물들을 자세히 살펴보면 크게 두 가지 사실을 알 수 있다. 하나는 그들 모두 한눈에 척 봐도 남다른 행보를 보였다는 점이고, 나머지 하나는 그들 모두 결함을 지닌 평범한 사람이었다는 점이다. 어린 시절을 살펴보면 어느 누구도 그들이 나중에 위대한 업적을 이룰 것이라고 생각하지 않았다. 그들에게 출신이니 배경이니 하는 것은 아무런 의미도 없다. 그들의 위대함은 스스로 자신의 한계를 뛰어넘었다는 데 있다. 그중 일부 인물은 자신의 약점을 완전히 없앨 수는 없었지만 중대한 시기에 이를 극복해냈다.*

세상을 보다 다채롭게 만드는 원동력은 빅데이터로 예측이 가능한 평범한 사람이 아니라 이런 영웅이다.

영웅의 가치를 일찌감치 발견한 할리우드는 그에 관한 다양한 영화를 제작했다. 이들은 외계인의 침략으로부터 지구를 구하거나 악의 무리를 처단하는 정의의 사도만 영웅이라고 부르지 않는다. 마을의 평화를 위해 고군분투하는 경찰, 평범한 야구팀을 이끌고 전국 대회에서 우승을 차지한 무명의 감독, 질병에 맞서는 의사, 고된 삶에서도 타협하지 않고 행복을 되찾은 가정주부 등 모두가 영웅인 것이다.

할리우드는 이른바 시나리오 제작의 '공식'이 되는 '영웅의 성장 법칙'을 만들어내기도 했다.** 그 대략적인 내용은 다음과 같다.

• 시간, 장소, 인물은 우리 주변에서 쉽게 볼 수 있는 것처럼 지극

---

* 흑인 인권 운동을 뒤에서 지원했던 베이어드 러스틴(Bayard Rustin)은 평생 문란했던 동성애자로 알려져 있다.
** 출처: stewartferris.com/wp-content/uploads/downloads/Movie_formula.doc

히 평범하고 평화롭다.

- 갑작스러운 변화, 위기, 문제가 발생한다. 영웅은 반드시 문제를 해결해야 한다.

- 영웅은 문제를 해결하기 위해 계획을 세운다. 계획을 실천하는 과정에서 갑작스러운 변화가 찾아오면서 상황이 더욱 심각하게 변한다.

- 영웅은 새로운 해결책을 제시하지만 실패하고 만다. 갈등은 절정으로 치닫는다.

- 영웅은 또다시 실패한다. 그리고 그 순간 **자신이 반드시 변해야 하며 세상을 새로운 시각으로 바라봐야 한다는 사실을 깨닫는다.** 그리고 전혀 새로운 방법으로 문제를 해결하려 한다.

- 하지만 상황은 좀처럼 나아질 기미가 보이지 않고, 영웅은 관객들마저 절망할 만큼 실의에 빠진다.

- 가족, 스승, 연인의 응원에 힘입어 영웅은 다시 자신의 역량을 강화하기 시작한다.

- 배수진을 친 영웅이 다시 한번 도전한다. 이번에도 실패하면 모든 것이 끝장이다.

- 클라이맥스와 해피엔딩이 빠지지 않고 이어진다.

중국 영화에서는 이러한 법칙을 찾아보기 어렵다. 중국 영화감독의 독창적인 연출능력 때문이 아니라 중국 영화가 이 정도의 법칙을 소화할 수 있을 만큼 성숙하지 않았기 때문이다. 이러한 법칙은 우리의 평범한 일상에서 비롯된 것이라고 생각한다. 관객이 관련 요소를 좋아해야 하고, 자기 삶 속에서 조용히 실천 중이라고 생각해야 하는 것이다.

현실 속에서 영웅으로 성장하는 과정은 복잡하기 그지없지만, 정수와 방식은 본질적으로 이 법칙과 일맥상통한다. 이것이 바로 영웅이 되기 위한 길이다.

왜 빅데이터는 이 뻔한 법칙을 예측하지 못하는가? 왜냐면 이 자체가 온갖 리스크로 가득 차 있기 때문이다. 영화에서 보여주고 관객들이 기억하는 영웅은 모두 성공했지만, 사실 현실에서 영웅이 되려는 시도는 실패할 가능성이 높다.

대부분의 사람은 처음 혹은 두 번째 도전에서 실패하면 '팔자'라며 쉽게 포기한 후, 주변 사람들처럼 빅데이터가 예측할 수 있는 삶을 살아간다. 하지만 정해진 대본에서 벗어나 자신의 의지대로 사는 사람들도 있다. 대체 그 비결은 무엇인가?

바로 그들에게 있는 남다른 원동력이다.

사명의 소환

영웅과 평범한 사람을 구분하는 가장 확실한 기준은 세상에 대한 태도다. 세상에 얌전히 순응하는 평범한 사람과 달리 영웅은 세상을 바꾸려 한다.

사람들이 선호하는 '성공'은 크게 두 가지로 나누어 정의할 수 있다. 첫째, 정해진 목표를 달성했을 때의 성공이다. 이를테면 교사가 시험 범위를 정하면 학생은 그 안의 내용을 전부 숙지해서 좋은 성적을 내는 것이다. 회사원은 사장이나 고객이 제시하는 목표나 원하는 기준을 충족하면 된다.

둘째, 정해진 목표도, 심지어 선례도 없는 상황에서 무언가를 창조해냈을 때의 성공이다. 창업자나 기업가의 성공이 여기에 해당한다. 새로운 제품을 발명하거나 새로운 영역을 개척한다면 후발주자에게 기준을 정해줄 수 있다. 이 두 번째 분류에 속하는 성공을 이루면, 첫 번째 분류의 성공을 거둔 사람들을 고용해서 다양한 목표를 제시해줄 수도 있을 것이다.

이른바 '섬세한 이기주의자'는 첫 번째 성공을 추구하는 사람들이다. 그런데 이 표현에서 우리가 주의 깊게 살펴봐야 할 부분은 '이기주의'가 아니라 '섬세한'이다. '섬세함'은 정확한 계산, 신중한 태도, 한 치의 실수도 용납하지 않는 꼼꼼함의 의미를 내포하고 있다. 그렇다면 섬세한 사람은 어떤 모습을 하고 있을까? 그는 아무렇게나 행동하지 않고 무슨 일에서든 반드시 달성해야 할 목표를 세울 것이다. 결코 시간을 낭비하는 법도 없다. 밥 한 끼를 먹어도 인맥을 쌓기 위해 자리를 만들어 먹는다. 이 얼마나 따분한 삶이란 말인가? 학교는 인재를 올바르게 가르쳐야지 바보로 만들면 안 된다.

섬세한 이기주의자를 움직이게 만드는 동기는 명확하다. 그들은 승진, 연봉 인상과 같은 인센티브가 주어질 때 움직인다. 심리학자는 이를 '외재적 동기(Extrinsic Motivation)'라고 부른다. 이와 반대로 자신의 의지에 따라 자발적으로 움직이게 만드는 것을 '내재적 동기(Intrinsic Motivation)'라고 한다. 특별히 영웅도 아니고, 특별히 섬세한 이기주의자도 아닌 평범한 사람들은 이 두 가지 원동력을 동시에 활용한다. 업무를 깔끔하게 마무리하면 보너스를 받을 것이라는 동기 때문에 열심히 일하면서, 동시에 그 속에서 즐거움을 느낀다.

여러 연구자가 이 두 가지 동기에 대한 다양한 연구를 진행했는데, 결론적으로 말하면 내재적 동기의 효과가 외재적 동기보다 크다. 단기적으로는 외재적 동기의 효과가 훨씬 높게 나타난다. 장학금을 지급하면서 다음 기말고사 때 좀 더 좋은 성적을 거두라고 격려하는 경우가 여기에 속한다. 하지만 장기적인 효과를 고민한다면 내재적 동기의 역할이 더 지대하게 작용한다는 점을 기억해야 한다.

최근 웨스트포인트 사관학교 재학생을 상대로 실시된 연구는 이러한 주장을 보다 명확하게 뒷받침하고 있다.[*] 연구자는 여러 해에 걸쳐 신입생 총 1만 명을 상대로 학교 선택의 이유를 묻는 설문조사를 실시했다. 보기는 다음과 같았다.

1)무료 학비 2)미래 일자리 3)군인이 되고 싶은 꿈

이 중 1)번, 2)번은 외재적 동기이며 3)번은 내재적 동기에 해당한다. 연구자는 10년 이상 추적 조사를 벌인 끝에 어떤 보기를 고른 학생들이 빨리 성공했는지 통계를 실시했다. 확인 결과, (적어도 군인이라는 직업에 한해서는) 외재적·내재적 동기를 모두 지닌 학생이 내재적 동기를 지닌 학생에 비해 큰 성공을 거두지 못하는 것으로 확인됐다.

결과는 예상과 다르지 않았다. 이에 우리는 외재적 동기는 각종 자극에 대한 인간의 수동적인 반응이라고 판단할 수 있다. 누군가가 자극하는 대로 반응한다면 당신은 예측이 가능하다는 점에서 로봇과 다를 것이 없다. 이와 달리 내재적 동기는 개인의 자유의지를 온전히 반영한다. 즉 내가 행동하는 것은 누군가가 나를 자극해서 나온 반응이

---

* 연구논문 출처: Amy Wrzesniewski et al., Multiple types of motives don't multiple the motivation of West Point cadets, PNAS 111, 10990, (2014). 쏭수후이(松鼠會, Songshuhui-Association of Science Communicators. 과학 보급에 힘쓰는 중국 내 비영리기구 -옮긴이). 보도 출처: http://songshuhui.net/archives/90522

아니라 100퍼센트 나의 의지가 반영된 결과다.

물론 사람은 누구나 내재적 동기를 지니고 있다. 하지만 영웅은 그보다 높은 수준의 내재적 동기를 지녔다. 바로 '사명감'이다.

어떻게 살고 싶으냐고 물으면 사람들은 대부분 자신이 좋아하는 것을 생각한 뒤에 거기서 원하는 일을 선택한다. 하지만 거대한 세상 속에서 자신이 무엇을 가장 잘할 것인지 어떻게 안단 말인가? 한 번도 겪어보지 못한 일이 자신에게 맞을지 어떨지 아무도 알지 못한다. 영웅들도 처음에는 우리와 다를 것이 없다. 특별히 하고 싶은 일이나 이루고 싶은 목표도 없이 그저 그렇게 살아간다.

그러다가 어느 순간 어떤 계기를 통해 자신이 사명을 받았다는 사실을 깨닫는다. 퍼킨스는 원래 공익사업에 관심이 많은 편이었지만 뉴욕의 트라이앵글 셔츠웨이스트 공장 화재사건을 직접 목격하면서 노동자의 권익을 위해 자신의 모든 것을 바치기로 결심했다. 의학자를 꿈꿨던 루쉰(魯迅)은 일본에서 우매한 중국인의 모습을 목격하고 크게 개탄하며 의술이 아니라 글로써 사람들을 치료하기로 했다. 그리고 조국을 침략한 일본 제국주의에 항거하기 위해 수많은 열혈지사가 붓 대신 칼과 총을 쥐게 했다.

이들에게 일은 단순히 출퇴근하는 직업이 아니라 평생을 걸고 달성해야 하는 목표였다. 외부의 감독이나 격려 없이도 그들은 스스로 자신을 채찍질하고 응원했다. 모두가 우러러봄직한 업적은 사명감을 통해서만 달성할 수 있는 것이다. 진짜 정치인이라면 권력 획득을 위해 정계활동을 할 것이 아니라, 자신의 정치적 견해를 세우고 그것을 실천하기 위해 정계활동을 벌여야 한다.

어떤 분야에도 투철한 사명감으로 무장한 사람들이 있을 것이다.

미국과 캐나다에 있는 157개 동물원에서 일하는 사육사 대부분이 야생동물 보호라는 사명감을 위해 일하고 있다는 조사 결과도 있다.[*] 그들은 일에서 커다란 의미와 정체성을 느낀다. 그리고 일을 생계의 수단이 아닌 도덕적 책임으로 인식하고, 동물들에게 더 쾌적한 환경을 만들어주기 위해 불철주야로 노력한다.

영웅은 왜 자유로운가? 사명감이 생기는 순간, 그와 함께 철저한 주인의식이 세워지기 때문이다. 그러니 그들은 관리할 필요도 없고 관리할 수도 없다.

레오나르도 다빈치는 목표를 높이 세우기로 했다. 그리고 주변 사람들이 뭘 하는지 상관하지 않고 스스로에게 뭘 하고 싶은지 끊임없이 물었다. 젊은 시절에 그는 천사를 그려달라는 의뢰를 받고 최고의 걸작을 남기겠다는 결심을 했다(실제에 가까운 표현력으로 명성이 자자했던 다빈치는 꽃 한 송이를 그려도 허투루 넘어가는 법이 없었다. 섬세한 붓 터치는 물론 과학적 이론을 반영한 구도, 색감 등은 전례를 찾아보기 힘들다). 그리고 천사의 날개를 최대한 자연스럽게 그리는 데 심혈을 기울였다.[**] 새의 날개를 수없이 반복해서 그리는 것만으로 모자라 시장에서 사온 새를 하루 종일 들여다보기도 했다. 그렇게 해서 완성된 천사, 특히 그 날개는 당장이라도 하늘 높이 날아오를 듯 생생했다.

천사를 그리기 위해 새의 날개를 연구하던 다빈치는 비행술에 큰 호기심이 생겨 관련 연구에 착수했다. 그는 이렇게 하나의 아이디어가 또 다른 아이디어를 낳는 방법을 통해 방대한 지식을 축적하며 위대한

• 연구 논문 출처: http//asq.sagepub.com/content/54/1/32.abstract
•• 출처: 로버트 그린(Robert Greene), 《마스터리의 법칙(Mastery)》

업적을 세울 수 있었다.

이런 영웅들은 외재적 압력에 굴하지 않고 오로지 자기 자신에 대한 사명감으로 자유롭게 살아간다. 그는 누구도 묻지 않는 문제를 과감히 묻고 기존의 상식에 과감히 도전할 것이다. 그리고 다른 사람의 비위를 맞추기 위해 자신의 의지에 반하는 행동은 하지 않을 것이다.

혹자는 자본주의의 본질은 사람을 도구로 만드는 데 있다고 주장한다. 사실 이것은 자본주의가 아니라 산업화 시대의 등장과 함께 나타난 분업의 본질이지만, 결론적으로 말해서 현대사회의 분업화가 발달할수록 사람들은 기계의 나사못으로 전락하고 점점 자유를 잃게 될 것이다. 역사를 강의하는 법의학자로 유명한 류중징(劉仲敬)은 사람의 운명은 세계의 운명처럼 길지만 중요한 순간은 손에 꼽을 정도로 적다고 지적했다. "4분의 3에 달하는 삶의 대본이 서른 살이 되기도 전에 이미 다 채워진다. 그 이후의 내용은 거의 들여다볼 가치도 없다."

하지만 인간으로서 우리는 궁극적으로 자유를 지향한다. 그렇다면 현대인 중에서 가장 자유로운 영혼을 지닌 사람은 누구일까?

영웅은 혁신가다

앞에서 어떤 사람이 영웅인지에 대해 이야기했으니 이제는 새로운 이야기를 해보자. 역사는 누가 만드는가? 자유의지와 내재적 동기에 따라 움직이며 자신의 한계를 극복하는 영웅인가, 아니면 외재적 동기에 따라 움직이며 빅데이터의 예측대로 자극에 반응하는 사람(俗人)인가?

평범한 사람들이 없다면 영웅도 존재할 수 없다고 할지도 모르겠지만 객관적으로 생각했을 때 답은 단 하나뿐이다.

역사를 만드는 것은 영웅이다. '역사'라는 단어가 너무 거창한 느낌을 주는 탓에 마치 철학문제를 다루고 있는 듯 느껴질 수도 있다. 그럼 좀 더 구체적으로 생각해보자. 누가 경제성장을 이끄는가?

이러한 질문에는 이미 명확한 답이 존재한다. 거시경제학자인 로버트 솔로(Robert Solow)는 이에 대한 연구로 1987년 노벨 경제학상을 수상했다. 그의 주장에 따르면 현대 선진국의 주요 경제성장은 기존의 자본과 노동활동의 확대가 아닌 혁신을 통해 이뤄진다. 쉬운 예로 IT산업을 떠올려보라. 그 분야의 거의 모든 신규 일자리는 세워진 지 5년 미만인 신생 기업에 의해 공급되고 있다.

혁신은 무엇인가? 기존의 관행을 타파하는 것, 돌발적으로 일어나는 것, 사전에 예측하지 못한 것을 우리는 혁신이라고 부른다. 그리고 영웅에 대한 우리의 정의에 따르면 이는 영웅이 하는 일이다.

혁신에 대한 이야기에 '디지털 시대를 선도한 3대 사상가' 중 한 명으로 불리는 미국의 경제학자 조지 길더(George Gilder)가 빠질 수 없다.* 혹자는 그의 책이 레이건의 경제개혁을 이끌었으며, IT주식에 거품을 가져왔다고 생각하기도 한다. 2013년 조지 길더는 《지식과 권력: 21세기 자본주의를 위한 새로운 패러다임(Knowledge and Power: The Information Theory of Capitalism and How It Is Revolutionizing Our World)》을 출간했다.

《지식과 권력》의 주요 사상은 자본주의의 핵심이 인센티브 시스템이 아닌 정보 시스템이라는 것이다.

일반적으로 사람들은 시장경제는 인센티브 시스템이라고 생각한다. 특정 상품에 대한 수요가 증가하면 가격이 올라간다. 가격 신호를 확인한 생산자는 더 많은 돈을 벌기 위해서 그 제품을 더 많이 생산한

---

* 참고: http://wiki.mbalib.com/wiki/George Gilder

다. 즉 '자극→반응'이라는 전형적인 시스템이라고 생각하는 것이다.

하지만 이러한 인센티브는 경제의 통상적인 운영을 유지할 뿐 경제 성장을 이끌어내지는 못한다. 노벨 경제학상 수상자인 로버트 솔로가 보여주었듯 혁신이야말로 성장을 가져온다.

조지 길더는 자본주의의 본질은 정보에 관한 것이라고 주장한다. 그렇다면 정보란 무엇인가? 클로드 섀넌(Claude Elwood Shannon)의 정보 이론(Information Theory)에 따르면, 정보는 '의외성(surprise)'이다. 메시지가 담고 있는 정보의 양을 알아내려면 그 안에 의외성이 얼마나 들어 있는지 알아보면 된다. 상투적인 말이나 의미 없는 말은 정보가 아니다.[*] 프로그래머가 확률변수를 제외하고 프로그램을 짠다면 컴퓨터는 프로그램의 명령에 따른 작업을 한 치의 오차 없이 실행할 것이다. 하지만 이때 컴퓨터는 새로운 정보를 생성하는 것은 아니다. 이와 마찬가지로, 세부 사항이 사전에 모두 설계되어 있는 임무를 맡아 완수한다면 새로운 정보가 탄생하는 데 일조한다고 볼 수 없다. 그 과정에서 돌발적인 일이 일어나거나, 그동안 아무도 생각하지 못한 일을 하거나, 자신의 생각대로 계획을 변화시킬 때에야 새로운 정보의 탄생에 공헌하게 되는 것이다. 세상이 다르게 변하고 역사가 비로소 발전하는 것은 그런 공헌 덕분이며, 그런 공헌을 하는 사람이 영웅이다.

인간에게는 자유의지가 있다. 그 때문에 우리가 만드는 정보가 증가하고, 경제 전체의 복잡성 역시 확대되면서 경제가 발전한다. 정보에

- 이를테면 '내일 아침에 동쪽에서 해가 뜰 것이다'에는 의외성이 없지만 '내일 아침에 외계인으로 인해 세상이 멸망할 것이다'에는 '외계인', '멸망'과 같은 의외성이 담겨 있다. 이런 '의외성'이 많을수록 정보량도 많아지며 사건 예측이 어렵고 무작위성이 높아지는데, 이를 정보의 '엔트로피(entropy, 불확실성)'가 높다고 표현한다. 섀넌의 정보 이론은 정보의 의미보다는 발생 확률에 초점을 맞추고 있다. -옮긴이

는 규율이 없다. 예측할 수 없는 혁신을 통한 도약이야말로 자본주의의 본질이다.

그러므로 혁신은 명령되고 계획될 수 없다. 혁신은 그 주체의 자유의지 외에 기술발전에 따른 객관적 규칙에만 제한을 받으며, 그 밖의 다른 영향은 받지 않는다.

정부는 물론 소비자 역시 혁신을 요구할 수 없고 혁신을 이뤄낼 수도 없다. 일부 기업가는 혁신 주체가 반드시 시장의 수요에 관심을 보이고, 소비자의 심리를 들여다봐야 한다고 주장한다. 다른 사람이 원하는 것이 무엇인지 물어본 뒤에 자신이 그 바람을 들어줄 수 있는지 확인해야 한다는 것이다. 제품 매니저는 소비자의 요구를 따라야 하고, 작업자는 제품 매니저의 지시를 따라야 한다. 하지만 혁신은 이와는 다르게 이루어진다.

"발명 전에 사람들에게 원하는 것이 뭐냐고 물어봤다면, 아마 그들은 내게 더 빨리 달리는 말을 만들라고 했을 것이다."** 자동차업계의 전설적 인물 헨리 포드가 남긴 명언이다.

소비자는 수동적이지만 기업가는 주동적이다. '공급 측 경제학자'로서 조지 길더는 혁신 제품을 언급하며, 수요가 공급을 자극하는 것이 아니라 공급이 새로운 수요를 창출한다고 주장했다. 그는 '학습 곡선(Learning Curves)' 이론으로 이 과정을 설명했다.

- 한 회사에서 컴퓨터 칩과 같은 혁신적인 제품을 발명했다. 이전에는 이런 제품이 없었다는 점에서 새로운 시장을 개척한 셈이다. 하지만

•• 원문: If I had asked people what they wanted, they would have said faster horses.

이 단계에서는 컴퓨터 칩을 어떻게 사용해야 하는지 모르는 사람이 훨씬 많다. 신제품 생산 작업 역시 까다로워 가격이 비싸다.

- 업체의 생산 경험이 증가하면서 신제품의 가격이 서서히 낮아지고 시장 내의 수요 역시 증가한다.
- 소비자가 제품의 사용법에 서서히 익숙해지자 새로운 사용법을 제시하기도 한다.
- 이 제품으로 생겨난 새로운 영향력이 긍정적인 피드백을 이끌어내면서, 다른 제품의 발전을 선도하며 전반적인 기술의 혁신을 이끈다.

생산자와 소비자는 모두 치열하게 '연구'한다. 생산자는 어떻게 해야 가격을 더 떨어뜨릴 수 있을지 연구하고, 소비자는 새로운 사용법을 연구한다. 이 과정에서 양측의 정보가 교류되고 새로운 정보가 탄생하면서, 가장 가치 있는 결과가 도출될 뿐만 아니라 다양한 새 제품의 탄생이 이어진다.

영웅이 세계를 이끈다고 말하는 까닭은 무엇인가? 정보가 의외성을 지니고 있기 때문이다. 새로운 생각과 새로운 물건을 만들어내는 사람이 진짜 영웅이다. 다른 사람들에게 끌려가는 사람은 큰일을 하지 못한다. 진정한 혁신가는 남들에게 무엇을 원하느냐 묻지 않고 그들이 무엇을 원하는지 알려준다.

잘 알려진 사실이지만, 스티브 잡스(Steve Jobs)는 아이폰 사용자들의 요구를 알아보는 일에 신경 쓰지 않았다. 누군가가 애플의 디자이너 조너선 아이브(Jonathan Ive)에게 이런 질문을 던졌다.

"모토롤라 휴대전화는 사용자가 마음대로 외형을 바꿀 수 있는 수백 가지의 커스터마이징 옵션을 제공했는데, 애플은 이에 대해 어떻게 생각합니까?"

"모토롤라 디자이너가 무책임한 짓을 벌였네요."

물론 애플은 평범한 업체라고는 볼 수 없다. 모토롤라도 그렇게 수준 낮은 회사는 아니다. 이보다 못한 수많은 업체는 혁신을 이끌기는커녕 시장의 가장 기본적인 자극에만 반응한다.

기업가는 시장을 대할 때 크게 세 가지 태도를 취한다. 이는 우리가 앞서서 이야기한 세 가지 교육 단계에 대응한다.

- 수준 이하의 기업가 : 빈곤층 교육에 해당한다. 사용자가 좋아하는 것을 제공한다.
- 평균 수준의 기업가 : 중산층 교육에 해당한다. 사용자가 나를 선택하도록 내가 최고가 된다.
- 수준 이상의 기업가 : 상류층 교육에 해당한다. 내가 사용자 대신 결정한다.

세 가지 단계에서 리스크는 뒤로 갈수록 점점 확대된다. 세 번째 단계가 가진 최대의 가능성은 발명품이 '대박'을 칠 수 있다는 것이 아니라 '쪽박'을 찰 수 있다는 것이다. 성공한 모든 영웅들도 수없이 많은 실패와 좌절을 겪고 눈물을 흘려야 했다. 여태껏 한 번도 실패한 적 없다면 당신의 능력이 뛰어나서가 아니라 '끝장'을 볼 만큼 제대로 매달리지 않았기 때문이다.

실패할 리스크가 큰 길이라면 섬세한 이기주의자는 계산기를 열심히 두드린 뒤 다른 길을 선택할 것이다. 그런 점에서 영웅이 가시밭길을 선택하는 것은 외부가 아닌 내부적 동력에 따른 결과다. 즉 뭔가를 위해서가 아니라, 그렇게 해야 한다고 생각하기 때문인 것이다.

지식인의 지혜, 영웅주의의 자유와 용기는 우리 시대에 가장 중요한 덕목이다. 가정, 출신은 교육 수준을 결정하고, 교육 수준은 다시 직업 수준을 결정한다. 하지만 자신의 '깜냥'이 별 볼 일 없다는 생각에 주어진 성격대로 살고, 다른 사람이 정해준 대로 움직이며 자유의지 없이 지내다가는 언젠가는 반드시 로봇에 자신의 자리를 내주고 말 것이다.

로봇시대에는 지식(智識), 용기를 갖추고 자유를 추구해야만 비로소 진정한 인간이라고 할 수 있을 것이다. 이런 자질이야말로 인간이 기계를 이길 수 있는 근본적인 힘이다.

———

이 책의 마지막 장은 AI로 대표되는 미래에 대한 이야기를 다루고 있다. 먼저 개인이 직면한 AI의 도전에 대해 연구한 뒤에 새로운 시대에 걸맞은, 사람과 사람이 협력하는 조직 형태에 대해 이야기한다. 그리고 조직이라는 방법으로 인간의 우위를 최대한 끌어내는 방법도 소개한다. 하지만 가능성이 가장 높은 결말은 아무리 다양한 방법을 쓴다고 해도 결국 대부분의 사람들은 기계에 패한다는 것이다. 그렇다고 너무 겁먹을 것 없다. 마지막에 인간의 가장 중요한 역할은 더 이상 생산자가 아니라 소비자라는 점에 대해 이야기할 생각이다.

궁극적으로 세상은 갈림길에 서 있다. 첫째, 사람이 영원히 기계보다 앞선다면 '영웅주의'와 '공급 측 경제학'이 유효하고 자본주의가 지속될 것이다. 둘째, 사람이 기계보다 못하다면 이 책의 맨 마지막 글에서 소개한 '수요 측 경제학'에 의존해야 한다. 어쩌면 이는 희소식이다. 왜냐면 공산주의가 실현될 수도 있다는 뜻이기 때문이다.

그렇다면 공급 측 경제학자와 수요 측 경제학자 중에서 누구의 손을 들어줘야 하느냐고? 나는 '파벌'이 없다. 잊지 마라. 나는 지식인이다.

인류의 지식에는 한계가 있다. 똑똑한 학자가 거액의 돈을 들여 연구에 매달린다고 해도 그릇된 결과를 낼 수 있다. 과학의 최대 가치는 고정된 지식이 아니라 지식의 연구방법을 획득하는 데 있다.

제3장

지식인의
잡학사전

1

답은 정해져 있고
넌 대답만 하면 돼

많은 고등학교 교사가 매년 대학 입시의 경향을 파악할 수 있으며, 그에 따른 예상문제를 뽑으면 학생들을 시험에 대비시킬 수 있다고 말한다. 학교에 다닐 때 나는 이런 주장이 영 못 미더웠다. 자유의지를 가진 출제위원이 어떤 문제를 낼지 누구도 알 수 없기 때문이다. 그런데 나중에야 이때 우리에게는 자유의지가 별로 주어지지 않는다는 사실을 알게 되었다.

바이두(百度)는 몇 해 전 월드컵, 도시, 관광지, 입시 네 가지 항목을 예측하는 '바이두 예측' 서비스를 선보였다. 특히 데이터분석 기술을 통해 내놓은 2014년 입시 논술 예상문제는 사람들의 눈길을 사로잡았다.

• http://trends.baidu.com/composition/main.html

이들이 '시간의 선물', '생명의 놀라움' 등 여섯 가지 영역에서 문제가 출제될 것이라고 예측했을 뿐만 아니라 영역별 적중률을 제시하기도 했기 때문이다. 이 서비스는 논술문제로 무엇이 나올지 콕 집어 알려주지는 못했지만 수험생들이 준비해야 할 이슈의 범위를 조금이나마 좁혀줄 수 있었다. 바이두에 따르면 이러한 예측은 '방대한 논술 모범답안과 검색 데이터'를 토대로 작성된다. 자료분석 결과, '시간의 선물'이라는 주제에는 '기억', '미래', '성장', '망각'과 같은 고등학교 작문 수업에서 흔히 등장하는 단어가 들어 있는 것으로 확인됐다.

사실 바이두가 예측한 논술문제는 가장 흔히 시험에 등장하는 단골 소재로 이루어진 뻔한 것들이었다. 다시 말해, 데이터분석을 통해 미래 사건을 예측한 가설이 틀에 박힌 이야기와 일치했다는 뜻이다.

그렇다면 출제자에게 이런 '틀에 박힌 문제'를 내야만 하는 이유가 있는 것일까? '내일을 위한 오늘'이라든지 '영혼의 문을 지켜라' 따위의 뻔한 문제로 수험생의 능력을 판별하겠다니 너무하지 않은가? 여기에 답하기 전에 우리는 먼저 예측 가능한 것은 무엇이고 또 그렇지 않은 것은 무엇인지 생각해봐야 한다.

미국에서 네이트 실버(Nate Silver)라는 통계학자가 2012년에 치러진 미국 대통령 선거 결과를 정확하게 예측한 일로 많은 관심을 받은 적이 있다. 미국인은 스포츠 데이터에 남다른 애정을 가진 것으로 유명한데, 이러한 성향을 고려해 일부 프로야구 전문매거진에서는 다양한 내용의 데이터를 종종 소개한다. 네이트 실버는 통계모델을 바탕으로 프로야구에 관한 데이터를 분석하는 프로그램을 사용해서 선수들의 향후 성적을 예측했다. 그 결과, 통계 데이터의 정확성이 미국 프로야구계에서 베테랑으로 통하는 분석 전문가나 캐스터를 훌쩍 뛰어넘는 것으로 나타났다. 그 외에도 실버는 2008년 대선에서 각 주의 대통령 선거 결과를 예측했는데, 총 50개 중 49개 주의 결과를 맞히는 데 성공했다. 심지어 상원의원의 35개 의석은 전부 맞히기도 했다. 이보다 더 중요한 사실은 그의 예측이 정치 평론가의 예측과 큰 차이를 보였다는 점이다(평론가의 정확도가 데이터분석보다 떨어지는 것으로 나타났다). 네이트 실버는 2012년에 《신호와 소음(The Signal and the Noise)》에서 이에 대해 다음과 같은 요지의 말을 했다.

"내가 예측하는 것들은 다소 쉽게 예측할 수 있는 대상이다. 예를 들어서 야구에 대해 이야기해보자. 야구의 가장 큰 매력은 야구선수가 상당히 높은 독립성을 지니고 있다는 것이다. 야구는 단체 경기지만 팀을 구성하는 선수 개개인의 실력이 중요하게 작용한다. 그 때문에 자신의 실력이 팀 성적으로 직결될 가능성이 높다. 마운드 위에서 우연한 상황이 연출되는 빈도도 상대적으로 적다. 이에 반해 축구나 농구는 동료 선수나 상대편의 실력에 더 큰 영향을 받는다."

즉 야구처럼 간단한 시스템에는 아무런 연쇄반응도 없다는 점에 주목할 필요가 있다. 나폴레옹이 워털루 전투에서 패한 이유가 몸에 꽉 붙는 '타이즈'를 입었기 때문이라는 우스갯소리를 들어본 적 있는가? 타이즈가 너무 몸에 꽉 끼는 바람에 치질 증상이 악화되면서 전투의 승부를 가르는 중요한 순간에 제때 명령을 내리지 못했다는 것이다. 이러한 논리의 전개를 우리는 연쇄반응이라고 부른다. 연쇄반응은 '양의 되먹임(Positive Feedback)' 과정이다. 모든 단계에서 발생하는 결과가 이전 단계보다 더 강력하게 진행되어 다음 단계로 직접 이어지는 것이다. 무엇보다도 예측자를 당혹스럽게 만드는 것은 이러한 반응이 상당히 우연히 일어난다는 사실이다. 게다가 대부분의 경우 이런 반응이 갑자기 중단되기도 하는데, 이 때문에 더 큰 문제가 일어나기도 한다.

단순계(Simple System)에서는 예측 범위를 벗어나는 개체의 파동이 감지된다고 해도 그 결과가 전체 시스템에 큰 영향을 주지 않는다. 하지만 시스템에 각종 양의 되먹임 과정이 포함되어 있다면, 즉 예측하기 어려운 복잡계에서는 내부의 개체가 일으키는 작은 파동조차도 연쇄반응을 통해 나비효과(Butterfly Effect)를 일으킬 수 있다. 이를테면 현대 금융 시스템은 복잡계에 속한다. 부동산 가격이 폭락하면 주택 대출금을 갚지 못하는 사람들이 속출할 테고, 은행은 충격을 완화하기 위해 신용대출 한도를 낮출 것이다. 이는 다른 업계에도 영향을 미쳐 결국 대규모의 금융위기로 확대될 수 있다. 네이트 실버는 신용평가기관의 등급 평점은 '정상' 상태의 시장 데이터에 의거하고 있지만, 일단 연쇄반응이 일어나서 시장이 평정심을 잃으면 데이터의 진위 여부를 보장할 수 없다고 지적했다. 한마디로 말해서 복잡계(Complexity System)에는 '블랙 스완(Black Swan)'*이 언제든지 등장할 수 있는 얘기다.

'블랙 스완'이라는 비유를 가장 먼저 사용한 나심 니콜라스 탈레브 (Nassim Nicholas Taleb)는 매우 흥미로운 이론을 제시했다.** "자연은 본래 복잡계로서 언제든지 사건을 일으킬 수 있는 불확실한 파동이 근본적으로 내재되어 있다(하지만 현대화된 정책기관은 사회가 안정적으로 운행되기를 기대한다). 이따금씩 일어나는 일 때문에 사람은 항상 경계심을 유지하며 심신을 단련할 수 있다. 그러므로 인위적인 안정만 추구한다면 결국에는 전반적인 사회 시스템이 약화될 것이다. 또 안정을 보장할 수

• 극단적으로 예외적이어서 발생 가능성이 없어 보이지만 일단 발생하면 엄청난 충격과 파급효과를 가져오는 사건 -옮긴이

•• 참고: 《안티프래질(Antifragile)》

없으면 결국 큰 사건이 터지고 만다.”

탈레브가 한 마지막 말의 사실 여부는 차치하고, '정부기관이 안정을 추구한다'는 주장만 놓고 본다면 이는 분명한 사실이다.

그렇다면 대학 입시는 단순계인가, 복잡계인가? 당연히 단순계에 속한다. 예측 전문가가 두려워하는 블랙 스완을 출제자는 더더욱 두려워한다. 왜냐면 대학 입시의 '임무'는 선진문화의 탐색이 아닌 대학에 들어갈 수 있는 자격을 갖춘 사람을 선별하는 것이기 때문이다. 좀 더 노골적으로 이야기하자면 최고의 대학에 천재적인 학생을 소개하는 것이 아니라, 전국의 모든 대학교에 다양한 수준을 지닌 학생을 주선하는 것이다. 그래서 당신이 베이징대학교 중문학과에 응시하든 싼샤 (三峽)대학교 과학기술 학부에 응시하든 모든 곳에서는 같은 종류의 시험문제를 제시한다. 다시 말해서 모든 수험생이 동일한 논술문제를 풀어야 한다는 뜻이다.

이러한 상황에서 출제자는 수험생이 저마다의 능력을 발휘할 수 있도록 문제의 내용을 고려해야 한다. 그러므로 우크라이나의 불안한 정세에 대해 논하라거나 데카르트(Rene Descartes)의 사상을 분석하라는 프랑스의 대학 입시문제 같은 고차원적인 문제가 등장할 리 없다. 그레야 평범한 수준의 대학교에 가서 평범한 수준의 일자리를 찾는 학생에게 공평하지 않겠는가? 수험생의 다양한 실력 외에 각지의 문화적 수준에 격차가 존재한다는 사실도 염두에 두어야 한다. 상대적으로 낙후된 지역 출신의 학생이라면 전 세계적으로 흥행했던 미국 드라마를 제

• '프랑스 대학 논술문제에 대한 고찰: 진정한 사고력을 길러라', http://edu.sina.com.cn/a/2013-06-18/11162229445.shtml

대로 접한 적이 없을 것이다. 이런 점을 고려하면 출제자는 〈24〉 같은 미국의 대작 드라마가 아닌 중국판 연애프로그램에 관한 문제를 내야 할 것이다. 고대 중국의 과거(科擧)에서 출제 범위를 사서오경(四書五經)으로 정한 것 역시 이와 같은 이유 때문이다.

문제는 지나치게 심오해서도, 지나치게 광범위해서도 안 된다. 그렇다면 출제자의 손에 어떤 선택권이 남아 있을까? 출제자와 수험생 사이에는 '일방적 관계'만 존재할 뿐이다. 즉 출제자에게 되먹임은 물론, 양의 되먹임 따위는 더더욱 필요 없다. 보통 학생보다 조금 더 똑똑하고, 조금 더 성실한 학생을 대학교에 보내는 것이 출제자의 임무다. 이를 위해서는 우연적인 요소를 최대한 줄여야 한다. 그래서 사회적 반향을 불러일으킬 수 있을 만큼 기발한 문제는 물론, 어떠한 돌발 상황도 용납하지 않는다. 출제자는 입시문제를 통해 사회의 발전에 기여하거나 자신의 이름을 청사에 남기는 일 따위는 기대하지 않는다. 다시 말해서 그들의 임무는 불확실한 세상에 일말의 확실성이라도 제공하는 데 있다.

그러므로 그들은 케케묵은 수법을 선택한다. 그것은 곧 안전하다는 뜻이기 때문이다.

뻔하디뻔한 문제를 마주한 당신은 어떤 답을 제시해야 할 것인가? 간단하다. 역시 뻔한 정답을 고스란히 돌려주면 된다. 대학 입시는 작문 실력을 겨루는 무대가 아니다. 당신의 글재주가 아무리 뛰어나다고 해도 그 재주를 알아볼 줄 아는 사람이 없을 수도 있다. 이러한 상황이 비단 대학 입시에서만 나타나는 것은 아니다. 미국 고등학교 영어교사조차 좋은 작품을 알아보지 못하기도 한다. 스티븐 호킹(Stephen Hawking)과 함께 《위대한 설계(The Grand Design)》, 《짧고 쉽게 쓴 시간의 역사(A Briefer History of Time)》를 쓴 레오나르드 믈로디노프(Leonard Mlodinow)는 열다섯 살 된 아들을 위해 작문 숙제를 해줬는데 A마이너스를 받고 말았다.* 큰 충격을 받은 믈로디노프는 〈뉴욕타임스〉에 종종 글을 발표하는 작가 친구에게 어떻게 이럴 수 있냐며 하소연을 했다. 그러자 그 친구가 이렇게 말했다고 한다. "그 정도만 해도 대단한걸. 난 딸 숙제를 해줬다가 겨우 B를 받아서 핀잔을 들었다고!"

채점 교사가 글을 읽고 점수를 매기는 데 얼마나 걸릴까? 10분? 5분? 2분? 초보 교사라면 50초, 노련한 교사라면 34초밖에 걸리지 않는다.** 이렇게 짧은 시간에 누가 과연 심혈을 기울여 쓴 문장을 감상하거나 획기적인 생각을 발견할 수 있겠는가? 설사 당신이 세상을 놀라게 할 대단한 아이디어나 감동적인 문장을 제출했다고 해도, 채점 교사가 그 사실을 깨닫지 못하면 가장 낮은 점수를 받을 수도 있다. 이처럼 기계화된 업무 속에서는 누구도 경이롭고 획기적인 그 무언가를 기대하지 않는다(만약 고문을 써서 낸다면 의외의 결과를 얻을지도 모르겠다. 고문이라면 한눈에 실력 차이가 드러나는 데다가, 따분한 작업을 반복해야 하는 교사에게 잠시나마 한숨을 돌릴 수 있는 여유를 선사할 수 있기 때문이다).

그러므로 바이두가 입시 논술에 관한 전반적인 데이터를 확보했다면 논술문제를 예측할 수 있을 뿐만 아니라 주제와 평소 논술 성적만으로 수험생의 점수를 예측할 수 있다.

대학 입시 논술 이면에 있는 진실을 알고 우울해졌다면, 이 이야기에 더욱 기분이 가라앉을지도 모르겠다. 대학교에서 원하는 자격을 갖

• 출처: 《춤추는 술고래의 수학 이야기(The Drunkard's Walk)》
•• 바이두서점(白度文庫), '논술 채점 교사의 고백', http://wenku.baidu.com/view/4bca23a2284ac85 0ad024215.html

춘 사람을 선발하려는 출제자와 그 출제자의 심사를 받는 수험생은 모두 평범한 사람들이고, 이 둘 사이에는 어떤 새로운 요구 따위는 존재하지 않는다. 이러한 상황은 비단 대학 입시에만 국한된 것이 아니다.

이를 보여주는 대표적인 사례가 바로 엔터테인먼트 산업이다. 슈퍼맨, 스파이더맨, 배트맨, 아이언맨 등 할리우드가 매번 비슷비슷한 영웅을 다루는 이유는 무엇인가? 판에 박았다는 표현이 지나치지 않을 만큼 뻔한 소재, 뻔한 이야기를 매번 다루는 까닭이 대체 뭔가? 왜냐면 이들 슈퍼히어로의 이야기가 관객들에게 잘 '먹히기' 때문이다. 관객들은 자신의 돈으로 영화표를 구입해서 뭘 보게 될지 잘 알고, 제작사 역시 어떻게 영화를 찍어야 관객들이 좋아할지 잘 알고 있다. 관객과 영화 제작자가 암묵적인 공감을 이루고 있으므로 서로의 예상에서 벗어나는 상황이 벌어지지 않으리라 안심하며 편안하게 영화를 찍고 감상하는 것이다. 특히 영화 제작비가 올라갈수록 영화 시나리오는 '흥행의 공식'에서 벗어나지 않는다. 할리우드 대작이라고 불리는 영화 중에는 모든 사람이 이미 다 알고 있는 내용을 리메이크하는 경우도 있다. 투자비가 높을수록 리스크가 낮아야 하기 때문이다.

뻔해야 먹힌다! 유행하는 것일수록 우리가 이미 알고 있는 '그것'일 가능성이 높다(그래서 유행하는 문화를 외면하고 자신만의 길을 가는 선택을 하는 예술가를 진정한 예술가라고 하는 것이다). 누군가가 총 아홉 장의 앨범에 실린 117개의 곡을 직접 작사한 왕펑(汪峰, 1981년생 싱어송라이터 – 옮긴이)의 가사에 자주 등장하는 단어를 찾아봤다.••• '사랑' 54회, '삶' 50회, '부서

••• 이것은 '왕펑 스타일의 작사 속성법'으로 알려져 있다. 이 내용이 실린 게시물은 일부 커뮤니티를 중심으로 확산됐는데, 글쓴이가 누구인지는 알려져 있지 않다.

진다'와 '길' 각 37회, '울다' 35회, '외로움'이 34회인 것으로 조사됐다. 그가 작사한 곡을 리스트로 만들어 그중 아무 단어를 무작위로 추출해도 왕펑 스타일의 가사를 만들 수 있다. '더 이상 방황하지 않는 삶이 수만 개로 부서진대도 묵묵히 걸어가리.' 데이터분석이 예술을 창조할 수 없다고 누가 그러던가?

다음 행보를 예측할 수 없다는 이유로 '낭인'이라는 별명으로 불리는 왕펑이지만, 요란한 연애 스캔들을 제외한 그의 모든 것은 이미 다 '간파'된 셈이다.

2

빅데이터가 불러온
'군비경쟁'

2014년 입시의 논술 주제 예측을 위한 바이두의 데이터분석은 '글'로써 다시 한번 정리해볼 만큼 충분한 가치가 있는 일이라고 생각한다. 결론적으로 말해서 바이두의 예측은 성공했다. 혹자의 평가에 의하면 전국적으로 출제된 열여덟 개 주제 중에서 열두 개를 맞혔다.[*] 개인적으로는 열두 개가 아니라 열여덟 개 전부를 다 맞혔다고 해도 무방하다고 본다. 하지만 이러한 사실은 그다지 중요하지 않다. 대학 입시도 큰 의미가 없다. '빅데이터는 세상에 어떤 변화를 가져다줄 것인가?' 이것이야말로 우리가 관심을 기울여야 할 중요한 문제이다.

---

* http://roll.sohu.com/20140607/n400550760.shtml

망치와 못

중국의 대학 입시 논술에서는 정해진 방법대로 문제가 출제된다. 먼저 지문을 통해 이야기를 들려준 뒤에 자신이 느낀 점을 글로 표현하라고 한다. 다시 말해서 논술시험에서 핵심이 되는 것은 지문에 등장하는 이야기가 아니다. 이야기는 그저 당신이 써야 할 주제를 이끌어내기 위한 소재일 뿐이다.

같은 소재라고 해도 사람마다 생각이 다르니 분명 그 주제 역시 다양해야 옳다. 하지만 여기서 우리가 주목해야 할 점은 다양한 소재가 오히려 동일한 주제로 결론 난다는 사실이다.

예전에 전국 범위의 논술 시험, 즉 전국권(全國卷)에서 '야생동물에게 먹이를 줘선 안 된다. 그러면 스스로 먹이를 찾는 능력을 상실하기 때문이다'라는 지문이 출제된 적이 있다. 이때 출제자의 의도는 야생동물의 습성에 관한 수험생의 과학적 주장을 파악하는 것이 아니다.

이 지문은 크게 두 가지 관점에서 풀어낼 수 있다. 하나는 자신을 야생동물에 비유하는 것이다. 즉 젊은 세대는 이전 세대의 경험을 수동적으로 받아들일 것이 아니라 스스로 개척해야 한다는 주장을 제시하면 된다. 이는 바이두가 예측한 '다채로운 생명'에 등장하는 '노력', '자유', '청춘'이라는 키워드로 표현할 수 있다. 똑같은 주장을 펴되 문장만 조금 손보면 상하이시의 출제 지문에도 답할 수 있다. '사막을 통과하는 길과 방식을 선택할 수 있는 당신은 자유롭다. 하지만 사막을 반드시 지나야 한다면 당신은 자유롭지 못하다.'

또 하나의 관점은 자신을 야생동물을 상대하는 사람으로 보는 것이다. 그렇다면 주제는 자연에 대한 존중 및 보호로 바뀌게 될 것이다. 이것은 바이두가 예측한 '발전에 따른 문제'의 '자연', '환경', '존중'과 같은 키워드와 일치한다. 역시나 동일한 주제를 사용하되 문장을 바꾸면 랴오닝(遼寧)성의 논술문제도 풀 수 있다. '밤하늘을 수놓은 별빛을 더 이상 볼 수 없어 아쉽다. 세월이라는 것이 순식간에 지나가는구나. 옛 사람들이 동굴에서 모닥불을 피우며 본 것은 밤하늘에 두둥실 떠오른 밝은 달일 테니 그 모습이 얼마나 아름다웠을까?'

그렇다면 한번 생각해보자. 앞에서 소개한 지문에 주제가 많은가, 아니면 소재가 많은가? 척 봐도 소재가 월등히 많다. 소재를 어떻게 지문에 짜 넣는다 해도 그것을 보고 전국의 수험생이 파악할 수 있는 주제는 몇 개에 불과하다. 특히나 바이두의 데이터분석 결과에 따르면, 출제 주제는 크게 여섯 가지에 그친다.

그래서 여섯 가지 주제에서 다룰 법한 글을 열심히 읽는다면 논술시험에 어떤 지문이 나오든지 이미 정해져 있는 답을 술술 써 내려갈 수 있을 것이다.

심리학자 에이브러햄 매슬로(Abraham Maslow)는 "손에 쥔 도구가 망치밖에 없는 사람에게는 세상 모든 것이 못으로 보인다"라고 말했다. 원래 이 말은 자신의 틀 안에 갇혀 있지 말라는 경고의 의미를 담고 있다(예를 들어서 최근 진화심리학이 크게 유행하면서 사람들은 사회현상을 무조건 진화심리학적 관점에서 분석하려고 든다). 하지만 만일 이 말이 대학 입시에서도 통한다면 수험생으로서는 더 이상 바랄 일이 없을 것이다. 비록 그들이 손에 쥐어야 할 망치는 한 개가 아닌 여섯 개지만, 일단 여섯 개의 망치를 손에 쥐는 순간 입시에 관한 모든 문제, 즉 모든 못을 내려칠 수 있기 때문이다.

그렇다면 바이두는 어떤 기술로 망치를 찾아내는 것일까?

토픽 모델링

어떻게 해야 기계가 글의 의도를 읽어내도록 할 수 있을까? 이러한 문제를 우리는 '토픽 모델링(Topic Modeling)[*]'이라고 부른다.

바이두가 논술 주제를 예측하는 데 사용한 토픽 모델링 기술은 '잠재 디리클레 할당(Latent Dirichlet Allocation, LDA)[**]'이다. 이것은 2003년에 처음 등장한 신기술로, 기본 작동 원리는 무척 단순하다.

LDA는 글을 단어의 단순 조합으로 보고 주제 역시 핵심어의 집합이라고 파악한다. 각 단어나 주제의 의미를 이해할 필요도 없고, 문장의 앞뒤 문맥도 신경 쓰지 않는다.

어떤 주제를 설정한 뒤 데이터분석의 도움을 받아 각 주제에 해당하는 핵심어를 설정해보자. 예를 들어서 '개'라는 주제와 관련된 핵심어에는 '뼈다귀', '멍멍이', '충성', '친구' 등이 포함될 것이다. 여기에 최근 특정 지역의 검색 결과를 반영하고 싶다면, '광시(廣西)성 위린(玉林)' 등의 지명을 추가하면 된다. 핵심어를 설정하는 데는 까다로운 조건이 따르지 않는다. 여러 핵심어 중에서 무엇이 더 중요한지 LDA가 알아낼 수 있기 때문이다. 이렇게 해서 하나의 주제에 따른 단어 집합이 생겨났다. 각 단어는 여러 개의 주제에 동시에 등장할 수도 있는데, 물론 그 확률은 주제에 따라 다르다.

이제 컴퓨터는 특정한 수학적 방법을 사용해서 글의 어휘를 분석한다. 글을 선택한 뒤에 사전에 설정한 모든 주제로 필터링하여 그 글에 사용된 어휘가 각 주제에 해당할 가능성을 계산한다. 계산 결과는 글

- 빅데이터에서 기계학습 기법을 문서분석에 적용해 대량의 데이터를 자동으로 조직·요약하는 방법 -옮긴이
- 텍스트에서 일정한 패턴을 파악해 주제를 찾는 데 사용하는 기법 -옮긴이

이 각 주제를 다룰 확률값이 된다. 하나의 글이 여러 개의 주제를 담고 있다고 해도 문제가 되지 않는다. 가장 중요한 주제가 무엇인지, 그다음으로 중요한 주제가 무엇인지 컴퓨터가 판단할 수 있기 때문이다. 이는 곧 컴퓨터가 글을 '읽고 파악할 수 있다'는 뜻이다.

바이두는 이런 방법을 통해 방대한 양의 글을 분석한 뒤 다양한 주제의 출제 가능성을 알아낸다. 그다음 여기에 올해의 핫이슈, 최다 검색어 등의 정보를 추가하면 가장 유력한 논술 주제를 쉽게 예측할 수 있는 것이다.

LDA는 다양하게 응용할 수 있다. 글을 이미지로 바꾸고 주제를 물체로 바꾸면, 어떤 그림 안에 들어 있는 물체를 분석하거나 이미지를 분류할 수도 있다. 음악 분야에도 적용할 수 있다. 노래에 대한 사용자의 선호도 정보를 추가하면 추천 음악을 만들 수도 있다. 토픽 모델링 방법은 신문 기사, 영화 시나리오, 소설과 게임 시나리오 등에도 활용할 수 있을 듯하다. 그렇게 되면 기계가 어떤 문화 비평가보다도 빠르게 현재 시장에서 무엇이 유행하는지 파악할 수 있을 것이다.

그렇다면 사람은 뭘 해야 하는가?

미래

지금으로부터 몇 년 뒤, 모든 수험생이 바이두를 통해 입시 논술문제를 예측할 수 있다고 상상해보자. 그들이 논술 주제를 사전에 파악해 충분히 준비하면 전체적으로 비슷한 점수를 얻게 될 것이다. 이는 출제자가 원치 않는 상황이다. 입시의 목적은 수험생의 실력을 증명하는 것이 아니라 대학교가 원하는 인재를 선발하는 데 있기 때문이다. 인재를 선발하려면 반드시 점수차가 존재해야 한다. 이런 상황에서 출제자는 진부한 문제에서 벗어나 획기적인 주제를 찾으려 할 것이다. 이러한 점에서 데이터분석은 사회발전을 촉진한다고 볼 수 있다. 하지만 여기에도 한 가지 문제가 있다. 데이터분석이 새로운 주제에 대한 분석 결과를 전보다 더 빠른 속도로 유행시킬 수 있다는 점이다. 그러면 모든 수험생이 새로운 주제를 파악하는 순간, 그 주제는 더 이상 아무런 쓸모도 없게 된다.

이러한 점을 생각할 때 데이터분석의 진정한 기능은 '좋은 것'을 신속하게 퍼뜨린 뒤에 재빨리 사라지게 만드는 데 있다. 이러한 현상은 비단 대학 입시에만 국한되지 않고 영화, 시나리오 등에서 좀 더 쉽게 목격할 수 있을 것이다.

월스트리트의 금융사는 다양한 수학적 모델을 사용해서 주식을 거래한다. 하지만 처음에 사용자가 혼자일 때는 쉽게 수익을 낼 수 있어도 다른 이들이 똑같은 모델을 사용하기 시작하면 수익이 감소하게 된다. 그렇기 때문에 계속해서 새로운 모델, 더욱 복잡한 모델을 개발해야 한다.

그 결과 월스트리트는 점점 더 복잡하고 다루기 어려운 수익 창출 모델을 찾아 헤매게 되었다. 일종의 군비경쟁인 셈이다.

입시 논술 주제 역시 이와 마찬가지다. 다루기 쉬운 주제는 너무 많은 사람이 사용하기 때문에 더 이상 쓸모가 없다. 이에 사람들은 새로운 주제를 찾아내지만, 이 역시 나중에는 효율이 떨어지고 만다.

이러한 현상은 인터넷과 데이터분석에서 비롯된 것으로, 전 과정의 진행이 점점 가속화되고 있다. 이처럼 역사는 필연적으로 빠르게 전진할 것이다. 언제까지일지 알 수는 없지만.

3
척도와 조건으로 쓴
4만 년의 역사

2012년 7월, 당시 미국의 공화당 대통령 후보였던 미트 롬니가 이스라엘을 방문하여 자신이 읽은 두 권의 책에 관한 이야기를 들려줬다.[*] 한 권은 UCLA 지리학자 재레드 다이아몬드(Jared Mason Diamond)의 《총, 균, 쇠》이고, 나머지 한 권은 하버드대학교 경제학자 데이비드 S. 랜즈(David S. Landes)의 《국가의 부와 빈곤(The Wealth and Poverty of Nations)》이다. 두 책 모두 세계가 잘사는 국가와 못사는 국가로 나뉘게 된 이유를 풀어내려는 시도를 담고 있다. 그리고 이에 관해 《총, 균, 쇠》는 지리적 요소를, 《국가의 부와 빈곤》은 문화, 그중에서도 특히 정

---

[*] http://talkingpointsmemo.com/2012/romney-israel-s-superior-economy-to-palestinians-result-of-culture-providence

치제도를 강조한다.

"이스라엘과 팔레스타인은 지리적으로 무척 가깝지만 경제 현실은 전혀 다릅니다. 이스라엘의 1인당 평균 GDP는 2만 1천 달러지만 팔레스타인은 겨우 1만 달러에 불과하죠. 그래서 (광석 매장률 따위의) 지리적 요소가 아니라 문화가 모든 것을 결정한다고 볼 수 있습니다."

말실수가 많기로 유명한 롬니이기에 이번에도 그의 발언을 곧이곧대로 받아들이기 어렵다. 진실 여부를 명백히 따지자면 〈보스턴 글로브(Boston Globe)〉의 지적처럼* 2012년 이스라엘의 1인당 평균 GDP는 3만 1천 달러이고, 팔레스타인은 1천 5백 달러다. 게다가 팔레스타인의 경우 오랫동안 불안한 정세로 인해 경제가 낙후되었으므로 비참한 현실을 문화 탓으로만 볼 수도 없다. 국가의 부와 빈곤에 지리적 요소와 문화적 요소 중에서 무엇이 더 큰 영향을 미치는가? 일반적인 상황에서 이 문제를 고려했을 때 과연 무엇이 정답일까?

다이아몬드는 공화당 의원인 롬니가 자신의 책을 부정했다는 사실에 분개한 나머지 〈뉴욕타임스〉에 반박문을 발표했다.** 그는 자신의 책이 지리적 요소를 강조한 것은 분명하지만, 롬니가 말한 철광석의 중요성은 언급도 하지 않았으며 오히려 환경적인 특성과 교통 조건에 대해 이야기하고 있다고 설명했다. 또 문화적 차이를 강조하는 관점에서도 지리적 요소의 영향력을 완전히 무시하지는 않으며 두 가지 해석이 독립적이지도 않다고 주장했다.

다이아몬드의 논박이 좀 더 자세했다면 좋았을 것이다. 정치 과목

• http://www.bostonglobe.com/news/politics/2012/07/30/romney-comments-fundraiser-outrage-palestinians/fnPujdiBDoGpycNcuh9ySO/story.html?camp=pm

•• http://www.nytimes.com/2012/08/02/opinion/mitt-romneys-search-for-simple-answers.html

문제를 푸는 중학생처럼 국가가 강성할 수 있는 요건을 일일이 열거해 보자. 아마도 당신이 생각해낸 모든 요소가 다 중요하게 작용할 것이다. 하지만 국가가 부유해질 수 있는 모든 이유를 한 권의 책에 담아내야 한다면, 어떤 요소를 중점적으로 제시해야 가장 높은 점수를 받을 수 있을까? 두 권의 책이 서로 다른 답을 들려주는 것은 문제를 가늠하는 '척도'가 서로 다르기 때문이다.

《총, 균, 쇠》에서는 거대한 시간과 공간의 척도를 사용해서 1천 년, 심지어 1만 년에 달하는 기간을 살피며 한 대륙의 운명을 설명하고 있다. 예를 들어서 아프리카가 유럽보다 낙후된 원인에 대한 설명이 여기에 속한다. 이에 반해 《국가의 부와 빈곤》은 작은 척도를 사용한다. 산업혁명 당시 영국에 대한 분석이 그 예다.

'척도'는 중요한 사고방식의 기준이다. 물리학 연구에서는 척도를 무척 강조한다. 자동차와 기차의 운동을 계산하려면 지구를 평면으로 간주해야 하고, 국제 항선을 설정할 때는 지구의 구형(球形)을 감안해야 한다. 그 밖에 행성의 운동을 연구할 때는 태양을 체적 없는 질점(質點)으로 여겨야 한다. 척도를 기준으로 하는 사고에서는 큰 척도로 가늠해야 하는 문제를 다룰 때 상대적으로 작은 척도로 확인할 수 있는 문제를 종종 무시하거나 축소하기도 한다. 이를테면 통계 역학은 단일 분자의 개별 운동을 무시하고, 플라스마(Plasma) 물리학에서는 이온 현상을 연구할 때 그 질량이 너무 작다는 이유로 다른 유체(流體)로 대체한다. 또한 척도를 기준으로 할 때에는 작은 척도의 현상에 기반한 관점으로는 큰 척도의 문제를 설명할 수 없다. 《장자(莊子)》에서는 '아침 버섯은 아침과 저녁이 있음을 알지 못하고, 쓰르라미는 봄과 가을을 알지 못한다(朝菌不知晦朔 蟪蛄不知春秋)'고 했다. 그래서 《사기(史記)》처럼 역대 인물을 중심으로 다룬 역서에서 수백 년에 걸친 국가의 흥망성쇠를 배우고자 하면 안 되는 것이다.

하버드대학교의 유명한 중국 역사학자 황런위(黃仁宇)는《중국대역사(원제 : China-A Macro History)》에서 '15인치 등우선(等雨線)*'이라는 용어를 처음 사용했다. 이 개념은 '저것을 취하여 그것을 대신한다'는 구렁이 담 넘듯 하는 설명과는 전혀 다르다. 또한《명나라 이야기(원제: 明朝那些事兒)》처럼 대중적인 역사서 장르에 적용하기에도 적합하지 않다. 왜냐면 큰 척도로 연구할 때는 오랫동안 변하지 않는 요소, 즉 '외부적인 조건'에 관심을 기울여야 하기 때문이다. 이를테면 황제 개인의 야망이나 몇몇 유능한 장수의 용기와 지혜라는 작은 척도는 한 시대 중원 왕조의 운명을 결정할 수는 있겠지만 중원인과 오랑캐의 투쟁이라는 오랜 대결 구도를 바꿀 수는 없다. 후자의 경우는 중원과 오랑캐 영토의 강우량, 물자 상황과 같은 외부적인 조건에 의해 결정된다.

《중국대역사》는 15인치 등우선 때문에 중국의 농민들이 2천 년 동안 만리장성 밖의 유목민과 싸워야 하는 숙명에 처했다고 주장하지만,《총, 균, 쇠》는 한 대륙이 수만 년 동안 처하게 될 운명은 인류가 적응하는 데 필요한 동식물이 해당 대륙에 얼마나 있는지에 따라 결정된다고 지적했다.

역사의 발전을 저해하며 사람들을 꼼짝도 하지 못하게 하는 외부적인 조건이 있는가 하면, 중요한 기회를 제공하는 조건도 있다. 이러한 한계와 기회 덕분에 역사의 변화는 눈부시게 빛나기도 하지만 암울한

그림자를 드리울 때도 있는 것이다.

시간의 척도를 수백만 년으로 확대하고 공간의 척도를 인류 전체의 활동 무대로 확대한다면 역사의 법칙은 어떻게 변할까? 다이아몬드는 1991년에《제3의 침팬지: 인류는 과연 멸망하고 말 것인가(The Third Chimpanzee: The Evolution and Future of the Human Animal)》에서 이 문제를 구체적으로 다룬 적이 있다.《총, 균, 쇠》와 다이아몬드의 또 다른 책《문명의 붕괴(Collapse)》는《제3의 침팬지》의 연장선에 있다.《제3의 침팬지》는 인류사회에 대한 다이아몬드의 인식을 대변한다. 롬니는 이스라엘이 팔레스타인보다 발전했다고 평가했지만,《제3의 침팬지》는 우리 인류가 왜 동물보다 월등한지 알려주고 있다. 하지만 이러한 견해는 다른 전통적인 역사학자의 것과는 확연히 다르다. 왜냐면 재레드 다이아몬드는 역사학자가 아닌 과학자이기 때문이다.

과학자는 문제를 고려할 때 인위적인 낭만적 요소를 모두 배제한다. 높은 지능을 가진 외계인이 있다고 상상해보라. 그들은 수백만 년에 달하는 시간에 걸쳐 이따금씩 지구 생물을 관찰하러 지구를 방문한다. 이들의 눈에 비친 인류는 과연 어떤 모습일까? 당연히 지구의 주인은 아닐 것이다. 지구에 살고 있는 수많은 생물 중 하나에 불과한 인류가 지구의 역사에 등장한 시간은 무척 짧기 때문이다.

혹자는 인간이 동물과 다른 것은 도덕과 감정을 지니고 있기 때문이라고 할지도 모르겠다. 하지만 과학자들은 일련의 실험을 통해 침팬지와 원숭이 모두 감정을 지니고 있다는 사실을 발견했다. 동정심은 물론 정의감도 보인다는 것이다. 중학교 때 선생님은 마르크스주의에서는 도구의 사용 여부를 동물과 인간을 구분 짓는 가장 큰 잣대라고 주장한다고 설명하셨다. 아마도 마르크스가 살았던 당시의 과학자들은 동물을 자세히 관찰한 적이 없었나 보다(침팬지는 능숙하게 도구를 사용할 줄 안다). 인간은 언어를 사용한다? 사바나 원숭이는 세 가지 다른 경고음을 낼 줄 알고 최소 열 가지 이상의 소리를 내기도 한다. 본능적인 울부짖음 외에도 정확한 의미가 담긴 소리를 내고 심지어 어릴 때부터 학습한다. 인간은 농사를 통해 먹을 것을 생산한다? 최초로 농업을, 더불어 목축업을 발명한 생물은 인간이 아닌 개미다.

다이아몬드는 예술마저도 인류의 독특한 행위가 아니라고 주장한다. 한 심리학자는 수컷 침팬지가 그린 그림을 보고 7~8세의 소년이 그린 것으로 판단하기도 했다. 동물원 안의 침팬지가 그림을 그리는 것이 자연스러운 행위가 아니라고 생각한다면, 둥지를 짓는 바우어새(Bowerbird)의 행위는 어떻게 설명할 것인가? 그들이 만든 둥지는 동물의 작품 중 가장 복잡하고 화려한 장식을 가졌으며 인류의 작품에 견주어도 손색이 없다. 이처럼 동물 역시 직접적인 실용 가치가 없는 무언가를 오로지 미적 감각을 위해 창작한다는 데 주목할 필요가 있다. 바우어새가 둥지를 치장하는 데 사용하는 물건들은 아무런 쓸모도 없다. 다만 둥지를 조금이라도 더 화려하게 꾸미기 위해 희귀한 것을 수집한다. 혹자는 이들의 행위가 이성을 유인하거나 자신을 뽐내기 위해서라고 할 수도 있겠다. 하지만 그 이유가 인류가 예술활동을 하게 된 원래 목적과 다를 것이 무엇이란 말인가? 현대인은 아무 쓸모도 없지만 화려한 장식으로 자신을 꾸민다. 이 역시 자신을 뽐내기 위함이 아니던가?

공통점은 여기서 그치지 않는다. 인간의 나쁜 습성 역시 동물에게서 그 원시적 형태를 확인할 수 있다. 동물의 세계에는 약육강식의 법칙이 존재하고 같은 종끼리 서로 죽이기도 한다. 인간 역시 마찬가지다. 동족

학살 행위와 영역 싸움은 인간 세계에도 존재한다. 게다가 인류는 지금 껏 이러한 습성에서 벗어난 적이 없다.

여기서 한 가지 재미있는 사실을 알아보자. 인간이 흡연, 문신, 약물, 폭음처럼 몸에 해로운 행위를 즐기는 이유는 무엇인가? 이 질문에 대한 답은 가젤과 사자에게서 찾아낼 수 있다. 가젤은 자신을 노리는 사자를 발견하면 무조건 전속력으로 도망치지 않고 '난 너보다 더 빨리 뛸 수 있다'는 신호를 보낸다. 이를 통해 사자와 가젤은 둘 다 체력과 시간을 절약할 수 있다. 이 신호는 높은 비용을 필요로 할 뿐만 아니라 유해하지만 그만큼 적에게 신빙성 있게 받아들여진다. 가젤의 신호는 단순하다. 천천히 뛰다가 이따금씩 방향을 바꾸며 튕기듯 뛰어오르는 것이다. 다이아몬드는 흡연과 같은 행위는 이리저리 튀어오르는 가젤이나 꼬리를 펼치는 수컷 공작처럼 '내 몸에 해롭기는 하지만 내 유전자가 우수하다는 것을 알리는' 일종의 신호라고 설명했다.

동물과 다를 바 없는 여러 특징들은 인류사회의 구성 조건이 되기도 한다. 이를테면 외부적 공격과 위협의 가능성 때문에 인간과 침팬지는 어쩔 수 없이 무리를 지어 산다. 여럿이 함께 어울려 살아야 생존과 방어에 유리하기 때문이다.

요새 젊은이들은 아이 때문에 억지로 결혼 관계를 유지하는 것은 어리석다고 말하지만 사실 인간은 종족 보존을 위해 결혼한다. 막 태어난 아이는 혼자서는 먹지도 못하고 몸을 가누지도 못하는 탓에 부모의 양육 부담이 크다. 게다가 아이의 생존을 위해 아버지도 육아에 참여해야 한다. 그래야 자신의 유전자를 보존할 수 있기 때문이다. 이러한 특징으로 인해 일부일처제에 근접한 다처제가 인류 역사상 가장 정상적인 결혼 형태로 자리 잡게 되었다. 즉 대부분의 남성은 한 명의 배우자와 가정을 꾸리고 힘 있는 소수의 남성은 여러 명의 배우자를 거느리는 것이다. 수십 명 이상 아내를 거느리는 현상은 농경사회 이후에야 나타났다. 원시사회에서는 남성이 직접 자녀 양육에 참여해야 했기 때문이다. 이에 반해 침팬지 세계에서 수컷은 양육의 책임을 지지 않는다. 짝짓기에만 관심을 기울일 뿐, 후손에게 아무런 관심도 없다. 방치하거나 안전하게 지켜주는 것 외에 양육의 책임이 없는 수컷 침팬지에게 결혼 따위는 무의미하다. 그렇다고 해서 인간의 결혼이 특별히 독특한 것은 아니다. 새의 경우만 보더라도 수컷 새와 암컷 새 중 한 마리가 둥지에 남아서 새끼를 돌보고, 둥지 밖을 나간 쪽은 새끼를 위해 먹이를 찾는다. 또한 조류의 상당수가 일부일처제를 중심으로 하는 결혼제도를 유지한다.

위의 상황을 종합했을 때 동물의 세계에서 인간은 그다지 독특한 지위를 차지하고 있지 않다. 인간과 침팬지의 DNA 유사성은 무려 98.4퍼센트에 달한다(2012년의 연구 데이터[•]에 따르면 98.7퍼센트라고 한다).^{••} 다시 말해서 인간은 제3의 침팬지일 뿐이다.

'직립보행 인간계 동물'의 수백만 년에 걸친 투쟁사를 살펴보면, 인간은 만물의 영장이라는 표현이 아까울 정도로 아주 오랜 시간 동안 두각을 드러내지 못했다. 침팬지도 석기(石器)를 사용하기도 하는데, 250만 년 전이 되어서야 동아프리카 원인(原人)의 석기 사용능력은 비로소 침팬지를 뛰어넘었다. 호모 사피엔스는 50만 년 전에 등장했다. 그들의 대뇌 크기는 커졌지만 생활이나 예술에서 뚜렷한 변화가 목격

- news.sciencemag.org/sciencenow/2012/06/bonobo-genome-sequenced.html
- •• 침팬지와 피그미침팬지라고도 불리는 보노보 원숭이의 유전자 차이는 0.7퍼센트로 알려져 있었지만, 최신 결과에서는 0.4퍼센트로 나타났다.

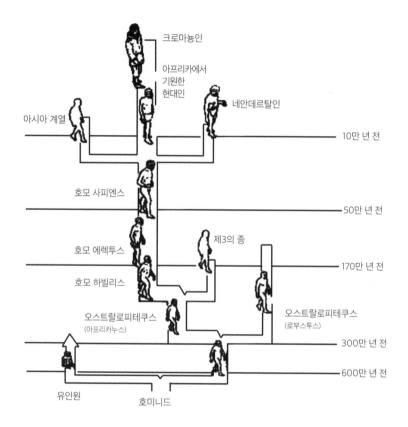

크로마뇽인

아프리카에서
기원한
현대인

네안데르탈인

아시아 계열

10만 년 전

호모 사피엔스

50만 년 전

호모 에렉투스

제3의 종

170만 년 전

호모 하빌리스

오스트랄로피테쿠스
(아프리카누스)

오스트랄로피테쿠스
(로부스투스)

300만 년 전

유인원

호미니드

600만 년 전

인류의 출현

오스트랄로피테쿠스 로부스투스, 이른바 '제3의 종'으로 불리는 계열,
네안데르탈인이 살았던 기간 동안 생존했던 아시아 계열 등은 모두 멸종했다.

되지는 않았다. 심지어 석기마저 그대로였다. 사람이 가진 유일한 강점이라고는 암흑과 같은 곳에서 제 손으로 불을 피울 수 있다는 것뿐이었다. 사냥기술은 10만 년 전부터 등장했지만 그 수준이 매우 낮았고 4만 년 전에 이르기까지 어떠한 변혁도 일어나지 않았다.

하지만 약 5~6만 년 전에 인류의 한 계통에 변화가 나타났다. 과학자들은 이러한 변화가 유전적인 것이었으리라고 믿지만 화석 골격에서는 어떠한 단서도 발견되지 않았다. 아무튼 이 변화로 인류는 놀라운 속도로 진화하기 시작했다. 유럽에 살던 크로마뇽인은 도구와 사냥 무기를 점점 발전시키며 세계 곳곳으로 흩어졌다. 5만 년 전에 배를 타고 인도네시아를 경유해 100킬로미터가 넘는 바닷길을 건너 오스트레일리아에 도착했다. 4만 년 전 크로마뇽인의 외모나 체구는 현대인과 다를 것이 거의 없었다. 진화의 증거는 척 봐도 확연히 알 수 있을 정도로 분명했다. 그들은 바늘, 끌, 절구, 낚시바늘, 그물추와 밧줄 등의 복합 도구를 만들었을 뿐만 아니라 대형동물을 사냥할 수 있는 원거리 공격 무기도 발명했다. 심지어 원거리 무역과 분업 시스템도 개발했다. 또한 자신보다 강한 네안데르탈인을 물리치기도 했다.

재레드 다이아몬드를 포함한 많은 학자들은 인류를 획기적으로 변하게 만든 계기가 '언어'라고 주장한다. 혀와 목구멍의 해부학적 변화를 통해 인류가 복잡한 소리를 낼 수 있게 되면서 다양한 정보의 교환이 가능해졌고 그것이 도구 개발로 이어졌다는 것이다.

사회와 과학기술에 대한 날카로운 통찰로 '위대한 사상가'라고도 불리는 과학 저술가 케빈 켈리(Kevin Kelly)는 《기술의 충격(What Technology Wants)》에서 인류 진화사에서 언어가 갖는 의미에 대해 더욱 잘 설명하고 있다. "언어의 등장으로 인간은 마음에 질문을 할 수 있게 되었다. 언어는 마음이 무엇을 생각하는지 비추는 마법의 거울, 마음의 생각을 도구로 바꾸는 손잡이가 되어주었다. 언어 이전의 자기 인식과 자기 참조활동은 파악이 어렵고 목적도 없었지만, 언어는 마음에 고삐를 달아 새로운 생각의 원천으로 이끌어주었다."

언어능력은 인류의 진화사에서 최후에 등장하는 중요한 '하드웨어' 업그레이드에 속한다. 즉 4만 년 전의 인간은 현대인의 모든 조건을 갖추고 있었다.* 다이아몬드의 말을 빌리자면, 상황만 허락한다면 4만 년 전의 인간에게 제트식 엔진에 대해 가르쳐줄 수도 있을 정도다.

인류 발전사에 존재하는 다양한 외부적인 조건은 인간이 노력을 통해 점진적으로 획득한 것이 아니다. 언어능력처럼 중요한 기회 역시 100퍼센트 순수한 우연에 속한다.《기술의 충격》에서는 동물의 세계에 존재하는 우연한 발전에 대한 다양한 예시를 소개하고 있다. 예를 들어 식물의 섬유소는 어느 곳에나 존재하지만 섬유소를 소화할 수 있는 동물은 존재하지 않는다. 초식동물이 섬유소를 소화할 수 있는 것은 장내 미생물 덕분이다. 그 밖에도 곤충은 식량을 재배할 수 있지만 동물은 농사를 지을 줄 모른다. 기회가 이렇게 우연히 찾아온다면 지능이 있는 생명의 등장은 무척 발생하기 힘든 일이라 할 수 있다. 그러므로 생명이 존재하기에 적합한 행성이 있다고 해도 그 안에서 사는 생물은 인류처럼 진화할 수 없을 수도 있다.

재레드 다이아몬드는 인류가 현재와 같이 되기 위한 외부적인 조건에 대해 종합적인 평가를 내리지 않았지만, 우리는 그의 책에서 인류

---

* 이러한 주장에 대한 과학계의 논쟁은 여전히 뜨겁다. 상당수의 과학자들은 인류가 지난 4만 년 동안 여전히 진화 중이었다고 주장한다.

가 발전하는 데 결정적인 역할을 한 두 가지 요소를 찾아낼 수 있다.

첫 번째는 바로 혁신이다. 혁신에서도 언어와 수명은 중요한 역할을 담당한다. '대약진'을 앞둔 시기에, 네안데르탈인은 40세까지 산 경우가 거의 없었지만, 크로마뇽인은 60세 이상까지 생명을 유지하는 진화에 성공했다. 문자 발명 전까지, 지식을 전수하는 과정에서 노인은 결정적인 역할을 담당했다. 다이아몬드는 수렵·채집의 시대에는 70세 이상 노인이 있느냐 없느냐가 집단의 존속 여부에 큰 영향을 미쳤다고 설명한다. 그의 지식이 종족 전체의 운명을 가를 수 있기 때문이다. 그렇다면 수명의 연장은 대체 어디서 비롯됐는가? 여기에는 여성이라면 누구나 겪는, 혹은 겪게 될 폐경이 중요한 역할을 담당했다. 일반적으로 동물은 생식 가능한 연령이 지나면 죽음을 맞이한다. 종족 보존의 임무를 다하면 유전자를 물려주고 본연의 삶을 마치는 것이다. 하지만 인간 여성은 중년에 들어서 폐경을 겪은 후에도 오랫동안 생명을 유지할 수 있다. 출산이 생명을 위협할 만큼 위험하다는 점에서 폐경은 여성을 위한 일종의 보호 기제라고 할 수 있다. 그 덕분에 여성은 노년이 될 때까지 생명을 유지하면서 지식 전달의 임무를 완성할 수 있었다.

두 번째 요소는 협력이나. 흥미롭게도 이 점은 성 생리와 밀접한 관련이 있다. 동물과 달리 인간은 배란과 성교의 증세가 겉으로 드러나지 않는다. 여성이 가임기나 배란기일 때 그것을 보여주는 증세는 왜 나타나지 않는가? 과학자들은 1930년이 되어서야 여성의 배란 주기를 계산할 수 있게 됐다. 그전까지 여성은 언제든지 임신이 가능하다고 생각했다. 배란 주기에 대해 제대로 알게 된 뒤 이 질문에 대한 만족스러운 답이 나왔는데, 그것은 남편을 오랫동안 자신의 곁에 남겨두기 위한 전략이라는 것이다. 이유는 또 있다. 배란과 성교가 모두 공개적으로 일어난다고 가정해보자. 남성들은 가임기를 맞은 여성의 '(책의 표현을 그대로 인용하자면) 팽팽히 부풀어 오른 음부'를 보고 후손을 남길 수 있는 기회를 차지하기 위해 경쟁자와 싸우려 들 것이다. 이렇게 되면 사회 내에서 효과적인 협력이 일어날 수 없다. 이런 점에서 인간의 성 생리는 매우 중요한 조건이라 하겠다. 이 설명은 실험이 전혀 불가능하기 때문에 철저히 과학적이라고 볼 수는 없지만 전하고자 하는 메시지는 충분히 납득할 수 있다.

혁신과 협력이라는 두 가지 비결이 동시에 존재할 때만 인간은 동물과 구별될 수 있다. 이 비결을 통해 인간이 다른 종에 비교 불가능한 우위를 차지하면서, 4만 년 전부터 동물은 활동 범위에 점차 제약을 받고 인간과 경쟁을 펼치는 상황에 처했다. 크로마뇽인의 후손은 지구 곳곳으로 퍼져나갔고, 각 무리 사이의 유전자 차이가 사라졌다. 하지만 1만 년 전 농업이 발명된 이래, 무리 간 발전 격차는 눈에 띄게 벌어지기 시작했다.

이를테면, 기술과 정치의 발전에서도 그런 차이가 나타났다. 이들 분야의 발전은 유라시아 - 아메리카 - 오세아니아 순으로 진행됐다. 그리고 이는 인종의 외부적 조건이 아닌 각 지역의 외부적 조건에서 비롯된 결과였다. 약 6천여 년 전, 서아시아인은 양, 산양, 돼지, 소, 말 등 다섯 종류의 가축을 길들이기 시작했지만 아메리카에서는 목축이 등장하지 않았다. 아메리카에 살던 인간의 지능이 떨어져서 그런 것이 아니라, 아메리카에는 길들일 수 있을 만한 동물이 없었기 때문이다. 컴퓨터 시뮬레이션 게임을 할 때도 척박한 땅을 배정받은 유저는 문명 발전에 필요한 전략적 자원을 확보하기 어렵다. 당면한 자연적 조건이 열악하다면 외부에서 유입해 와야 하는데, 이때도 지리적인 요소가 결정적인 작용을 한다.

인류의 발전사를 돌이켜보면 인간은 대자연의 외부적인 조건에서 벗어날 수 없다는 사실을 알 수 있다. 1944년 스물아홉 마리의 순록이 세인트 매튜섬(St. Matthew Island)의 땅을 밟았다. 그들은 섬에서 자라는 지의식물을 주식으로 삼아 지내게 됐다. 1963년에 이르러 순록의 개체 수가 6천 마리로 늘어났지만 재생 속도가 느린 지의식물 탓에 항상 먹이 부족에 시달려야 했다. 그러던 중 섬에 강력한 한파가 찾아오면서 이 순록들은 대부분 굶어 죽고 말았다. 인류가 이런 상황에 처했다면 어떻게 되었을까? 고대 서양문화에서 권력이 지리적인 요소를 중심으로 끊임없이 이동한 까닭은 무엇인가? 그리스와 페르시아가 현대 초강대국의 명단에 없는 이유는 무엇인가? 이는 이전에 그들이 의존하던 환경이 그들에 의해 파괴되었기 때문이다.

이러한 역사적 흐름을 파악한 다이아몬드는《문명의 붕괴》에서 인류에 의한 환경 파괴를 경고하는 등 다소 암울한 미래상을 보여줬다. 하지만 나는 이보다는 긍정적인 미래를 기대한다. 혁신과 협력을 통해 인류는 동물의 숙명에서 벗어날 수 있을 것이다. 2010년에 출간된《왜 서양이 지배하는가?(Why the West Rules - for now)》에서 저자 이언 모리스(Ian Morris)는 과거 서양이 동양보다 더 빨리 발전할 수 있었던 중요한 원인으로 지리적 요소를 지목하며, 앞으로는 상황이 달라질 것이라고 주장했다. 기술발전으로 인해 지리적 조건이 더 이상 중요하게 작용하지 않을 것이라는 뜻이다. 우리는 이미 외부적인 조건을 상당 부분 극복했다. 기술 혁신과 글로벌 협력 시스템을 통해 환경문제를 해결할 수 있는 방법을 언젠가는 반드시 찾아낼 것이다.

대학에 다닐 때 천체물리학 개론 수업을 담당하시던 교수님으로부터 흥미로운 이야기를 들은 적이 있다. "자네들은 살아가면서 작은 일에 연연해 하지 말게. 천체의 문제에 비하면 그건 아무 일도 아닌 것들이야. 그보다는 거대한 우주를 생각하게." 커다란 문제를 생각하다 보면 작은 문제는 잊기 쉬운 법이다. 아마도 다이아몬드의 책을 통해서도 이러한 교훈을 얻을 수 있을 듯하다.

그래도 다시 한번 큰 척도로 지구의 역사를 짧게 되짚어보자. 시간의 척도를 1억 년 단위로 설정한다면 지구상에 일어났던 가장 중요한 사건은 인류의 등장이 아니라 6,500만 년 전 소행성이 지구와 충돌하면서 공룡이 멸종된 사건일 것이다.[*] 그때의 충돌이 없었다면 포유동물이 지구의 주인으로 등장하리라고 기대조차 할 수 없었을 테니까 말이다. 이 지성을 갖춘 동물은 극히 낮은 확률의 사건들을 통해 이 세상에 등장했고 수많은 기회와 위기를 맞으며 진화했다. 공룡을 멸종시킬 만큼 큰 파괴력을 지닌 행성이 지구와 충돌하리라고 어느 누가 상상이나 했을까? 또 쥐만 한 크기의 포유동물이 만물의 영장으로 진화할 것이라고 과연 누가 예상할 수 있었을까? 이렇게 생명의 운명이 우연적이며 예측 불가한 것이라면, 좀 더 큰 틀에서 봤을 때 현재 우리가 이야기하는 인류의 흥망성쇠는 별다른 의미를 지니지 못한다고 볼 수도 있다. 문제를 사고하는 척도가 크다고 해서 반드시 좋은 것은 아닌가 보다.

• 공룡의 멸종에 관해서는 다양한 가설이 존재하지만, 현재 과학계의 공식적인 입장은 소행성이 지구와 충돌하면서 생긴 변화에 따른 결과라는 것이다. 출처: 〈사이언스 매거진(Science Magazine)〉에 실린 논문. Peter Schultz et al, The Chicxulub Asteroid Impact and Mass Extinction at the Cretaceous–Paleogene Boundary, Sciences 5 March 2010: Vol.327 no. 5970 pp. 1214–1218.

4
기술이 세상을 지배한다

우리는 역사의 흐름에는 변화를 주도하는 큰 물결이 있다고 믿는다. 그에 따르는 자는 흥하고 거스르는 자는 망한다는 그런 힘 말이다. 이는 《삼국지연의》의 첫머리에 등장하는 '천하의 큰 흐름은 나뉜 지 오래되면 반드시 합쳐지고 합친 지 오래되면 반드시 나뉘게 된다(合久必分, 分久必合)'는 이야기와 일맥상통한다. 하지만 설사 진짜 '대세'라는 것이 있다고 해도, 그것을 정확히 예측할 수 있는 사람은 그리 많지 않을 것이다.

예를 들어 100여 년 전, 제1차 세계대전이 발발하기 전까지 이른바 선진국 경제는 상호의존적인 협력체를 구성하고 있었다. 전화와 전보 같은 통신기술의 발전에 힘입어 각국은 적극적인 교류는 물론, 민주주의 제도의 확산을 발판 삼아 빠르게 성장했다. 유럽 전체의 정치인, 지식인과 경제 지도자 모두 세상은 평화를 구가할 것이라고 확신했다.

20세기 초엽, 사람들은 이렇게 유럽에서는 더 이상 대규모 전쟁이 발발하지 않으리라고 예상했지만 20세기는 인류 역사상 가장 치열한 전쟁이 벌어진 시대로 기록되고 있다.

그렇다고 해서 역사의 흐름에 대세라는 것은 존재하지 않으며, 그에 대한 예측도 할 수 없다는 뜻은 아니다. 사실 때때로 어떤 사람들은 그런 힘을 다른 이들보다 훨씬 예리하게 포착해내기도 한다. 그 예가 바로 폴란드의 은행가 이반 블로흐(Ivan Bloch)이다. 그는 금융업에 종사하면서 아마추어 군사학자로서의 열정을 불태웠는데, 그 열정은 1899년《기술 · 경제 및 정치적 측면에서 본 미래의 전쟁(원제: The Future of War in Its Technical, Economic, and Political Relations)》이라는 여섯 권짜리 대작으로 결실을 맺었다. 그는 단 한 번도 전쟁을 겪은 적이 없었지만, 당시 세계에서 기관총의 의미를 가장 잘 이해한 사람이었던 듯하다.

블로흐는 책에 이렇게 썼다. "기관총의 등장으로 전통적인 보병, 기병 위주의 전술은 더 이상 통하지 않게 될 것이다. 이제 병사들은 참호에서 전투를 치를 수 있을 것이다. 기관총의 설계를 감안할 때 지상에서 전투를 치르는 병사들에 비해 참호 속 병사들은 네 배나 유리한 위치에 서게 될 것이다. 참호 위주의 전투가 시작되면 속도전을 수행하는 것이 거의 불가능하기 때문에 앞으로의 전투는 길고 지루한 소모전 위주로 탈바꿈할 것이다. 전쟁 기간이 늘어나면 참전국은 전통적인 전쟁보다 100배나 많은 병력을 투입해야 한다. 그로 인해 참전국의 경제가 침체하면 국내 정세의 불안은 물론 심지어 혁명을 유발할 수도 있다. 그러므로 어떤 강대국도 기관총 시대에 함부로 전쟁을 일으키려 하지 않을 것이다. 결론적으로 말해서 기관총은 세계에 평화를 가져다줄 것이다."

블로흐는 미래 전쟁의 양상을 모두 정확하게 예측했다. 세계의 평화라는 대목만 빼고 말이다.

사실 인류는 기관총의 등장 이후 제1차 세계대전이라는 참혹한 현실을 마주해야 했다. 블로흐는 왜 세계대전의 발발을 예측하지 못했을까? 신기술에 대한 인류의 적응력을 과대 평가했다는 데서 그 원인을 찾을 수 있다.《기술·경제 및 정치적 측면에서 본 미래의 전쟁》에 소개된 앞선 사상에 당시 사람들은 크게 호기심을 보이며 앞다투어 책을 구입했다. 그럼에도 불구하고 각국 군대는 별다른 관심을 보이지 않았다. 군대는 여전히 전통적인 전술을 고집했다.

그로부터 십수 년이 지난 후에야 유럽의 장군들은 기관총이 공격용 무기가 아니라 방어용 무기라는 사실을 깨달았다. 그뿐만 아니라 기관총만 있으면 참호에서 싸우거나 몸을 숨기는 일도 가능하다는 것을 이해했다. 하지만 그 후에도 기관총은 유럽 대륙에 평화를 가져다주지 못했다. 왜냐면 기관총을 대신해 탱크가 등장했기 때문이다(블로흐가 집필할 당시에는 지상전 최강 전력으로 평가받는 탱크가 아직 발명되지 않았었다). 어쨌든 새로운 기술의 등장으로 천하의 흐름을 파악해낸 블로흐의 예측은 주효했다고 할 수 있다.

기술은 인류의 삶에 부차적인 도움을 제공했을 뿐만 아니라 인류의 행위양식과 사회제도를 직접적으로 바꾸기도 했다. 기술발전의 흐름이 곧 세상의 흐름이라고 해도 지나치지 않다. 앞서 소개한 케빈 켈리의《기술의 충격》에서도 기술로 인한 변화를 구체적으로 설명하고 있다.

켈리의 주장에 따르면 기술의 발전은 점점 독립적으로 변할 것이라고 한다. 마치 기술이 자체적인 생명을 가진 듯이 '살아 있는 것'으로 진화하면서 무언가를 원하기도 한다는 것이다. 기술에 대한 인간의 통제력이 취약하기 때문에 우리는 기술의 주인이 아니라 '기술의 부모' 내지는 '기술의 생식기관'에 그친다. 그럼에도 기술은 우리를 더욱 나은 방향으로 이끄는 역할을 한다.

모든 사람이 기술에 대해 긍정적인 것만은 아니다. 대기오염, 지구 온난화, 원자력 등의 문제를 들며 일부 극단적인 환경보호주의자들은 인류가 기술을 버리고 원시사회의 자연적인 삶으로 돌아가야 한다고 주장한다. 하지만 원시사회라고 해서 환경이 더 잘 보존되거나 갈등 없는 평화만 존재하는 것은 아니다. 고대 중국에서는 상고(上古)시대를 모든 사람이 수익과 책임을 공유하는 대동(大同)사회라고 여기며 크게 동경했었다. 하지만 농업기술이 발명되기 전의 원시사회는 수렵·채집의 시대였다. 부락에서는 문명사회 못지않게 치열한 전쟁이 벌어졌으며 그로 인해 목숨을 잃는 사람의 수가 농업사회보다 다섯 배나 많았다. 설상가상 식량 확보 또한 불규칙적이라서 20세를 넘길 때까지 목숨을 보존하는 일이 무척 드물었다. 고고학계에서 발굴한 고대 원시인의 흔적 중에서 40세 이상인 인간의 모습은 단 한 번도 목격되지 않았다. 또한 생물의 다양성 보호라는 관점에서 볼 때 원시사회의 생활방식은 지금보다 환경에 더 큰 피해를 가져다줄 것이다. 원시인이 아프리카 대륙을 벗어나면서 그들의 발길이 닿는 곳마다 매머드, 마스토돈 (Mastodons, 제3기 중기에 번성했던 절멸 코끼리의 총칭 – 옮긴이), 모아(Moa, 멸종된 뉴질랜드산 새 – 옮긴이), 털코뿔소 등이 모두 멸종했다. 1만 년 전에 지구상의 대형 포유동물 80퍼센트가 원시인의 학살에 의해 영원히 종적을 감추고 말았다.

그리고 바로 그때 농업기술이 등장하면서 인구가 빠르게 늘어나고 인간의 수명 역시 연장되기 시작했다. 세대 간 지식의 전수 역시 가능해졌다. 일부 기상학자는 8천 년 전의 초기 농업으로 이산화탄소가 대량으로 발생하면서 지구 온난화가 시작됐고, 그로 인해 지구가 또 한 차례의 빙하기를 맞는 일을 피할 수 있었다고 주장하기도 한다.

농업기술의 발전은 '거대한 전환의 시대'가 탄생하는 결과로 이어졌다. 기원전 600~300년 사이에 인류의 각 문명에는 향후 천 년 동안 영향을 줄 정신적인 지도자가 등장했다. 이를테면 중국의 노자와 공자, 인도의 석가모니, 고대 그리스의 아리스토텔레스, 소크라테스와 플라톤 등이 여기에 속한다. 이런 시대가 도래할 수 있었던 것은 당시 대규모 관개기술이 개발되면서 고대 농업의 생산성이 크게 향상되었기 때문이다. 잉여농산물 덕분에, 공자에 대한 누군가의 설명처럼 '사지를 놀려 일할 줄도 모르고 오곡을 분간할 줄도 모른다(四體不勤, 五谷不分)'는 무리가 생겨났다. 즉 하루 종일 정신적인 삶만 추구하는 세력이 등장한 것이다.

켈리는 인류의 사회조직에 나타나는 모든 변화는 신기술이 촉발한다고 주장했다. 문자의 탄생이 법률의 탄생으로 이어지고, 법률은 사법의 공정성이라는 개념이 태어나는 일로 이어졌다. 표준화된 화폐 주조 시스템으로 무역이 크게 활성화되면서 경제, 나아가 자유주의 사상의 싹이 움트기 시작했다. 1494년 복식 회계법의 발명으로 유럽의 기업들이 최초로 복잡한 업무에 착수하게 되었고, 그로 인해 베니스의 금융업이 눈부신 속도로 성장해 글로벌 경제의 초석을 다지기 시작했다. 구텐베르크(Johannes Gutenberg)가 발명한 금속활자 기술로 유럽의 기독교도들은 교회가 아닌 곳에서 성경을 읽을 수 있게 되었다. 그리고 기독교에 대한 이해와 관심, 반성이 이어지면서 종교개혁이라는 큰 센세이션이 일어나게 되었다.

이와 같은 종류의 사건 중에서 가장 흥미로운 것은 바로 '안장'이다. 안장이 등장하기 전까지 사람들은 말 위에서 싸울 때 말에서 떨어지지 않으려고 많은 체력을 쏟아야 했다. 그 때문에 기병은 속도의 측면을 제외하고 보병에 비해 나을 것이 없었다. 하지만 안장의 등장으로 기병은 말 위에서 안정적으로 무기를 사용하게 된 것은 물론, 전마도 훨씬 손쉽게 다룰 수 있었다. 그 결과, 기병은 보병보다 월등한 전투력을 보유한 전문가 집단으로 등극하게 되었다. 훈련을 받지 않은 평민으로는 기병대를 꾸린다고 해도 오랫동안 전문 훈련을 받은 기병대를 상대할 수 없었다. 게다가 돈 많은 귀족만 전마를 살 수 있었다. 한마디로 말해서 안장은 유럽의 기사제도와 봉건귀족 통치제도의 성립을 이끌었고, 이는 길고 긴 암흑의 중세기로 이어졌다. 암울했던 중세기는 화총기술이 등장하고 나서야 비로소 막을 내린다. 기마술에 비해 화총술은 누구든지 쉽게 배울 수 있었던 것이다.

기술은 역사를 바꿀 뿐만 아니라 인류의 사고방식도 바꾸어놓는다. 예를 들어서 지도와 시계의 등장으로 우리는 추상적으로 생각할 수 있는 능력을 얻게 됐다. 실물만 볼 줄 아는 사람에 비해 지도를 볼 줄 아는 사람은 훨씬 고차원적인 사고를 할 수 있기 때문이다. 지도가 개발되자 사람들은 상상 속의 점, 선을 통해 그동안 생각해낼 수 없었던 공간 구조를 떠올렸다. 또한 기계적 원리를 사용한 시계는 쪼갤 수 없었던 시간이라는 자연 현상을 측정 가능한 단위로 바꾸어놓았다. 그리고 시간에 대한 감각은 과학 연구를 위한 서막을 열었다.

기술은 심지어 인간의 유전자를 바꾸기도 한다. 오늘날 인류의 진화 속도는 농업혁명 이전보다 약 100배 빠른 편으로, 농업 이후의 사회 변화가 주요하게 작용한 결과다. 즉 인류가 소규모 수렵사회에서 벗어나 대규모 무리 생활을 시작하면서 원하는 반려자를 선택할 수 있는 기회가 늘어났고, 이 과정에서 자연선택이 빠르게 진행됐다. 또 한편, 목축기술의 발전은 새로운 먹거리로 인간의 체질을 바꾸어놓았다. 예를 들어 오늘날 인류의 우유 소화력은 예전보다 훨씬 높은 편이다.

기술이 사람을 변화시켰지만 결국 그 기술도 사람이 발명한 것 아니냐고 반문할 수도 있겠다. 어쨌거나 사람이 사람을 바꾸었다는 것인데, 이 주장이 옳다고 이야기하기는 어렵다. 왜냐면 기본적으로 사람은 기술을 통제할 수 없기 때문이다.

기술의 발전사를 되돌아보면, 그 과정이 생물의 진화와 매우 흡사하다는 사실을 발견할 수 있다. 단순했던 구조가 복잡해지고, 일반적인 성향이 특수하게 변하며, 일차원에서 고차원으로 발전하는 것이다.[*] 각 개전투에서 무리 간 협력, 공생 관계로 발전한다는 점도 그러하다. 생명체가 유전자의 배열에 따른 조합이라면 기술 역시 아이디어를 한데 모은 조합이라 하겠다.

켈리는 이러한 점에서 볼 때 기술을 하나의 생명으로 간주할 수 있다고 주장하기도 했다. 그는 모든 기술의 총체를 '테크늄(Technium)'이라고 부르며, 원핵생물계(Monera)·원생생물계(Protista)·균계(Fungi)·식물계(Plantae)·동물계(Animalia)·세균계(Bacteria) 등 이른바 생물계의 '6계(kingdom)'와 더불어 일곱 번째 '계'로 진화하고 있다고 했다. 흥미롭게도, 기술의 발전사를 제대로 이해하려면 먼저 생물 진화와 관련한

---

[*] 정확하게 말해서, 이것은 진화의 거시적인 흐름일 뿐 생물이 이런 방향으로 진화하기를 원한다는 얘기가 아니다. 향수 입자를 예로 들어보자. 병을 열면 향수 입자들은 천천히 방 안 가득 퍼지는데, 이 과정은 '간단한' 상태에서 '복잡한' 상태로 변하는 것과 같다. 하지만 그렇다고 해서 향수 입자가 특정 방향으로 운동하는 성질이나 복잡하게 변하려는 의지를 가지고 있다고는 할 수 없을 것이다.

최신 연구에 대해 알아야 한다.

전통적인 교과서의 자연선택설은 유전자의 갑작스러운 변화는 무작위로 이루어지며, 진화는 환경에 적응하기 위해 어떤 변이를 남겨둘 것인지 결정하는 작업이라고 설명한다. 하지만 과학자들은 지난 30년 동안 비선형 수학과 컴퓨터 시뮬레이션을 통해 진화론을 연구한 끝에 진화는 100퍼센트 무작위로 진행되는 것이 아니라는 결론에 도달했다.

모든 동물의 망막에 있는 '로돕신(Rhodopsin)'이라는 특수 단백질은 붉은색의 빛을 감지하는 기능을 한다. 안구가 받아들인 빛을 전자신호로 바꿔 시신경에 전달하는 것이다. 빛 신호를 처리할 수 있는 모든 단백질 분자 중에서 로돕신은 성능이 가장 뛰어나다. 생물의 진화는 수십억 년 전에 이 완벽한 분자 구조를 발견했으며 한 번도 다른 것으로 변경한 적이 없다. 진화가 100퍼센트 무작위로 일어난다면, 모든 단백질 분자 중에서 완벽한 분자를 골라내는 일은 모래사장에서 바늘 찾기보다 훨씬 어려울 것이다. 더구나 분자생물학의 연구에 따르면, 로돕신은 고세균(Archaea)과 진핵생물(Eukarya)이라는 서로 독립적인 계통에서 각각 진화한 것이다. 다시 말해서 진화는 이 분자를 두 번이나 찾아냈다는 뜻이다. 통계학적 관점에서 판단할 때, 진화가 100퍼센트 무작위로 진행된다면 절대 이러한 결과가 나올 수 없다.

그래서 일부 진화학설에서는 생물 세포의 신진대사 과정에 자기 조직 메커니즘이 존재하는 까닭에 유전자 변이가 특정 방향으로 이뤄진다고 주장한다. 이들은 생명조직의 형성방법이 제한적이라는 점을 근거로 삼고 있다.

예를 들어서 눈을 살펴보자. 인간과 같은 카메라식 눈 구조는 포유동물이 속한 문(phylum)을 포함한 총 여섯 문에서 나타난다. 이 종들은 그 공동 조상에게 눈이 없었지만 각자 다른 방향으로 진화하다가 독립적으로 눈, 그것도 같은 종류의 눈을 갖는 쪽으로 진화했다. 게다가 알려진 눈의 구성방법은 아홉 가지인데, 서로 다른 종의 생물들이 진화의 과정에서 모두 이 방법들을 택하고 있다. 이번에는 날개를 예로 들어 보자. 날개를 형성할 수 있는 방법은 오직 하나뿐인데, 박쥐, 새, 익룡(Pterodactylus)은 독립적으로 진화했지만 똑같은 날개 구조를 가지고 있다.

이론적으로 생명이 필요로 하는 분자의 원소를 구성할 수 있는 것은 탄소와 규소다. 규소의 성능이 탄소에 비해 조금 모자란 탓에, 규소의 매장량이 탄소보다 많아도 모든 생물은 결국 탄소에 기반을 두게 된다. 과학자들은 컴퓨터를 통해 생명을 구성할 수 있는 수많은 분자를 시뮬레이션하다가 최고의 성능을 자랑하는 조합을 발견했다. 실험 결과 생물의 DNA도 실제로 그러한 구조를 지니고 있음을 확인할 수 있었다.

그런 점에서 어떤 생물도 전혀 새로운 존재라고 할 수 없다. 생명이란 그저 제한된 가능성을 배열하고 조합한 결과라 하겠다. 설사 외계 생명체를 찾아낸다고 해도 그들의 조직방식 역시 이와 같을 것이다.

기술의 진화 역시 이러하다. 과학기술 분야의 문외한은 과학의 발전이 모든 것을 가능하게 하리라며 상상의 날개를 펼칠지 모르지만, 기술의 가능성은 사실 제한되어 있다. 요컨대 사람은 자신이 꿈꾸는 것을 모두 이룰 수는 없다는 뜻이다.

몇몇 대륙에서 상대적으로 독립적인 발전을 구가한 고대문명을 살펴보면, 그들 사이에 교류가 부족하고 발전 속도 역시 제각각이라는 사실을 발견할 수 있다. 그럼에도 불구하고 기술적 발전 과정에서 이들 문명은 모두 똑같은 길을 걸었다. 석기를 사용하던 인간은 불을 다루는 방법을 습득한 뒤에 칼 - 염료 - 어구(漁具), 석상과 봉제술 등을 익혔다. 고고학계의 최신 발견에 따르면 농경기술도 특정 지역에서 먼저 발전한 뒤에 세계 각지로 확산된 것이 아니라, 각 고대문명이 독립적으로 발명한 것이라고 한다. 이뿐만 아니라 농경에 사용되는 각종 농기구부터 다양한 가축 사육법에 이르기까지 똑같은 순서에 따라 발명·습득되었다고 한다. 이렇듯 기술발전의 과정은 인간의 의지 또는 바람대로 이루어지는 것이 아니다. 기술이 우리의 말을 듣지 않으니, 우리가 기술의 말을 따를 수밖에 없다.

인간이 기술을 제어할 수 없다는 주장을 뒷받침하는 또 다른 증거는 특정 기술은 등장할 때가 되면 반드시 모습을 드러낸다는 것이다. 이는 그 기술에 대한 필요성을 여러 사람이 동시에 발견하기 때문이다. 벨(Alexander Graham Bell)이 전화를 발명했다는 사실이 오늘날 정설로 통하지만 엘리샤 그레이(Elisha Gray) 역시 거의 동시에 전화를 발명했다. 심지어 두 사람 모두 같은 날에 특허를 신청하기도 했다. 벨이 그레이보다 두 시간 먼저 특허를 신청하는 바람에 세상이 벨의 이름만 기억할 뿐이다. 진화론을 발견한 다윈(Charles Darwin)과 앨프리드 러셀 월리스(Alfred Russel Wallace), 미적분을 발견한 뉴턴(Isaac Newton)과 고트프리트 라이프니츠(Gottfried Leibniz) 등도 이와 같은 경우다. 1974년에 1,718명의 과학자를 상대로 실시된 조사 결과, 응답자의 62퍼센트가 연구 도중에 다른 사람에게 기회를 뺏긴 적이 있다고 대답했다. 이것은 보고되지 않은 동시 발견 사례를 제외한 수치다.

흔히 한계를 극복한 과학기술은 특별한 면모를 지닌 뛰어난 과학자와 발명가의 손에서 탄생하는 것처럼 보인다. 하지만 어떤 연구 분야를 이끌던 한 명의 과학자가 죽고 나면, 바로 그 순간 또 다른 과학자가 거의 동시에 등장한다. 통계에 따르면 자신의 연구 공로를 다른 누군가에게 빼앗기지 않는 가장 확실한 방법은 하나라도 더 연구하는 것밖에 없다고 한다. 왜냐면 기술의 발전은 막을 수 없기 때문이다.

기술은 인류의 필요 또는 천재성 덕분에 탄생할 뿐만 아니라 스스로도 발전을 추구한다. 마치 생물이 진화하는 것처럼 모든 기술 혁신은 새로운 기술 혁신을 낳는다. 새로운 기술의 발전은 자기 조직화와 양의 되먹임 과정인 것이다.

문자의 탄생으로 책이 생겨났고 책의 등장으로 도서관이 세워졌다. 전력을 얻을 수 있게 되면서 전화가 발명되었고 전화 덕분에 인터넷 기술이 탄생했다. 도서관과 인터넷의 등장은 온라인 도서관의 탄생으로 이어졌으며, 그 결과 필연적으로 위키피디아가 탄생하게 되었다. 이처럼 모든 양의 되먹임 과정은 진화의 속도를 끌어올리고, 기술의 발전을 가능케 했다.

지수적 성장법칙인 무어의 법칙(Moore's Law)*으로 대변되는 마이크로전자공학의 발전 속도 역시 기하급수적으로 증가했다. 1900년에서 2000년에 이르는 100년이라는 기간 동안, 인류의 과학 논문 수와 기술 특허 수는 특히 폭발적으로 증가했다. 이러한 추세가 계속 유지된다면, 2060년에 이르러서는 서로 다른 11억 곡의 노래, 120억 종류의 상품이 소비자의 선택을 기다리게 될 것이다.

가만히 보면 전략 시뮬레이션 온라인 게임 〈문명(Civilization)〉 또는 〈에이지 오브 엠파이어(Age of Empires)〉의 세 가지 설정이 인류사의 발전

---

* 반도체 집적회로의 성능이 18개월마다 두 배로 향상된다는 법칙 -옮긴이

법칙과 크게 다를 바 없는 듯하다. 첫째, 당신은 특정 기술을 사전에 반드시 연구해야 한다. 그래야 무언가를 할 수 있다. 둘째, 똑똑하지 않아도 된다. 경제가 일정 수준까지 성장하면 존재해야 할 기술은 반드시 등장하기 때문이다. 셋째, 어떤 기술의 등장을 이끌어낼 것인지 선택할 권리가 없다. 기술의 종류와 등장 순서는 모두 설정되어 있다. 전 구글 개발자인 우쥔(吳軍)의 말을 빌리자면, 기술혁명이 거대한 파도라면 우리는 파도를 타고 노는 서퍼에 불과하다. 운이 좋은 사람만 파도에 휩쓸리지 않고 파도 위를 마음껏 가로지를 수 있다.

당대 기술의 영향력 평가, 머지않아 다가올 기술적 한계 돌파에 대한 예측은 정책 결정자에게 있어 매우 중요한 과제라 하겠다. 이를테면 향후 20년 안에 AI 기술이 한 단계 도약한다면, 즉 산업용 기계의 능력이 현재 인간 작업자의 능력을 뛰어넘는다면, 후진국의 노동력 우위는 사라지고 전 세계가 높은 실업률에 시달리게 될 것이다. 이러한 한계를 극복할 수 있을지 알 수 없지만 깨어 있는 사람들은 이와 관련된 뉴스가 나오기 전부터 미리 대책을 마련해야 한다.

《기술의 충격》에서 한 가지 아쉬운 점을 꼽자면, 저자가 현재 기술의 발전이 우리에게 어떤 파도를 가져다줄지 예측하지 않았다는 점이다. 하지만 어쩔 수 없다. 수많은 기술이 이미 등장했지만 그 진정한 영향력도 아직 파악하지 못하고 있지 않은가? 에디슨은 축음기를 발명했을 때 소리나 음악의 재생을 주요 기능이라고 생각했고, 녹음기술이 음악시장에서 빛을 발하리라고는 예상하지 못했다.

케빈 켈리는 기술의 발전을 향해 뜨거운 찬사를 보내며, 기술이 우리에게 행복한 삶을 가늠하는 가장 중요한 지표인 선택권을 더 많이 가져다줄 것이라고 말한다. 큰 틀에서 보자면 당연히 기쁜 소식이지만 특정 기술의 등장이 모든 사람에게 희소식만은 아니다. 예를 들어 인터넷은 세계 평화에 도움이 됐는가? 이반 블로흐가 지금까지 살아 있었다면 자신이 100년 전에 발표한 책보다 더 비관적인 전망을 내놨을지도 모르겠다.

컬럼비아대학교의 로버트 저비스(Robert Jervis) 교수는 1978년에 기술발전과 인류의 평화에 관한 무척 흥미로운 이론을 제시한 적이 있다. 역사적으로 공격용 무기와 방어용 무기 기술은 교대로 발전했으며, 전쟁은 공격용 무기가 주도권을 쥘 때 더욱 빈번히 일어났고 방어용 무기가 발전할수록 줄어들었다는 것이다.

이를테면 유럽 역사상 12세기와 13세기는 거대한 성벽을 세우는 일이 흔했는데, 전반적으로 평화로운 분위기가 유지되었다. 하지만 15세기에 대포가 등장하면서 전쟁이 종종 일어나기 시작했다. 16세기에는 보루가 발명되어 베니스 같은 도시에 대한 공략이 불가능해지면서 유럽이 다시 한번 평화를 구가할 수 있었다. 하지만 18세기에 이르러 더 길어진 자동화포가 등장하면서 평화는 다시 무너졌다. 그러한 무기가 기관총과 탱크에게 자리를 내주며 제1차, 제2차 세계대전이 일어났다. 그 후로는 냉전시대의 궁극적인 방어무기, 즉 핵무기에 대한 공포로 인해 현재까지 평화의 시대가 이어지고 있다.

조슈아 쿠퍼 라모(Joshua Cooper Ramo)˙는 이 이론을 토대로 자신의 책 《언싱커블 에이지(The Age of the Unthinkable)》에서 인터넷이 공격용 무기인지, 방어용 무기인지 물었다. 그 자신은 인터넷을 공격용 무기라고

• 골드만삭스(Goldman Sachs) 고문 출신 경영인이자 저자로 현재 키신저협회(Kissinger Associates)의 공동 CEO이다. −옮긴이

판단했는데, 인터넷으로 인해 테러공격을 계획하는 데 드는 비용이 테러를 차단하는 데 필요한 비용보다 낮아졌다는 것이 그 이유다.

기술은 항상 진보하고, 언제 어디서든 사용될 수 있기를 기대한다. 그리고 때로는 우리를 돕기도 하지만 언제나 독립적으로 발전한다. 좋아한다? 싫어한다? 당신이 어느 쪽을 선택하든 기술은 기뻐하지도 슬퍼하지도 않으며 그냥 자기 길을 갈 뿐이다.

5
실용적인 영어 학습법

내가 영어로 쓰인 원서를 선호하는 탓에 영어를 잘할 수 있는 비법을 알려달라는 요청을 종종 받곤 한다. 하지만 내 영어 실력은 일상적인 대화나 업무를 처리하는 데 지장 없을 정도의 수준일 뿐, 전문잡지에 글을 실을 만큼 대단한 수준은 아니다. 그래도 학습법 정도에 대헤서라면 들려줄 만한 이야기가 있을 것 같다.

중국인은 어릴 때부터 대학교에 들어갈 때까지 10년 넘게 영어를 배운다. 하지만 주로 입시에 관한 문법이나 독해 위주로 공부하기 때문에 영어로 된 책 한 권도 편안하게 읽지 못한다. 참으로 황당하면서도 안타까운 현실이다. 그래서 입시 영어가 아닌 실용적으로 쓸 수 있는 영어를 공부하는 방법에 대한 나만의 비법을 공유하고자 한다.

사람들은 영어를 잘하려면 영어로 생각할 만큼 몰입해서 장기간 꾸준히 배워야 한다고 생각한다. 매일 영어 단어를 스무 개씩 외우거나 영어 한두 문장을 통째로 외우다 보면 언젠가는 실력이 쌓이고 쌓여서 영어를 술술 말할 수 있을 것이라고 말이다. 하지만 내 생각은 다르다. 단기간에 후다닥 해치우는 게 최고다.

토플 수험서나 GRE(Graduate Record Examination, 대학원 입학자격 시험) 단어장을 사서 매일 몇 시간에 걸쳐 단어 300~600개를 외워라. 30~60개가 아니라 300~600개다.

단어장의 장점은 어원에 대한 설명이 곁들여져 있다는 것이다. 어원을 이용하면 비교와 연상과 같은 방법으로 보다 쉽게 많은 단어를 기억할 수 있다. 나는 책을 달달 외우면서 관련된 단어를 노트에 따로 적어두곤 했다. 하루 동안 몇 번 이 작업을 반복한다.

이튿날이 되면 어제 외운 새로운 단어가 대부분 기억나지 않겠지만 그래도 상관없다. 기억법의 핵심은 일정한 간격을 두고 반복하는 데 있기 때문이다. 1일, 3일, 1주일 간격으로 기간을 서서히 늘리면서 그동안 배운 내용을 복습한다. 기존의 단어를 복습한 뒤 새로운 단어를 외우는 식이다. 상황에 따라 어떤 날은 복습만 해도 좋다.

단어를 외우는 동시에 대학교 영어교재와 같은 책을 찾아 그 안의 문장을 정독하라. 상단에 해석과 설명이 들어 있는 책을 추천한다. 본문을 읽기 전에 개념을 이해해두면 구체적인 내용을 파악하는 데 상당히 도움이 된다. 그런 뒤에 문법과 단어의 용법 등을 꼼꼼히 살피면서 내용을 파악한다. 가능하면 몇 번이고 반복하는 편이 좋다.

다시 한번 강조하지만 우리의 목표는 벼락치기 하듯 영어를 배우는 것이니 진도는 크게 신경 쓰지 않아도 된다. 학교에서 일주일에 문장 두 개를 가르쳐줘도 당신은 매일 한 개의 문장을 공부하라.

영어시험을 통과해야 한다면 단어 공부와 기본기를 닦은 후에 시험을 준비하는 편이 좋다. 영어시험에서 좋은 성적을 거두려면 영어 스킬이 아니라 시험 스킬을 익혀야 한다. 운동선수가 집중훈련을 하는 것처럼 기출문제를 잔뜩 풀어라. GRE의 독해편에서 높은 점수를 받았다고 해도 여전히 제대로 된 책 한 권을 소화할 수 없을 수도 있다. 왜냐면 고득점의 비결은 시험문제와 지문 사이의 연계를 재빨리 파악하는 데 있어서, 문장을 끝까지 읽지 않아도 되고 그 의미를 몽땅 파악할 필요도 없기 때문이다.

기본기를 닦았다면 벼락치기로 시험을 준비해야 한다. 이 방법은 내가 개발한 것이 아니라 대부분의 토플 응시생, GRE를 준비하는 대학생 또는 대학원생이 사용하는 것이다. 하지만 매일 몇 시간씩 영어 공부를 했다고 영어를 다 익혔다고 생각하면 안 된다. 해외에서 대학에 다니면 외국인 학생 대부분이 다시 단어 공부부터 시작하는 것을 보게 될 것이다. 이 벼락치기 공부법의 장점은 그 단계에서 영원히 맴돌지 않아도 된다는 데 있다.

무림의 신예 고수는 제아무리 뛰어난 신체 조건과 탄탄한 내공을 지녔다고 해도 실전에서 어김없이 패하고 만다. 왜냐면 경험이 부족하기 때문이다. 이제 막 기본기를 쌓은 학생들 역시 이와 마찬가지다. 생소한 GRE 단어를 술술 내뱉는 당신의 모습에 미국인은 대단하다며 엄지를 치켜세울지도 모른다. 하지만 몇 마디 나누고 나면 실망 가득한 표정을 지을 것이다. 아쉽게도 대부분의 수험생이 시험을 통과하고 나면 내공을 쌓는 일에 소홀해진다. 그 때문에 어렵게 쌓은 내공이 퇴보하면서 급기야 자신에게는 영어가 맞지 않는다고 고개를 숙인다.

이럴 때일수록 오히려 제대로 된 영어교재를 찾아 공부해야 한다.

틴에이저용 소설이나 세계문학 걸작 같은 책이 아니라 최근에 출판된, 사람들이 지금 관심을 보이는, 그리고 정상적인 미국 성인이 읽을 법한 책을 찾아 공부해라.

《다빈치코드(Davinci Code)》처럼 꾸준히 읽을 수 있을 만큼 흥미진진한 책이 좋겠다. 전자책을 다운받은 뒤에 화면 한쪽에 온라인 사전을 펼쳐놓고 읽어라. 단어의 용법이나 의미에 일일이 집착하지 마라. 전체적인 내용을 파악할 수 있을 만큼 사전을 찾아보되, 책 한 권을 독파하는 데 의미를 둬라.

이 단계에서 자신도 모르는 사이에 영어에 익숙해질 것이다. 후지사와 히데유키(藤澤秀行)가 쓴 것으로 추정되는 기보(棋譜)를 본 적이 있는데, 그는 여는 말에서 유명한 바둑기사가 실전 대결에서 사용한 전술을 복기하는 것이 자신의 훈련 비법이라고 소개했다. 복기할 때는 쉬지 않고 최대한 빨리 돌을 내려놓는다. 한 번이 아니라 여러 번 반복하다 보면 전체적인 전술이 눈에 들어오기 시작한다. 전체적인 판을 이해했다면 돌을 하나하나 분석해야 한다. 영문 독해법도 이와 비슷하다. 단어 하나하나에 매달리는 것이 아니라 전체적인 이해가 선행되어야 한다. 이와 같은 독해법을 통해 머릿속 곳곳에 흩어져 있는 정보를 하나로 연계할 때 책은 물론 그 안에 등장한 단어나 문법도 더 쉽게 이해할 수 있다.

책 한 권을 독파한다면 두 번째, 세 번째 책을 읽을 때 드는 시간이 점점 단축될 것이다. 그렇게 되면 나중에는 간혹 사전을 뒤적거릴 때 외에는 책의 내용을 온전히 파악하는 데만 집중하게 될 것이다. 요컨대 영어를 지극히 자연스럽게 받아들일 수 있게 되는 것이다.

이렇게 하면 각종 영문법의 합리성이나 적절성에 대한 기본적인 감각이 생길 것이다. 이때의 감각은 철학자가 말하는 암묵지(Tacit Knowledge)와 비슷하다. 이러한 지식은 AI 영역에서 가장 골치 아픈 문제이기도 하다. 엘리베이터 안에서 다른 사람을 뚫어지게 쳐다보는 것은 무척 무례한 행위다. 하지만 이런 지식, 그리고 이와 유사한 수많은 지식을 일일이 기록했다가 로봇에게 가르쳐줄 수는 없는 노릇이다. 이런 지식은 경험을 통해 암묵적으로 습득되는 것이기 때문이다.

많이 읽으면 경험이 쌓인다. 게다가 내 경험에 따르면 독서를 하면 기본적인 감각을 빠르게 쌓을 수 있다.

듣기능력에 대해서도 몇 마디 조언을 하고 싶다. 중국 학생의 영어 듣기 실력은 영어를 처음으로 가르쳐준 교사의 발음과 밀접한 관계가 있다고 생각한다. 교사의 발음이 부정확하다면 듣기 실력에 큰 영향을 받을 수밖에 없다. 고등학교와 대학교 시절 수업 시간에 교사 또는 교수의 영어를 전혀 못 알아듣겠다고 불만을 터뜨리던 친구들이 꽤 있었다. 첫 단추가 잘못 끼워졌으니 어쩔 도리가 없는 일이었다. 이럴 때는 원어민이 녹음한 정확한 발음을 여러 번 듣는 수밖에 없다.

평소에 잘 알고 있는 내용을 여러 번 꼼꼼히 들어라. 내용을 파악했다면 이번에는 한 번도 읽어본 적이 없는 오디오북을 들어라. 사람의 두뇌는 적응력이 높은 편이다. 오디오북을 들을 때 나는 1.5배 빨리 감기로 속도를 설정한다. 정상적인 말 속도는 조금 느린 감이 있다.

중학교 시절, 친구와 함께 버스에서 우연히 한 어르신을 만난 적이 있다. 부드러운 표정, 친근한 말투에 처음에는 다른 학교의 선생님인가 했다. 하지만 학교를 다니면서 그런 선생님은 단 한 번도 본 적이 없었다. 아무래도 그저 현명한 어르신 같았다. 어르신은 우리에게 영어를 배우냐고 물어보시더니 영어 말고 다른 외국어도 배우라고 격려해주셨다. 제2외국어를 배우는 데 걸리는 시간은 처음 외국어를 배울 때의 50퍼센트, 제3외국어는 제2외국어를 배울 때의 50퍼센트에 불과할 것이라고 하셨다.

"외국어를 할 줄 안다는 건 새로운 세상으로 통하는 문을 여는 것과 같단다. 다른 언어로 된 다양한 종류의 책을 두루두루 읽을 수가 있거든."

지금껏 어느 누구도 그 어르신처럼 내게 어려운 숙제를 내준 적이 없다. 제3외국어를 배우라는 어르신의 말씀은 아무래도 지키지 못할 것 같다. 하지만 무엇보다도 내게 가장 인상적이었던 것은 시험이나 취업이 아니라 넓은 세상을 공부하려면 외국어를 반드시 배워야 한다는 진심 어린 충고였다.

6

인포러스트의 3대 비책

검색엔진을 사용하는 데도 지혜와 지식이 필요하다. AI 전문가인 우은다(吳恩達)는 최근 〈월스트리트데일리(Wall Street Daily)〉와의 인터뷰에서 바이두 사용자가 음성 검색을 사용하는 방식에 대해 언급했다.[*] "바이두 사용자 중에는 장난스럽게 행동하는 사람들이 있습니다. 그래서 미국에서라면 전혀 없을 검색 요청을 받게 됩니다. 이를테면 '이봐, 바이두. 내가 지난주에 길가 포장마차에서 국수를 먹었는데 정말 맛있더라. 이번 주에도 가게 문을 열까?' 이런 질문이지요."

검색이라는 작업이 사람과의 대화나 교류가 아닌 기계와의 사이에서 이루어지는 것임을 먼저 이해하라. 검색엔진은 온라인에 존재하는

[*] http://news.ittime.com.cn/news/news_2795.shtml

기존의 정보만 찾아줄 뿐이며, 원하는 정보를 찾기 위해 사용자는 예의 바른 하나의 문장이 아닌 키워드만 입력하면 된다. 키워드를 선택할 때도 나름 요령이 필요하다. 예를 들어 야한 동영상을 찾아보고 싶다면 '야동'이라는 단어를 직접 입력하지 말아야 한다. '야동'이라고 입력하면 야동을 비난하는 기사만 잔뜩 나올 것이다.

하지만 검색엔진은 상당히 편리한 도구다. 국내에 관한 것은 바이두, 국외에 관한 것은 구글에 물으면 되고, 고급 지식은 즈후(知乎)나 위키피디아에서 찾아볼 수 있다. 다섯 살짜리 아들 녀석은 타이핑도 못하지만 유튜브(YouTube)의 음성 검색 기능을 사용해서 자기가 보고 싶은 애니메이션을 곧잘 찾아낸다. 원하는 영화 제목만 말해야지 '안녕하세요?' 같은 인사말을 하면 안 된다는 것도 잘 알고 있다.

이렇게 비직관적인 사고로 기계와 자연스레 어울리는 모습은 인포러스트(Infolust)**라는 유행어를 떠올리게 한다. 하지만 진정한 의미의 인포러스트는 정보에 대한 자신의 욕구를 충족하는 데서 그치지 않는다. 그들은 사회를 위해 의미 있는 가치를 만들어내고 정보를 통해 공공정책에 영향을 주기를 원한다. 진정한 의미의 인포러스트가 되려면 단순히 정보에만 열광할 것이 아니라 한 차원 높은 '내공'을 쌓기 위해 노력해야 할 것이다.

비책1 : 학술논문을 공부해라

논문은 최신 정보, 고급 정보가 한데 모인 지식의 '전당'으로, 가장

** 저자는 긱(geek)을 의미하는 '지커(极客)'라는 단어를 사용하고 본문 중 '정보에 열광하는' 사람이라고 정의하고 있다. 대치어로 번역한 인포러스트는 '정보(information)'와 '욕망(lust)'의 합성어로, 원하는 정보가 주어지기만을 기다리지 않고 이를 적극적으로 찾아다니는 '정보 열광자'를 의미한다.-옮긴이

논리적인 방식으로 정리된 텍스트다. 제대로 된 정보를 습득할 수 있는 논문을 보지 않고 어떻게 진정한 인포러스트라고 할 수 있으랴? 오늘날 각 분야마다 연구에 종사하는 사람이 크게 늘면서, 연구가 행해지는 모든 영역에서 수많은 논문이 발표된다. 상당수의 사회과학, 심지어 의학 분야의 논문은 읽기만 해도 가장 기본적인 관련 통계 지식을 파악할 수 있다. 전문적인 지식을 요하는 자세한 내용을 다 볼 필요는 없고 개요 부분만 봐도 충분하다.

우리는 삶에서 다양한 문제를 만나게 된다. 이를테면 심각한 취업난 속에서 어떤 전공을 택해야 취업에 유리할지 궁금할 수도 있을 것이다. 가족, 친구에게 물어보거나, 커뮤니티 사이트나 지식 공유 사이트에 질문을 올리기도 한다. 또 직접 검색해서 답을 찾을 수도 있다. 그때에는 아마 우리 주변에서 흔히 들을 수 있는 사례나 극히 개인적인 견해가 검색될 것이다. 하지만 통계를 통해 객관성이 검증되어 있고, 보편적이지만 다소 딱딱한 답을 듣고 싶다면 논문만큼 좋은 것이 없다.

미국 오번대학교(Auburn University)의 경제학과에서 실시한 연구에 따르면,* 경영과 관련된 전공을 선택해도 관련 일자리를 찾는 데 아무 쓸모가 없다. 연구에서는 9천 개의 이력서를 무작위로 작성해 은행, 금융, 매니지먼트, 마케팅, 보험, 유통 관련 업체에 제출했다. 이력서의 학력란은 회계, 경영, 금융, 매니지먼트, 마케팅과 관련된 전공과 함께 생물, 영어영문, 역사, 심리학 등 경영학과 무관한 전공을 써 넣었다. 그 결과 경영학과 관련된 학위를 지닌 전공자라고 해서 면접 요청을 특별히 더 많이 받는 것은 아니라는 사실을 확인할 수 있었다. 오히려 인턴 경력

• 출처: http://cla.auburn.edu/econwp/Archives/2014/2014-03.pdf

을 기입한 이력서가 면접 요청을 받은 경우가 14퍼센트 더 많았다. 이러한 결과를 종합하면, 자신이 좋아하는 학과를 전공으로 선택한 뒤에 대학교 3학년 여름방학 때 3개월 정도 인턴 경력을 쌓는 편이 취업에 유리하다는 결론에 도달할 수 있다.

이러한 고급 지식을 얻으려면 특별한 장소를 찾아야 한다. 즉 누구나 쉽게 사용하는 바이두, 구글이 아니라 전문가용 검색엔진에서 '학술 정보' 카테고리를 뒤지는 편이 좋다. 이곳에서는 논문을 대상으로 검색된 결과를 보여준다. 과학기술 전문사이트, 예를 들면 솔리닷(Solidot), 궈커왕, 유레칼러트(EurekAlert) 모두 주목할 만한 새로운 연구 성과를 제공한다. 미신 타파에 목적을 두고 있던 시대에는 과학 관련 글이 '도깨비불은 오래된 인골(人骨) 등에 포함된 인이 자연 발화한 것이다' 등과 같은 가장 기본적인 상식을 소개했지만, 오늘날에는 최신 연구 성과를 다룬다.

과학자는 엄청난 시간과 비용을 투자한 끝에 가치 있는 결과를 얻을 수 있는 반면, 대중은 이러한 결과를 전혀 알지 못한다. 알지 못하는 것은 물론, 자신이 뭘 모르는지조차 모른다. 비만 인구의 증가는 음식에 포함된 조미료 때문인가? 유기농 식품이 정말 몸에 좋은가? 이런 문제에 대한 답은 논문에 소개된 주장과 SNS에서 떠도는 이야기가 정반대일 때도 있다. 보통 사람들의 지식은 현실 세계와 상당히 큰 격차를 두고 있는데, 인포러스트는 논문을 살펴봄으로써 그 차이를 줄일 수 있다.

인포러스트는 대화 상대가 개인적인 경험이나 과거의 명언 등을 들먹거리면 아예 입을 닫아버릴 것이다. 그들은 논문에 근거를 둔 정보에 열광하기 때문이다. 물론 논문이라고 해서 다 옳다는 것은 아니다. 각종 연구 결과를 살펴보고 옥석을 고르는 작업을 해야 할 때도 있다(이런 작업에는 더 높은 차원의 스킬이 요구된다). 하지만 정식 논문이라면 적어도 포털 사이트의 자유게시판에 올라온 주장보다는 훨씬 믿을 만할 것이다.

비책2: 원본 데이터를 직접 읽어라

2014년, 경제학자 타일러 코웬(Tyler Cowen)은 자신의 블로그에 한국의 대기오염 관리시스템에 관한 글을 올렸다.[•] "한국은 대기오염이 무척 심각한 국가였다. 2002년 당시 대기의 질은 122개 조사국 중에서 120위에 그칠 만큼 심각한 수준이었다. 하지만 대기오염 개선을 위한 한국 정부의 적극적인 노력 덕분에 현재 한국의 대기 질은 43위로 상승했다." 나는 이 글을 대기오염으로 몸살을 앓고 있는 중국이 참고할 만한 내용이라고 생각하고 웨이보에 공유했다.

이처럼 흥미로운 이야기는 인포러스트의 '본능'을 자극한다. 웨이보[••]에 공유한 지 5분도 채 지나지 않아 @연금술사gewesen이라는 계정의 사용자가 관련 데이터를 찾아보고 한국의 석탄 소비량이 2002년보다 46퍼센트 증가했다는 코멘트를 보냈다. 석탄 소비량이 증가한 상태에서 대기오염도를 낮추었다는 주장은 믿기 힘든 것이었다. 그런데 그로부터 1시간 뒤에 @뤼창해(盧昌海)라는 계정의 사용자가 대기의 질 순위에 관한 원본 파일을 찾아냈다. 확인 결과, 2002년 한국의 대기 질 순위는 120위가 아니라 54위였다. 한마디로 말해서 코웬이 블로그에

• http://marginalrevolution.com/marginalrevolution/2014/11/when-did-korea-clean-up-its-air-korea-fact-of-the-day.html
•• www.weibo.com/2089800791/By9iuob50? 내 웨이보 계정은 '@GK同人于野'이다.

잘못된 데이터를 올린 것이다.

이 일을 겪으며 왠지 모르게 으쓱한 기분이 들었다. 코웬이 블로그에 글을 올린 지 하루가 지나도록 그의 실수를 지적한 전문가가 아무도 없었는데, 평범한 인터넷 사용자들이 오류를 찾아냈기 때문이다. 이것이 바로 인포러스트의 힘이다. 이해할 수 없는 일에 민감하게 반응하고 의심하며, 입으로 떠드는 것이 아니라 당장 데이터를 검색한다. 요컨대 데이터로 말하는 것이다.

데이터 검색은 인포러스트에게 일종의 '무릎반사'와 같은 것이다. 중국 출신의 미국 물리학자 양전닝은 82세의 나이에 자신보다 54세 연하인 웡판(翁帆)과 결혼한 뒤, 연령 통계 자료를 종종 검색하며 자신이 얼마나 더 살 수 있을지 알아보기도 했다고 한다.*** 그가 검색한 연령표는 누구나 쉽게 검색할 수 있는 데다 자세한 설명이 곁들여져 있어 '사람이 일흔 살까지 살기란 예로부터 어려운 일'이라는 철 지난 옛말 따위는 안중에도 들어오지 않을 정도였다고 한다. 실제로 인터넷에는 양질의 데이터 소스가 존재한다. 울프럼 알파(Wolfram Alpha)****는 수많은 기본 데이터를 일목요연하게 시각화하여 제공하며, 미국 정부가 운영하는 데이터 전문 사이트인 데이터닷지오브이(Data.gov)는 경제부터 교육, 과학연구에 이르는 각종 정보를 제공한다. 또 USA 스펜딩닷지오브이(USASpending.gov)는 정부의 소비내역을 담은 데이터를 보유하고 있다. 관심 있는 사람은 관련 자료를 검색해서 유의미한 결과를 얻을 수 있

••• http://www.geeknomics10000.com/445
•••• 영국의 물리학자 스티븐 울프럼(Stephen Wolfram) 박사가 개발한 검색엔진. 기존 검색엔진들의 '정보를 찾아 주는 방식'의 서비스와는 달리, 사용자가 검색어를 입력하면 슈퍼컴퓨터로 정밀하게 연산하여 정제된 답변을 제공해주는 '응답형 엔진'이다. -옮긴이

을 것이다.

최근 전 세계적으로 '빅데이터'라는 말이 크게 유행하고 있지만 중국에서는 데이터 마이닝(Data Mining)은커녕 자발적 검색이나 열람을 통해 데이터로 이야기할 수 있는 사람이 여전히 부족하다. 이 문제에 관해 참고할 만한 한 미국 여고생의 이야기를 소개한다.

미국 뉴저지에 사는 고등학생 아만다 그레이브스(Amanda Graves)는 예일대학교, 시카고대학교를 비롯한 여러 대학교로부터 입학 요청서를 받았다. 하지만 그녀는 전교에서 상위 25퍼센트에도 들지 못할 만큼 평범한 성적을 유지하고 있었다. 아만다는 자신에게 온 요청서를 보며 문득 이런 생각을 하게 되었다. '나를 비롯해서 나랑 비슷한 성적을 가진 애들한테는 자기네 학교에 들어갈 기회조차 없다는 걸 뻔히 알고 있을 텐데 왜 이런 걸 보낸 거지? 뭔가 의도가 있는 게 분명해!' 만약 당신이라면 어떻게 할 텐가? 아마도 주변의 지인에게 이야기하거나 온라인 게시판에 신청 수수료를 챙기려는 수작이라는 글을 올릴지도 모르겠다. 하지만 그렇게 한다면 당신의 행동은 아무런 반향도 불러일으키지 못할 것이다.

아만다는 다른 방법을 썼다. 〈워싱턴포스트(The Washington Post)〉에 멋들어진 장문의 글을 발표한 것이다.* 다음은 그중 일부를 발췌한 내용으로, 데이터란 이렇게 사용하는 것임을 보여준다.

- 예일대학교는 매년 약 8만 명의 입학 신청자를 받지만 1,300명의

---

* http://www.washingtonpost.com/posteverything/up/2014/11/17/dear-elite-colleges-please-stop-recruiting-students-like-me-if-you-know-we-wont-get-in/

학생에게만 입학을 허락한다. 입학을 거부당하는 신청자는 무려 93.7퍼센트에 달한다.

- 예일대학교 재학생 95퍼센트의 고등학교 성적은 상위 10퍼센트였고, 100퍼센트가 상위 25퍼센트였다.

- 시카고대학교로부터 입학 요청서를 받은 학생이 SAT의 수학, 독해 과목에서 받은 점수는 1,440~1,540점이다. 아만다 그레이브스의 성적은 1,100점이다.

- 시카고대학교 작년 신입생 중에서 GPA가 3.00~3.24인 학생은 1퍼센트에 불과하며, 3.00 미만인 학생은 통계에 없다. 아만다 그레이브스의 점수는 2.9다.

아만다는 구글은 물론 칼리지보드(CollegeBoard), 칼리지데이터(CollegeData)와 같은 전문 사이트에서 데이터를 검색한 뒤, 권위 있는 뉴스 기사를 인용해서 자신의 주장을 펼쳤다. 글을 발표한 이후, 아만다는 시카고대학교가 GPA를 심사할 때 가중평균법을 사용하는데 자신의 점수는 이 계산을 거치지 않았다는 사실을 발견했다. 그리고 자신의 GPA를 다시 계산한 뒤 〈워싱턴포스트〉에 기사를 수정해달라고 요청하기도 했다. 그런데 이때 한 가지 주목해야 할 점이 있다. 중국 내 언론사**는 이 뉴스를 보도하며 미국 명문 대학교가 입학 신청비를 챙기기 위해 이런 짓을 벌였다고 소개했지만, 아만다의 글에는 그런 내용이 없다는 사실이다. 아만다는 데이터를 기반으로 분석한 뒤, 이들 명

** 〈스지에르바오(世界日報)〉: '왜 날 가지고 노나요?─예일대학교를 향한 미국 여고생의 분노', http://www.worldjournal.com/view/van_full_us/26147248/article; 시나: '미국 여고생과 입학 신청비를 노리는 명문대의 꼼수', http://edu.sina.com.cn/ischool/2014-12-11/1001447890.shtml

문 대학교가 입학 신청을 불허하는 확률을 높여서 학교의 순위를 끌어올리려는 의도를 가진 것이 아니냐고 지적했다. 심지어 시카고대학교는 자신의 입학 신청비를 면제했다는 내용을 특별히 설명하기도 했다.

수학과 독해 점수가 보통인 미국 여고생의 수준이 이 정도다. 아만다가 자신이 명문 대학교에 들어갈 만한 자격이 있다고 주장하기 위해 자료를 조사하지는 않았을 것이다. 이 십 대 여고생은 왜 명문 대학교가 자신과 같은 학생들에게 입학 요청서를 보내면 안 되는지 증명하기 위해서 묵묵히 자료를 뒤지며 연구했던 것이다.

비책3: 데이터를 자발적으로 수집하고 분석하라

네이트 실버는 데이터분석을 통해 미국 프로야구 선수에 대한 정확한 예측을 해내 명성을 날렸다. 하지만 예측 전문가인 그 역시 처음 데이터를 접했을 때는 아마추어에 불과했다. 2002년 네이트 실버는 회계회사의 직원으로 근무하고 있었다. 어디서든 흔히 볼 수 있는 사람들이 회계사이지만 그는 두 가지 점에서 다른 사람과 달랐다. 하나는 프로야구를 무척 좋아한다는 점이고, 나머지 하나는 인포러스트였다는 점이다.

미국의 프로 스포츠계에 관한 다양한 통계 데이터는 코치, 브로커, 캐스터뿐만 아니라 스포츠팬이 즐겨 보기도 한다. 〈베이스볼 프로스펙터스(Baseball Prospectus)〉는 프로야구팬을 위한 전문잡지로 유명 선수를 커버모델로 기용하고 빅리그에 진출할 가능성이 높은 선수에 관한 자세한 데이터를 소개한다. 인포러스트는 마치 아이돌 스타에 열광하는

• 출처: 네이트 실버, 《신호와 소음》(2012).

십 대 팬처럼 잡지에 실린 기사를 두근거리는 마음으로 읽는다.

실버는 짬이 날 때마다 자신이 만든 통계 프로그램에 해당 자료를 입력하여 선수들의 실력을 평가·예측할 수 있는 방법을 연구했다. 이때 사용한 프로그램이 훗날 실버에게 명성을 가져다준 야구 예측 프로그램 '페코타(PECOTA)'의 전신이라고 한다. 2003년 실버는 자신의 프로그램을 〈베이스볼 프로스펙터스〉에 판 뒤, 2007년부터 정치 선거에 대한 예측을 발표하기 시작했다. 그리고 2008년 미국 대선에서 미국 50개 주 중 49개 주의 선거 결과를 맞혔다.

보통 사람이라면 그런 전문적인 데이터분석에 엄청난 시간과 노력, 그리고 기술을 투자하지 않을 것이다(그만한 열정과 여유가 없기 때문이다). 그래서 통계에 아무런 관심이 없더라도 크게 힘들이지 않고 데이터를 수집할 수 있는 방법을 소개한다.

최근 인포리스트 사이에서 크게 유행하는 '자가 측정(Quantified Self)'이 바로 그것이다.

자가 측정에는 일반적으로 휴대전화가 아닌 손목밴드 형태의 소형 전자 기기가 사용된다. 밴드는 하루 수면시간, 이동거리, 이동 장소, 칼로리 소비 등 당신에 관한 모든 데이터를 기록한다. 매스매티카(Mathematica)**를 발명한 우리 시대의 천재 스티븐 울프럼은 1998년 이래 자신이 보낸 이메일, 스케줄러의 메모, 참가한 회의, 통화 목록, 방문지, 심지어 키보드를 두드린 시간까지 죄다 기록하기 시작했다.***

우리는 이들 데이터를 통해 자신을 좀 더 객관적으로 이해하고 감

** 과학, 공학 등에서 널리 사용하는 계산용 소프트웨어 -옮긴이
*** http://www.ifanr.com/80062

독하며, 나아가 개선할 수 있다. 설정한 건강 목표를 달성했을 때는 자기 만족감을 느낄 수 있고, 달성하지 못했을 때는 더욱 분발해야겠다며 자신을 격려할 수 있다. 소련의 전기작가 그라닌(Daniil Granin)의 《시간을 정복한 남자 류비셰프》에는 뛰어난 시간관리로 유명했던 곤충학자 알렉산드르 류비셰프(Aleksandr Lyubishchev)의 남다른 비법이 소개되어 있다. 그는 무언가를 하는 데 소요한 시간을 모조리 기록하고 그 자료를 분석해서 자신의 일상을 파악하고 개선해나갔다고 한다. 다시 말해서 자가 측정의 목적은 이상적인 결과가 나올 때까지 한 개인이 자신의 삶을 관찰·처리·실험·재측정하는 과학자가 되는 데 있다.

이와 같은 통계를 통한 시간관리에 관심이 있다면 데이텀(Daytum)^{**}을 사용해도 좋다.^{***} 사용자의 직관적인 판단을 위해 편의 기능을 강조한 경량화 툴로는 YAST(Yet Another Setup Tool), 슬림타이머(Slimtimer) 등이 있다. 컴퓨터에서 자신이 뭘 하는지만 확인하고 싶다면 레스큐타임(RescueTime)을 추천한다. 그 밖에도 비슷한 기능을 가진 툴이 여럿 있는데 슬립타임(Sleep Time)은 휴대전화 진동을 통해 사용자의 수면의 질을 모니터링하고, 민트닷컴(mint.com)은 사용자의 소비습관을 측정한다.

다양한 사람이 기록한 데이터를 한데 모으면 인류의 행농을 보다 객관적이고 정확하게 파악할 수 있다는 점에서, 자가 측정은 사회 연구에도 도움이 된다. 그뿐만 아니라 개인 역시 자신의 데이터를 연구할 수 있다. 이를테면 웨이보 계정을 가진 사람이라면 팔로워의 일일

- 원제는 《Эта странная жизнь》이며 '이 이상한 삶'이라는 뜻이다. 한국어판은 2004년도에 출간되었다. -옮긴이
- 일상의 마이크로데이터를 기록, 이를 시각화해 보여주고 다른 사람들과 공유하게 해주는 무료 온라인 통계서비스 -옮긴이
- http://www.ifanr.com/83884

증가세를 기록할 수도 있고, 또 그 외에 다른 흥미로운 사실도 발견할 수 있을 것이다.****

지금 수많은 인포러스트가 사회를 향해 달려오고 있다. 그들의 손에는 논문, 데이터분석, 자가 측정과 같은 강력한 무기가 들려 있다. 그들은 과학자, 엔지니어, 교사, 기자, 의사일 수도 있고 비판적인 사고력과 과학적 방법을 갖춘 다른 누군가일 수도 있다.

사회문제를 대하는 그들은 입에 풀칠도 못하면서 천하를 걱정하는 서생도, 감정만을 앞세운 채 이념을 읊어대는 공공지식인도 아니다. 그들은 새로운 시대를 선도하는 '지식인(智識人)'이자, 뛰어난 실력을 지닌 참여시민이다.

•••• 내게도 그런 경험이 있다. '팔로워를 늘리기 위한 비법' 참고. http://www.geekonomics10000.com/691

7

'설전군유'의 스킬분석

    제갈량(諸葛亮)의 '설전군유(舌戰群儒)'는 《삼국지연의》에서 큰 인기를 누리는 내용으로, 그동안 중고등학교는 물론 대학교 교재에도 포함될 만큼 위대한 고전이라는 평가를 받아왔다. 특히 제갈량이 여러 인물과의 대화를 통해 펼치는 변론에서는 논쟁의 기술도 배울 수 있다. 하지만 이 장면은 역사적인 기록은 아니고 제갈량의 남다른 혜안을 보여주려고 나관중(羅貫中)이 만들어낸 상상력의 소산이다. 그리고 오늘날의 관점에서 보자면 지식을 겨루려는 경박함이 느껴지고 널리 알릴 만한 내용을 찾기는 힘들다.

    제갈량은 손권을 움직여 유비(劉備)와 함께 조조에 맞서도록 하기 위해 강동(江東)을 찾았다. 전쟁을 할 것인가, 아니면 그냥 항복할 것인가? 이 문제를 논의하려면 일단 사실 관계부터 낱낱이 밝힌 뒤 다양한 선택을 검토하고, 그 장단점을 따진 뒤에 결론에 도달하는 꽤 복잡한 작업을 거쳐야 한다. 하지만 설전군유라는 장면이 연출된 목적은 전쟁 참가의 여부가 아니라 '기선제압'에 있었다. 두 진영이 본격적인 전투에 앞서 척후병을 먼저 보내 승부를 가리는 데서 중요한 것은 사상자의 수가 아니라 체면이다. 칼 대신 붓을 쥔 문인들의 전쟁은 그렇게 시작되었다.

동오(東吳)의 내로라하는 변론가 중에서도 제갈량은 월등한 우위를 자랑했지만, 강동의 여러 문인들은 그를 인정하기는커녕 오히려 눈엣가시처럼 여겼다. 이런 상황이 계속된다면 조조에 맞서려는 유비의 진영으로서는 좋을 것이 없었다. 사실 우리가 일상적으로 겪는 대부분의 논쟁 역시 이러하다. 나심 니콜라스 탈레브의《프로크루스테스의 침대 (The Bed of Procrustes)》에는 이런 구절이 등장한다. '세상에는 두 종류의 사람이 있다. 하나는 이기려는 사람, 나머지 하나는 논쟁을 이기려는 사람이다.' 이들은 결코 같은 부류가 아니다.

설전군유의 변론법을 분석하는 목적은 다른 사람과의 논쟁에서 이기려고 '무장'하기 위함이 아니라, 이런 기술이 많은 곳에서 일반적으로 볼 수 있는 것이기 때문이다. 여기에 등장하는 삼국시대 인물들은 실제로 그렇지 않았을지 몰라도, 이후에 등장한 여러 부도덕한 지식인들은 이런 식으로 생각하고 논쟁했다.

여기서 변론에 사용된 스킬의 핵심은 상대의 결론이 틀렸음을 증명하는 것이 아니라 논쟁을 벌이는 상대 또는 상대가 대표하는 세력이 무능함을 증명하는 데 있다. 겉으로는 구체적인 문제에 대해 이야기하지만 사실상 사람을 지적하는 것이다. 이러한 '인간 중심주의'는 중국 문인의 최대 적폐라 하겠다. 목적이 상대가 주장하는 의견을 부정하는 데 있어도 의견 자체가 아니라 상대를 부정하는 것이다. 이를 위해서는 그가 행한 소소한 잘못을 차분히 나열하는 편이 효과적이다.

이런 논쟁의 목표는 진실의 추구가 아니라 상대의 체면을 깎아내리는 데 있다. 이는 무공의 수준을 겨루는 비무(比武)가 아니라 승패가 분명한 '전쟁'이다.

설전군유에는 총 세 개의 '초식'이 등장하는데, 가장 치명적인 것부터 설명해보겠다.

첫째, 사실의 증거를 나열하여 상대의 무능력을 암시한다.

사람은 인격과 능력으로 그 가치를 인정받는다. 중국에서는 전통적으로 능력보다는 인품, 도덕적 소양을 더 높게 평가했다. 그래서 일반적으로 논쟁에서도 자신의 인격적 수준이 상대보다 높음을 증명하는 것을 가장 이상적인 결과로 여겼다. 지식으로 먹고사는 지식인은 상대의 지적 수준을 욕하기보다는 상대의 인격을 공격하는 쪽을 선호했다. 그래서 능력보다 인격에 대한 공격을 선행한 것이다.

어엿한 성인끼리 이야기하는데 어린아이처럼 나쁜 놈이라거나 바보라고 욕할 수는 없는 노릇이다. 상대가 무능하다는 것을 보여주는 다양한 사실을 열거하되, 자신의 입을 통해 상대의 무능함을 천명해서는 안 된다. 대놓고 이야기하지 않지만 상대로 하여금 스스로 깨닫도록 암시를 주는 것이다. 이를테면 지난날 실수나 추문을 꺼내며 상대의 부족한 점을 드러내면 가장 직접적인 타격을 입힐 수 있다. 하지만 고수라면 수위를 조절할 줄 알아야 한다. 직접적인 공세는 너무 노골적으로 보이기 때문이다.

고수라면 일단 상대를 칭찬하며 분위기를 띄운다. 그리고 상대가 미끼를 물면 재빨리 낚아채야 한다. '그렇게 대단하신 분이 그럴 리가

요? 그런데 제가 듣자하니······' 이때는 상대의 단점을 충분히 열거하되 학술 세미나처럼 진지하고 조심스러운 태도를 취해야 더욱 효과적이다.

상대가 자신의 단점을 지적한다면 어떻게 반박해야 할까? 고차원적인 대화에서는 잘못된 사실을 증거로 삼지 않기 때문에 상대가 열거한 사실을 반대증거로 반박할 수는 없다. 그럴 때는 새로운 사실, 즉 자신에게 유리한 사실을 내놓아야 한다. 그것이 바로 방어다.

자신의 잘못을 지적받으면 대부분의 사람들은 가만히 당하고만 있을 수 없다는 생각에 즉각 상대의 허물을 짚으며 반격한다. 이는 잘못된 방법이다. 잘잘못을 따지는 대화가 이어지면 결국에는 기분만 상하고 아무런 소득도 거둘 수 없기 때문이다. 이때 최선의 대응책은 방어다. 자신의 유능함을 증명하는 사건을 충분히 열거하라. 상대의 공격을 철저히 차단하면 오히려 당신을 공격한 상대의 모양새가 우습게 된다. 반격을 하면 자신을 상대와 같은 수준으로 끌어내리게 된다. 그래서 동오의 여러 인사를 대할 때 제갈량은 상대의 공격을 막아내며 상대가 자신의 패를 먼저 꺼내 보이게끔 유도했다. 이 때문에 상대는 제갈량의 공격이 아니라 제갈량을 향해 던졌지만 부메랑처럼 되돌아온 제 자신의 공격에 상처를 입었다.

하지만 상대가 잘못된 사실을 꺼내 들었다면 대수롭지 않은 사안이거나 주제와 관련 없는 사안이라고 해도 집요하게 파고들어야 한다. '사실 관계도 제대로 파악하지 못한 주제에 누구를 가르치려 들어!' 지식인은 무지의 노출을 가장 두려워하기 때문에 자신의 어설픈 지적 수준을 들킨 상대는 더 이상 논쟁을 하려 들지 않을 것이다.

둘째, 실력이 부족하면 가치로 가린다.

자신의 실력이 상대적으로 부족한 것이 사실이라면, 남에게 내세울 수 있는 강점이 정말 제한적이라면 어떻게 해야 할까? 이때는 상대가 만든 틀 안에서 반드시 벗어나야 한다(Think out of the box). 이를테면 물질적인 측면에서 정신적인 측면으로 나아가, 상대를 더 높은 차원으로 끌어들여 승리를 쟁취하는 것이다.

그래, 나는 패했다. 하지만 그 이유는 싸울 가치가 없는 전쟁에서 거두는 승리를 경멸하기 때문이다. 나는 남들보다 높은 도덕성과 멀리 보는 안목을 가지고 있어서 수치스러운 싸움에서 이기기를 거부한 것이다. 이렇게 먼저 '사실'이라는 틀에서 빠져나와서 도덕과 전술 양 측면에서 우위를 점해야 한다.

만약 그때 도덕적인 명분으로 보나 전략적인 기준으로 보나 이겼어야 하는데도 지고 말았다면, 적어도 물러서지 않았다는 점을 강조한다. "성공 가능성이 낮은 것을 알고도 뛰어들었고, 패배가 예상됐지만 그래도 싸웠다. 비록 나는 실패했지만, 실패할 것을 알고도 싸웠으니 한 치의 부끄러움도 없다!"

비장한 각오를 천명한 순간부터 변론에서 이미 승리한 셈이다. 전통적으로 중국에서는 결과보다도 동기를 더 중요하게 여겼다. 특히 큰일일수록 동기와 명분이 중요하게 작용했다. 사람들은 그런 영웅에 더 공감하며 심지어 승리자보다 더 추종하기도 한다.

문학에서도 이와 같이 분명히 좋지 않은 상황을 숭고하게 묘사하는 일이 많다. 중국의 국영방송이 대형 참사를 다룰 때도 이런 경향을 볼 수 있다. 그때에는 사태가 진전되었는데도 몇몇 사람의 영웅적 행동을 계속 강조하며 불굴의 정신을 드높이려 하기도 한다. 그러면 사람들은 물질적인 피해를 입었어도 그를 통해 정신력이 무한히 고취된 듯이 느낀다.

일반인들이 이런 싸움을 구경하게 된다면 아주 재미있어 할지도 모른다. 시장 장사꾼들의 싸움은 저급할수록 시끄럽고, 글 읽는 선비들의 싸움은 고상할수록 시끄럽다고 했던가. 기술적인 문제에 대한 토론으로 시작해서 이내 인격모독을 하고, 그것을 철학이라고 부르니 말이다.

셋째, 자신의 부족한 점을 이야기하지 말고 유명한 영웅들도 부족했다는 사실을 지적한다.

앞의 두 초식이 통하지 않거나 당신의 부족한 점을 어떻게도 덮을 수 없다면 정말 상황이 좋지 않은 것이다. 그렇다고 상대에게 그래도 너보다는 내가 낫다고 한다면 꼴이 우스워진다. 이럴 때는 역사적인 인물을 소환하여 그들의 단점을 짚어야 한다. 그래야 자신의 잃어버린 체면을 되찾을 수 있다. 평소에 동서고금을 막론한 유명인사의 일화를 많이 알아두면 이럴 때 써먹을 수 있다.

이제부터 설전군유에 이 세 가지 초식이 어떻게 나타나고 있는지 살펴보자.

1. 장소(張昭)

장소가 시비를 걸 듯 먼저 공명(孔明)을 향해 입을 열었다.

"저는 강동의 보잘것없는 선비입니다. 융중(隆中) 땅에서 명성이 높으신 선생께서 자신을 관중(管仲), 악의(樂毅)에 견주셨다는 이야기를 들었는데 그것이 정녕 사실입니까?"

"평소에도 제 자신을 다른 사람에 견주곤 합니다."

"유예주(劉豫州)께서 선생의 초가집을 세 번이나 찾아간 끝에 겨우 선생을 얻었는데, 마치 고기가 물을 얻은 듯 크게 기뻐하셨다고 들었습니다. 그런데 선생의 힘을 빌려 형주와 양주를 손에 넣으려던 유예주께서 지금 조조에게 그 땅을 내주고 말았으니 이게 대체 어찌된 일입니까?"

이에 제갈량은 가만히 생각하기 시작했다. '장소는 손권이 거느린 사람들 중에서 가장 뛰어난 모사(謀士)라 할 수 있다. 내가 이 자를 굴복시키지 못한다면 어떻게 손권을 설득할 수 있겠는가?'

마침내 제갈량이 입을 열어 대답했다. "한상(漢上)의 땅을 얻는 것은 손바닥 뒤집기보다 쉬운 일입니다. 하지만 주공인 유예주께서 인의를 몸소 행하시는 분이라 같은 가문의 땅을 빼앗기는커녕 오히려 극구 사양하셨습니다. 그 때문에 형주는 어린 유종에게 넘어갔는데, 유종이 주변의 아첨에 그만 조조에게 몰래 항복하는 바람에 조조의 세력이 커지고 말았습니다. 허나 주군께서 강하(江夏)에 진을 친 채 조조를 칠 계책을 마련해두셨으니, 형주 땅이 조조에게 넘어가는 것을 우리가 그저 바라보고만 있지 않으리라는 것을 누구나 알 수 있을 겁니다."

"정말 그렇다면 선생의 언행이 서로 어긋나는 일이 아닙니까? 선생께서는 자신을 관중, 악의에 견준다고 하셨는데, 관중은 제나라 환공(桓公)을 보필하며 제후를 제 발밑에 두고 천하를 손에 쥐었습니다. 또 악의는 내리막길을 걷는 연나라를 떠받치며 제나라의 70여 개 성을 거느렸습니다. 두 사람 모두 세상을 바로 다스릴 만한 재주를 지닌 영웅입니다만, 선생은 초가집에 살면서 풍월을 즐기고 무릎을 끌어안은 채 높이 앉는 것이 고작이었습니다.

하지만 이제는 유예주를 보필하게 되셨으니, 천하의 만백성을 위해 이로움을 더하고 해로움을 없애며 세상을 어지럽히는 무리를 처단하는 일을 하셔야 합니다. 게다가 유예주께서는 선생을 얻기 전에 천하를 돌며 성지(城池) 몇 곳을 거느리고 계셨습니다. 삼척동자도 유예주께서 선생을 얻은 것을 두고 호랑이 등에 날개를 단 것과 다름없다고 여기며 크게 우러러보았습니다. 한나라 왕실이 부흥하고 조씨가 곧 멸망할 것이라고 말이지요. 어디 그뿐이랍니까? 조정의 옛 신하들과 산림에 숨어든 은사들마저 하늘 가득한 구름이 걷히고 해와 달의 밝은 빛을 바라볼 수 있기를 한마음으로 기다렸습니다. 물불 속에 빠진 백성을 구하고 천하를 이부자리처럼 편안한 곳에 두게 할 수 있는 사람은 오직 선생뿐이라 믿으며 지금껏 기다려왔습니다.

허나 유예주께 의탁한 선생은 조조의 병사가 나타나자마자 무기를 버리고 급히 달아났습니다. 위로는 유표에게 보답하는 뜻으로 백성들을 편안하게 해주지도 못했고, 아래로는 유표의 아들을 도와 그 땅을 지켜주지도 못했습니다. 게다가 유예주께서는 선생을 얻은 후 신야(新野)를 버리고 번성(樊城)으로 달아났다가, 번성을 버리고 오는 중에는 당양(當陽)에서 패하고, 이제는 하구(夏口)까지 쫓겨나서 몸 둘 곳도 없을 지경입니다. 지금 유예주께서는 선생을 얻기 전보다 못한 처지가 되었으니 관중과 악의가 언제 그 주인을 그렇게 섬겼답니까? 허나 이 모든 건 제 어리석은 생각이니 너무 괘념치 마십시오."

이에 공명이 어이없다는 듯 웃으며 말했다.

"대붕(大鵬)이 만 리를 나는 뜻을 하찮은 참새가 어찌 알 수 있겠소? 이를테면 병든 사람을 치료할 때는 먼저 미음과 죽을 먹인 후에 약효가 약한 약부터 써서 폐부와 창자를 제대로 움직이게 하고 몸을 회복시켜야 하오. 그런 뒤에 고기를 먹여 체력을 보충하고 약효가 강한 약을 써야 병의 뿌리를 뽑고 사람도 살려낼 수 있는 법이오. 병자의 기운과 맥박이 여전히 미약한 상태에서 기름진 음식이나 독한 약을 쓴다면 병자를 구하기 쉽지 않을 것이오. 주군인 유예주께서는 여남(汝南)에서 패해 유표에게 의지하고 있던 데다, 거느린 군사는 1천 명이 채 되지 않고 장수라고 해봤자 관우, 장비, 조운이 고작일 뿐이었소. 병세가 깊고 오래되어 생사가 위태로운 환자나 다름없는 신세였단 말이라오.

신야는 산골의 작은 현(縣)으로 백성의 수는 적고, 먹을 것도 적은 편이니 잠시 빌려 몸을 쉴 수 있을지언정 눌러앉아 오래 지킬 수 있는 땅이 아니오. 무기를 제대로 갖추지도 못한 데다 성곽 또한 굳건하지 못하고, 병사들도 제대로 된 훈련을 받지 못한 데다 군량마저 부족한 상태였으나, 유예주께서 박망(博望)에서는 불을 지르고 백하(白河)에서는 물을 써서 하후돈(夏候惇)과 조인(曹仁)의 무리를 물리쳤소. 어려운 처지에서 승리를 거뒀으니 관중과 악의가 살아와서 군사를 부렸다 한들 그보다 더 낫게는 못했을 것이오. 거기다가 유종이 조조에게 항복한 것은 유예주께서 모르는 사이에 일어난 일이오. 유예주께서는 형주의 어지러움을 이용해 같은 종친의 기업을 빼앗는 일은 차마 할 수 없다 했으니, 진정 대인(大仁)이자 대의(大義)가 아니겠소이까?

또한 당양의 패배 역시 어린아이를 업고 늙은 부모를 부축하는 수십만의 의로운 백성들을 인자하고 의로운 유예주께서 차마 버리지 못한 까닭에 하루에 십 리밖에 가지 못해 조조의 군사들에게 따라잡혀서 생긴 일이오. 백성을 버리고 강릉(江陵)을 차지했다면 어려움을 피할 수 있었으나, 유예주께서 패하더라도 백성과 함께 하시겠다는 쪽을 택하신 것이오. 세상에 이보다 더 큰 인의가 어디 있단 말이오?

자고로 전쟁에서는 아군의 수가 적군보다 적더라도 승부라는 것은 결코 알 수 없는 법이오. 과거 고황제(高皇帝)께서 여러 번 항우에게 패했으나 해하성(垓下城) 전투에서 승리하며 끝내 천하를 얻으셨으니, 여기에는 한신의 공로가 크다 하겠소. 하지만 한신은 오래 고황제를 모시는 동안 자주 승전보를 올린 편이 아니었소. 무릇 국가의 대계나 사직의 안위를 논하는 데는 흔들리지 않는 모책(謀策)이 서 있어야 할 것이오. 떠벌리고 부풀려 말하기 좋아하는 무리나 헛된 이름으로 사람을 속이려는 무리가 함부로 말하게 해서는 아니 되는 법이외다. 그런 무리는 말로 하면 따를 자가 없으나 정작 일을 맡겨보면 아무것도 할 줄 몰라 천하의 웃음거리로 전락할 것이 뻔하기 때문이오."

그 말에 장소는 아무 대답도 하지 못했다.

장소는 첫 번째 초식을 사용하면서 공개석상에서 제갈량에게 망신을 주려고 했다.

"공명을 얻고 나서 오히려 유비의 판도가 줄었으니 이게 어찌된 일이란 말인가?"

장소의 지적은 사실이었다. 그래서 제갈량은 같은 가문의 영토를 빼앗을 수 없었다는 도덕적 명분을 내세우며 전략적으로는 다른 계책을 마련해두었다고 대답했다. 하지만 장소는 이에 굴하지 않고 계속해서 제갈량을 공격했다.

그러자 제갈량은 자신에게 유리한 사실을 긴 편폭에 걸쳐 일일이 나열했다. 애초에 형세가 불리했으며 객관적인 전력이 열세인 데다 백성을 돌봐야 하는 상황에서도 자신이 성공한 사례를 설명한 것이다.

그런 뒤에 '한신은 좋은 계략으로 그 싸움을 승리로 이끌었으나 그때까지 다른 싸움에서는 그리 자주 이긴 편이 못 되었다'며 자신의 유능함을 강조했다. 이어지는 마지막 대목은 그야말로 압권이다. 자신은 그래도 뭐라도 했지 상대는 그저 공허한 담론만 펼친다는 날카로운 지적을 하고 있으니 말이다. 역시 이에 장소는 아무 대꾸도 하지 못했다.

이 자리에서 제갈량을 만난 강동의 이름난 선비 중에서 장소는 유일하게 선(先)칭찬 – 후(後)비판 전략을 사용했다. 장소를 제외한 나머지 여섯 명은 다짜고짜 제갈량을 비난하기 바빴다는 점에서 그보다 한 수 아래라고 하겠다. 제갈량이 조목조목 반박했던 사람도 장소가 유일했다. 어떤 경전을 공부했느냐는 엄준의 지적에 제갈량은 그러는 너는 어떤 경전을 배웠느냐고 되묻지도 않았다. 왜냐면 제갈량은 엄준을 경전이나 운운하는 풋내기로 여겼기 때문이다. 그런 점에서 제갈량과 장소는 서로의 수준에 대해 잘 알고 있었던 것이다.

2. 우번(虞翻)

그 자리에 있던 사람 중 하나가 큰 소리로 맞섰다.

"지금 조조는 군사가 백만에 이르고 장수가 천에 달한다 하오. 용이 날고 호랑이가 노리는 기세로 강하(江夏)를 삼키려 하는데, 공은 이에 대해 어찌 생각하오?"

상대가 우번이라는 것을 확인한 공명이 입을 열었다.

"조조는 개미떼처럼 수만 많고 쓸모없는 원소(袁紹)의 병사를 거느린 데다, 오합지졸이나 다름없는 유표의 병사를 빼앗았으니 그 수가 설령 백만이라고 해도 두려워할 이유가 없소이다."

그러자 우번이 크게 비웃었다.

"당양에서 패해 강하로 쫓겨와 도움을 구걸하는 주제에 두려울 이유가 없다고 하다니, 선생이야말로 괜한 큰소리로 사람을 속이려는 것 아니오?"

이에 공명도 받아쳤다.

"우리 유예주께서 의로운 군사 수천으로 어떻게 조조의 거칠고 모진 백만 대군에 맞설 수 있겠소이까? 그래도 강하로 물러나 계신 것은 때를 기다리기 위함이오. 이곳 강동은 군사가 빠르고 양식이 넉넉한 데다 험한 장강까지 끼고 있는데도 그대들은 주인에게 역적 앞에 무릎을 꿇고 항복하라고 권하고 있소. 천하의 비웃음조차 돌아볼 줄 모르는 것은 내가 아니라 그대들이 아닌가? 거기에 비하면 우리 유예주야말로 진정 조조를 두려워하지 않는 분이라 할 수 있소!"

우번 역시 장소처럼 제갈량의 실패를 언급했지만, 장소와 달리 유비가 조조에 맞설 만한 실력을 갖고 있냐고 따지는 데 초점을 맞췄다. 그러면서 유비가 조조에 비해 열세임을 지적했다.

이에 제갈량은 아군의 약점을 인정한 뒤에 상대가 만든 틀 안에서 벗어났다. '아군이 비록 약하기는 해도 싸우려고 하는데 너희 선비라는 것들은 어찌 투항할 생각만 한단 말인가?'

이렇게 명분과 체면을 앞세운 제갈량 앞에 우번의 초식은 더 이상 힘을 발휘할 수 없었다.

3. 보즐(步騭)

우번을 대신하여 또 다른 자가 나섰다.

"공명은 장의(張儀)와 소진(蘇秦)의 본을 따라 우리 동오를 달래러 오셨소이까?"

보아하니 보즐이라는 사람이었다. 이에 공명이 입을 열어 대답했다.

"보자산(步子山)은 소진과 장의를 그저 말을 잘하는 사람으로 알고 있을 뿐이고, 그들이 호걸인 사실은 모르시는 것 같소. 소진은 여섯 나라 승상의 인(印)을 찼고, 장의는 두 번이나 진나라의 승상이 되어 나라와 백성을 세우고 바로잡았소. 힘센 자를 두려워하고 약한 자를 멸시하며 칼을 겁내고 피하는 이들과는 견줄 수도 없거늘, 조조가 거짓으로 지어 퍼뜨린 소문만 듣고도 겁에 질려 항복하려던 그대들에게 소진과 장의를 비웃을 자격이 있을 것 같소이까?"

보즐은 아무 말도 하지 못했다.

보즐의 전략은 훌륭했다. 손에 아무것도 없는 주제에 동오를 꼬드겨 조조에 맞서게 할 생각이냐며 대놓고 제갈량을 비난했으니 말이다. 이는 맞받아치기 꽤나 어려운 지적이었지만 아쉽게도 예가 잘못된 것이었다. 소진, 장의 모두 역사적으로 긍정적인 평가를 받는 인물이기 때문이다.

작은 꼬투리도 놓치지 않은 제갈량의 지적에 보즐은 아무 말도 못하고 고개를 숙이고 말았다. 제갈량은 이렇게 소진과 장의가 어떻다는 이야기만 잔뜩 늘어놓았을 뿐 자신이 강동을 찾은 의도에 대해서는 얼렁뚱땅 넘어갔다.

4. 설종(薛綜)

그때 좌중의 한 사람이 질문했다.

"공명께서는 조조를 어떤 인물로 생각하시오?"

설종이었다. 이에 공명이 차분히 말을 시작했다.

"조조가 한을 노리는 역적이라는 사실은 온 천하가 다 아는 일인데, 무엇 때문에 물으시오?"

"공의 말이 맞지 않는 것 같소이다. 한은 여러 대를 거쳐 지금 천수가 다해가고 있소. 이에 비해 조조는 천하의 3분의 2를 차지했고, 사람들의 마음도 모두 그에게로 향하고 있소. 그런데도 유예주께서는 하늘의 때를 알지 못하고 조조에 맞서려 하니, 이는 마치 계란으로 바위 치는 격으로 패하는 것이 당연하지 않겠소이까?"

그러자 공명이 소리 높여 설종을 나무랐다.

"그대는 어찌 아비도 없고 임금도 없는 사람 같은 소리를 하시오? 무릇 사람은 하늘과 땅 사이를 살아감에 있어 충성과 효도를 몸을 일으키는 바탕으로 삼아야 하오. 그러니 공은 한나라의 신하 된 자로서 불충한 무리를 보면 힘을 모아 괴멸시켜야 옳을 것이오. 지금 조조는 조상 대대로 한나라 왕실의 녹을 먹었으면서도 그 은덕에 보답하기는커녕 역모를 도모하고 있소. 천하가 이에 분개하고 있는데 공은 역적을 타도하는 데 앞장서기는커녕 오히려 하늘의 운수가 조조에게 돌아가고 있다고 여기니 실로 아비도, 임금도 없는 사람이구려! 말도 섞고 싶지 않으니 두 번 다시는 입을 떼지 마시오!"

이에 설종은 부끄러운 얼굴을 하고 물러났다.

조조, 유비의 실력을 비교한 설종의 전략은 사실 꽤나 빈틈없는 것이다. 이러한 실력 비교는 새로운 사실을 통해 반박할 방법이 없기 때문이다. 그래서 제갈량은 상대가 만든 틀에서 벗어나 도덕적인 명분을 먼저 손에 쥐었다.

5. 육적(陸績)

그때 한 사람이 나서 말했다.

"조조가 비록 황제를 내세워 제후들을 조종하고 있지만 그래도 상국(相國) 조참(曹參)의 후예인 것은 틀림이 없소. 반면에 유예주는 중산정왕(中山靖王)의 후손이라고는 하나 아무런 증거도 없소. 과거에 돗자리나 짜고 짚신이나 삼던 사람이라고 하던데 어찌 조조와 상대할 수 있겠소이까?"

육적이라는 자였다. 이에 공명이 웃으며 답했다.

"그대는 옛날 원술(袁術)의 면전에서 귤을 훔치던 육랑(陸郞)이 아닌가? 내 이야기를 잘 들으시오. 조조가 조 상국의 자손이라면 한나라의 신하이거늘 권력을 함부로 부려 천자를 업신여기고 있으니, 한나라 황실의 난신(亂臣)일 뿐만 아니라 조씨 가문을 더럽히는 자 아니겠소? 이에 반해 유예주는 황제께서 족보를 살펴보신 후에 벼슬을 내리셨거늘 어찌 증거가 없다고 말하시오? 또한 한나라를 세우신 고조께서는 정장(亭長)의 신분에서부터 시작하여 끝에는 천하를 얻으셨는데, 돗자리 짜고 짚신 삼는 일이 욕될 게 뭐가 있겠소? 육랑은 소견이 아직도 어린아이 같으니 선비와 더불어 논의할 사람은 못 되는 것 같소."

그러자 육적은 조용히 입을 닫았다.

유비의 출신이 조조만 못하다는 육적의 지적에는 틀린 곳이 없다. 출신을 따지던 고대에 유비의 신분은 꽤나 쓸 만한 약점이었다.

이에 제갈량은 사실을 가치 평가로 가리는 전략을 펼쳤다. 상대가 사실을 지적하면 도덕적 잣대를 들이밀어 자신의 약점을 가리는 것이다. 제갈량은 조조가 고귀한 신분이라고 하나 도둑이고, 유비의 신분은 황제로부터 이미 인정받은 것임을 강조했다. 그런 뒤에는 세 번째 초식을 써 한나라의 시조인 유방을 끌어들여 그의 신분이 유비보다 한참 천했다는 사실을 지적했다.

육적을 시작으로 동오의 여러 선비가 선택한 논쟁의 주제가 점점 저급해지더니 급기야는 눈살을 찌푸릴 만큼 대놓고 인신공격으로 흐르기 시작한다.

6. 엄준(嚴峻)

좌중에서 또 한 사람이 나섰다.

"공명의 말씀은 모두 정론이 아니오. 궤변일 뿐이라 더 말할 가치도 없지만, 다만 공이 대체 어떤 경전으로 공부하였는지는 궁금하구려."

엄준이라는 자였다. 이에 공명이 조용히 입을 열었다.

"옛 문장이나 글귀를 논하는 것은 세상의 썩은 선비들이나 하는 짓이니, 그래서야 어찌 나라를 일으키고 공을 세울 수 있겠소? 옛날의 위인들, 뽕나무에서 태어난 이윤(伊尹), 장강에 낚싯대를 드리우며 세월을 낚던 강자아(姜子牙), 장량(張良)과 진평(陳平) 같은 이들이나 등우(鄧禹), 경감(耿弇) 등은 모두 천하를 바로잡는 재주를 지녔소. 하지만 그들이 평생 무슨 경전을 가지고 공부했다는 말은 들어본 적이 없소이다. 그들이 어찌 구차하게 붓과 벼루를 끼고 앉아 어설프게 글을 읽고 말장난을 쳤겠소이까?"

공명의 일갈에 엄준은 머리를 숙인 채 한 마디 대답도 하지 못했다.

엄준은 경전을 꺼내 들며 제갈량의 약점을 공격했다. 하지만 제갈량은 꿋꿋이 맞서며, 문장이나 글귀를 따지는 일의 허무맹랑함을 강조하며 되받아쳤다. 그런 뒤에 옛사람, 그중에서도 뛰어난 자들을 예로 들어 자신을 비교했다.

7. 정덕추(程德樞)

또 한 사람이 큰 소리로 떠들었다.

"공은 큰소리치기를 좋아하지만 참된 학문은 가진 것 같지는 않으니 세상 선비들의 웃음거리가 되지 않을까 두렵소이다."

여남의 정덕추였다. 이내 공명이 입을 열었다.

"선비에도 군자가 있고 소인이 있소이다. 군자다운 선비는 임금에게 충성하고 나라를 사랑하며, 바른 것을 지키고 그른 것을 미워하지요. 또한 사람들에게 널리 혜택을 주는 일을 하니 그 이름이 길이 후세에 남는 법이오. 그러나 소인인 선비는 글줄이나 닦고 붓과 먹이나 만지며, 젊어서는 부(賦, 시가 또는 문장-옮긴이)나 짓고 머리가 세어서는 경전에 매달리는 부류요. 글로는 천(千) 자를 써 내려가도 가슴에는 실로 한 가지 계책도 가진 바 없는 무리란 말이오. 양웅(揚雄)은 문장으로 널리 이름을 떨쳤으나 왕망(王莽) 같은 역적을 섬겨 결국 누각에서 몸을 던져 자결하고 말았소. 이런 자를 선비라고 한다면 하루에 만 마디의 부를 짓는다 한들 전혀 쓸모가 없소이다."

이 말에 정덕추는 아무 대답도 하지 못했다.

정덕추의 질문은 다소 충동적이기는 하지만 기본적으로 엄준의 주장을 되풀이하고 있다. 이는 매우 정상적인 반응이다. 자신만만하게 옛 위인들과 자신을 비교하는 제갈량의 말을 들었다면 누구든지 그렇게 반응했을 것이다. 이에 제갈량은 듣는 이를 저절로 경건하게 만드는 이야기, 즉 군자와 소인에 관한 이론을 내놓았다. 제갈량의 남다른 수준에 절로 감탄이 나온다. 자고로 공부란 이럴 때 써먹는 것이던가! 아마도 이때 그의 영웅적인 기개가 방 안을 가득 채웠을 것이다.

하지만 제갈량은 강동을 꼬드기러 온 자신의 의도를 묻는 상대의 질문에는 끝끝내 아무런 대답도 하지 않았다. 그 문제를 대놓고 지적한다면 제갈량은 더 교묘한 방법으로 질문을 피했을 것이다.

동오의 선비들은 그래도 최후의 품위를 잃지는 않았다. 자신의 주장이 지적당하자 뒤로 물러난 후에 구차하게 매달리는 행동을 보이지 않은 것이다. 아무리 그래도 지식인인데 시정잡배처럼 행동할 수는 없는 노릇 아닌가? 요즈음 온라인에서는 자신의 실수를 지적당하면 무시당했다는 생각에 과격한 반응을 보이는 사람들을 종종 볼 수 있다. 수치심이 분노로 변하는 순간, 그들은 욕설이나 비하, 모욕과 같은 말을 내뱉다가 급기야 계정을 정지당하기도 한다. 이런 사람이라면 논쟁에 참가할 자격이 없다.

미국의 대통령 후보 토론 등과 같은 현대적인 변론에 비교하면 '설전군유'는 최고의 명승부는커녕 좋은 승부라고 볼 수도 없을 것이다. 특히 뒤의 두 가지 초식은 더욱 좋지 않다. 의료보험 문제를 어떻게 해결할 것이냐는 질문에 "루스벨트도 해결하지 못했다"라고 대답한다면 변론 자체가 성립할 수 없기 때문이다.

변론에서 가장 중요한 것은 논쟁을 하는 사람이 아니라 논쟁에서 다루는 의제다. 두 사람이 네가 잘났네, 내가 잘났네 다투는 것은 '군자'로서 할 행동은 아니리라.

8

베이즈의 정리가
보여주는 용기

신을 믿는가? 한의학을 믿는가? 지구 온난화가 인간에 의해 일어나는 문제라고 믿는가? 유전자 조작 식품이 안전하다고 믿는가? 음력 정월 초하루에 옹화궁(雍和宮)에서 복을 빌면 그해에 대박이 날 것이라고 믿는가?

사실 나는 이런 문제에 관한 답이 궁금한 것이 아니다. '믿는다' 또는 '믿지 않는다'고 이야기할 때 당신이 과연 그 의미를 제대로 이해하고 있는지 알고 싶은 것이다.

'믿는다'는 것을 단순한 태도의 표명으로 간주하면 사실 그 의미는 상당히 제한된다. 어떤 것을 믿을 때 당신은 그에 대해 친구들에게 이야기를 하거나, 인터넷에서 논쟁을 할 수도 있고, 자신의 입장을 설명하는 글을 쓸 수도 있다. 하지만 그렇게 한들 무슨 소용이 있으랴? '공허한 담론은 나라를 망친다(空談誤國)'고 했다. 우리의 관점은 진리를 결정할 수도 없고 다른 사람을 좌우할 수도 없다.

'믿는다', '믿지 않는다'는 말은 우리에게 결정의 근거를 제공해준다는 데 그 진정한 의미가 있다. 음력 정월 초하루에 옹화궁에서 복을 빌면 행운이 온다는 이야기를 믿는 사람은 일단 어떻게 해서든 그날 옹화궁에 가려고 할 것이다(그리고 다른 사람들이 옹화궁 기도의 효험을 믿든 말든 사원에 사람들이 적기를 바랄 것이다. 그래야 자기가 편하게 사원을 이용할 수 있을 테니까 말이다). 이처럼 '믿는다', '믿지 않는다'는 매우 주관적인 판단이며, 우리는 다른 사람이 우리와 다른 판단을 내려도 그것을 수용한다.

하지만 '믿느냐 안 믿느냐'라는 표현은 다소 이분법적인 면이 있다. 사실 어떤 대상에 대해 우리가 가지는 확신은 예, 아니오로 정확히 딱 떨어지는 감정이 아니다. 그러므로 이때는 확률과 같은 숫자를 사용해서 표현하는 편이 훨씬 정확하고 편리할 것이다. 이를테면 옹화궁 효과의 실현 가능성이 15퍼센트라고 생각한다면, 그 이야기를 믿지 않는다는 뜻이다. 반대로 그 확률을 100퍼센트라고 생각한다면 그 이야기를 완전히 신뢰하는 것이다.

이때의 확률은 이른바 '주관적 확률(Subjective Probability)'이다. 주관적 확률은 이를테면 일기예보에도 활용된다.* 만약 내일 비 올 확률이 30퍼센트라고 한다면, 이는 100개의 평행우주가 맞을 내일 중 30개에 비가 내린다는 뜻이 아니다. 강수 확률이란 예보자가 과거와 현재의 기후 데이터를 바탕으로 판단하여 다음 날의 기상 상태를 추정치로 나

---

* 확률에 관한 모든 책에서 주관적 확률을 다룰 때 내일의 기상예보를 예시로 사용한다. 이 책 역시 관습을 따르고는 있지만, 실제 기상예보에서 말하는 확률은 내일의 기상조건과 비슷한 날에 비가 올 확률이 30퍼센트라는 의미이므로 주관적이라고 볼 수 없다.

타낸 것이다.

이처럼 계량화된 믿음을 통해 우리는 좀 더 과학적으로 의사 결정을 할 수 있다. 옹화궁에 대한 믿음이 15퍼센트에 불과할 때는 음력 정월 초하루에 우연히 옹화궁을 지나가게 되었다면 기도를 올릴 수도 있지만 소원을 빌려고 일부러 찾아갈 필요는 없다. 반면 믿음이 95퍼센트라면 기차를 타고 가는 한이 있더라도 찾아가야 한다.

철저한 확신 또는 철저한 불신은 극히 드문 것으로 허세나 자기기만과 같은 태도로 변질될 수 있다. 일반적으로 논쟁의 소지가 있는 문제에 대해 우리는 반신반의하는 태도를 취한다. 이때 우리의 믿음의 수치는 0.01~99.99퍼센트 사이가 된다. 게다가 대부분의 사물에 대한 우리의 믿음은 동태적으로 변한다. 이를테면 발명이나 발견에 의해 새로운 사물이 등장하면 처음에 믿을 수 없다는 반응을 보이지만 증거가 늘어날수록 의심은 확신으로 바뀐다.

지식인이라면 이처럼 복잡한 믿음의 시스템을 바탕으로 다양한 사물에 대한 생각을 탄력적으로 조정할 수 있어야 한다. 다시 말해서 자신의 세계관을 지속적으로 변화시켜야 한다.

이러한 작업을 과학적, 합리적으로 하고 싶다면 베이즈의 정리(Bayes' Theorem)를 활용하면 된다. 이 정리는 수학공식과 개념이 무척 단순한 탓에 200여 년 전에 발견된 이래 꾸준히 사용되고 있다. 하지만 베이즈의 정리는 주관적 확률을 계산한다는 이유로 논쟁의 여지 또한 무척 큰 편이다.* 상당수의 통계학자는 주관적 확률은 비과학적이고 개

---

* 베이즈의 정리에 관한 역사를 파악하기 위한 참고 문헌: 샤론 버치 맥그레인(Sharon Bertsch McGrayne), 《불멸의 이론(The Theory That Would Not Die: How Bayes' Role Cracked the Enigma Code, Hunted Down Russian Submarines, and Emerged Triumphant from Two Centuries of Controversy)》(2011). 이 책은 '베이즈 이론'의 탄

인의 신념은 아무런 의미도 없다고 주장하면서, 객관적 확률만이 가치를 지녔다고 말한다. 하지만 지난 50~60년 동안 실용주의자는 통계학자의 비판을 무시한 채 베이즈의 정리로 많은 문제를 처리해왔다. 이를테면 제2차 세계대전 당시 독일군 암호의 해독, 러시아 잠수함의 위치 예측, 대출 신청자의 신용도 판단 등등에 모두 베이즈의 정리를 이용했다. 이에 관해서는 중문판 〈파이낸셜 타임스〉에 경제학자 허판(何帆)이 발표한 기사 내용을 직접 인용한다.**

> 생명과학자는 베이즈의 정리를 이용해서 유전자를 어떻게 제어할지 연구한다. 교육자는 학생의 학습과정에 베이즈의 정리를 활용할 수 있다는 사실을 깨달았다. 펀드 매너저는 베이즈의 정리를 통해 전략을 마련하고, 구글도 베이즈의 정리를 이용해서 검색기능을 개선하며 스팸메일을 효과적으로 필터링한다. 자율주행 자동차 루프에 설치된 센서는 베이즈의 정리를 통해 도로 상황과 교통 데이터를 수집하고 새로 업데이트된 맵에서 정보를 획득한다. 또 AI의 기계번역 중 상당 부분이 베이즈의 정리에 의존하고 있다.

이런 응용 사례에 적용된 원리는 모두 동일하다. 어떤 문제에 관해 모든 정보를 파악할 수 있다면 객관적인 확률 또한 계산할 수 있을 것이다. 하지만 어떤 결정을 내려야 하는 대부분의 경우에 우리는 불충

생부터 현재까지 파란만장한 250여 년의 역사를 담아내고 있다. 하지만 저자가 책의 말미에야 베이즈의 정리에 관한 수학공식을 나열한 이유는 도무지 알 수 없다. 공식을 보지 않고 어떻게 베이즈의 이론이 탄생하게 된 경위를 이해할 수 있단 말인가?

•• 허판 '〈연방주의자 논집 (The Federalist Papers)〉 배후의 통계학 유령', 〈파이낸셜 타임스〉, 2014년 11월 10일.

분한 정보를 얻게 된다. 즉 우리가 활용할 수 있는 정보는 아주 제한적이다. 베이즈의 정리에 따르면 모든 정보를 획득할 수 없다면, 제한된 증거를 쥔 상태에서 최대한 보다 나은 판단을 하는 것이 최선이다.

베이즈의 정리가 어떤 것인지부터 알아보자.

$$P(A|B) = \frac{P(B|A)}{P(B)} \times P(A)$$

A는 옹화궁의 기도 효과 같은 관심 사건을 나타내고, P(A)는 A의 발생 확률을 뜻한다. B는 '옹화궁 기도 후 친구 K가 승진함'과 같은 관련 사건을 나타내고, P(B)는 B의 발생 확률이다. 또 P(A|B)는 B가 확인된 상황에서 A가 발생할 확률을, P(B|A)는 A가 발생한 상태에서 B가 발생할 확률을 가리킨다.[•]

이 내용은 수학적 추론을 통해 도출된 '정리'라고 할 수 있다.[••] 즉 이 공식은 '선택'의 대상이 아니라 확률론의 기본 원칙에 동의한다면 반드시 사용해야 하는 것이다. 통계학자들이 의견 일치를 보지 못하는 부분은 공식 자체의 유효성이 아니라, 공식 사용의 유효성이다.

위에서 설명한 기술적인 내용을 이해하지 못했어도 계속 읽어보자. 사실 이 정리는 그리 복잡할 것이 없다. B가 발생하여 새로운 증거가 생기면 A의 확률을 P(A)에서 P(A|B)로 조정하면 되는 것이다. A를 일반적인 상황에 대한 이론적인 예언으로 간주하고 B를 실험 결과로 여겨도 무

- 이때 P(A)는 A의 '사전확률(Prior Probability)', P(A|B)는 '사후확률(Posterior Probability)'이 된다. 여기서 '사전'과 '사후'의 기준은 사건 B의 발생이다. —옮긴이
- • 추론 과정은 무척 단순하다. P(A|B)·P(B)와 P(B|A)·P(A)는 모두 'A와 B가 모두 발생한 확률'이라는 뜻이므로, 둘의 값은 같다. 그 외에도 복잡한 계산 형식이 있지만 여기서는 언급하지 않겠다.

방하다. 새로운 실험 결과가 생기면 자신의 이론적 예언을 조정하면 된다.

옹화궁 새해기도라는 사건을 예로 들어 베이즈주의자들이 어떻게 자신의 믿음을 '갱신'하는지 살펴보자. 먼저 기본적인 확률 공식, 즉 전체 확률의 법칙을 사용하면 $P(B)=P(B|A)\cdot P(A)+P(B|\underline{A})\cdot P(\underline{A})$로 놓을 수 있다. $\underline{A}$는 A와 정반대의 사건, 즉 '옹화궁에서 소원을 빌어도 소용없다'이므로 $P(\underline{A})=1-P(A)$이다. 이 공식을 이용하면 $P(B)$를 좀 더 정확하게 계산할 수 있다. 하지만 베이즈의 정리를 이용하기 위해서는 다음 세 가지 값도 알아야 한다.

- 옹화궁의 새해기도에 대한 당신의 믿음 $P(A)$
- 옹화궁의 새해기도가 효과가 있어서 K가 기도로 승진했을 확률 $P(B|A)$
- 옹화궁의 새해기도가 효과가 없어도 K가 승진했을 확률 $P(B|\underline{A})$

이제 비교적 합리적인 수치를 구해보자. 승진을 했다는 것은 남들보다 월등한 점이 있다는 뜻이니, 옹화궁의 도움 없이 승진했을 가능성을 50퍼센트라고 하자. 그러면 $P(B|\underline{A})=0.5$가 된다. 옹화궁의 새해기도가 열이면 열, 백이면 백 모두를 부자로 만들어주지는 못한다 해도, 소위 '영험하다'면 승진 가능성을 대폭 상승시켜주었을 것이다. 그러므로 $P(B|A)=0.8$ 정도로 생각할 수 있다. 마지막으로 옹화궁에 대한 당신의 믿음이 15퍼센트였다면 $P(A)=0.15$이다.

위의 값을 이용해 베이즈의 정리를 계산하면 이제 당신의 믿음은 $P(A|B)=0.22$가 된다. 옹화궁 새해기도와 관련하여 관측 가능한 사건이 생겼으니 이제 그에 대한 믿음의 수치를 변경한 것이다.

숫자를 동원하는 까닭은 무엇인가? 바람소리를 듣고 비가 올 것이라고 예측하는 것보다는 숫자로 근거를 제시하는 편이 훨씬 신뢰감을 주지 않는가? 당신의 믿음이 15퍼센트에서 22퍼센트가 되면 첫째, 어떤 결론을 수용할 때 이를 뒷받침할 수 있는 증거가 늘어난 것이다. 둘째, 증거 없이 세계관에 즉각적인 변화를 겪지 않는 안정감을 얻을 수 있다. 어떤 의견이나 생각을 받아들이는 데는 경청과 설득과 중심잡기가 필요하다. 고대 성현들께서도 그리 말씀하지 않으셨던가?

믿음은 계속해서 조정할 수 있다. 1년이 지난 뒤에 K와 비슷한 실력이었던 L이 옹화궁에 가서 승진시켜 달라며 빌었지만 소원이 이루어지지 않았다는 이야기를 들었다. 당신의 믿음은 P(A)는 0.22이었지만, 지금 B는 '승진 좌절'을 의미하므로 P(B|A)는 더 이상 0.8이 아니라 0.2가 된다. P(B|A̲)는 여전히 0.5이고 변화된 값을 베이즈의 정리에 대입하면 P(A|B)=0.1이 된다.

그 결과 옹화궁에 대한 믿음이 22퍼센트에서 10퍼센트로 낮아진다. P(B|A)>P(B|A̲)의 조건만 충족되면 B사건을 통해 A사건에 대한 신뢰는 커지거나 감소할 수 있다. 이렇게 믿음이 상향조정되거나 하향조정되다가도 다양한 증거에 대한 이야기를 듣고 나면 비교적 안정적인 생각을 정할 수 있다. 옹화궁 새해기도의 경우, 기도를 해도 아무런 효험을 보지 못하는 일을 몇 번 겪고 나면 당신은 기도의 효과를 믿지 않게 될 것이다.

어떤 일에 대한 믿음의 값이 애초에 무척 낮았다면 나중에 강력한 증거가 나타나도 우리는 좀처럼 그에 대한 믿음을 바꾸려고 하지 않는다. 이럴 때에 베이즈의 정리를 이용하면 주관에 좌우되지 않고 증거에 입각한 정확한 판단을 내릴 수 있다.

베이즈의 정리가 보여주는 극단적인 사례를 보자.*

에이즈 바이러스(HIV) 검사의 정확도는 상당히 높은 편이다. 혈액 검사는 대상자가 HIV 양성일 경우 그 사실을 99.9퍼센트의 정확도로 잡아낸다. 대상자가 HIV 보균자가 아닐 때도 정확도는 무려 99.99퍼센트에 달한다. 다시 말해서 후자의 경우 오차 가능성은 0.01퍼센트에 불과하다.

그럼 일반인 중 HIV 보균자의 비율이 1만 명당 한 명, 즉 0.01퍼센트라고 해보자. 이때 길거리에서 무작위로 대상을 설정해 혈액검사를 실시한 결과, 피험자가 HIV 양성으로 판명됐다. 그렇다면 피험자가 실제로 HIV 보균자일 가능성은 얼마나 되는가?

이 문제에 대답하기 전에 참고자료를 하나 보여주겠다. 독일의 막스플랑크국제연구학교(International Max Planck Research Schools)의 심리학자가 학생, 수학자, 의사를 포함한 수백 명을 상대로 똑같은 질문을 던졌다. 확인 결과 95퍼센트의 대학생과 40퍼센트의 의사가 잘못된 답을 선택했다.

베이즈의 정리를 사용해서 위의 문제를 풀어보자.

A=대상자는 진짜 HIV 보균자다

B=HIV가 검출됐다

'P(A)=0.01퍼센트, P(B|A)=99.9퍼센트, P(B|A̲)=0.01퍼센트'라는 기

---

* 사례의 출처: 마크 뷰캐넌, 《사회적 원자》. 여기에서 사용한 데이터는 지금의 실제 바이러스 검사에 부합되지 않는다. 이 역시 하나의 사례에 속한다.

존 조건에 공식을 대입하면 P(A|B)=50퍼센트라는 결과가 나온다. 다시 말해서 검사의 정확도가 아무리 높다고 해도, 또 피험자가 HIV 양성이라는 결과가 나왔다고 해도, 실제로 그가 HIV 바이러스를 가지고 있을 가능성은 50퍼센트에 불과한 것이다.

여전히 이해가 잘 되지 않는 독자들을 위해 좀 더 쉽게 설명해보도록 하겠다. 에이즈 위험도가 높지 않은 일반인이 HIV 보균자일 가능성이 0.01임을 생각해보면 1만 명당 한 명의 HIV 보균자가 존재한다고 볼 수 있다. 그래서 1만 명을 대상으로 검사를 실시했고, 강력한 검사 수단 덕분에 한 명의 보균자를 찾아낼 수 있었다. 나머지 9,999명에게서는 HIV가 발견되지 않았지만 이들에 대한 검사 정확도는 99.99퍼센트이다. 즉 오차 가능성 0.01퍼센트를 고려하면 이들 중 한 명의 검사 결과에 오류가 있을 수 있다. 이 9,999 중에서 가짜 HIV 양성이 한 명 나올 수 있다는 뜻이다.

이렇게 해서 원래 HIV 보균자는 한 명인데 우리 검사에서는 두 명으로 확인됐다. 그러므로 HIV 양성 판정을 받은 사람이 실제 HIV 보균자일 확률은 사실 50퍼센트밖에 되지 않는다.

원론적으로 이야기해서 이러한 상황이 생긴 근본적인 원인은 HIV가 그 이름은 세간에 널리 알려져 있지만 사실 희귀한 병이라는 데 있다. 1만 명 중 한 명꼴로 보균자가 존재하는 상황에서 검사 수단이 제 아무리 정확하다고 해도 생사람을 잡을 수 있는 것이다.

그래서 보기 드문 희귀 질병에 대한 검사를 실시할 때는 양성 판정이라는 결과를 지나치게 신뢰해서는 안 된다.

이 이야기를 하고 나니 불현듯 중국의 '간첩 신고 운동'이 떠오른다. 중국 대륙의 주도권을 놓고 공산당과 국민당은 치열한 경쟁을 벌였으나, 결국 인민이 공산당의 손을 들어주면서 국민당은 중국 대륙을 등졌다. 이 과정에서 국민당은 이른바 '특무(特務)'라고 하는 잔여 세력을 대륙 곳곳에 남겨두었다. 쉽게 말해서 간첩을 떠올리면 된다. 간첩 활동은 원체 위험한 데다 은밀히 진행되어야 하는 탓에 소수정예로 운영되었다. 국민당에서 관련 사업을 하는 데 필요한 자금을 아무리 많이 쌓아놨다고 해도 첩보활동을 할 만한 사람은 극히 소수일 것이 분명했다. 그런데 생김새나 말투가 간첩처럼 보이는 사람이 진짜 간첩일 확률은 얼마나 될까? 앞선 사례에서 보여주듯 '오진율'은 상당히 높다. 따라서 가장 효과적인 간첩 색출법은 한 명씩 잡아다가 확인하는 것이다. '단체 심사'의 경우 억울한 일을 당하게 되는 사람들이 무더기로 나올 수 있겠다.

이렇게 수학원리에 따라도 부당한 거짓 사례가 생길 수 있다. 그래서 칼 세이건(Carl Edward Sagan)이 "평범함을 뛰어넘는 주장에는 평범함을 뛰어넘는 증거가 필요하다"라는 말을 한 것이다.

비교적 최근에 나에게도 기존의 믿음을 바꾸게 한 사건이 하나 있었다. 2010년, 언론에서는 세계 IT산업을 선도하는 구글이 주력할 새로운 분야에 대해 자세히 소개했다. 구글에서 그 당시까지 개발되었던 기술의 한계를 개선하여 한 단계 앞선 자율주행 시스템을 내놓을 것이라는 내용이었다. 하지만 이야기를 들었을 때 나는 솔직히 말해서 대수롭지 않게 생각했다. 그때만 해도 운전은 AI가 수행하기 어려운 작업이라고 생각했기 때문이다. 컴퓨터 프로그램은 자동차 운전은 둘째치고 주차도 제대로 하지 못할 것이라고 생각했다. 다른 업체들의 자율주행 연구도 대부분 초급 단계에 있었다. 당시에는 자율주행을 위한 전용 고속도로에서 자동차에 탑승한 사람이 앞에서 길을 안내하면 자율주행 차량이 그 뒤를 바짝 붙어 가는 식의 실험이 진행되고 있었다. 혼자서는 주행할 수 없는 자율주행 자동차라니! 이것은 단순히 운전을 모방하는 것에 불과할 뿐, 복잡한 도로 상황을 전혀 이해하지 못한다는 의미였다. 그래서 당시에 기자가 전문가의 설명을 제대로 이해하지 못했거나 속아 넘어갔다고 생각했다.

하지만 구글의 프로젝트를 소개하는 후속 기사가 꾸준히 발표되면서 자세한 내용이 하나둘씩 공개되기 시작했다. 당시 다른 업체의 자율주행 프로젝트는 여전히 초기 단계에서 벗어나지 못하고 있었다. 가전용 로봇청소기처럼 작은 기기도 엉뚱한 곳을 헤매기 일쑤였다. 하지만 기사를 본 후 나는 구글의 자율주행 시스템에 대해서는 믿음을 가지게 되었다. 아직 그 기술이 상용화되지 않은 점을 고려할 때 지금 내 믿음은 95퍼센트 정도다.

중국은 특수한 국내 상황 때문에 베이즈의 통계학 수업을 금지한 적이 있었다.* 아마도 당시의 사람들이 신념을 쉽게 바꾸지 않았기 때문에 그랬던 것 같다. 지금까지도 여전히 많은 사람이 자신의 신념과 정반대되는 증거를 보고도 못 본 척 무시하거나 음모라고 주장하고, 심지어 자신의 신념이 더 옳다는 것을 증명하려고도 하지 않는다. 연갱요(年羹堯)**를 대하는 옹정제(雍正帝)는 어떠했던가? 신뢰할 때는 무릎을 마주할 만큼 가까이에 두며 돌보다가도, 한번 의심을 하고 나서는 해명 따위는 듣지도 않고 사약을 내려 죽여버렸다. 옹정제처럼 무분별한 성격은 앎(知)을 구하는 기본 자세조차 갖추지 못한 셈이다. 새로운

• Solidot: '컬럼비아대학교 통계학 서적이 중국에서 금서가 된 이유', http://www.solidot.org/story?sid-21958
•• 1679년~1726년. 청나라 옹정제 시대의 장군 겸 정치가 -옮긴이

사실이 나올 때마다 자신의 관점을 꾸준히 조정하는 것이 무엇보다도 중요하다.

관점을 사실에 따라 변화시키는 것, 바로 거기에 지혜와 용기가 있다. 그것이 바로 베이즈의 정리가 알려주는 위대한 원칙이다.

9
역동적인 진화심리학

진화심리학(Evolutionary Psychology)은 1980년대부터 주목받기 시작한 비교적 새로운 학문으로서, 빠른 발전 속도와 새로운 아이디어를 자랑한다. 하지만 그와 동시에 전통적인 사회과학 이념과 척을 지고 있어 뜨거운 감자로 통하기도 한다. 개인적으로 진화심리학을 평가해보자면 '역동적'이라는 표현이 안성맞춤인 듯하다.

진화심리학에 관한 흥미로운 이야기를 담고 있는 《처음 읽는 진화심리학(Why Beautiful People Have More Daughters)》은 무척 진지하고 학문적인 주제를 담고 있지만, 이 책을 읽은 독자들은 그저 박장대소했거나 흥분하며 화를 냈을지도 모르겠다. 왜냐면 이 책은 인류의 동물적 본

• 저자: 앨런 밀러(Alan Miller), 사토시 가나자와(Satoshi Kanazawa)

능을 무척 강조하고 있기 때문이다.

진화심리학에 대한 논쟁은 크게 두 가지로 나뉜다. 첫째, 전통적인 사회과학에서는 인류는 고등생물이며 특수한 존재로 동물과 다르다고 주장한다. 하지만 진화심리학에서는 인간과 동물은 아무런 차이가 없는 '완전히' 동등한 존재라고 말한다. 둘째, 전통적인 사회과학에서는 인간의 성격과 사고방식이 (자연환경과 사회환경을 포함한) 후천적 환경으로부터 영향을 받은 결과라고 말하지만, 진화심리학에서는 이른바 그런 '인간다움'은 인간이라는 종이 오랫동안 진화하면서 자연선택(Natural Selection)에 적응한 결과라고 주장한다. 그래서 태어나는 순간 '인간다움'이 이미 갖춰져 있다는 것이다.

예를 들어 남녀의 성격 차이를 살펴보자. 페미니스트와 전통적인 사회과학은 남녀의 성격이 다른 것은 사회적 구속이 하나의 습성으로 발전했기 때문이라고 주장한다. 이들에 따르면, 어린아이는 자신의 성별에 따라 행동하는 법을 배운다. 하지만 진화심리학에서는 남녀의 성격 차이는 태어날 때부터 결정되며 후천적인 환경의 영향은 그리 크지 않다고 말한다.

진화심리학에는 '사바나 원칙(Savanna Principle)'이라고 부르는 기본 가설이 있다. 오늘날 인간 행동 양식의 이유를 알고 싶다면 석기시대를 살펴보면 된다는 이론이다. 인류는 진화 속도가 무척 느린 편이다 (한 세대가 약 20여 년이며 출산 시 보통 한 명의 자녀를 낳는다. 이에 반해 초파리는 한 세대가 대략 십여 일이며 한 번에 수백 개의 알을 낳는다. 이것은 진화를 연구하는 학자들이 초파리를 좋아하는 이유이기도 하다). 최근 수천 년간 인류의 생활방식은 진화가 그 속도를 따라잡지 못할 정도로 급속하게 변했다. 그래서 소위 현대인의 성격과 사고방식이 여전히 석기시대와 같은 선사시대에 머물러 있다는 것이다.

인간이 단 음식을 좋아하게 된 이유를 예로 들어 설명해보겠다. 물질이 풍족해지면서 현재는 영양과다를 걱정하는 시대다. 특히 단 음식은 건강에 좋지 않다. 그런데 사람들은 왜 단 음식을 좋아하는 것일까? 물질이 풍요롭지 못한 석기시대에 단 음식은 더 많은 열량을 의미했다. 자연선택의 결과, 단 음식을 좋아하는 사람의 유전자가 살아남은데 반해 그렇지 않은 사람의 유전자는 도태되었던 것이다.

TV는 새로운 생활에 인간의 진화가 적응하지 못한 또 다른 사례를 보여준다. 사람들은 왜 TV를 통해 보는 가상의 인물을 자신의 친구라고 여기는 것일까? 왜 그들이 슬퍼하면 함께 슬퍼하는 것일까? 선사시대에는 TV 드라마가 없었기 때문이다. TV가 등장한 지 얼마 되지 않아서 인간의 두뇌가 '허구의 인물'을 실제와 구별할 정도로 진화하지 못한 것이다. 그래서 이 점을 이성적으로 일깨워줘야 한다.

위의 예시에서 진화심리학자는 우리 잠재의식 속 '상식'을 해석하는 데 치중하고 있음을 알 수 있다. 그래서 뭔가를 좋아하는 이유를 제대로 설명하지 못할 때 진화심리학이 등장한다.

남성은 왜 금발 여성을 좋아하는가? 왜냐면 금발은 젊음의 상징이기 때문이다. 금발 여성의 머리색은 십 대일 때 가장 반짝이다가 일정 연령이 지나면 점차 바랜다. 선사시대에는 신분증을 조사할 수 없었으니 남성은 여성의 머리카락을 보고 상대의 나이를 추측했을 것이다. 그래서 금발을 좋아하는 남성은 더 젊은 배우자를 맞이할 수 있었고, 젊은 배우자와의 사이에서 많은 후손을 얻어 자신의 유전자를 더 쉽게, 더 멀리 퍼뜨릴 수 있었다.

남성이 가슴 큰 여성을 좋아하는 이유 역시 이와 비슷하다. 가슴의 크기와 여성의 생식능력 사이에 뚜렷한 관계가 없다는 연구가 있지만, 가슴의 크기는 성숙함과 젊음을 드러낸다.

미녀의 조건은 무엇인가? 연구 결과 '아름다움'은 주로 '대칭'을 의미하고, 대칭은 곧 건강함을 상징한다. 그래서 본질적으로 남성은 젊고 건강한 여성을 선호한다고 풀이할 수 있다.

자연선택은 매우 흥미로운 메커니즘이다. 예를 들어서 남성이 젊은 여성을 '선호'하는 것은 젊은 여성이 더 많은 아이를 낳을 수 있기 때문이라고 한다. 이것은 남성의 '목적'이 후손을 보존하는 데 있다는 의미 같지만, 사실 그 목적은 의식적이라기보다는 무의식적일 가능성이 높다. 자연선택 메커니즘이 그러한 목적이 없는 남성, 즉 후손을 남기는 데 무관심한 남성의 유전자를 도태시켰기 때문이다.

남성이 푸른 눈동자를 가진 여인을 좋아하는 이유는 특히 흥미롭다. 이 문제는 오랫동안 사람들을 곤혹스럽게 만들었다. 녹색이나 다른 색깔이 아니고 왜 파란색일까? 그 답은 진화심리학을 공부하는 여학생의 논문에서 찾을 수 있었다. 사람은 자신이 좋아하는 대상을 봤을 때 동공이 커지는데, 그중에서도 파란색 눈동자에서 동공 확대를 가장 쉽게 확인할 수 있다. 즉 남성은 상대가 아이를 낳아줄 정도로 자신에게 호감이 있는지 푸른 눈을 통해 더 확실히 판단할 수 있는 것이다.

진화심리학에서는 양성 간의 모든 차이를 생식능력의 차이로 설명할 수 있다고 주장한다. 첫째가 수량의 차이다. 이론적으로 남성은 수많은 자손을 거느릴 수 있지만 여성이 평생 낳을 수 있는 자손은 많아야 십수 명이다. 이 때문에 여성은 가정을 중시하게 되고, 이런 성향은 무의식적으로 발현된다. 다른 말로 하자면 가정을 등한시하는 여성은 진화에 의해 도태된다. 이러한 원리로 모험을 즐기는 남성과 모험을 기피하는 여성의 일반적 성향 역시 설명할 수 있다. 여성에게 있어서 모험을 좇는 남자란 자신이 힘들게 낳은 아이를 위험에 빠뜨릴 수 있는 존재에 불과한 것이다.

둘째, 여성은 누가 자신의 아이인지 확실히 알 수 있지만 선사시대의 남자는 그럴 수 없었다. 아기와의 혈연관계는 엄마에겐 '확실'했지만 아빠에겐 '어쩌면'이었다(momma's baby, daddy's maybe). 이러한 근본적인 원인으로 인해 남성은 여성의 외도를 특히 용서하기 어렵다. 조사에 따르면 남성은 나이가 들수록 폭력적인 범죄를 저지를 가능성이 현저하게 떨어지지만, 자신의 아내를 살해할 때는 젊은 남자와 아무런 차이도 보이지 않는다고 한다. 아내가 목숨을 잃을 확률을 결정하는 것은 남편의 나이가 아니라 아내 자신의 나이다. 그리고 나이가 어린 여성일수록 쉽게 목숨을 잃을 수 있다. 남편이 외도를 의심하기 때문이다. 그래서 젊은 남성은 (경쟁자를 줄이기 위해) 다른 남성을 죽이려 하고, 나이 든 남성은 자신의 젊은 아내를 죽이려 한다.

남성은 왜 중년의 위기를 겪는가? 사실 위기는 남성이 중년이 되었다는 사실에서 발생하는 것이 아니라 그들의 아내가 중년이 되었다는 사실에서 비롯된다. 조사에 따르면, 젊은 아내와 살고 있는 중년 남성에게는 그런 위기가 없다.

여기까지 설명하다 보니 더 이상 이야기할 기분이 아니다. 한 가지 밝혀두자면 남성의 경향에 관해 여기 쓴 글은 전부 진화심리학의 주장이지 내 이야기가 아니라는 것이다!

지금까지 살펴본 진화심리학의 주장은 요즘엔 모두 상식에 속하지만, 그중에는 우리 직감으로는 도저히 생각할 수 없는 것도 있다. 이를테면, 아름다운 여성은 딸을 낳을 가능성이 높다는 주장이 그 예다. 이는 진화심리학의 조사 결과 중 내게 가장 큰 충격을 주었는데, 주로 이런 이야기가 진화심리학이 전도유망한 학문이라고 생각하게 만든다.

통계에 따르면, 신생아의 평균 성비는 남자아이가 52퍼센트, 여자아이가 48퍼센트다. 즉 여자아이가 100명이라면 남자아이는 대략 104~107명(통계 지역의 차이로 인해 데이터에 오차가 발생할 수 있으며, 통계에 사용된 소스에 따라 수치는 유동적이다)이라는 뜻이다. 남자아이의 출생률이 높은 것은 특별히 신경 써야 할 사항이 아니다. 왜냐면 남성의 사망률 역시 여성보다 높기 때문이다. 남성이 80세를 넘겨 살다 보면 주변에서 추파를 던지는 할머니를 여럿 발견할 수 있을 것이다.

진화심리학의 주장에 따르면 인간은 자신이 가진 가장 우수한 유전자를 다음 세대에 전하기 위해 최선을 다한다. 그리고 주어진 환경에서 생존과 번영에 유리한 자손을 낳으려는 경향이 있다. 이런 점 때문에 부와 권력을 지닌 사람들은 남자아이를 낳을 가능성이 높다. 부와 권력 모두 여성보다는 남성에게 더 중요한 조건이 되기 때문이다. 실제 통계 결과 역시 이를 증명한다. 미국 정계와 미국 부유층을 상대로 조사한 결과, 딸보다 아들을 가진 부모가 훨씬 많았다.

엔지니어, 과학자의 유전자 역시 여성보다 남성에게 더 유리하게 작용한다. 이러한 주장을 뒷받침하는 데이터에 따르면 엔지니어와 과학자의 후손 중에서 남자아이와 여자아이는 58 대 42의 비율로 나타났다. 이는 남자아이 140명당 여자아이 100명이 되는데 전체 인류의 평균 데이터와 비교했을 때 현저한 차이를 보인다.

이런 논리에 따르면 아름다운 외모의 여성이 아들보다 딸을 낳을 가능성이 높은 것은 전혀 이상한 일이 아니다. 왜냐면 미모의 중요성이 남성보다는 여성에게 더 크게 작용하기 때문이다(딸에게 아름다움이라는 유전적 특징을 물려주었을 때 그 효용이 더 크다). 2006년에 실시된 통계에 따르면 미모의 여성이 딸을 낳을 확률은 56퍼센트, 아들을 낳을 확률은 44퍼센트로 확인됐다. 이 이론에 따르면 여성은 필연적으로 점점 아름다워진다는 결론에 도달하는데, 일반적으로 여성이 남성보다 아름답다는 것은 이미 우리 모두가 인정하는 사실이기도 하다.

대체 어떻게 특정한 성별의 출생률이 높아질 수 있는 것일까? 특정한 성별의 아이를 낳을 가능성이 높도록 이들의 유전자에 무슨 장치라도 되어 있는 것일까? 이에 대한 정론이 아직까지 없으므로 통계 결과만 놓고 이야기하는 수밖에 없다.

그 밖에도 일부다처제에 관한 이야기가 무척 흥미롭다. 진화심리학에서는 일부다처제가 가장 자연스러운 사회 형태이며, 여성은 다음 세대를 위해 부자의 여러 아내 중 한 명이 될지언정 가난한 사람의 유일한 아내가 되기를 원치 않는다고 말한다. 사실상 거의 모든 사회가 일부다처제라는 것이다(고대 유럽의 일부다처제에서 남성은 연인과 노예를 거느릴 수 있었다).

하지만 절대다수의 남성에게는 일부일처제가 유리하다. 사회적으로 가장 부유한 25퍼센트의 남성이 네 명의 아내를 거느린다면 나머지 75퍼센트의 남성은 아내를 얻지 못한다. 여성의 수가 부족하면 남성의 폭력 범죄율이 증가하게 된다. 진화심리학에서는 이슬람 테러리스트가 많은 것 역시 이슬람교의 일부다처제와 밀접한 관련이 있다고 생각한다. 테러리스트는 대부분 미혼 청년들로, 이들은 살아서 아내를 찾지 못하고 천국에서 자신을 기다리는 수많은 처녀들을 만날 것이라고 믿는다. 그래서 진화심리학은 일부일처제는 사실 여성의 해방이 아니라 남성의 권익을 위한 제도라고 주장한다. 또한 남성들이 여성의 권익을 희생하는 한이 있더라도 사회의 평화와 안정을 위해 여성이라는 자원을 공평하게 나누자는 암묵적인 협의를 맺은 것이라고 해석한다.

진화심리학에서는 인류의 모든 행위의 원인과 목적은 결국 자신의 유전자 보존으로 귀착된다고 말한다. 남성이 여성보다 해외여행을 덜 선호하는 까닭은 무엇인가? 남성이 이성의 관심을 끌려면 상당한 수준의 언어능력이 필요한데, 해외로 나가면 언어 장벽으로 인해 자신의 매력을 발산하기 어렵기 때문이다. 이에 반해 여성의 외모와 몸매는 어느 나라에서나 통한다.

그렇다면 진화심리학의 관점에서 봤을 때, 문명시대에 접어든 후 쌍둥이 출산율이 대폭 증가한 것은 어떻게 설명할 수 있을까? 식량이 부족했던 석기시대에는 쌍둥이를 낳으면 한 명만 살아남는 경우가 많았다(연이은 출산은 그다지 문제가 되지 않는다. 먼저 태어난 아이가 어느 정도 성장한 상태이므로 손이 많이 가지 않을 테니까 말이다). 그러다가 먹을 것이 풍부한 문명시대로 넘어오면서 쌍둥이가 둘 다 생존할 가능성이 높아지자 그 유전자(정말 그런 유전자가 존재한다면)도 확산되기 시작한 것이다. 하지만 이 가설은 비교를 통해 근거 자료가 될 수천 년 전의 인구 통계 데이터가 없는 탓에 아쉽게도 검증이 불가능하다.

물론 진화심리학이 모든 문제를 설명할 수 있는 것은 아니다. 설명이 어려운 가장 대표적인 사례가 바로 동성애 문제다. 후손을 생산할 수 없는 동성애자는 어떻게 도태를 피할 수 있었는가?

이 문제에 대해서는 유전학자가 일부 답변을 제시하기도 했다. 연구 결과에 따르면, 남성 동성애 유전자를 보유한 사람은 남녀를 불문하고 남성과의 성행위를 더욱 원한다. 그래서 그 유전자를 가진 여성은 다른 여성보다 더 성행위를 즐기는 편이라고 한다. 이러한 성향은 그녀들이 또래 여성보다 더 빨리, 더 많이 아이를 낳는 결과로 이어진다. 그리고 이들의 높은 출산율은 남성 동성애자가 끼치는 '손실'을 메우며 남성 동성애 유전자를 계속해서 물려주게 된다.

하지만 이 이론은 여성 동성애자의 경우를 설명할 수 없다. 현재까지 이에 대응하는 여성 동성애 유전자가 발견되지 않았기 때문이다.

혹자는 종족 전체의 관점에서 동성애 현상이 인구를 조절하기 위한 제어 기제라고 주장하기도 한다. 하지만 개인적으로 이 주장은 별로 설득력이 없다고 생각한다. 현재까지 과학계에서 '종족 전일주의적 진화론'은 공감대를 이루지 못하는 것 같다.

부모에 대한 자식의 사랑은 진화심리학에서 설명하지 못하는 또 다른 현상 중 하나다. 아이가 부모를 사랑하지 않으면 제대로 성장할 수 없기 때문이라고 할지도 모르겠다. 그렇다면 성인이 된 후에도 왜 여전히 부모를 사랑할까?

이처럼 진화심리학이 모든 현상을 명쾌하게 설명할 수 있는 것은 아니다. 사회, 문화와 환경이 인간에게 미치는 영향을 결코 무시할 수 없기 때문이다. 《처음 읽는 진화심리학》의 가장 큰 문제는 진화심리학에서 모든 답을 찾으려는 데 있다. 석기시대의 사람이 자신의 부모를 사랑하지 않았다면, 부모에 대한 효를 강조하는 고대 중국의 가르침을 어떻게 이해해야 할 것인가?

다른 학문과 비교했을 때 진화심리학의 특징은 연구 대상이 다수라는 점이다. 일반적으로 사회과학은 새로운 대상, 특별한 사례에 대한 연구를 선호한다. 이를테면 범죄심리학, 이상심리학도 그렇다. 하지만 진화심리학은 침묵하는 대다수를 연구하고, 인류의 가장 원시적인 본능을 연구한다. 이는 인간 자신의 출발점을 이해하는 작업으로서, 앞으로 인류에 대한 사고의 깊이를 더하고 범위를 넓힐 것이다.

진화심리학이 전통사회의 다양한 현상을 설명할 수 있더라도 현대 사회에는 더 많은 새로운 사실들이 발견되고 발전하고 있다. 또 진화심리학이 인간의 사유와 행동의 흐름을 설명할 수 있다 해도, 인간이 그 틀 안에서만 움직이는 것은 아니다. 진화하는 인간은 자신의 단점을 극복하고 진화심리학의 틀 밖으로 나섰다.

이를테면 진화심리학에서는 당연히 양자보다 친자가 더 많은 사랑을 받는다고 주장한다. 부모의 유전자를 그대로 이어받았기 때문이다. 이를 뒷받침하는 실제 사례가 여럿 존재한다. 계부, 계모에 의한 아동학대 사건은 그동안 꾸준히 발생해왔다. 하지만 양부모가 양자를 친자식과 함께 키우면서도 차별 없이 대하며 사랑하는 사례도 적지 않다.

이러한 의미에서 우리 인간은 진화심리학을 뛰어넘고 이성으로 본능을 다스리기 위해 교육을 받는다고 볼 수 있다.

10

가장 믿을 수 있는 지식

《몽테 크리스토 백작》이야기는 우리에게 큰 울림을 선사한다. 주인공 에드몽 당테스는 누군가의 모함으로 샤토 디프 감옥에 투옥된 뒤 복수심을 불태운다. 그곳에서 당테스는 옆 감방에 수감된 파리아 신부를 우연히 알게 되고, 그의 박학다식한 지식에 크게 감탄한다. 파리아 신부는 당테스와 많은 대화를 나누며 2년 안에 자신이 알고 있는 모든 지식과 경험 등을 그에게 전수하기로 결심한다.

그 후 당테스는 파리아 신부로부터 수학, 물리학, 3~4개국의 언어, 상업, 법률, 역사, 정치를 배운 뒤 감옥을 탈출한다. 평범한 주인공이 은둔한 고수의 도움으로 절대 비급을 얻고 무림의 최강자로 환골탈태하듯, 당테스는 몽테 크리스토 백작이라는 이름으로 파리아 신부한테 배운 지식을 이용해 자신을 모함했던 사람들에게 복수한다.

당테스처럼 그런 지식을 배우고 싶다고 생각하는 사람이 있겠지만 눈앞의 현실은 소설과는 엄연히 다르다는 것을 알아야 한다. 인류의 모든 유용한 지식을 담은 책이 있다고 해도, 또 2년 안에 그 책의 모든 지식을 파악하고 이를 능수능란하게 사용할 수 있게 된다고 해도, '하산'하자마자 골치 아픈 문제에 직면하고 말 것이다.

책에 적혀 있는 지식의 가치가 예전만 못할 것이기 때문이다. 마늘을 먹어도 콜레스테롤은 떨어지지 않고, 비타민E를 섭취해도 관상동맥경화증을 예방할 수 없을지도 모른다. 지구 온난화는 위험천만한 대재앙을 일으키지도 않았고 금융위기도 여전히 진행 중이다.

요컨대 인류의 지식에는 한계가 존재한다. 아무리 현명한 학자라고 해도, 아무리 연구에 많은 돈과 시간을 들였다고 해도, 틀릴 수 있다. 그러므로 과학의 최대 가치는 고정된 지식이 아니라 지식을 획득할 수 있는 연구방법에 있다.

그렇다고 해도 우리가 직접 모든 것에 대해 일일이 연구하거나 검증할 수는 없다. 그렇다면 '전문가'가 들려주는 다양한 지식에 대해 어떤 태도를 취해야 할까?

모든 수학 지식은 의심할 바 없이 '절대적'으로 정확하다. 왜냐면 수학 연구는 우리가 살아가는 실제 세계가 아니라 순수하게 논리로만 구성된 추상된 세계를 대상으로 삼기 때문이다. 수학적 세계에서는 정의가 분명하다면 또 공식이 정확하고 추리과정이 규칙에 어긋나지 않는다면, 한번 증명된 정리는 영원히 뒤집을 수 없다. 즉 출발점과 논리적 추론에 오류가 없다면, 그 지식은 절대적으로 정확하다고 할 수 있다.

물리학의 경우 일부 지식은 틀렸을 수도 있다. 왜냐면 물리 이론은 논리적 추론, 수학적 계산이 아니라 실험을 기반으로 하고 있기 때문이다. 우리의 손에는 세계에 관한 청사진이 없기 때문에 모든 것을 탐색에 의존하는 수밖에 없다. 그래서 가끔 엉뚱한 추측을 하는 것은 지극히 정상적인 현상이라 할 수 있다.

다행히 현대 물리학의 경우, 연구에 필요한 외부입력이 극히 제한적이고 관련 계산을 직접 할 수 있기 때문에 연구 결과를 상당히 신뢰할 수 있다. 예를 들어서 모든 물리학 이론은 모든 물체의 속도는 광속을 초과할 수 없다고 설명한다. 하지만 몇 년 전 중성미자(Neutrino)의 속도가 광속을 뛰어넘을 수 있다는 주장이 제기되기도 했다. 결국 사후 증명은 물 건너갔지만 말이다.

화학, 전기공학, 기계공학 등은 본질적으로 모두 수학, 물리학을 기반으로 삼고 있다. 하지만 이들 학문은 관련된 요소가 매우 복잡하고 직접적인 계산이 어렵기 때문에 대부분 실험에서 획득한 변수를 필요로 한다. 일부 변수는 특정한 환경에서만 적용될 수 있기 때문에 불확실성이 존재하지만 신뢰할 수 있는 편이다.

생물학, 의학의 경우 전체적 체제가 매우 복잡한 편이라서 수학적 추론만으로 어떤 주장이나 이론을 뒷받침하기 힘들다. 그래서 거의 대부분 실험에 의존하고 있는 실정이다. 하지만 특유의 복잡성 때문에 어떤 실험도 장님이 코끼리 만지는 격으로 모호함을 띨 수밖에 없다. 그래서 의약 분야의 대규모 무작위 실험 등을 통해 얻은 결론이 신뢰도가 더 높기도 하다. 아무튼 전체적으로 봤을 때 생물학과 의학은 신뢰도가 물리, 수학, 공학 등과 같다고 이야기할 수 없다.

경제학, 심리학, 정치학과 같은 분야의 지식은 신뢰도가 더더욱 낮은 편이다. 대부분의 경제학 모델은 사용되지 않아 거의 폐기 수준으로 축소되었고, 상당수의 심리학 연구 역시 그렇다. 또 정치학은 많은 문제에 대해 학자들이 기본적인 공감대마저 형성하지 못한 상태다.

아무리 그래도 가장 신뢰할 수 없는 지식은 역시 우리가 일상생활에서 가장 유용하게 쓰는 것이다. 어떤 업체의 주식을 살 것인가? 아이가 말을 안 들으면 어떻게 해야 할까? 제각각인 전문가의 의견 중에서 무엇을 선택해야 할까? 선택의 기로에 설 때마다 무엇이 옳고 무엇이 그른지 어떻게 알 수 있을까? 누구도 여기에 명쾌하게 답하기 어렵다.

하지만 지식인(智識人)으로서 우리는 최소한 두 가지 노력을 시도할 수 있다.

첫째, 전문가마다 들려주는 이야기가 다르다면 특정 이론에만 매달리지 말고 유연한 태도를 지녀야 한다. 이 이론이 통하지 않는다면 저 이론을 시도해보는 것이다.

둘째, 누군가가 파리아 신부처럼 우주의 진리와 같은 이론에 정통하다며 자신감을 드러낸다면 최대한 멀리하는 게 좋다.

11

낯선 거리에서
《짧고 쉽게 쓴 시간의 역사》를
외치다

《짧고 쉽게 쓴 시간의 역사》에 관한 독서법은 세 가지로 나뉜다. 즉 일반적으로 읽기, 두 번 읽기, 그리고 감성적으로 읽기다.

물리학은 정통적인 학문이지만 새로운 '추종자'를 모집하는 방법은 상당히 '비공식적'이다. 중학교 선생님으로부터 회로도 내 저항의 전류 강도를 계산하는 방법이나 U자형 유리관에 든 수은주의 높이를 계산하는 방법을 배우는 것만으로는 물리가 얼마나 재미있는 학문인지 알 수 없다. 그래서 물리학은 물리학이 아닌 다른 경로를 통해 추종자를 모집한다.

처음부터 물리학과를 지원한 사람은 분명 과학서적을 봤을 것이다. 상대성 이론, 블랙홀, 불확정성의 원리, 천재와 관련한 에피소드 등에 이끌린 이들은 호기심과 명예를 좇아 물리학을 선택한다.

물리학에 내 청춘을 바치게끔 만든 '첫 번째 총서'는 1990년을 전후로 출판되었다. 이들 책 중에서는《짧고 쉽게 쓴 시간의 역사》*도 있었다. 옮긴이의 말에서 역자 쉬밍셴(徐明賢)과 우중차오(鳴忠超)는 "저자는 처음 만나는 사람들이 자신이 중증 장애인임을 알고 놀라는 데 익숙해져 있었다"라고 쓰기도 했는데, 지금은 그런 논란이 될 만한 발언을 공개적으로 하는 경우는 보기 드물다.

《짧고 쉽게 쓴 시간의 역사》를 읽고 난 뒤 나는 도발적이라는 인상을 받았다. 우주가 무한대도 아니며** 영원히 존재하는 것도 아니라는 이야기를 처음 들었기 때문이다. 유한한 우주에 왜 경계가 없는 것일까? 이중 슬릿 실험(Double – Slit Experiment)은 어떤 결과를 가져왔는가? 스핀(Spin) 2분의 1은 어떤 의미인가? 블랙홀은 왜 검지 않은가? 이런 문제를 처음 들었을 때 아무렇지도 않은 사람은 아마 드물 것이다. 고등학생 때 이 이야기를 처음 접하고는 친구들과 토론을 벌이기도 하고 아는 내용을 떠들며 잘난 척하기도 했었다.

총서에서는 물리학 이론 외에도 물리학자의 특이한 개성을 엿볼수 있었다. 예를 들어 스티븐 호킹은 동물을 예시를 들 때면 소화와 배설기관이 보이는 단면 삽화를 넣고, 머리말에서 거북이에 관한 농담을 등장시키기도 했다. 과학자는 원래 융통성 없고 답답한 사람들 아니던가? 그들이 이렇게 위트 있을 것이라고는 생각해본 적이 없었다. 게다가 그들은 다양한 과학 이론에 대해 저마다의 '취향'이 분명했다. 마치

---

* 저자가 말하는 이 책은 《시간의 역사(A Brief History of Time)》로 1988년에 출간되었다. 개정판 격인 《짧고 쉽게 쓴 시간의 역사》는 2005년에 나왔지만, 저자는 두 책을 구분하지 않고 이야기하고 있다. —옮긴이

** 최신 관측 결과에 따르면 우주가 무한대일 가능성이 있다고 하지만, 이것은 여기에서 전하려고 하는 핵심이 아니다.

무협소설의 주인공들처럼 서로의 이론을 겨루며 무엇이 옳고 무엇이 그른지 따지기도 했다.

과학자들의 펜 아래 탄생한 물리학은 특유의 역동성을 자랑한다. 역사를 되돌아보면 아무리 뛰어난 이론이라고 해도 어느 시점에 이르면 순식간에 최신 이론에 자리를 내주곤 했다. 그래서 과학자는 항상 더 높은 곳을 향해 달려가야 한다. 전에 도서관에서 미국의 대학교 물리교재를 중국어로 번역한 책을 본 적이 있다. 저자는 여는 말에서 '이 책에 등장하는 물리학 지식이 모두 정확하다고 볼 수는 없다. 그렇다고 해도 이건 모두 틀렸을 리가 없는 이론이다'라고 솔직한 생각을 드러내기도 했다.

나는 대학교에 진학할 때 물리학과에 지원한 후, 물리학 박사학위를 취득하고 지금은 물리학과 관련된 직업을 가지고 있다. 이런 입장에서, 물리학자가 쓴 물리학 책이 인기를 얻어 크게 유행하면서 중국의 젊은 독자들이 자신도 물리학자가 되겠다고 다짐하게 된다면 더 바랄 일이 없을 것이다.

이 얼마나 이상적인 이야기인가! 하지만 아쉽게도 현실은 그리 녹록지 않다.

《짧고 쉽게 쓴 시간의 역사》와 평범한 물리학자

앞서 말한 이야기가 실현되기 어려운 이유는 내가 호킹처럼 '위대한' 물리학자가 아니기 때문이다. 나와 같은 분야에서 유사한 연구를 하는 과학자가 소수에 불과해서 이들은 나를 알지 몰라도, 그 외에 내가 누군지 아는 사람은 별로 없다. 내가 발표한 모든 물리학 논문의 열람횟수는 내가 쓴 어떤 글의 열람횟수보다 적을 것이다. 왜냐면 난 매우 평범한 물리학자이기 때문이다.

과학 관련 서적과 잡지가 들려주는 이야기에 매료된 것 외에도 내가 물리학에 관심을 갖게 된 중요한 이유는 수학이 재미있었기 때문이다. 누구라도 물리학계에 일단 발을 들여놓고 본격적으로 물리학을 배우면 수학보다 쓸모 있는 것이 없다는 사실을 깨닫게 될 것이다. 우리가 매일 하는 일은 우주가 유한하니, 무한하니 하며 감탄하는 것이 아니라 계산이다. 과학 관련 서적에서 종종 다루는 불확정성의 원리는 철학적 개념이 아니라 수학공식이다. 추론과 인용이 가능하다는 점에서 우리는 수학공식으로 대화하는 셈이다.

내가 스티븐 호킹이 될 수 없는 가장 근본적인 이유는 당연히 내가 천재가 아니기 때문이다. 하지만 이제 물리학의 대부분 영역은 뛰어난 천재 한 사람의 무대가 아니다. 물리학자 대부분도 자신이 두 달 안에 세상을 놀라게 할 대단한 이론을 발견할 것이라고는 기대하지 않는다. 그보다는 작지만 좀 더 현실적인 의미를 가진 성과에 더 관심을 보인다. 그리고 많은 경우 개인전이 아닌 단체전으로 승부를 건다. 결국 지금과 같은 시대에는 천재가 아닌 평범한 물리학자도 나름 쓸 만한 존재가 된다.

업무 중에 동료들과 나누는 대화도 모두 기술적이고 상당히 구체적인 문제로, 철학적이거나 함축적인 문제를 이야기하는 경우는 극히 드물다. 물리에 관한 문제를 이야기하면서 '하느님'이라는 단어를 꺼낼 가능성도 거의 없다.

우리가 매일 반복하는 연구는 과학 관련 서적이나 잡지에 쓰인 것처럼 드라마틱한 내용이 아니다. 당신이 축구선수라면 슛 장면을 모은 하이라이트만 보고 기자의 질문에 대답할 수는 없을 것이다. 사실 축구 선수는 대부분의 시간을 훈련을 하며 보낸다. 이처럼 우리가 일상적으로 하는 작업도 거의 대부분 소개되지 않는다.

일단 물리학 연구를 정식 직업으로 삼고 나면, 물리학에 대한 자신의 애정에 대해 떠드는 것이 얼마나 유치한 일인지 깨닫게 될 것이다. 대학원 입학원서에서 응시생 상당수가 자신은 물리학과 사랑에 빠졌다며 어릴 때 겪었던 일이나 과학 관련 서적의 독서량을 넌지시 자랑한다. 결론적으로 말해서 이는 아무짝에도 쓸모없는 짓이다. 왜냐면 대학원에서는 논문 발표 기록만 따지기 때문이다.

사실 스티븐 호킹조차 자신이 얼마나 물리학을 사랑하는지 책에서 단 한 번도 이야기한 적이 없다. 진짜 물리학자는 아무리 괴팍하다고 해도 사람 닭살 돋게 만드는 일은 하지 않는다. 어떻게 물리학을 배우게 됐느냐는 질문을 받을 때마다 호킹은 반농담식으로 이야기하곤 한다. "결혼하려면 직장이 필요했거든요. 직장을 얻으려면 박사학위가 꼭 있어야 했죠."

《짧고 쉽게 쓴 시간의 역사》에 대한 오해

내가 해피엔딩으로 끝나는 이야기 속의 주인공이 아니듯,《짧고 쉽게 쓴 시간의 역사》역시 완전무결한 책은 아니다. 스티븐 호킹은 '모든 수학공식은 책의 판매량을 절반으로 떨어뜨린다'는 생각에서 책에 'E=mc²'이라는 공식만 사용했다. 하지만 이 결정 때문에 매우 이상한 반응이 일어날 것이라는 사실은 전혀 예상하지 못했다.

대학교 도서관에서 중국계 미국인이 중국에서 정식으로 출판한 책을 우연히 보게 됐다. 내 관심을 끈 것은 자신이 아인슈타인의 상대성이론이 지닌 오류를 바로잡을 수 있는 이론을 발견했다는 주장이었다.

이 책은 일반 상대성 이론이 틀렸다는 것을 증명하기 위해 몇 가지 예시를 소개했다. 주류 물리학에서는 우주가 지금도 팽창하고 있으며, 모든 항성계가 우리에게서 멀어지는 속도는 지구와의 거리와 정비례를 이룬다고 믿는다. 그런데 저자는 이를 오류의 하나로 지적했다. 이 이론대로라면 지구가 우주의 중심인데, 이는 엄연히 틀린 사실이라는 것이었다.

대체 어디서 뭘 봤기에 이런 주장을 내놓는단 말인가? 먼저 이 주장은 물리학계의 믿음이 아니라 천문학자 허블(Edwin Powell Hubble)이 관측한 결과다. 더 중요한 사실은 모든 과학서적이나 잡지에서 이 결과가 '우주에서 지구가 갖는 지위는 결코 특별하지 않다'는 주장과 일맥상통한다고 말하고 있다는 점이다. 모든 항성계를 풍선 표면에 묻은 반점이라고 상상해보라. 풍선이 부풀면 모든 반점 사이의 거리는 멀어진다. 각 반점의 위치에서 바라봤을 때 나머지 반점들은 자기 위치에서 점점 멀어지고, 멀어지는 속도 역시 점점 빨라진다. 하지만 어떤 반점도 특별할 것이 없다.

모든 과학 입문서가 우주의 팽창을 풍선에 비유하듯이《짧고 쉽게 쓴 시간의 역사》도 3장에서 이런 내용을 다루고 있다. 간혹 상대성 이론이 틀렸다는 것을 몇 줄만으로 증명할 수 있다고 주장하는 사람들이 있는데, 이들은 한마디로 엉터리 물리학자다.

사실 이런 일은 처음이 아니다. 학술적으로 더 완벽한 물리 이론을 발견했다는 이메일이 늘 끊임없이 날아온다. 하지만 대부분 무시해도 무방하다. 왜냐면 이른바 아마추어 물리학자들은 너나없이 무척 단순한 수학공식을 사용하기 때문이다. 심지어 수학을 무시하는 경우도 있다. 어떻게 보면 그들은 과학 입문서의 피해자라고도 할 수 있겠다.

전자책 킨들(Kindle) 사용자에 대한 통계에 따르면,《짧고 쉽게 쓴 시간의 역사》를 읽은 사람 중 대부분이 책 전체의 6.6퍼센트 이상도 채 읽지 못했다고 한다. 그들은 3장에 소개된 우주 팽창에 관한 이야기를 보지 않았을 테니 B급 물리학자가 될 기회가 없을 것이다.

책에 대한 감상을 떠들어대기는 하겠지만 말이다.

《짧고 쉽게 쓴 시간의 역사》의 인기 비결

사람들이《짧고 쉽게 쓴 시간의 역사》를 읽는 것은 새로운 물리학 이론을 제시하기 위해서가 아니다. 그냥 읽는 것이다. 좀 더 구체적으로 이야기하자면, 다양한 분야의 사람들이 이 책을 추천도서로 소개하고, SNS에서 이 책에 대해 이야기하며, 그에 호응해 책을 읽어보겠다는 다짐이 이어지고, 매일 아침 운동을 하듯이 이 책과 함께 하루를 시작한다는 경우도 있으며, 이 책이 어려운 책과 관련한 농담에 단골로 등장하기 때문이다.

하지만 사람들은 자신이《짧고 쉽게 쓴 시간의 역사》를 읽는다는 사실에 대해서만 이야기할 뿐, 책에 담긴 내용에 대해서는 이야기하지 않는다. 미래 세계의 고고학자가 미디어와 인터넷을 이용해서《짧고 쉽게 쓴 시간의 역사》에 관한 연구를 한다면 구체적인 책 내용은 전혀 알 수 없을 것이다.

여기까지 읽어준 독자에 대한 감사의 뜻으로《짧고 쉽게 쓴 시간의 역사》의 요점을 대략적으로나마 소개하려 한다(적어도 이 책을 읽었다고 말할 수 있도록 내용의 6.6퍼센트 이상을 소개하도록 하겠다). 이왕지사 이렇게 되었으니 내가 스티븐 호킹이 되어 일인칭 시점에서 설명해보겠다.

자세히 생각해보면, 인력의 작용하에서 우주가 정적 상태를 유지하거나 영원할 수 없음을 알 수 있을 것이다. 허블은 관측을 통해 우주가 팽창 중이라는 사실을 발견했다. 다시 말해서 이전에 반드시 팽창을 시작한 시점이 있어야 한다는 뜻이다(시간의 시작이라고 이해해도 무방하다).

　로저 펜로즈(Roger Penrose)는 중력 붕괴(Gravitational Collapse)의 특이점(Singularity)에 관한 독특한 정리를 발표한 바 있다. 나는 이 정리로부터 영감을 얻어, 일반 상대성 이론이 옳다면 우주는 반드시 무한밀도와 무한소의 부피를 갖는 특이점에서 기원한다고 증명하는 논문을 펜로즈와 함께 공동집필했다.

　물리법칙은 특이점에서 효력을 잃는다. 그렇다면 누가 우주의 기원에 관한 문제를 이야기할 수 있겠는가? 게다가 시간에 기원의 경계가 존재한다면 하느님만이 시간을 주재할 수 있다는 뜻 아닌가?

　다행히 이후 나는 양자역학의 효과를 감안하면 우주가 기원하는 '특이성'이 제거될 수 있다는 것을 증명을 통해 밝혀냈다. 그뿐만 아니라 내 이론 중 '무경계' 이론에 따르면, 우주의 기원은 원자핵이 붕괴하는 것처럼 아무런 이유 없이 발생할 수 있으며, 하느님과 같은 '외부적 요소'의 영향을 전혀 필요로 하지 않는다.

　내 이론에 대한 독자의 이해를 돕기 위해 상대성 이론, 양자역학과 블랙홀(블랙홀에 관한 다양한 연구를 통해 근사한 결과를 얻었다)에 관한 간단한 정보를 책에 소개했다. 그중에서 '역사의 총합(Sum Over Histories)'이라고 부르는 어려운 용어는 이해하지 못해도 크게 상관없다. '역사의 총합'은 그저 그럴 듯하게 들리는 용어일 뿐이다. 이 책은 결국 기존의 과학지식에 의거해서 우주의 미래를 전망하고 있다.

다시 말해서 호킹이《짧고 쉽게 쓴 시간의 역사》를 쓴 주요 목적은 대중에게 물리학에 대한 자신의 공헌을 설명하는 데 있었다. 그가 알리려던 이론이 대부분 추상적이고 이해하기 어렵기 때문에《짧고 쉽게 쓴 시간의 역사》는 다소 기술적인 내용을 담을 수밖에 없었다.

하지만 독자는 책에 소개된 참고용 지식에만 열광할 뿐 정작 눈여겨봐야 할 대목을 짚어내지 못했다.

당신이《짧고 쉽게 쓴 시간의 역사》를 읽었을 뿐만 아니라 이 책보다 새로 '업데이트'된 최신 물리학을 알고 있다면 아마 이렇게 말할 것이다.

호킹은《짧고 쉽게 쓴 시간의 역사》에서 중력의 작용하에 우주의 팽창 속도가 필연적으로 점점 느려질 수밖에 없다고 이야기하며, 우주의 미래에 관한 세 가지 결론, 즉 지속적 팽창론, 선팽창-후수축론, 팽창 속도로 인한 우주의 수축 불가론을 제시했다. 하지만 당시 그는 우주가 지금도 점점 더 빠르게 팽창하고 있을 것이라고는 생각하지 못했다.《짧고 쉽게 쓴 시간의 역사》는 1988년에 출판되었지만, 우주의 가속 팽창 이론은 1998년에나 발견되었기 때문이다. 물리학의 발전은 그야말로 놀라움의 연속이다.

그 밖에 한 가지 흥미로운 에피소드가 있다. 블랙홀로 명성을 알린 호킹이《짧고 쉽게 쓴 시간의 역사》를 집필하고 있을 때, 물리학자들은 블랙홀의 존재 증명을 위한 충분한 증거를 아직 얻지 못한 상태였다.《짧고 쉽게 쓴 시간의 역사》의 1쇄에서 말하길, 호킹은 블랙홀을 두고 내기를 한 적이 있다고 한다. 그 존재가 입증되면 동료에게 〈펜트하우스(Penthouse)〉의 1년 치 구독권을 사주기로 한 것이다. 그 후 블랙홀이 실재한다는 증거가 발견되었고, 호킹의 동료는 아내의 항의에도 〈펜트하우스〉를 1년 동안 공짜로 볼 수 있었다.*

《짧고 쉽게 쓴 시간의 역사》는 이미 한물간 과학서임에도 불구하고 여전히 베스트셀러 코너에서 상위를 차지하고 있다. 호킹은《짧고 쉽게 쓴 시간의 역사》를 대신할 만한《위대한 설계》를 일찌감치 출판했으나 독자들은 여전히《짧고 쉽게 쓴 시간의 역사》를 더 좋아한다.

이 책을 사는 것을 대단한 영광으로 생각하거나 심지어 책 내용을 일부만 읽고서 자신의 무지함을 탓하는 사람들을 볼 때마다《짧고 쉽게 쓴 시간의 역사》가 뜨거운 환영을 받은 이유가 과학에 대한 애정과 관심 때문이 아니라는 생각이 든다. 호킹에 대한 호의 또는 소문에 대한 호기심으로도 이해할 수 없는 일이다.

사실 이는 애정도, 헛소문도 아닌 키치(Kitsch)**에서 비롯된 현상이다.

《짧고 쉽게 쓴 시간의 역사》를 읽고 물리학에 대한 이야기로 시작하여 스스로에 대한 감동으로 끝맺음한다면 너무 유치하지 않은가? 하지만 이런 일이 비일비재하다.

"이것 봐. 남자들이 일이랑 축구에 매달릴 때, 여자들이 별자리나

---

* 이때 호킹은 블랙홀의 존재가 허구라는 사실이 밝혀지면 영국 풍자잡지 〈프라이빗 아이(Private Eye)〉의 4년 치 구독권을 받기로 했었다. 그는 블랙홀의 존재를 주장했지만, 혹시나 자기 이론이 틀렸을 경우 스스로를 위로하기 위해 이런 내기를 했다고 한다. 이때 내기를 한 동료 물리학자는 영화 〈인터스텔라(Interstellar)〉의 자문으로 잘 알려진 킵 손(Kip Thorne)이다. -옮긴이

** 보통 밀란 쿤데라(Milan Kundera)의 《참을 수 없는 존재의 가벼움》을 통해 키치라는 단어를 알고 있을 것이다. 그러면 키치란 대체 무슨 의미인가? 참고를 위해 바이두 백과사전에 소개된 내용을 적어둔다. 1) 자신에 대한 감동 또는 감상(感傷)을 느낀다. 2) 그런 감정을 거부하기 어렵다. 3) 그래서 그것을 타인과 공유한다. 4) 공유 뒤 더욱 감상적으로 행동한다. 5) 그런 감정의 고조로 숭고함을 느낀다. 감정의 체험이 숭고함의 경험으로 이어질 수 있다. 6) 하지만 이러한 종류의 숭고함은 거짓이다. 부차적 의미가 실제 의미를 넘어서기 때문이다. 7) 감정에 숭고함의 의의를 부여한 뒤에는 다른 사람이 감동과 감상을 느끼지 않으면 용납하지 않는다. 8) 가장 중요한 의미로, 키치는 자기기만이다.

연예인 가십거리로 수다를 떨 때, 난《짧고 쉽게 쓴 시간의 역사》를 읽어. 세상에 나 같은 사람이 아직까지 남아 있어서 얼마나 다행인지! 정말 감동스럽지 않아?"

아니, 전혀 감동스럽지 않다. 하늘의 별을 올려다보는 단순한 일을 했다고 자신에게 감동해서는 안 되는 것이다.

《짧고 쉽게 쓴 시간의 역사》는 '정상적인' 과학 입문서가 아니다. 이 책을 읽었다고 해서 모두 그 내용을 제대로 이해하는 것은 더더욱 아니다. 우주의 기원 '빅뱅'을 이해하는 일은 물리학자가 나오는 시트콤 〈빅뱅이론(The Big Bang Theory)〉을 즐겨 보는 일과 엄연히 다르다. 일반 독자라면 물리학자들처럼 죽어라 계산을 할 필요는 없지만, 사고를 위해 많은 시간과 노력을 투자해야만 비로소 과학 입문서의 내용을 이해할 수 있을 것이다. 물리학에 대한 이야기를 꺼내는 일이 물리학을 이해하는 일보다 쉽지만, 쉬운 것일수록 추구할 만한 가치는 없다.

과학 입문서를 무시하거나 물리학 전공이 아닌 독자들이 물리학에 관한 책을 읽어서는 안 된다는 이야기가 아니다. 누구든지 물리학에 대해 자유롭게 이야기하고 감상할 자격이 있다. 부단한 사고를 통해서 물리학 문제에 대한 자신의 견해를 드러내는 것도 열렬히 환영한다. 물리학 연구의 중요한 목적 중 하나도 과학 입문서 집필을 통해 대중의 사고를 보다 풍요롭게 하는 데 있다고 생각한다.

무엇이든 문턱이 높을수록 흥미로운 법이다. 물리학 외에 다른 학문을 전공한 친구가 여럿 있는데 그중에는 물리학에 관심이 있는 친구들도 있다. 심지어 이과도 아닌 문과 출신인데 말이다. 물리학의 새로운 발견에 대해 관심이 많은 친구들은 나도 읽어보지 못한 서적을 여러 권 읽기도 했다. 그 내용이 뭔지 오히려 내가 물어볼 때도 있다. 호킹이《짧고 쉽게 쓴 시간의 역사》를 쓴 것은 나 같은 물리학자가 아니라 노력을 통해서 지혜와 견문을 얻기 원하는 지식인(智識人)을 위한 것이리라. 그들이 과학 입문서를 읽는 까닭은 결혼, 일, 박사학위 등을 위해서가 아니고, 명성을 얻기 위해서도 아니다. 자기 자신에게 감동하기 위해서는 더더욱 아닐 것이다.

우주항해 시대가
아직도 오지 않은 이유

 지난 1960년대와 1970년대는 천문, 우주항공, SF, 비행접시에 열광하는 사람들에게 황금기나 다름없었다. 미국의 달 착륙 소식이 있었고, 이에 소련은 경쟁심을 불태웠고 중국은 조용히 기회를 엿보았다. 일단 달을 밟았으니 다음 목표는 화성이 분명했다. 사람들은 우주항해 시대가 곧 도래할 것이며 죽기 전에 수많은 우주기지의 건설을 볼 수 있을 것이라고 꿈꿨다. 심지어 우주여행을 떠날 수도 있으리라 생각했다.

 당시 어느 누구도 우주항해 시대를 맞기는커녕 이후 50년 넘는 시간 동안 다시는 달을 밟지 못하리라고는 생각하지 못했다.

 터무니없이 황당한 지금의 상황에 누군가는 미국의 달 착륙은 날조된 일이라고 주장하기도 한다(이런 주장을 하는 사람들은 우주항해 시대가 여전히 도래하지 않은 이유로 기술력 부족을 든다).

이러한 음모론은 믿을 만한 것이 못 되지만, 좋은 질문을 던지는 것임에는 틀림없다. 당초 세상은 우리에게 우주항해 시대가 올 것이라고 약속했는데, 지금 우리가 누리고 있는 첨단과학 기술은 결국 휴대전화와 SNS가 고작이다. 대체 그 원인은 무엇인가?

사실 이것은 우주항공 기술력의 부족 때문이 아니라 (50년 전 사람들에게는 휴대전화에 들어갈 칩을 개발하는 일이 더 어려웠을 것이다.) 우주항공 분야에 요구되는 천문학적인 경비 때문이다.

우주항공 산업에 종사하는 사람들은 연구·개발에 막대한 비용이 드는 것은 사실이지만 그만한 가치가 있다고 말한다. 왜냐면 우주항공은 관련된 여러 다른 과학 분야의 발전을 이끌기 때문이다. 혹자는 우주항공 사업에 투자하면 원금의 일곱 배에 해당하는 수익을 올릴 수 있다고 주장하기도 한다. 이 말이 사실이라면 다른 업계에서 힘들게 고생할 필요가 없을 것이다.

우주항공이 때로 기술의 발전을 이끄는 것은 사실이지만, 실제로는 수익을 유발하는 경우보다 비용을 소비하는 경우가 더 많다. 위성, 로켓, 우주선 모두 개발과 구축에 거액의 비용을 필요로 한다. 거기에다 수많은 인력도 필요로 하는 까닭에 국가로서는 그야말로 국력을 쏟아부어야 하는 것이다. 만약 유인 우주선을 발사하기라도 한다면 말 그대로 숨 쉬는 데도 돈이 들어간다. 그뿐만이 아니다. 우주비행사의 생명 또한 담보로 삼아야 한다.

지금부터 내가 하는 이야기는 아마도 일반인은 잘 모르거나, 그다지 인정하고 싶지 않은 내용일 것이다. 하지만 사실을 말하자면, 현 단계의 유인 우주선은 '보여주기식 쇼'에 불과하다.

현재의 시점에서 우주항공 산업이 우리에게 가져다준 현실적인 혜택은 사실 위성의 응용이다. 위성항법시스템(GPS), 기상예보, 자원 개발, 통신, 탐사, 과학 연구 등이 그 결과물이다. 위성 하나만 있으면 힘들게 우주로 나갈 필요도 없고, 사람의 목숨을 담보로 할 필요도 없다.

혹자는 우주비행사가 우주에서 망원경을 고쳐야 할 때도 있을 것이라고 지적할지도 모르겠다. 미국우주항공국(NASA)에서도 우주항공에 대한 사람들의 관심을 고조할 수 있는 이런 활동을 적극적으로 홍보한다. 하지만 미국 캘리포니아대학교 버클리캠퍼스의 물리학과 교수 리처드 뮬러(Richard Muller)는 이와 같은 작업은 사실 현실적인 의미가 크지 않다고 주장한다.* 망원경이 고장 난 게 어떻다는 말인가? 고장이 나면 새로운 망원경을 우주로 쏘아 보내는 게 더 경제적이다. 유인 우주선을 쏘아 올리는 일은 실로 엄청난 비용이 드는 데다가 매우 위험한 활동이기 때문이다.

우주비행사가 우주정거장에 머물면 확실히 다양한 과학 실험을 진행할 수 있다. 하지만, 대부분의 실험은 사람이 타고 있지 않은 인공위성에서 진행된다. 물리학자 프리먼 다이슨(Freeman Dyson)**은 강연에서 정부위원회에 참가했던 때의 일화를 들려주기도 했다. 우주정거장의 필요성을 증명하기 위해 그곳에서 진행된 48개의 실험을 심사했는데, 그중 46개가 실험실이나 위성에서 진행하는 편이 훨씬 효과적인 것이었다고 한다. 요컨대 우주정거장은 아무짝에도 쓸모가 없다는 것이다. 나머지 두 개 실험은 우주비행사가 어쩔 수 없이 우주정거장에서 실시해야 했다. 왜냐면 그것들은 '우주정거장에서 생활하는 우주비행사의

---

* 참고: 리처드 뮬러, 《대통령을 위한 물리학(Physics For Future Presidents)》
** 1923년~. 영국 출신의 미국인 물리학자이자 수학자로, 양자 전기역학, 고체물리학, 천문학 및 원자력공학 분야에서 중대한 업적을 남겼다.-옮긴이

생존문제'에 관한 실험이었기 때문이다.

　우주비행사의 생존과 관련되지 않은 실험이라면, 사람을 비행선에 태울 때 드는 비용과 위험을 차치하더라도 사람이 없는 편이 훨씬 효과적이다. 우주비행사는 열복사 현상을 유발하는 등 우주 공간에서 진행되는 실험에 방해만 될 뿐이다. 그뿐만 아니라 사람을 비행선에 태우려면 실험이 연기되거나 비용이 증가할 가능성이 높아진다며 과학자들이 불만을 쏟아내기도 한다.

　우주에서 우주비행사가 처리하는 가장 의미 있는 일은 자신을 연구하는 것이다. 이를테면 인간이 우주 공간에서 오랫동안 생활하면 어떻게 되는지 등을 알아보는 것이다. 다시 말해서 사람을 우주로 보내 진행하는 실험의 목적은, 사람을 비행선에 태워 우주로 보내는 일을 계속 반복하는 데 있다. 즉 장거리 우주여행을 위한 준비인 셈이다.

　그렇다면 장거리 행성 여행을 하려는 목적은 또 무엇인가? 인간은 달에 착륙한 이후 화성의 땅을 밟을 준비를 하고 있다. 하지만 달과 화성에는 우리에게 필요한 자원이 전혀 존재하지 않는다. 중국 과학자들은 달에는 방사능 걱정 없는 핵융합발전의 원료가 되는 헬륨3이 풍부하게 매장되어 있다고 주장한다. 하지만 우리는 중수소-삼중수소의 융합도 아직 연구하는 단계에 머물러 있다.

　설사 헬륨3을 통한 핵융합발전 기술을 손에 넣었다고 해도 비용문제를 해결해야 한다. 중수소-삼중수소 융합에 사용되는 연료는 저렴하지만 달에서 헬륨3을 채굴하려면 분명 거액의 자금을 투입해야 할 것이다. 그런데도 굳이 달에 가야 할 필요가 뭐란 말인가?

　그래서 우주항해 시대를 갈망할 때에는 대항해 시대를 먼저 돌이켜볼 필요가 있다. 대항해 유형은 크게 두 가지로 구분된다. 하나는 중국 정화(鄭和)[•]의 대항해로, 이 프로젝트는 막대한 인력, 재력을 투입해 국위를 선양했지만 실익을 거두지 못하고 결국 자체 해산됐다. 나머지 하나는 유럽식 항해다. 이 시기에는 해적, 식민주의자, 탐험가 가리지 않고 향료와 같은 (주로 금전적인) 이익을 얻기 위해 먼바다로 나갔다. 그들은 막대한 재화를 손에 넣었을 뿐만 아니라 더 많은 인력, 재력을 끌어들임으로써 결국 유럽 역사에 새로운 시대를 열었다.

미국, 중국을 포함한 오늘날 세계 각국의 우주항해 모델은 정화의 대항해 모델을 따르고 있다. 우리는 아직 지구 밖에서 채굴할 만한 가치를 지닌 자원을 찾아내지 못했다. 헬륨3, 다이아몬드 등 우주에 어떤 자원이 있다 해도 상관없다. 비용을 따져보면 얻는 것보다 잃는 게 더 많을 것이다.

그래서 현 단계의 유인 우주비행이 사실상 보여주기식 쇼라고 하는 것이다. 보여주기식 쇼에서는 투입－산출을 계산해봤자 아무런 의미가 없다. 거액의 돈을 필요로 하는 활동은 투입 비용에 비해 낮은 수익을 내서는 안 된다. 예를 들어서 중국에서 올림픽을 개최하려면 수단과 방법을 가리지 않고 흑자를 낼 수 있다는 것을 증명해야 한다. 그렇지 않으면 욕이란 욕은 다 먹어야 할 것이다.

하지만 대부분의 상황에서 올림픽 개최, 체육관 건설, 축구 클럽 투자 등 대형 사업의 직간접적인 경제 효율을 따져보면 수익성이 떨어진다. 개최국과 투자자 모두 이 점을 잘 알고 있다. 사이먼 쿠퍼(Simon Kuper)와 스테판 지만스키(Stefan Szymanski)는《사커노믹스(Soccernomics)》에서 이러한 사실을 구체적인 사례를 들어 설명하기도 했다.

보여주기식 쇼의 최대 효용은 대중(납세자)을 기쁘게 만든다는 데 있다. 돈으로 기쁨을 사기란 그리 쉽지 않다. 특히 선진국일수록 행복과 돈 사이의 관계는 모호하다. 하지만 경제학자의 조사에 따르면, 월드컵을 개최하면 개최국 국민의 행복지수가 현저하게 높아진다. 월드컵 같은 대규모 스포츠 행사를 치르면 교통체증이 더 심해졌다는 불만이 터져 나오기도 하지만 대부분의 사람들은 무척 즐거워한다. 만약 네덜란드, 프랑스 같은 국가에서, 월드컵 개최에 따른 행복과 같은 수준의 행복을 국민에게 느끼게 해주려면 그들이 월소득을 수백 달러 정도 더 올릴 수 있게 해줘야 할 것이다.

그렇다면 왜 사람을 우주에 보내려는 것인가? 바로 국민들이 열광하기 때문이다.

과학자에게 결정권이 주어진다면, 유인 우주선으로 보여주기식 쇼를 할 바에야 똑같은 비용을 들여서 기초과학 실험 장치를 마련하는 편이 훨씬 낫다고 판단할 것이다. 예를 들어서 힉스입자(Higgs Boson)** 를 발견할 수 있는 대형 강입자 충돌기(Large Hadron Collider)는 구축에 막대한 비용이 소요되지만 실질적인 과학발전을 선도할 수 있다. 물리학자 스티븐 와인버그(Steven Weinberg)*** 는 당초 미국이 우주정거장을 세우지 않았다면 대형 강입자 충돌기를 마련할 수 있었을 것이라고 지적하기도 했다. 사실, 1990년대 미국 과학자들은 대형 강입자 충돌기 설비의 세 배에 해당하는 초전도 초대형 입자 가속기(Superconducting Super Collider) 건설을 추진한 적이 있었다. 하지만 계획은 끝내 무산되고 말

•• 우주 공간에 가득 차 있는 입자이며 소립자가 질량을 가질 수 있게 해준다. ─옮긴이
••• 〈뉴욕 리뷰 오브 북스(The New York Review of Books)〉, '거대과학의 위기'(원제: The Crisis of Big Science) by Steven Weinberg, May 10, 2012.

왔다. 그 원인은 당시 미국의 클린턴 정부에 이 입자 가속기와 우주정 거장 건설사업을 동시에 지원할 만한 자금이 없었기 때문이다. 우주정 거장이 입자 가속기보다 더 많은 비용을 필요로 했지만 클린턴 정부는 끝내 우주정거장을 선택했다. 하지만 그로부터 꽤 오랜 시간이 지나도 록 우주정거장은 뚜렷한 과학적 성과를 내놓지 못하고 있다. 스티븐 와인버그는 우주정거장은 알지만 대형 입자 가속기는 모른다는 국회 의원의 말을 듣고 하마터면 울음을 터뜨릴 뻔했다고 고백하기도 했다.

현재 미국은 과거의 잘못에서 뭔가를 깨달은 듯하다. NASA는 화성 착륙이나 달 왕복과 같은 유인 프로젝트에 더 이상 열을 올리지 않고, 저비용 – 고효율이라는 기치하에서 우주탐사선 프로젝트를 실행하고 있다. 무인 탐사선은 태양계 곳곳으로 날아가 과학발전에 크게 도움이 될 만한 정보를 대거 전송하고 있다. 오디세이(Odyssey)가 화성에 물이 있다는 증거를 발견하기도 했고, 뉴호라이즌스(New Horizons)가 명왕성 의 궤도를 통과하며 대기, 표면 성분에 관한 정보를 보내기도 했다. 덕 분에 NASA는 유인 우주선을 발사하지 않고도 사람들에게 큰 기대감 과 놀라움을 선사하는 소식을 전하고 있다.

보여주기식 쇼가 아니라 기술력으로 우주비행사를 우주로 보내 식 민지를 건설하는 일은 언제나 가능할까? 이 질문에 답하기 전에도 역 시 경제적 이익부터 따져봐야 한다.

이때 우리는 가장 가치 있는 자원은 생물 자원이라는 데 주목해야 한다. 새로운 품종의 농작물, 약초, 식용이 가능한 동식물 등은 모험을 감수하는 한이 있더라도 확보할 만한 가치가 있다. 하지만 우주 공간 에서 생명체를 찾기란 무척 어렵기 때문에, 우리가 갈 수 있는 범위에 서 가장 가치 있는 곳은 아직까지 역시 지구다.

우주항해 시대는 언제 도래할 것인가? 우주항해 시대가 오려면 획기적인 기술 혁신으로 돈, 생명 따위는 신경 쓰지 않아도 될 만큼 지구인에게 소중한 가치를 지닌 무언가를 태양계 어딘가에서 발견해내야 할 것이다. 우주항공 사업에서 손을 뗀다면 결코 이와 같은 것을 찾아내지 못하리라. 그래서 현재 각국이 취하고 있는 숨 고르기 전략이 최선이라 하겠다.

13

디지털의 물결 속으로

디지털 시대에 온 것을 환영한다. 아마도 당신은 언제 어디서든 인터넷에 접속할 수 있는 휴대전화를 가지고 있을 것이고, 그 휴대전화로 심심할 때마다 3D 게임을 즐길 것이다. 보고 싶은 영화가 있으면 몇 분, 심지어 몇 초 만에 고화질 버전으로 다운로드 받을 수도 있다. 1995년 니콜라스 네그로폰테(Nicholas Negroponte)가 《디지털이다(Being Digital)》에서 묘사한 세계가 지금 서서히 현실로 나타나고 있다. 이 세계는 무제한 광역 인터넷, 1천여 개의 채널 외에도 언제 어디서든 사용할 수 있는 사용자 친화적인 인터페이스를 갖춘 컴퓨터로 무장한 곳이다. 하지만 지금 조용하지만 거대하기 그지없는 디지털 혁명을 겪으면서 디지털을 단순히 컴퓨터를 가지고 노는 수준으로만 생각한다면 당신은 이미 한발 늦은 셈이다.

부유한 미국 할머니가 한 분 있는데, 취미 삼아 소액으로 도박을 즐긴다. 그런데 어느 날, 할머니는 초반부터 돈을 잃더니 900달러나 되는 돈을 날리고 말았다. 그러자 딜러가 환한 미소를 지은 채 말했다. "오늘 운이 별로인 것 같으신데 다른 곳을 둘러보시는 게 어떠세요? 남편 분이랑 저희 식당에서 최고급 스테이크를 드시는 것도 좋겠네요. 오늘은 저희가 대접해드리겠습니다!"

휴대전화도 제대로 쓸 줄 모르는 할머니는 자신도 모르는 사이에 디지털 세상에서 살아가고 있었다. 즉 그녀에 대한 모든 정보가 카지노 컴퓨터에 들어 있었던 것이다. 카지노는 고객들의 도박 기록을 실시간으로 파악하고 있었다. 연령, 소득, 주소 등 개인정보와 도박 습관을 이용해 고객의 '한계점'을 계산해둔다. 즉 카지노에 재방문하도록 하기 위해 하룻밤에 최대 얼마까지 잃어도 되는지 미리 파악하는 것이다. 그리고 특정 고객이 오늘 잃은 돈이 한계점에 다다르면 무료 스테이크 같은 또 다른 미끼로 고객을 유혹한다.

사실 우리 모두는 이미 '디지털화'되었다. 온라인 서점에서는 당신의 구매 기록을 토대로 추천 도서 목록을 작성한다. 그 정확성은 전문가나 주변 지인보다 높다. 세계 최대 온라인 영화 대여 서비스업체인 넷플릭스(Netflix)의 DVD 중 3분의 2 이상이 이러한 추천 프로그램을 통해 대여되고 있다. 또한 이 프로그램 덕분에 90퍼센트에 달하는 영화가 매달 최소한 한 번 이상 대여되며 이른바 '롱테일' 현상*을 실현하고 있다.

---

* 판매가 부진한 상품들의 판매량을 모두 합하면 흥행성이 높은 상품의 판매량을 넘어서는 현상으로, 온라인 판매의 특성이다. ─옮긴이

이는 빙산의 일각일 뿐이다. 예일대학교 법학대학원 교수 이언 에어즈는《슈퍼크런처》에서 모든 사람의 각종 개인정보, 이를테면 단골 상점, 옷 브랜드의 선호도, 소비 기록, 속도위반 딱지 등이 모두 업체에 의해 수집 · 이용된다고 설명했다. 회귀 알고리즘을 사용하면 이들 정보를 근거로 당신에 관한 많은 일을 알아낼 수 있다.

예전에 항공사들은 고객에게 비행기를 자주 이용하는 편이 유리하다는 것을 알리는 데 집중했지만, 지금은 데이터를 이용해서 고객의 '충성도'를 계산한다. 그리고 이에 근거하여 탑승 지연이나 물건 분실 등의 사건이 발생하면, 장기적으로 그 회사의 서비스를 이용한 고객이 등을 돌릴 수도 있다고 판단하고 특별관리를 한다. 또 데이터분석 결과에 따라 자동차 렌트업체에서는 신용도가 낮은 고객에게 서비스 제공을 거부할 수도 있다. 신용도가 낮은 고객은 쉽게 교통사고를 내는 경향이 있기 때문이다. 정치인들도 당신에 대한 종합 데이터를 근거로 당신이 어떤 정당을 지지하는지, 정치 후원금을 얼마 낼지 파악함으로써 정확한 모금액을 계산할 수 있다. 일부 업체는 심지어 당신 자신도 모르는 일, 이를테면 당신이 대여점에서 빌린 DVD를 만료일이 지나도록 반환하지 않을 가능성 등을 예측하기도 한다.

가장 끔찍한 사실은 업체가 모든 고객의 가격 민감도를 정확하게 계산함으로써 예로부터 모든 장사꾼의 꿈이었던 '매번 다른 정가 제시하기'가 가능해졌다는 것이다. 꼼꼼히 가격을 비교하지 않는 소비자가 아마존(Amazon)에서 쇼핑을 한다면, 동일한 상품을 남들보다 비싸게 살 가능성이 높다. 하지만 여기서 끝이 아니다. 가격에 민감한 고객에게는 할인 쿠폰을 발급하여 소비를 유도할 수도 있다.

디지털 혁명 속에서 모든 사람은 거대한 데이터, 그것도 가치 있는 데이터로 변신했다. 액시엄(Acxiom)은 '두터운 베일에 싸여 있는 최대 민간 데이터 관리업체'다. 이들은 미국 내 거의 모든 가정의 소비 정보를 보유하고 있으며, 이를 토대로 사람들의 소비 습관을 총 70가지로 분류했다. 이를 통해 누가 해외여행을 좋아하는지, 또 누가 집에 머무는 것을 좋아하는지 알아낼 수 있다. 테라데이타(Teradata)는 기업에 데이터분석 서비스를 전문적으로 제공하는 업체로, 진열대에 남은 제품의 실시간 정보를 토대로 월마트에 재고 추가 시기를 즉시 예측해준다.

이들 업체가 개인 데이터를 획득하는 경로는 정부와 쉽게 획득할 수 있는 공개정보, 예를 들면 결혼 여부, 차량·부동산 보유 여부, 신용기록 등이다. 이보다 더 중요한 데이터는 다른 업체, 특히 유통업체로부터 직접 구매한다. 아마존과 월마트를 이용한 소비자의 모든 기록이 중요한 자원이 되어 액시엄 같은 데이터 수집업체로 팔리는 것이다. 그 밖에도 유통업체에서 수집하는 데이터는 가히 놀라울 정도다. 대형 유통매장에서는 특정 브랜드의 치약이 진열된 위치를 정확히 기록해두고 있다. 진열 위치가 치약의 판매량에 영향을 주기 때문이다. 치약을 몇 번째 칸에 진열해둘 때 판매량이 높을지 알 수 있다면 관련 업체는 당연히 돈을 주고 그 정보를 사려들 것이다.

일부 기업에서는 기존 데이터가 없는 곳에서 데이터를 '발굴(mining)'하기도 한다. 일종의 무작위 실험을 하는 것이다. 예를 들어 홍보활동을 위해 두 가지 방안을 마련한 뒤 소규모의 소비자를 선택한다. 그다음 그들을 다시 A, B 그룹으로 나누고 양쪽에 각기 다른 방안에 따라 만든 광고를 보낸다. 이렇게 실험용 쥐가 된 고객의 반응을 보고 업체는 어떤 종류의 수단이 고객에게 더 효과적으로 적용되는지 파악한다. 기업들은 이런 테스트를 이용해 좀 더 과감하게 새로운 전략을 취하고 그로써 뜻밖의 성공을 거두기도 한다.

온라인 서점에서 책을 몇 권 구입하면 서점은 당신에게 추천 도서에 대한 정보를 보내준다. 좋은 직장에 취직하면 고가품에 관한 광고물이 집으로 배달되기도 하고, 심지어 가본 적 없는 식당에 들어가도 종업원이 당신이 어떤 브랜드의 맥주를 좋아하는지 이미 알고 있다. 이러한 생활은 꽤나 멋져 보인다. 하지만 모든 것에는 빛이 있으면 그림자도 있는 법이다. 서점은 당신이 좋아하는 책을 구입하는 데 10퍼센트의 비용을 더 치르는 것에 크게 개의치 않는다는 사실을 알고 있다. 당신의 소득이 높다는 사실을 아는 고가품 판매점도 당신에게 최근 할인율에 대한 정보를 알려주지 않을 것이다. 레스토랑 종업원은 당신이 좋아하는 맥주 브랜드를 알고 있기 때문에 더 많은 맥주를 마시라고 권유할 것이다.

즉 데이터에 따라 향후 소비활동을 할 때 전달받는 가격 정보가 달라진다. 이렇게 언제, 얼마짜리 신발을 샀는지와 같은 정보가 그대로 돈이 된다면, 소비자의 개인정보를 보호해야 하는 것은 아닐까? 안면인식 기술이 발전함에 따라 자유롭게 길거리를 활보하는 내 모습이 생생한 기록으로 포착된다면, 이 기록을 업체가 상업적인 목적으로 사용·보유할 수 있도록 허용해야 하는가?

하지만 소비자 역시 데이터를 이용해서 반격을 가할 수 있다. 2008년 마이크로소프트(Microsoft)는 각 항공사에 대한 소비자의 분석을 돕는 페어캐스트(Farecast)를 인수했다. 페어캐스트는 대량의 데이터 지표를 이용해서 실시간으로 항공권 가격을 모니터링한 뒤에 가격 동향을 예측한다. 항공권은 너무 일찍 사도, 너무 늦게 사도 비싸다. 그럼 대체 언제 가장 싼 것일까? 페어캐스트는 그 답을 알고 있다. 심지어 소비자에게 가격 보험을 판매하기도 한다. 원하는 날짜가 되어서도 항공권 가격이 내려가지 않으면 페어캐스트가 손실을 떠안는 것이다.

지금과 같은 새로운 디지털 시대에 사람은 그 자체만으로 거대한 데이터가 된다. 우리는 데이터의 주인인가, 아니면 노예인가? 이 물음에 답하려면 데이터의 중요성을 파악하는 작업이 가장 먼저 이뤄져야 할 것이다. 데이터의 노예가 되고 싶지 않다면 데이터를 가지고 놀 수 있는 스킬을 배워야 한다.

- 페어캐스트의 서비스는 마이크로소프트의 검색엔진 빙(Bing)의 여행 카테고리로 통합되었다가 지금은 사라진 상태다. 하지만 이들 이후 다양한 관련 기업에서 항공권 가격 예측 서비스를 제공하기 시작하여, 소비자가 지갑을 열 때 좀 더 많은 정보를 활용하여 결정할 수 있게 되었다. -옮긴이

우리는 머지않아 '사고방식을 혁신하지 않으면 도태를 피할 수 없는 시대'를 맞이하게 될 것이다.

제4장
이미 다가온 미래

1

로봇 앞에 무릎 꿇은 인간

《슈퍼 괴짜경제학(Super Freakonomics)》에서 저자 스티븐 레빗과 스티븐 더브너는 마차에 관한 이야기를 꽤나 흥미롭게 소개하고 있다. 자동차 매연을 싫어하는 사람들은 마차라는 자연 친화적 교통수단이 환경보호에 훨씬 더 도움이 된다고 생각하지만 사실 마차는 환경에 치명적인 피해를 주었다. 자동차가 없던 시대에 마차는 도시를 연결하는 주요 교통수단이었고, 번창한 도시일수록 그 수요가 큰 편이었다. 하지만 살아 있는 말을 마음대로 다루기란 그리 쉽지 않았다. 말이 길 한가운데서 주저앉거나 꼼짝도 하지 않으면 유일한 해결책은 그 자리에서 사살하는 것뿐이었다. 그런 뒤에 시체가 썩을 때까지 기다렸다가 조각내서 치우는 게 고작이었다. 이로 인한 교통체증은 오늘날과는 비교도 안 될 정도로 심각했다. 게다가 말똥은 어떻게 처리해야 한단 말인가?

1898년 뉴욕시는 말똥을 치우는 문제를 놓고 국제회의를 열기도 했지만 결국 아무런 해결책도 찾아내지 못했다.

하지만 이야기는 무척 유쾌하게 막을 내린다. 울며 겨자 먹기로 마차를 사용하던 때에 자동차와 전차가 등장하면서 문제가 한 방에 해결된 것이다. 그래서 이 경제학자들은 새로운 기술이 등장하면 전혀 예상치 못한 방법으로 현재 우리가 직면한 다양한 문제와 위기가 해결될 것이라며 낙관적인 태도를 취한다.

이런 견해는 일리가 있었다. 《슈퍼 괴짜경제학》이 출판된 지 3년도 채 지나지 않아서, 자율주행이라는 새로운 기술의 발전으로 우리는 적어도 도시의 교통체증 문제만큼은 해결에 자신을 갖게 되었다. 이 문제가 본문에서 다루고자 하는 주제는 아니지만 말이다.

내 이야기의 핵심은 마차 이야기를 또 다른 관점에서 해석할 수 있다는 것이다. 20세기 초, 뉴욕시에는 길거리를 누비는 총 20만 마리의 말이 있었다. 사람 17명당 말 1마리였던 셈이다. 그 많던 말들은 대체 어디로 사라졌을까?

말은 자동차라는 새로운 기술 등장의 희생양이 되어 도로 위에서 도태되었다. 그리고 지금 자율주행이라는 새로운 기술이 개발되고 있다. 아마도 말에 이어 운전기사가 새로운 기술의 또 다른 희생양이 될 듯하다.

2009년 초만 해도 완전 자율주행이 가능한 자동차는 〈아이, 로봇(I, Robot)〉 같은 공상과학 영화에나 나오는 것이었다. 당시 가장 앞선 스마트카는 길가에 설치한 특정한 센서를 따라 움직이거나 운전석에 사람을 태운 앞 차량을 따라 무리 지어 쫓아가는 형태로 주행하는 수준이었다. 하지만 2010년 〈뉴욕타임스〉에서 구글이 진정한 의미의 자율주행 시스템을 개발 중이라는 기사를 보도했다.[*] 기사에 따르면, 이 시스템을 탑재한 도요타 프리우스 자동차가 카메라를 사용해서 주변 환경을 관찰하며 캘리포니아주의 골목 곳곳을 달렸다. 도무지 믿기 어려운 사실이었지만 몇 년 뒤 다른 매체의 보도 역시 이 시스템이 이미 완성되었다고 했다.[**]

자율주행 차량은 어떤 도로에서도 주행할 수 있으며, 시속 120킬로미터로 달리면서 교통신호, 다른 차량, 길을 건너려는 행인을 식별한다. 충돌 방지를 위해 초당 20회로 전방 사물의 위치를 예측하고, 옆 차선의 차량이 불안하게 주행하면 자동으로 피하기도 한다. 기술 전문 잡지 〈와이어드(Wired)〉에 따르면, 스마트카는 운전기사에 비해 월등히 더 많은 정보를 획득함으로써 긴급 상황에 더 빠르게 대처할 수 있으며 더 복잡한 경로도 더 잘 소화할 수 있다. 게다가 당황하지도 않고 화내지도 않으며 심지어 눈을 깜빡거리지도 않는다. 스마트카는 20만 킬로미터가 넘는 테스트 과정에서 경미한 교통사고를 단 한 번 냈는데, 그것도 상대 운전자 때문이었다.

한마디로 말해서 자율주행 시스템은 운전기사를 대체할 수 있을 뿐만 아니라 필연적으로 대체할 것이다. 충돌사고 93퍼센트의 원인이 인간에게서 비롯된다는 점을 감안할 때 스마트카의 도입은 교통사고를 대폭 감소시킬 것으로 기대된다. 그뿐만 아니라 AI는 보다 정확하게 자동차를 제어하고 두 차량 사이의 거리가 고속주행 상태에서도 한결 가깝게 유지되도록 할 수 있어 교통체증도 크게 완화될 것이다. 아

- 〈뉴욕타임스〉, 'Google Cars Drive Themselves in Traffic, By John Markoff. OCT.9,2010.
- 톰 밴더빌트(Tom Vanderbilt), 〈와이어드〉 01.20.12, Let the Robot Drive: The Autonomous Car of the Future Is Here.

마도 10년쯤 뒤에는 사람이 직접 운전대를 잡는 것은 상상도 하지 못할 일이 될 듯하다. 구글의 자율주행 시스템 담당자는 "당신이 여전히 운전을 하고 있다면 그것은 기능이 아니라 오류다(The fact that you are still driving is a bug, not a feature)"라고 이야기하기도 했다.

이는 곧 우리가 도로 위를 달리며 마음껏 잠을 자거나 문자를 보낼 수도 있다는 뜻이다. 그리고 이보다 더 중요한 사실은 택시가 도로를 지배하게 되리라는 것이다. 모바일 앱과 GPS 시스템을 통합하면 누구든지 언제, 어디서든 택시를 잡을 수 있다. 그리고 스마트카의 호출 시스템이 고객의 동의를 거쳐 합승 서비스를 제공할 수도 있기 때문에 빈 택시의 수(무효한 주행, 이를테면 손님을 태우지 않은 채로 집이나 주차장으로 이동하는 경우)가 대폭 줄어들 것이다. 이렇게 되면 도로 위를 달리는 차량의 수가 더욱 줄면서 자가용의 비율이 크게 감소할 것이다.

또 한편으로 자율주행 시스템은 택시 운전사를 역사적인 존재로 만들 것이다. 소비자로서 우리는 이러한 변화를 환영한다. 택시비가 비싼 것은 운전사 때문이다. 하지만 그렇다고 해도 택시 운전사, 버스 운전사, 장거리 화물차 운전자의 생계는 누가 책임진단 말인가?

아마 '운전사'라는 직업은 한때 뉴욕시를 누비던 말처럼 기술에 의해 도태될 것이다. 물론 이러한 현상은 처음이 아니다. 흔히 '삐삐'라 불리던 무선호출기를 사용하던 시절에 호출을 한 상대와 통화를 하려면 보통 누군가를 거쳐야 했다. 상대가 메시지에 번호를 남기면 그곳으로 전화를 걸어 "oooo번 호출한 사람 바꿔주세요"라고 요청했다. 규모가 큰 사업장 등에서는 이렇게 전화를 바꿔주는 '호출대'를 따로 두기도 했다. 하지만 휴대전화로 직접 전화를 하고 문자를 보내는 오늘날, 호출대 교환원이라는 직업이 모습을 감춘 지는 이미 오래전이다.

예전에 돈을 찾으려면 무조건 은행 창구로 달려가야 했지만 이제는 길거리 곳곳에 있는 자동인출기(ATM)를 사용하면 된다. 은행도 창구 직원을 채용할 필요가 없다. 이러다가 내 일자리가 없어지는 것 아니냐며 걱정하는 사람이 있을지도 모르겠다. 하지만 기술의 발전은 기존 직업을 도태시키는 동시에 새로운 직업을 탄생시킨다. 이를테면 30년 전 중국에는 '프로그래머'라는 직업이 없었지만 지금은 무척 흔한 직업이 되었다.

하지만 이러한 기술의 발전과 도태는 과거와 달리 점점 어려워지고 있다. MIT의 에릭 브린욜프슨(Erik Brynjolfsson)과 앤드루 매카피(Andrew McAfee)는 《기계와의 경쟁(Race Against the Machine)》에서 AI로 위시되는 기술의 발전이 머지않아 대규모 실업을 유발할 것이라고 지적했다.

사람들은 컴퓨터가 운전을 할 수는 없을 것이라고 생각했지만, 지금 구글은 AI가 사람보다 훨씬 더 운전을 잘할 수 있음을 증명했다. 번역가라는 직업도 사라질 가능성이 크다. 2011년 라이온브리지(Lionbridge)와 IBM이 공동 개발한 소프트웨어 솔루션 '지오플루언트(GeoFluent)'는 온라인 채팅 내용을 매우 정확하게 실시간으로 번역했다(중국어 포함). 적어도 상업용 시장에서 자동번역 기술은 상당히 성숙된 수준을 보여준다. 또한 IBM의 슈퍼컴퓨터 '왓슨(Watson)'의 인류의 언어, 지식에 대한 분석은 전통 있는 퀴즈 프로그램 〈제퍼디(Jeopardy)〉의 우승자를 물리칠 정도로 정확하다. 이러한 모든 발전은 모델 식별, 복잡한 정보 교류라는 두 가지 기술의 혁신에서 비롯된다. 아이폰의 사용자라면 시리(Siri)를 통해서 이런 기술이 우리의 실생활에 얼마나 깊이 파고들었는지 쉽게 체험할 수 있다.

우리의 눈앞에 닥친 위기는 운전사나 각 분야의 안내원 등 일부 직업에 국한된 것이 아니다. 전통적인 '고급' 직업 역시 도태의 위험에 처해 있다. 미국에서 방사선 전문의는 13년에 걸쳐 훈련을 받아야 연봉 30만 달러 이상을 받을 수 있다. 하지만 최신 소프트웨어를 이용하면 방사선 전문의가 할 수 있는 일의 상당 부분을 처리할 수 있다. 소요 경비는 기존의 1퍼센트에 불과하다. 돈과 관련된 대규모 소송 사건에서 기업은 수백만 달러를 내고 변호사를 대거 고용해 수백만 개에 달하는 파일을 분석하기도 한다. 하지만 2011년 〈뉴욕타임스〉의 보도에 따르면,* 블랙스톤 디스커버리(Blackstone Discovery)사는 e디스커버리(eDiscovery)라는 소프트웨어를 통해 한 명의 변호사가 전에는 500명이 했던 업무를 혼자 진행할 수 있게 되었다고 한다. 또한 이 소프트웨어를 통해 80년대와 90년대 소속 변호사들의 업무를 분석한 결과, 인간 변호사들의 정확도는 60퍼센트에 그친 것으로 드러났다.

미국의 경제 데이터를 분석해보면 기술의 발전이 일자리를 감소시킬 것이라는 사실을 예상할 수 있다. 경제성장률이 증가함에도 근로소득이 늘기는커녕 줄어들고 있다는 데서 이러한 추세를 파악할 수 있다. 2007년 12월에 시작되었던 미국의 경기 침체는 2009년 6월에 종료되었다. 그 후 미국 경제는 전반적으로 회복세를 보였다. 미국 기업들의 수익 상황 역시 나아졌다. 이에 이들은 특히 설비, 소프트웨어에 대한 투자를 확대하고 있는 추세다. 하지만 미국 경기 침체기 이후의 데이터에 의하면, 일자리 부분의 회복력은 과거 20세기 초 대공황 이후와는 확연히 달랐다. 이번에는 실업률이 하락하는 데 상당한 시간이

---

* 〈뉴욕타임스〉, 'Armies of Expensive Lawyers, Replaced by Cheaper Software', By John Markoff, March.4, 2011.

걸렸던 것이다.

경제성장을 이끄는 진정한 엔진은 생산율 향상이다. 취업자 수의 단순한 증가가 아니라 한 명의 근로자가 한 시간에 창출할 수 있는 생산 가치가 중요하다. 자본, 기계 설비, 소프트웨어 개발력을 갖춘 소수의 사람들에게 부가 집중되고 있는 현상이 날로 뚜렷해지고 있다. 역사적으로 농업혁명, 산업혁명을 거치며 인류의 생산력은 비약적으로 높아졌다. 물론 산업화된 현대사회의 생산율은 이전에 비할 바 없이 높다고 할 수 있다. 이런 높은 생산율을 가능하게 하는 것은 무엇인가? 경제학자들은 기술, 즉 자동화라는 일치된 대답을 들려주고 있다.

하지만 기술의 발전을 동력으로 삼은 경제성장에서 평범한 사람은 이익을 보지 않는다. 경제학자 에드 울프(Ed Wolff)의 계산에 따르면 1983년부터 2009년에 이르는 기간 동안 미국 내에서 증가한 재화를 인구 20퍼센트에 불과한 부자가 거의 다 가져갔다고 한다. 이것만으로도 성에 차지 않았는지 그들은 평범한 서민의 재화도 일부분 가져갔다. 그로 인해 나머지 80퍼센트에 해당하는 사람들의 전체 재화가 감소하고 말았다. 현재 미국에서는 중산층이 감소할 뿐만 아니라 노동 가능한 연령으로 구성된 가정의 수익이 줄어드는 현상이 두드러지게 나타나고 있다. 그렇다고 부자들이 서민들에게서 돈을 억지로 빼앗으려고 음모를 꾸미고 꼼수를 부린 것은 아니다. 그들이 꼭 이런 결과를 의도하지 않았을 수도 있다. 그저 생산율이 향상된 상태에서 많은 수의 근로자를 고용하기 위해 비용을 치를 필요가 없어진 것이다. 사람의 자리를 기계가 대신 메우고 있기 때문이다.

IT분야는 소수의 사람만으로 막대한 재화를 창출할 수 있는 영역이다.* 증시 상장 예상금액이 1천억 달러를 넘어선 페이스북은 전체 직원 수가 3천여 명에 불과하다.** 트위터는 그보다 적은 300명, 위키피디아는 심지어 57명이다.*** 이들 업체에서 앞으로 일하게 될 근로자의 수를 예상할 수는 없지만, 비슷한 기능을 가진 사이트가 수백 개 더 생겨나지는 않을 것이다. 많은 부모들이 자신의 자녀가 페이스북 같은 곳에서 일하기를 바라겠지만, 업체 입장에서는 특별한 경우를 제외하고는 프로그래머 수를 늘릴 필요가 없다. 이런 곳에서는 소수의 직원들이 프로그램을 이용해서 거의 모든 사용자의 니즈를 처리한다.

《기계와의 전쟁》은 기계와 벌이는 대결에서 생겨날 세 종류의 승자와 패자를 소개했다. 고기술직 엔지니어는 승자, 저학력자는 패자가 될 수밖에 없다. 왜냐면 기계가 저학력자를 대체할 수 있기 때문이다. 하지만 여기서 말하는 '고기술'이라는 단어는 정의가 매우 모호하다. 전통적으로 우리는 변호사, 방사선 전문의 등을 고기술직으로 여겼지만 앞으로는 더 이상 그러지 않을 가능성이 크다. 이 문제에 대해 노벨 경제학상 수상자인 폴 크루그먼(Paul Krugman)은 더욱 비관적인 전망을 들려준다. 그는 자신의 블로그****에서 IT 기술의 충격 속에서 높은 학력은 더 이상 큰 의미가 될 수 없다고 했다(통계에 따르면, 지난 몇 년 동안 대학 학위 소유자가 창출한 연봉의 부가가치가 더 이상 증가하지 않았다).

연예계도 큰 변화를 겪을 것이다. 슈퍼스타는 승자가 되지만 B급 이

---

* 슬래시닷에 이와 관련된 데이터가 소개된 적이 있다. '소수의 직원으로 수천만 명의 사용자를 관리하는 IT업체들', http://internet.solidot.org/article.pl?sid=11/03/08/0934230
** http://zggng.stock.cnfol.com/11207/129,1,348,300018,00.shtml (2011년 데이터)
*** 최근 데이터에 따르면, 페이스북의 시장평가 가치는 3,500억 달러에 달하며 고용인은 17,048명이다. 또한 트위터와 위키피디아의 고용인 수는 각각 3,583명, 290명이다. -옮긴이
**** http://krugman.blogs.nytimes.com/2011/03/03/falling-demand-for-brains/

하 연예인은 모두 패자가 될 것이다. 중국 육상계 스타인 류샹(劉翔)은 잘나갈 때 스포츠스타가 등장할 만한 모든 광고로부터 러브콜을 받았다. 류샹에 못지않은 실력을 지닌 팀메이트 스둥펑(史冬鵬)은 광고를 몇 편이나 찍었던가? 한 편도 찍지 못했다. 이런 편중 현상은 앞으로 더욱 심화될 것으로 예상된다. 정보기술은 슈퍼스타의 가치를 무한대로 끌어올려 시장을 승자가 독식하는 곳으로 바꿀 것이다.

자본 역시 승자다. 그리고 노동자는 패자가 된다. 앞으로 노동시장에서 자본가의 가격협상 능력은 현저히 강화될 것이다. 통계에 따르면 경기 침체 이후 기업이 소프트웨어와 하드웨어 설비를 구입하는 데 지출한 투자비는 증가한 반면, 인력 비용은 증가하지 않았다고 한다. 미국 상무부의 통계에 의하면 최근 GDP에서 기업의 이윤이 차지하는 비율이 지난 50년에 비해 기록적으로 높아진 데 반해 근로자가 획득한 임금과 각종 보조금은 상당히 줄어들었다.

《기계와의 전쟁》에서 두 저자는 긍정적인 미래도 보여주기 위해 몇 가지 의견을 제시했다.

첫째, 현재 AI는 상대적으로 반복되는 작업 수행에 특화되어 있으니, 기계가 처리하는 데 어려움이 있는 문제해결 능력, 영감, 독창성을 기르는 일에 관심을 기울여야 한다. 이를테면 예술, 아이디어, 리더십, 기업가 정신 등이 이에 속한다.

둘째, 기계와 경쟁할 바에야 기계와 함께 다른 사람과 경쟁하는 편이 낫다. 즉 기계를 잘 다루는 사람이 되는 것이다.

셋째, 2등은 의미가 없으니 세분화된 틈새시장을 개척해서 1등이 되어야 한다. 예를 들어 축구를 잘하지 못한다면 실내축구로 종목을 변경하는 것이다.

미국의 저명한 칼럼니스트 토머스 프리드먼(Thomas Friedman)은 이들의 주장에 크게 공감했다. 그는 '평균의 시대는 끝났다(Average is Over)'라는 칼럼에서 AI 시대가 되면 평균적인 기술로 평균적인 일을 하면서, 평균적인 임금을 받으며 평균적인 삶을 사는 '평균적인' 사람들은 반드시 자동적으로 도태될 것이라고 지적했다(AI가 그런 사람들을 도태시키지 않는다 해도 중국 노동자가 도태시킬 것이다). 그렇다면 평균적인 사람을 어떻게 해야 평균적이지 않게 만들 수 있을까? 프리드먼은 크루그먼의 블로그를 읽지 않은 게 분명하다. 왜냐면 대학에 가라고 말했기 때문이다.

하지만 앞서 소개한 견해로는 취업위기를 해결할 수 없다. 영화배우 1억 명, 과학자 3억 명, 기업가 15억 명을 필요로 하는 시대는 인류 역사상 존재한 적이 없었기 때문이다.

나는 이발소에 갈 때마다 머리숱이 왜 이리 많냐며 핀잔을 듣곤 한다. 그럴 때마다 난 스스로에게 이발사의 잔소리를 즐기자고 이야기한다. 왜냐면 그들도 언젠가는 아무 말도 하지 않는 기계로 대체될 수 있으니까 말이다. 그렇게 되면 이발사는 어떻게 살아가야 할까? 아마도 그중에는 나처럼 머리카락 숱이 많고 억센 고객만 담당하는 전문 이발사로 변신하는 사람이 생겨날지도 모르겠다. 틈새시장을 개척한다면 '예술가'로서 제법 큰돈도 벌 수 있지 않을까?

경제 계층상 상위 20퍼센트에 속하는 사람이나 기계와의 경쟁에서 이긴 사람 모두에게 높은 실업률은 당연히 나쁜 소식이다. 헨리 포드 2세가 자동차 노조 대표를 이끌고 현대화된 자동차 공장을 시찰하고 있었다. 그는 무척 자신 있는 표정을 지으며 농담을 던졌다.

"로봇한테도 노조 가입 회비를 내라고 할 셈인가?"

옳은 지적이다. 로봇은 파업도 하지 않고 임금 인상이나 복지 우대

도 요구하지 않는다. 이참에 공장 전체를 기계화해버리면 결국 노조도
갈 곳을 잃을 것이다. 하지만 그의 지적에 노조 대표는 망설이지 않고
쏘아붙였다.

"로봇더러 자동차를 사라고 할 셈인가 보죠?"

나머지 80퍼센트의 사람들에게 자동차를 살 돈이 없다면 20퍼센트
의 생산력이 아무리 뛰어나도 자동차를 만들 이유가 없다.

중국이 지난 30년 동안 경제성장을 이룬 비결로 많은 사람이 저렴
한 노동력을 지목한다. 이는 중국이 AI와 경쟁해야 한다는 뜻으로 풀
이할 수 있다. 저렴한 노동력이 중국의 경제모델이라면 중국은 머지않
아 로봇에게 자리를 내줘야 할 것이다. 실제로 팍스콘은 노동자 대신
로봇을 작업에 투입하고 있다. 현재 팍스콘에서는 1만 대의 로봇이 작
업을 처리 중이며, 로봇 근로자는 내년에는 30만 대, 3년 안에 100만대
로 확대될 계획이라고 한다.[*] 로봇은 한 대당 가격이 14만 위안에 달하
지만,[**] 24시간 작업에 투입해도 투신자살하는 일은 일어나지 않을 것
이다.[***] 팍스콘의 CEO 궈타이밍(郭臺銘)은 앞으로 일어날 변화를 이렇게
소개했다. "팍스콘의 젊은 노동자들은 로봇 소프트웨어를 다룰 수 있
도록 배워야 합니다. 로봇 프로그래머, 소프트웨어 전문가가 돼서 로봇

• 시나닷컴(新華網) 2011년 뉴스, 'Faxconn to replace workers with 1 million robots in 3 years',
  http://news.xinhuanet.com/english2010/china/2011-07/30/c_131018764.htm. 2015년, 중신왕(中
  新網) 쿤산(昆山) 5월 22일자 기사(기자 주샤오잉(朱曉穎)): '팍스콘 궈타이밍 회장은 장쑤성 쿤산에서 진행
  한 기자와의 인터뷰에서 "공장 폐쇄", "로봇 교체 작업" 때문에 제2의 공장으로 사용하던 쿤산 공장
  의 근로자 수를 최대 11만 명에서 5만 명으로 감축했지만 영업 소득은 여전히 증가했다고 설명했다.'
  http://finance.sina.com.cn/roll/20150522/182022245331.shtml
•• 〈징지찬카오바오(經濟參考報)〉, '팍스콘에서 일자리를 얻은 로봇, 한 대당 14만 위안, 일곱 살 아이의
  IQ 보유', http://tech.sina.com.cn/it/2012=01-13/09146625702.shtml
••• 다수 매체의 보도에 따르면, 2016년 팍스콘은 쿤산 공장 한 곳에서만 노동자 6만 명을 감축하고 작
  업에 로봇을 투입했다. 이뿐만 아니라 쿤산 지역에 위치한 600여 개의 기업이 생산공정 로봇화를 추
  진 중이다. -옮긴이

의 팔과 관절을 조종하며 생산 작업을 완료해야 합니다." 하지만 그는 직원 중 몇 퍼센트에 달하는 사람들을 프로그래머로 양성할 것인지 구체적으로 밝히지는 않았다. 팍스콘의 노조 대표는 (팍스콘에 노조가 정말 있다면) 궈타이밍에게 로봇이 만든 아이폰을 누구에게 팔 것인지 물어봐야 할 것이다.

말한테 투표권이 있다면 세상에 자동차가 생기지 않았을 것이라는 우스갯소리가 있다. 하지만 설사 투표권이 있었더라도 그들은 결국 자동차에 밀려났을 것이다. 생산력의 발전은 누구도 거스를 수 없는 법칙이기 때문이다. 이 과정에서 발생하는 대규모 실업은 이미 가시적인 위협이 되었다. 최근 이 문제에 관해 서양 세계에서 이뤄지는 논의를 훑어보면, 크루그먼, 프리드먼, 〈이코노미스트(Economist)〉의 평론****에 이르기까지 "이 문제는 해결할 수 없다"라는 말로 끝을 맺고 있다. 아마도 이것이 시장경제에 내재된 결함인지도 모른다. 세상의 임금을 모두 합쳐도 생산된 모든 제품을 살 수 없다던 마르크스의 주장이 옳은 말일 수도 있다. 어쩌면 공산주의만이 AI의 친구라 하겠다.

****http://www.economist.com/blogs/babbage/2011/11/artifical-itelligence

2

당신이 로봇보다 나은 점

'8월 CPI(소비자물가지수) 동기 대비 2.0퍼센트 증가, 12개월 만에 최고치.' 2015년 9월 텐센트(騰訊) 파이낸셜에 실린 평범해 보이는 이 기사가 대중의 눈길을 사로잡았다. 왜냐면 이것은 사람이 아닌 로봇이 작성한 기사였기 때문이다. 기사에는 이미지, 도표가 함께 들어 있었으며 깔끔한 구성, 명쾌한 문장, 분명한 의미가 돋보였다. 로봇이 작성한 것이라고 미리 말해주지 않았더라면 오랜 경력을 가진 노련한 기자의 솜씨라고 생각했을 것이다.

이러한 사실에 많은 사람이 놀라기는 했지만 그렇다고 해서 크게 당황하지도 않았다. 로봇이 사람의 일자리를 빼앗을 것이라는 사실을

• http://finance.qq.com/a/20150910/019573.htm

이미 알고 있기 때문이다. 하지만 단순히 이 일만 놓고 이야기할 때, 대부분의 사람은 아직은 기자가 밥그릇을 빼앗길까 봐 걱정하지 않아도 된다는 반응을 보였다. 로봇은 기사에서 사실과 데이터만 나열했을 뿐 어떠한 논평이나 분석도 들려주지 않았다. 게다가 기사에서 인용한 데이터 역시 '인간'의 것이었다. 'ㅇㅇㅇ의 주장에 따르면', '그는 자신의 생각에 대해', '증권사 애널리스트의 보고에 따르면' 등등, 이 모든 것은 단순히 자료를 베끼고 흉내 낸 것에 불과했다.

하지만 이것이 정말 대수롭지 않은 일일까? 그렇게 생각한다면 지금 AI가 어느 수준까지 발전했는지 전혀 이해하지 못하는 것이다.

작년부터 AP(Associated Press)에서 상장사의 최신 동향을 분석하여 보도하기 시작했는데, 이 기사는 기자가 실제 발로 뛰면서 취재한 것이 아니라 로봇이 작성한 기사였다. 일부 영어권 미디어에서는 로봇이 쓴 스포츠 경기 기사를 이미 내보내고 있다. 이들 로봇은 정보나 논평을 인용하는 수준을 일찌감치 뛰어넘어 데이터를 직접 열람하거나 분석하며 어떤 데이터가 더 중요한지 판단한다. 오늘 경기의 주인공, 팀이 역전승을 거두게 된 승리 요소, 경기의 하이라이트를 파악하는 등 보도 스타일과 관점을 선택할 수도 있다.[**]

상당수의 업체가 로봇이 쓴 기사를 제공하고 있는데, 그중 내러티브 사이언스(Narrative Science)는 뉴스 기사만으로는 돈을 벌 수 없다고 판단했는지 기업의 내부 보고서를 작성하는 서비스를 제공하기 시작했다. 로봇이 각종 정보를 수집해서 경영 추세, 실적, 문제를 진단하고 이

[**] 참고 기사: 〈와이어드〉, 'Can an Algorithm Write a Better News Story Than a Human Reporter?' By Steven Levy, 04.24.12.

와 관련된 판단, 결론, 견해 등을 담은 보고서를 작성한다. 이것은 기본적으로 경영 컨설팅과 관련된 일이다.

일부 미디어에서는 어떤 글을 로봇이 썼는지 알려주지 않기 때문에 우리는 보통 기사를 보고도 알아차리지 못한다. 중요한 사실은, 로봇이 쓴 내용이 사람에 비해 수준이 크게 떨어지지 않고, 어떤 경우에는 심지어 더 낫다는 것이다.

이러한 상황을 지켜보고 있자니 지금 우리가 살고 있는 세계가 얼마나 큰 변혁을 겪고 있는지 새삼 깨닫게 된다. 지식을 통해 삶을 영위해온 인류가 새로운 역사를 향해 나아가고 있는 것이다.

아주 오래전에 사람들은 지식인을 존경했다. 그 시절에 지식은 그 자체만으로 돈으로 환산할 수 있을 만큼 충분한 가치를 지니고 있었다.

하지만 최근 인터넷 시대가 도래해 사람들이 검색엔진을 통해서 원하는 정보를 얻을 수 있게 되면서 지식은 그 전통적인 가치를 잃기 시작했다. 사실 가치가 없다고 해서 중요하지 않다는 것은 아니다. 공기는 값을 지니고 있지는 않지만 인류의 생존에 필수적이다. 즉 우리는 반드시 지식을 갖춰야 하지만 이제 그것만으로는 재화를 획득할 수 없다는 얘기다. 이 시대 지식의 가치는 능동적으로 지식을 수집하고 정리하는 능력에 있다. 예를 들어 중국 대표 IT기업 중 하나인 텐센트가 로봇에 관한 기사를 내보낸 이튿날, 미디어플랫폼 '취안메이파이(全媒派-The Future Linker)'는 '5분 과학교실: 로봇 저널리즘(Robot Journalism)의 과거와 현재˚'라는 글을 실었다. 각 기업의 로봇 저널리즘 현황을 소개하는 이 글은 쉽고 이해할 수 있는 내용과 이미지가 보기 좋게 구성되어 있었다.

• http://news.qq.com/original/dujiabainyi/jiqixinwen.html

하지만 이 정도의 기사 내용이 과연 가치가 있느냐고 묻는다면, 고난도의 수준에 의거했을 때 그렇다고 대답하기 어렵다. 왜냐면 로봇이 기사를 작성한다고 해도 비슷한 내용을 쉽게 쓸 수 있기 때문이다. 보고 형태의 기사, 대부분의 과학상식 기사, 백과사전 Q&A 등은 가까운 미래에 모두 로봇이 작성하게 될 것이다. 아마도 미디어에서는 이러한 종류의 글을 보관할 필요도 없을 것이다. 필요하다면 특정 독자의 학식과 입맛에 따라 로봇을 사용해서 언제든지 뚝딱 기사를 뽑아낼 수 있기 때문이다.

오늘날 가장 큰 가치를 지닌 것은 지식 활용의 능력이다. 건강에 이상이 있을 때 사람들은 검색엔진을 통해 자신의 증세를 진단하지 않는다. 어쨌든 몸이 안 좋으면 의사의 전문적인 진단을 받으려 한다. 그러면 의사와 같이 지식을 활용하는 일을 하는 사람은 AI 시대에도 직업이 사라질까 걱정할 필요가 없는 것일까?

그 또한 확언할 수 없다. 사실 무척 대단한 존재가 이미 오래전부터 우리 곁에 존재해왔기 때문이다. 그것이 시장에 본격적으로 소개되는 날에는 지식 활용 능력도 더 이상 별다른 가치를 갖지 못하게 될 가능성이 크다. 그 존재는 바로 IBM의 AI 시스템 왓슨이다. 왓슨은 어떤 의사보다도 더 해박한 의학 지식을 보유하고 있으며 키워드를 검색하지 않고도 의학적인 문제를 상당 부분 파악할 수 있다. 또 증세를 진단하거나 치료법을 제안할 수도 있다. 이러한 시스템은 머지않아 의학, 법률, 금융 컨설팅 영역에 본격적으로 투입될 전망이다.

아마 10년도 채 지나지 않아 왓슨은 '그것(It)'이 아닌 '그(He)' 또는 '그녀(She)'의 모습으로 당신을 찾아올 것이다.

이러한 상황에서 인류는 어떤 태도를 취해야 하는가? 호킹의 말처럼 AI를 두려워해야 할까? 아니면 반려동물처럼 대해야 할까?

인간은 새로운 지식을 창조함으로써 부를 창출해야 한다. 보고, 건의, 진단 등등 로봇이 할 수 있는 모든 일은 다 인간에게 배운 것이다. 로봇은 이미 발생한 사건에서 법칙을 찾아낸 뒤 이 규칙을 새로운 대상에 적용한다. 요컨대 로봇은 철저한 경험주의자다.

인간의 첫 번째 임무는 상식을 파괴하는 것이다. 2016년 미국 대통령 선거 당시 후보들은 로봇의 의견에 따라 유권자에게 기계적으로 비슷한 답변을 들려주었고, 그런 모습에 유권자는 금세 싫증을 느꼈다. 그러던 중 럭비공처럼 어디로 튈지 모르는 공화당의 대통령 후보 도널드 트럼프(Donald Trump)는 상식을 뛰어넘는 언행, 화끈한 모습으로 단박에 유권자의 눈길을 사로잡았다. 그리고 강력한 경쟁자 힐러리를 물리치고 역전승에 성공했다.

내 아내는 음식을 할 때 레시피는 들춰보지도 않고 순전히 자신의 '감'만으로 새로운 요리를 만들어낸다. 가끔은 음식이 괴상한 맛이 나기도 하지만 그때마다 아내에게서 '사람 냄새'를 느끼곤 한다.

이와 달리 로봇은 아이디어를 만들 수 없다. 로봇은 무언가를 조합하고 스스로 진화하거나 심지어 완벽한 방법으로 새로운 것을 창조하기도 한다. 일일이 대상을 비교한 뒤에 그중에서 최적 또는 최선의 것을 골라 조합하는 방식이다. 하지만 이 과정에는 특이한 발상이나 영감 따위가 필요 없다.

일부 보도에 따르면 왓슨이 새로운 요리 메뉴를 '개발'했다고 한다. 이 조리법에 따르면 기존에 사용해본 적 없는 재료로 제법 그럴싸한 요리를 만들어낼 수 있다. 그렇다면 이때 우리가 할 일은 무엇인가? 왓슨이 만든 요리를 먹는 것이다! 왓슨은 자신이 개발한 메뉴의 영양 성분을 계산할 수 있지만 요리의 맛을 보지는 못한다(이러한 점에서 요리를 맛있게 먹을 줄 아는 사람은 혁신적이라고 말할 수도 있겠다). 왓슨과 비교했을 때 인간 요리사의 강점은 자체적으로 먹는 기능을 탑재하고 있다는 것이다. 요리사는 직관적인 감각을 통해 '먹을 만한' 맛을 판단할 수 있다.

마찬가지로, 로봇은 새로운 시구나 가사를 대량으로 지을 수도 있지만 그 예술성을 스스로 판단할 수는 없다. 판단은 사람만이 할 수 있다. 사람의 취향, 선호는 기계화 방식으로 처리하기에 무척 까다로운 대상이다. 그래서 데이터분석법을 동원해 어떤 스토리의 영화가 흥행할지 예측하지만 결과는 대부분 실패에 그치고 마는 것이다.

그래서 인간의 두 번째 의무는 선호도를 표현하는 것이다. 당신의 어떠한 감정 표현도, SNS에 추천을 누르는 행위조차 로봇에게는 소중한 자료가 된다. 이는 기계가 경험해본 적 없는 새로운 정보이기 때문이다. 뉴스 기사를 보고 댓글로 욕설을 올리거나 아무런 의미 없는 헛소리를 늘어놓아도, 로봇은 이를 현 시대를 사는 사람들을 이해하는 데 활용할 수 있을 것이다.

지금과 같이 AI가 계속 발전한다면, 머지않은 미래에 로봇에게 독립성을 부여하는 날이 올지도 모른다. 그러면 로봇이 그 뛰어난 능력으로 많은 돈을 벌게 될 수도 있을 것이다. 하지만 그렇다고 하더라도 감정의 표현, 취향의 선언은 인간에게만 허락된 신성한 권리라는 것을 명심해야 한다(앞으로는 의무가 될지도 모른다). 중요한 점은 로봇은 인간을 위해 봉사해야 하며 결코 그 반대가 되어서는 안 된다는 사실이다.

또 인간에게는 감정이라는 스킬이 있다는 사실을 절대 잊지 말아야 한다. 아마도 트레이너, 의사, 변호사, 금융 컨설턴트 등의 직업은 비용 면에서 훨씬 저렴한 AI에 의해 대체될 것이다. 하지만 건강한 매력을 발산하는 트레이너, 어깨를 툭툭 치며 건강에 아무 문제도 없다고 알려주는 의사, 끝까지 함께 싸우겠다며 의지를 불태우는 변호사 등이 우리에게 주는 감정은 결코 로봇이 선사할 수 없는 것이다.

학창 시절 엄했던 선생님, 밤늦도록 함께 야근하던 동료 등 추억 속에 남아 있는 사람들은 빼어난 업무능력 때문이 아니라 그들이 준 감동과 인상 때문에 잊히지 않는다. 고등학교 때 수학 천재로 불리며 선생님들의 사랑을 한몸에 받았던 친구가 있다. 그런데 한번은 그 친구가 학교에서 몰래 카드놀이를 하다 선생님한테 걸려서 혼쭐이 났었다. 그로부터 몇 년이 흐른 후 함께한 술자리에서 그가 알딸딸한 표정으로 입을 열었다. "고등학교 때 배운 수학공식은 죄다 까먹었는데 선생님한테 혼났던 것은 기억나." 아마도 왓슨과의 사이에서 이렇게 형언하기 어려운 미묘한 화학적 반응이 일어나지는 않을 것이다.

컴퓨터 시대, 인터넷 시대, 스마트폰 시대를 지나 앞으로 AI 시대 또는 초급 단계의 인지컴퓨팅 시대가 열릴 것이다. 왓슨이 보급되면 직장의 모습도 많이 달라질 것이다.

예전에는 두뇌가 컴퓨터 같다는 말이 상대에 대한 칭찬이었지만 앞으로는 모욕이 될 것이다. 로봇 시대에 우리는 자신을 기계와 달리 '사람 냄새'가 물씬 풍기는 존재로 만드는 데 집중해야 한다. 컴퓨터에 대한 숭배는 인류 역사상 무척 짧았던 문화로 기억될 것이다.

이 글을 쓰는 데 인터넷에서 얻은 내용을 일부 사용하긴 했지만, 주요 내용과 결론은 모두 내 머리에서 나온 것이다. 그러므로 맞는지 틀리는지와는 관계없이 어떤 검색엔진을 통해서도 찾아내지 못할 것이다. 이처럼 로봇이라면 절대 쓸 수 없는 글을 썼기에 원고료도 받을 수 있는 것이다. 적어도 지금은 말이다.

3
물아일체의 경지

리정다오(李政道)*는 매일 문제를 풀면서 연구를 위해 체력을 단련했다고 한다. 풀 문제가 없으면 적분을 계산하기도 했단다. 지금 이공계 출신에게 적분 계산은 손에서 놓을 수 없는 것이라고 하지만, 1990년대에 내가 대학교를 다니던 시절에는 모두 적분을 대수롭지 않게 생각했다. 왜냐면 매스매티카라는 연산 소프트웨어가 유행하고 있었기 때문이다. 매스매티카는 적분, 방정식, 추리 계산을 사람보다 훨씬 빠르고 정확하게 풀어냈다.

당시 수학과 교수님께서 매우 침통한 표정으로 매스매티카가 무척 대단하다고 말씀하셨던 것이 기억난다. "매스매티카를 사용해보느라

---

* 1926~. 중국 출신의 미국 물리학자. 1957년 노벨 물리학상 수상 –옮긴이

잠도 제대로 못 잤다네. 그래도 매스매티카에 너무 의존하지 말게. 증명이나 추리문제가 나오면 꼭 직접 계산해보게."

수십 년 전, 전자계산기가 처음 등장했을 때 선생님들도 이렇게 말했으리라. 요새는 어떤지 모르겠는데 내가 초등학교를 다니던 때만 해도 수업 시간에 전자계산기를 사용할 수 없었다. 미국의 초중고에서는 계산기 사용을 허락하지만 수업 중에 여전히 학생들에게 필산, 암산을 가르친다. 그런데 최근 핀란드에서는 초등학교 교육 과정에서 필산이나 구구단 외우기를 하지 않기로 했다고 한다. 수업 시간에 계산문제를 전부 계산기로 처리하게 된 것이다(핀란드는 아무래도 잘못된 결정을 내린 것 같다. 나는 개인적으로 구구단을 무척 좋아한다. 구구단도 외울 줄 모르면서 수학을 공부한다니 말도 안 되는 소리다).

이렇게 인간이 컴퓨터와 함께 작업해야 한다면 컴퓨터에 어떤 일을 맡기고 어떤 일을 금지해야 하는 것일까? 이는 인류의 생존과 관련된 문제다. 인류의 존엄에 관한 문제가 하나 더 있다. 인간과 컴퓨터 중에서 누가 '주(主)'가 되어야 할까? 당연히 사람이 중심이 되어야 한다고 대답한다면 현실을 잘 모르는 것이다. 지금은 예술과 같은 영역에서조차 반드시 사람이 주가 되지는 않는다.

중국 배우 류샤오링퉁(六小齡童)은 유명한 감독과 손오공에 관한 영화를 찍을 뻔했다고 밝힌 적이 있다. 1996년에 실제로 그런 기회가 있었다. 하지만 당시 류사오링퉁은 〈몽키킹: 손오공의 탄생(大鬧天宮)〉을 몇 장면만 찍고서 갑자기 출연하지 않겠다고 일방적으로 통보해버렸다. '대작'답게 과거 드라마 버전의 〈서유기〉보다 특수촬영이나 특수효과가 더 많이 사용됐는데, 류샤오링퉁이 이에 강하게 거부감을 표시했던 것이다. "와이어에 매달린 채 텅 빈 스크린을 배경으로 이 동작 저

동작을 하려니 내가 마치 컴퓨터의 도구나 허수아비가 된 기분입니다. 이런 건 예술가가 할 일이 아니에요!"

그로부터 몇 년 뒤 영화 〈아바타(Avatar)〉가 크게 성공하자, 류샤오링 퉁은 3D 버전의 〈미후왕(美猴王)〉을 찍겠다고 선언했다. 이번에는 컴퓨터의 도구나 허수아비가 될 준비를 제대로 했는지 모르겠다.

사람과 기계의 관계는 일찌감치 변했다. 요즘 기계가 차지하는 비중은 적어도 인간과 비슷하다. 컴퓨터 가격이 점차 저렴해지는 반면 컴퓨터를 활용한 특수효과 비용은 점점 오르고 있다. 그래서 영화에서 특수효과가 차지하는 예산 비중이 늘어나는 데 비해 스타 배우의 중요성은 감소하는 추세다. 〈아바타〉와 〈트랜스포머(Transformers)〉와 같은 SF 영화에 등장한 배우들은 할리우드 최고의 스타라고는 할 수 없다. 그들의 출연료는 특수효과에 든 엄청난 비용에 비하면 그리 대단하지 않은 수준이다. 〈터미네이터 4(Terminator Salvation)〉는 컴퓨터 합성 이미지를 통해 젊은 모습의 아놀드 슈왈제네거(Arnold Schwarzenegger)를 스크린으로 불러들이기도 했다.

컴퓨터가 담당하는 일은 시각효과뿐만이 아니다. 배우들이 표현하기 어려운 표정이나 발음하기 어려운 대사도 수정할 수 있다. 심지어 가수들의 '음 이탈'을 감쪽같이 고쳐준다. 〈타임(Time)〉에서는 현재 대부분의 직업가수가 '오토튠(Auto Tune)'이라는 프로그램을 사용해서 음정을 고친다는 기사를 내기도 했다. 과거 가수들은 녹음 스튜디오에서 노래를 수십 번씩 반복해서 불러야 했지만 이제는 아마추어 가수조차 집에서 노래를 한 번 부른 뒤에 오토튠으로 수정한다.

컴퓨터는 가수를 음 이탈의 고통에서 해방해줬지만 그걸 바라보는 팬들의 심경은 착잡하기만 하다. 자신이 좋아하는 가수의 노래가 과연 온전한 그의 목소리인지, 아니면 컴퓨터의 솜씨인지 알 수 없기 때문이다. 몇 년 안에 컴퓨터가 덩리쥔(鄧麗君)*의 목소리로 신곡을 발표할 수도 있지 않을까? 어쩌면 미래에는 배우라는 직업도 사라질지 모르겠다. 영화는 본질적으로 컴퓨터로 합성한 '애니메이션' 아니던가?

하지만 이렇게 기계가 성행하면 인간이 설 자리는 어디서 찾아야 할 것인가?

1997년, 세계 최고의 체스 챔피언 가리 카스파로프(Garry Kasparov)가 IBM의 슈퍼컴퓨터 '딥블루(Deep Blue)'에 패했다. 이제 사람들은 50달러만 내면 가정용 컴퓨터에 세계 챔피언을 꺾을 수 있는 체스 소프트웨어를 탑재할 수 있다. 그렇다고 사람들이 체스를 버리지는 않았다. 체스는 여전히 많은 사람들이 즐기는 게임이다. 이 프로그램만 있으면 평범한 초등학생도 세계 체스 챔피언과의 대결을 통해 체스에 대한 흥미와 지식을 얻을 수 있다. 이를 계기로 수많은 신동이 배출되고 프로선수의 훈련 방식이 바뀐다면, 점차 체스도 전통적인 게임방식에서 벗어나 새로운 시스템을 도입하게 될 것이다.

실제로 사람들은 새로운 게임방법을 시도하기 시작했다. 사람과 컴퓨터가 한 조를 이루는 '멀티 플레이'를 시도한 것이다. 2005년 플레이체스닷컴(Playchess.com) 사이트에서 온라인 체스대회를 개최했다. 이번 대회는 누구든지 마음대로 컴퓨터와 조를 이뤄서 실력을 겨루는 '자유모드'로 진행됐다. 고액의 상금이 내걸린 가운데 몇몇 팀이 슈퍼컴퓨터와의 대전에 도전했다. 대회 초반에는 사람이 한 수 위인 것으로 나

• 1953~1995. 대만 출신의 가수로서 아시아의 가희(歌姬)라고 불렸다. 대표곡으로는 〈첨밀밀(甜蜜蜜)〉이 있다. -옮긴이

타났다. 강력한 기사와 저성능 컴퓨터로 이루어진 조가 성능이 뛰어난 컴퓨터와 평범한 실력을 지닌 기사의 조를 압도했다. 하지만 결국 승리를 거둔 것은 최강 기사와 최강 컴퓨터의 조가 아닌, 두 명의 아마추어 기사와 세 대의 평범한 컴퓨터로 이뤄진 조였다.

기상예보처럼 컴퓨터에 대한 의존도가 큰 작업에서도 컴퓨터 혼자 일을 처리하는 것은 아니다. 컴퓨터는 날씨와 관련된 데이터를 수집하고 사전에 입력된 계산식에 따라 계산을 한 뒤 결과를 보고한다. 컴퓨터가 이렇게 알아서 척척 처리하는데 사람의 역할이 과연 필요하냐고? 물론 필요하다. 왜냐면 계산모델에 미세한 결함이 존재하기 때문이다. 네이트 실버는《신호와 소음》에서 모델 내 결함 때문에 컴퓨터가 종종 상황을 예측하지 못할 수 있으므로 반드시 경험 있는 예보관이 수시로 수치를 조정해줘야 한다고 설명했다(기상 상황은 카오스 이론하에서 예측하므로 이런 결함은 피할 수 없다). 여기서 말하는 '경험'이란, "컴퓨터 모델 내의 결함을 처리하는 과정에서 점진적으로 축적된 것이다. 이를테면 당구 실력자가 단골술집 당구대 위에 파인 흠집을 미리 계산하고 공을 칠 수 있도록 하는 그런 탁월함 말이다."

이렇게 컴퓨터의 결함을 상쇄하고 컴퓨터의 장점을 능수능란하게 활용하는 일, 바로 여기서 미래에 인간이 설 자리를 발견할 수 있다. 즉 앞으로 인간의 특성을 제대로 발휘하려면 기계와 경쟁하는 것이 아니라 기계와 '물아일체'가 되어 작업을 수행하고 다른 사람과 경쟁해야 할 것이다.

그 팀워크는 사람이 컴퓨터의 판단, 예측 능력이 확장될 수 있도록 돕는 데 달렸다. 컴퓨터는 더 이상 인간의 비서가 아니라 무한한 가능성을 지닌 맹수라 하겠다. 승리의 관건은 그 맹수를 다루는 사육사의 솜씨에 있다. 최고의 애니메이션은 더 이상 엔지니어, 원화 작가의 손에서만 탄생하는 것이 아니다. 〈쿵푸팬더(Kung Fu Panda)〉처럼 실제 배우의 표정을 컴퓨터로 옮겼을 때도 구현될 수 있는 것이다. 〈아바타〉의 제임스 카메론(James Cameron) 감독은 풀 한 포기 없는 촬영세트에서 울창한 밀림 속을 돌아다니는 느낌을 표현할 수 있도록 배우들에게 하와이의 밀림 곳곳을 돌아다니게 했다고 한다.

보이지 않는 외계 행성의 짐승과 싸우는 연기는 바보스러운 짓이 아니라 기교가 필요한 표현이다.

4

불가사리 죽이기

이런 비유가 반감을 살 수도 있다는 건 알지만, 중국 소수민족 문제의 화약고인 신장(新疆) 자치구의 테러리스트, 비트코인, P2P 해적판 다운로드, 그리고 위키피디아 사이에는 한 가지 공통점이 있다. 이들 모두 분권화를 지향하는 조직 형태라는 것이다.

우리에게 익숙한 조직, 이를테면 기업, 군대, 정부는 일반적으로 수직 관계를 이루고 있다. 하급은 중간층의 지휘를 따르고 중간층은 지도부의 결정을 따른다. 그리고 지도부는 전체 조직의 두뇌로서 전략 연구와 계획 수립을 담당한다. 그래서 이러한 조직을 무너뜨릴 수 있는 가장 효과적인 방법은 바로 '머리'를 겨냥하는 것이다. '사령부'를 제거하기만 하면 전체 조직은 당장 무너지지는 않더라도 심각한 마비 상태에 빠지고 만다.

온라인상에서 벌어지는 해적판 반대 운동은 이와는 또 다른 문제다. 인터넷 시대 초기에는 모든 콘텐츠가 메인 서버에 올라왔고 각지의 네티즌이 제한된 몇몇 서버를 통해 업로드 또는 다운로드를 했다. 서버와 네티즌의 이러한 관계는 전통적인 수직관계와 유사해서 당시 해적판을 막는 일은 어렵지 않았다. 불법 콘텐츠가 포함된 서버만 닫으면 그만이었다. 하지만 P2P가 등장하면서 그 사용자들은 메인 서버 없이도 개인 컴퓨터로 불법 파일을 공유할 수 있게 되었다. 오늘날 사람들이 흔히 사용하는 '쉰레이(迅雷)', '디엔뤼(電驢)', 'BT' 등의 다운로드 툴은 모두 P2P 기반이다. 쉰레이의 배후에는 적어도 한 곳의 업체가 있지만, 디엔뤼와 BT는 어떤 기업에도 소속되어 있지 않다. 이러한 방식을 '분산화'라고 한다. 이러한 시스템에서는 사용자끼리 자유롭게 모든 콘텐츠를 공유하고 다운로드한다. 돈을 벌려는 의도도 없고 누군가가 관리할 필요도 없다. 이보다 더 중요한 것은 모든 파일이 여러 컴퓨터에 동시에 존재하기 때문에 컴퓨터 한 대를 끈다고 해도 전체 시스템에 영향을 주기는 어렵다는 사실이다.

미국의 컨설턴트 오리 브래프먼(Ori Brafman), CATS 소프트웨어의 CEO 로드 벡스트롬(Rod A. Beckstrom)은 2008년에 분산화를 전문적으로 연구한 《불가사리와 거미: 분화하고 성장하고 진화하라(The Starfish and the Spider: The Unstoppable Power of Leaderless Organizations)》를 발표했다. 책의 제목에서 사용된 비유법이 무척 적절한 듯하다. 실제로 전통적인 조직은 대뇌에 지능이 집중되어 있는 거미와 같다. 거미를 죽이려면 반드시 머리를 제거해야 한다. 이에 반해 분산형 조직은 머리가 아예 없는 불가사리와 같다. 몸 곳곳에 지능이 흩어져 있는 데다, 잘린 신체의 일부도 또 다른 개체로 성장이 가능하다.

그래서 거미를 죽이는 것보다 불가사리를 죽이는 것이 훨씬 어렵다. 스페인 사람들은 남미를 침략했을 때 아즈텍 제국과 잉카 제국을 손쉽게 정복할 수 있었다. 두 제국 모두 거미형 조직구조를 지니고 있었기 때문이다. 통치자의 손에 권력이 집중되어 있어서 중앙정부가 쓰러지자 제국 전체가 순식간에 무너져버렸다. 하지만 스페인 사람들은 남미 제국보다 훨씬 뒤처진 북미 대륙의 아파치 부족을 상대할 때는 골머리를 앓아야 했다. 많은 인력과 물자를 투입하고도 끝끝내 그들을 쓰러뜨리지 못했다. 아파치 부족은 특정한 한 명의 지도자 없이 각 부락이 정치적으로 느슨한 형태의 연맹을 이루고 있었기 때문이다. 아파치 부족의 영웅은 전투에서 군대를 직접 이끄는 것이 아니라, 정신적 지주로서 주로 부족민에게 사기를 불어넣는 역할을 수행했다. 물론 일부 부락이 무너져내리기는 했지만 남은 부족들은 계속해서 침략자들에게 맞섰다. 그 후로도 아파치 부족은 수백 년에 걸쳐 백인에게 저항했으며 19세기가 되어서야 미국 정부에 투항했다.

중국 역사상 춘추시대에도 비슷한 특징이 보였다는 점에서 분산화는 매우 오래된 시스템처럼 보인다. 하지만 현대사회의 정부와 기업은 대부분 권력의 집중화를 추구하고 있어, 분산화에 대한 사람들의 관심과 이해는 그리 크지 않은 편이다.

1995년, 인터넷 서비스 제공업체인 넷콤(Netcom)의 CEO 데이비드 게리슨(David Garrison)은 프랑스에서 투자자들과 만남을 갖고 인터넷 사업에 대한 투자를 부탁했다. 당시 참석한 인물들은 게리슨의 열정적인 태도에 호감을 보였지만 이해할 수 없는 문제가 하나 있었다. 인터넷의 운영 책임자가 누구인지 알 수 없었던 것이다. 그들은 게리슨에게 인터넷의 회장이 누군지 물었다. 이에 게리슨은 인터넷에는 집권화된 지도층 기구가 존재하지 않으며 인터넷은 '네트워크의 네트워크'라고 설명했다. 하지만 투자자들은 도무지 분산화라는 구조를 이해하지 못했다. 계속되는 설명에도 납득할 수가 없자 심지어 통역이 뭘 놓친 게 아니냐며 신경질적인 반응을 보이기도 했다. 결국 게리슨은 투자를 유치하기 위해 자신이 회장이라고 말했다.

인터넷에는 회장도, CEO도 없다. 인터넷은 개방된 인프라 시설이며 모든 컴퓨터는 이를 수용·확장할 수 있다. 또 어떤 기업 또는 국가도 인터넷을 보유하거나 지휘할 수 없다. 인터넷 시대에 분산화는 더이상 정치, 개인 분야에 한정되지 않고 많은 다른 분야에서 모습을 드러내고 있다. 이를테면 비트코인은 중앙 발행기관 없이 개인이 채굴을 통해 획득한 후 자유롭게 거래할 수 있다. 위키피디아에서 활약하는 참여자들 역시 돈을 바라지 않으며 지정된 임무를 받아들이지도 않는다. 또우반(豆瓣, 중국 최대 영화·도서 정보 사이트 – 옮긴이)의 관심 그룹은 사용자가 스스로 관리한다. 이들 조직은 지휘자도, 관리자도 없지만 놀라운 속도로 발전하고 있다.

분산화 조직의 구성원을 연결하는 것은 지도자가 아니라 공동의 이념 또는 니즈다. 이런 조직에도 때로 명의상의 지도자가 존재하기도 하지만, 전체 조직에 대한 지배력이 제한적이라 정신적 구심점의 역할만 하는 경우가 대부분이다. 또 각지에 자체적인 하위조직이 있는 경우도 있지만 이들 사이의 관계는 무척 느슨하다. 그럼에도 분산화 조직은 정보와 지식을 모든 구성원과 공유하며 통일된 발전 계획 없이도 그 유지가 가능하다. 최고의 아이디어는 종종 중앙이 아니라 일선에서 생겨난다. 분산화 조직은 이런 특징으로 인해 때로 놀라운 속도로 발전한다.

하지만 분산화 조직에도 약점은 존재한다. 바로 수익 창출이 어렵다는 점이다. 분산화된 산업은 이윤이 낮으며, 집권화를 통해서만 높은 이윤을 추구할 수 있다. 이는 미국 통신사(史)를 봐도 알 수 있다. 컬럼비아대학교 법학대학원의 교수 팀 우(Tim Wu)는 《마스터 스위치(원제: The Master Switch)》에서 미국 통신계는 분산화·집권화를 번갈아 경험했으며, 새로운 사물의 등장 초기에는 보통 분산화가 이뤄졌다고 설명했다. 예를 들어, 최초의 라디오 방송국은 아마추어 애호가를 중심으로 탄생했다. 그 출력이 너무 낮아서 제한된 지역에만 방송을 내보낼 수 있었지만, 방송국은 오늘날의 인터넷 방송처럼 자유롭게 다양한 내용을 내보낼 수 있었다. 이 단계에서는 라디오 방송으로 큰 수익을 올릴 일이 없던 탓에 라디오를 듣는 것을 고상한 행위로 간주하기도 했다. 하지만 미국 NBC 방송국에서 라디오 업계를 평정하며 미국 전역을 대상으로 하는 채널을 만들자, 라디오 광고는 막대한 수익을 창출하기 시작했다. 이로써 라디오는 고이윤을 보장하는 사업으로 떠올랐다.

이는 분산화 조직은 처리할 수 있는 일이 많지 않다는 것을 보여준다. 분산화 조직인 자유소프트웨어재단의 창시자 리처드 스톨만(Richard Stallman)처럼 자유소프트웨어만 사용하면 누군가에 의해 감시당할 걱정 없이 자유를 만끽할 수 있을 것이다. 하지만 자유소프트웨어는 사용이 무척 불편하다. 간신히 리눅스(Linux) 운영체제를 설치해도 사용 과정에서 온갖 문제가 불거져 나온다. 비트코인 거래 플랫폼의 수준 편차, 사용이 쉽지 않은 BT(영화를 보기 위해 BT로 해적판을 다운로드할 바에야 직접 돈을 내고 동영상 사이트에서 사 보는 편이 낫다) 등이 이를 잘 보여준다. 이러한 문제 때문에 많은 사람이 자유를 포기하고 대기업을 선택한다. 이런 점에서 분산화는 과거의 아파치 부족처럼 원시 단계에 적합한 조직방식이라고 하겠다.

　테러조직 역시 분산화 구조를 지녔다. 그들은 국가 운영 같은 거대한 사업을 추진할 능력이 없다. 하지만 사회에 공포와 불안을 몰고 오는 '사고'를 치는 데는 그 누구보다 능숙하다.

　세계에서 가장 악명 높은 테러조직 알 카에다(Al - Qaeda)는 9·11사건을 주도하여 미국뿐 아니라 전 세계를 충격에 빠뜨렸지만, 사실 이들이 테러를 직접 계획하거나 지휘하는 경우는 그리 많지 않다. 이들이 주로 하는 일은 각지에서 조직원을 선발하여 사상, 군사 훈련을 시키는 것이다. 극단적인 이슬람주의에 심취한 조직원들은 훈련을 마치면 다시 세계 여러 곳으로 흩어져 테러사건을 일으킨다. 때로 이들이 그룹을 형성하기도 하는데, 그렇다고 해서 알 카에다의 직접적인 지휘를 받지는 않는다.

　중국 경찰당국은 신장 테러사건*의 범인들이 상급조직의 명령을 받은 것인지, 아니면 자발적으로 행동한 것인지 아직까지 뚜렷하게 밝히지 않고 있다. 하지만 보도에 따르면, 적어도 일부 테러리스트는 극단적인 종교사상의 영향을 받아 테러 관련 동영상을 보면서 계획을 세웠다고 한다. 또한 해외 세력으로부터 직접적인 지휘를 받지는 않았다고 알려져 있다. 이 내용이 사실이라면 그 잔존 세력을 막기란 무척 어려울 것이다. 우리가 제거해야 할 대상이 거미가 아니라 불가사리라는 뜻이기 때문이다.

　그렇다면 불가사리는 어떻게 없애야 하는가? 《불가사리와 거미》에

---

* 2014년 8월, 신장위구르 자치구 사처(莎車)현에서 칼로 무장한 괴한들이 난동을 부려 민간인 37명이 사망한 사건을 말하는 듯하다. 당시 경찰은 용의자 59명을 사살하고 215명을 구속했다. ─옮긴이

서는 세 가지 전략을 제시한다. 오래전에 소개된 내용이지만 대테러리즘과 관련된 다른 이야기도 추가해서 살펴본다면 쓸모가 있을 것이다.

첫째, 환경을 바꿔라. 불가사리 조직이 특정 이념으로 연계되어 있다면 이념이 뿌리 내릴 수 있는 환경을 아예 없애버리면 된다.

이 문제에 관해서는 '베이징 컨센서스(Beijing Consensus)'로 유명한 조슈아 쿠퍼 라모**의 《언싱커블 에이지》에 나온 내용을 참고할 만하다. 그에 따르면, 변화 중인 시스템을 마주할 때 사람들은 빠른 변화의 요인은 알아채지만 가장 영향력이 큰 느린 변화의 요인은 인지하지 못한다. 이를테면 생태계가 파괴될 때 벌목 현상에는 관심을 기울이지만, 기후 변화에 대해서는 생각하지 못하는 것이다.

레바논 헤즈볼라는 세상에서 가장 창의적이고 성공한 무장 세력이다. 그들은 서로 다른 지역에서 동시에 테러사건을 일으키는 공격방식을 처음으로 실행했을 뿐만 아니라 원격폭탄도 사용한다. 헤즈볼라의 성공 비결은 그들의 생존 환경에서 찾아볼 수 있다. 그들은 레바논의 한적한 마을에서 학교, 병원, 주택을 세우며 커뮤니티를 형성했다. 레바논 사람들은 옆집과 싸움이 나면 헤즈볼라를 찾아가 시비를 가려달라고 요청하기도 했다. 헤즈볼라는 서양에 대한 반감과 종교를 한데 묶은 후 대중의 신뢰를 얻었다. 이런 것들은 모두 손에 넣기까지 많은 인내심을 필요로 하는 매우 느린 변화 요소에 속한다. 이스라엘은 헤즈볼라의 집을 폭파시켰지만 그들에 대한 대중의 신뢰를 무너뜨리지는 못했다.

** 2004년 그는 미국식 경제모델 '워싱턴 컨센서스(Washington Consensus)'에 빗대어 중국의 경제체제를 '베이징 컨센서스'로 표현했다. 이는 국가가 권위주의적 체제를 유지하며 주도적으로 시장자유화를 추구하는 형태를 의미한다. −옮긴이

우루무치(烏魯木齊) 5·22 테러사건의 범인들은 신장에서도 가장 빈곤한 지역 출신이다.* 그곳 주민들에게서 중국어를 배우고 싶다는 의지를 찾아보기는 어렵지만 종교에 대한 강렬한 믿음은 쉽게 볼 수 있다. 현재 중국 내 테러리스트들이 처한 전형적인 환경이다. 중국 정부의 대테러 조치 중에는 난장(南疆)에서 중고등교육을 무상으로 실시함으로써 각 집마다 최소 한 명에게라도 일자리를 찾아주자는 내용도 포함되어 있다. 이러한 노력은 테러리스트의 생존 환경을 없애는 데 도움이 될 것이다.

둘째, 불가사리를 거미로 바꾼 뒤 제거하라. 미국인이 아파치 부족을 물리친 방법이 바로 이것이다. 그들은 아파치 부락을 이끄는 추장에게 가축을 지급했다. 가축과 재화를 손에 넣은 추장은 '실권'을 통해 부락 내에서 자신의 영향력을 높이려 했고, 그러자 각 지도자에게서 불만이 터져 나왔다. 그 후 집권화된 부족은 제대로 된 저항 한번 해보지 못하고 무너져버렸다. '알코올중독자 재활협회(Alcoholics Anonymous)'는 비영리 분산형 조직이다. 그런데 이들이 점점 규모가 커지자 홍보를 위해 회원들의 이야기를 담은 책을 발간했다. 그 결과, 판매 수익을 두고 갈등이 벌어지면서 조직이 변질되고 말았다. 즉 일부 회원들이 집권화를 통해 이윤을 차지하려 든 것이다. 이렇게 이윤은 분산화된 조직을 집권적 조직으로 바꾸기도 한다. 하지만 이러한 방법을 대테러리즘에 적용하기는 현실적으로 어려울 것 같다. 테러조직에 자금을 흘려 보내 그 규모가 커지는 것을 가만히 두고 볼 사람이 어디 있겠는가?

• 〈환추이스바오〉, '우루무치 테러리스트의 고향: 경찰차, 안전 캠페인 문구도 찾아볼 수 없다', http://news.sina.com.cn/c/2014-05-27/084530239222.shtml

셋째, 스스로 분산화를 실행하라. 이는 정규군을 게릴라 부대로 만들라는 뜻이 아니라 분산화된 조직의 정보 전달 체계나 탄력적인 대응 같은 특징을 참고하라는 뜻이다. 이라크 내에서 미군이 겪은 경험이 좋은 본보기가 될 것이다.

2008년 이전까지 이라크에서 주둔하던 미군은 사람들로부터 비웃음을 샀다. 사담 후세인 정권은 전형적인 거미형 조직이었고, 이라크 군대는 미군이 바그다드를 공격하자마자 모래성처럼 무너져 내렸다. 전체 공격 과정에서 미군 전사자는 139명에 불과했다. 바그다드를 손에 넣는 것은 이렇게 쉬웠지만 재건 과정은 무척 고통스러웠다. 분산된 현지 무장 세력과 게릴라 부대의 계속되는 도발에 미군 사상자가 4천여 명 발생했다. 상황이 이렇게 되자 미군이 이라크를 점령한 것은 전략적 실수라는 비판이 쏟아져 나왔다. 현지의 전통문화를 전혀 모르는 상태에서 적의로 똘똘 뭉친 적군을 어떻게 상대할 수 있단 말인가?

경제학자 팀 하포드의 《어댑트: 불확실성을 무기로 활용하는 힘 (Adapt: Why Success Always Starts with Failure)》은 이른바 전술을 통해서 전략적 실수를 만회할 수 있다고 주장한다. 하포드의 주장에 따르면, 2008년 이전 도널드 럼스펠드(Donald Rumsfeld) 전 국방장관은 중앙의 지휘체계에 강한 믿음을 보였다. 그는 컴퓨터 시뮬레이션을 통해 가장 정확한 전황을 예측하여 주도면밀한 작전 계획을 세우면 어렵지 않게 승리할 것이라고 판단했다. 하지만 확신은 좌절로 돌아왔다. 그러던 중에 유용한 정보가 펜타곤이 아니라 현지에서 전투를 치르는 일선 병사들의 입에서 나오게 되었다.

당시 병사들 사이에서는 은밀한 소문이 돌고 있었다. 전장에서 겪은 경험담이 마치 학급 전체가 돌려 읽는 야한 잡지처럼 이리저리 퍼지고 있었던 것이다. 이야기는 결국 고위층까지 흘러들어 갔다가 다시 전선 지역으로 확산되었다. 이제 게릴라 대응에 대한 럼스펠드의 의견에는 아무도 귀를 기울이지 않았다. 그리고 2008년 이라크는 무장조직의 저항이 사라지면서 새로운 국면을 맞이하게 되었다. 이를 계기로 미군의 사망자 수가 놀라운 속도로 줄어들었다.

대체 그 소문이란 무엇인가? 하포드는 책에서 'H 대령'에 관한 이야기를 소개하고 있다. H 대령은 대다수의 이라크 현지인이 미군과의 협력을 꺼리는 이유에 대해 뜻밖의 사실을 발견했다. 그들은 미군보다 사담 후세인을 더 미워했지만, 무장 세력에게 보복을 당할 수도 있다는 두려움 때문에 미군을 돕지 않았던 것이다. 전투가 끝나고 미군은 철수하면 그만이지만 자신들은 테러조직원들과 매일 얼굴을 마주보고 살아야 했기 때문이다. 그래서 H 대령은 자신이 담당하는 지역에 29개의 초소를 세웠다. 형편없는 시설이었지만 미군 병사들은 그곳에 주둔하며 도시 곳곳의 치안을 담당했다. 그 모습에 현지인들도 조금씩 마음을 열기 시작했다.

초반에 미군은 초소를 지키기 위해 많은 피해를 감수해야 했지만 현지인의 도움 속에 점차 전세를 역전시키는 데 성공했다. 현지인들 또한 미군과 협력하며 조금씩 교섭을 시작했다.

H 대령이 취한 조치 중에는 현지인을 존중하라는 내용이 포함되어 있었다. 현지인을 무시하는 행동은 결국 적군을 돕고 아군을 위험에 빠뜨리는 짓과 같았기 때문이다.

조지라는 이름의 병사는 현지인들이 수염을 기르는 사람에게 좀 더 호감을 보인다며, 이라크에 가거든 꼭 수염을 기르라는 노하우를 들려주기도 했다.

알 카에다, 헤즈볼라, 이라크의 게릴라 부대에 비해 신장의 테러리스트들은 가장 작은 크기의 불가사리라고 하겠다. 또한 중국은 미군, 이스라엘군이 도움을 받았던 민중의 수와는 비교도 안 될 만큼 많은 아군이 있다. 테러리스트의 활동에 관한 규칙을 파악하고 일선의 경험을 토대로 민중과 연계한다면 대테러 활동을 한결 수월하게 수행할 수 있을 것이다.

5

홀라크라시:
새로운 경영술

오늘날 날마다 새로운 기술이 쏟아지고 있지만 세계를 바꿀 만한 위대한 혁신은 매년 볼 수 있는 것이 아니다. 최근 '홀라크라시(Holacracy)'라는 새로운 경영술이 세간의 주목을 끌고 있다. 이것은 관리자 직급을 없애 상하 위계질서에 의존하지 않고 구성원 모두가 동등한 위치에서 의사 전달을 하고 업무를 수행하는 제도를 가리킨다. 신발 전문 쇼핑몰 자포스(Zappos)는 대대적인 개편을 단행해 사원 수 1천 명 이상인 기업 중에서 최초로 홀라크라시를 도입했다. 물론 이들보다 먼저 이 제도를 도입한 조직도 있다. 일정관리 시스템 '겟싱즈던(Get Things Done)'을 개발한 데이비드 앨런(David Allen)의 회사를 비롯해 미디움닷컴(Medium.com)이나 몇몇 비영리기관 등에서 이미 홀라크라시를 실시하고 있었다.

홀라크라시를 처음 소개한 브라이언 로버트슨(Brian Robertson)은 전통적인 방식과는 극단적으로 다른 이 조직관리 방식을 두고 '관리'가 아닌 '사회공학(Social Technology)'이라고 부르기도 했다. 일반적으로 기업은 다양한 관리층으로 구성되며, 수직 구조의 집권시스템에 의해 운영된다. 하지만 홀라크라시를 실시하는 기업은 고정된 형태의 인원관리 및 수직형 관계가 없고 민주적 의사결정 방식을 통해 의견을 수렴한다(무척 쉽게 들리지만 관리 경험이 있는 사람이라면 이것이 얼마나 어려운 일인지 잘 알 것이다). 홀라크라시에 대한 관심이 뜨거운 만큼 온갖 오해도 생겨났다. 이를테면 한 신문사에서는 '자포스, 관리자 0명에 도전: 관리자를 전부 짜르려는 꼼수?'라는 기사를 싣기도 했다.

홀라크라시가 무엇인지 알아보기 전에 조직관리 방식에 대해 먼저 살펴보자.

나는 대학교에 다닐 때 수업 전에 출석을 부르는 게 정말 마음에 들지 않았다. 그래서 친구들과 함께 항의를 한 적도 있었다.

"그 어떤 강제적인 제도도 좋은 제도라고 할 수 없습니다. 교수님께서 강의를 열심히 준비하셨다면 학생들도 기꺼이 수업을 들으려고 할 겁니다. 시험 성적을 넌지시 언급하며 학생들의 수업 참여를 독려할 수도 있겠죠. 매번 출석 체크를 하시다니 시장의 자기조절 능력이 행정관리보다 못하다는 겁니까?"

당시 나는, 1937년에 로널드 코스(Ronald Coase)가 일찌감치 이 질문에 대한 답을 제시했다는 것을 알지 못했다. 시장의 기능이 그렇게 좋다면 기업은 왜 존재하는가? 개인이 가치를 직접 거래할 수는 없는가?

• http://www.chianz.com/start/2014/0102/333779.shtml

계급, 규율을 강조하는 조직이 반드시 존재해야 하는가? 이러한 질문에 코스는 모든 것이 거래비용 때문이라고 대답했다. 시장에서 사람들은 직접 가격 흥정을 통해 서로 협의를 맺은 뒤 일을 처리할 수 있다. 하지만 이는 막대한 거래비용의 발생을 의미하므로, 중앙 집권적 조직을 통하는 편이 더 효과적이다. 즉 조직의 성립, 수직관계의 구축, 규율 확립이 거래비용을 낮출 수 있는 것이다.

하지만 일단 조직이 설립되면 조직의 생존이 최우선 목표가 된다. 조직은 자기보호를, 그 지도자는 권력 유지를 가장 중요한 임무로 여기게 되는 것이다. 이렇게 해서 조직의 몸집이 커질수록 운영비용은 높아지고, 거래비용이 불균형적으로 증가하고, 사내 정치와 관료주의가 날로 심각해지면서 조직은 점차 활력을 잃게 된다. 대기업의 경영 효율과 창의력이 중소기업보다 낮은 이유가 바로 여기에 있다.

모든 경영자는 이러한 역설에 대해 진지하게 고민해봐야 한다. 자포스의 CEO 토니 셰이(Tony Hsieh)는 최근 진행한 CNN과의 인터뷰*에서 도시가 확대되면 그 도시에 살고 있는 사람들의 창의력이 확장되는 데 반해, 기업은 몸집이 커질 때마다 그 혁신 수준이 후퇴하는 이유에 대해 설명했다.

"도시를 구성하는 사람들은 모두 자발적인 존재지만 회사에서 일하는 사람은 상사의 명령을 따라야 합니다. 시장(市長)은 도시의 CEO가 아니므로 시민 또는 기업을 직간접적으로 관리할 수 없죠. 기업이 무엇을 팔 것인지, 프리랜서가 어떤 프로젝트를 시작할지 모두 스스로 결정해야 합니다. 쉽게 말해서 참고할 만한 '상급자'가 아예 없는 셈이

---

* http://www.cnn.com/2014/03/05/opinion/logan-zappos-holacracy/

죠. 이처럼 자유로운 주체가 늘어날수록 그들 사이의 충돌에서 경쟁의 불꽃이 일어날 확률이 커지고 혁신의 능력 역시 강해집니다. 다시 말해서 도시는 시장 메커니즘입니다."

그렇다면 대기업 문제를 위한 해결책을 도시에서 찾아보자. 요컨대 기업 내부에서 분권을 실시하는 것이다. 하급 부서를 자치적으로 운영하도록 하거나 일선 직원에게 권한을 나눠줘도 좋다. 사실 이 역시 그리 신선한 생각은 아니다. 도요타(Toyota) 자동차의 생산라인과 홀푸드(Whole Foods)는 기업의 분권화를 보여주는 좋은 사례로 손꼽힌다. 중국의 '안강헌법(鞍鋼憲法)''도 빠질 수 없겠다. 인터넷 시대라는 시대적 상황 덕분에 분산된 조직 구조는 더 쉽게 탄생할 수 있다. 몇 년 전에 클레이 서키(Clay Shirky)도《끌리고 쏠리고 들끓다(Here Comes Everybody)》에서 이에 관한 움직임을 여럿 소개한 바 있다.

하지만 홀라크라시는 일반적인 의미의 분권 개혁이 아니라 매우 엄격하고 상당히 복잡한 조직관리 방식이다. 홀라크라시닷오그(holacracy.org) 사이트를 살펴보다 브라이언 로버트슨의 강좌 영상을 우연히 보게 되었는데,''' 이 시스템을 기업에 적용하면 컴퓨터에 전혀 다른 운영체제를 설치한 효과를 거둘 수 있을 것이라는 생각이 들었다.

홀라크라시의 핵심 이념은 사람이 아니라 일이다. 상업적 이윤을 추구하는 기업, 비영리기구 모두 홀라크라시를 적용하려면 일단 '목적형 조직(Purposeful Organization)'이 되어야 한다. 조직의 목적은 수익의 창

•• 중국의 기업경영 방식, 마오쩌둥이 1960년 초 중국 최대의 철강 콤비나트인 안산 공장의 경험을 총괄한 것이라고 알려져 있다. 기업경영에서 당의 지도성을 강화함과 동시에 대중노선 방식, 즉 노동자, 간부, 기술자의 결합을 추구해야 한다고 강조하고 있다.-옮긴이
••• http://holacracy.org/resources/video-introduction-to-holacracy

출, 서비스 제공 또는 세계의 변화 등 여러 가지로 설정할 수 있다. 목적이 '기업문화'와 다르다면, 즉 목적과 현상 사이에 차이가 존재한다면 그 차이를 줄여서 목적을 달성하는 것이 당신의 일이다. 국가, 가정, 동창회 모두 목적이 없을 수도 있지만 기업은 반드시 목적을 지녀야 한다. 조직의 모든 행위는 조직원 자신이 아니라 목적을 위해 이루어져야 한다. 그래서 홀라크라시는 모든 조직원에게 업무가 목적에 부합하는지 판단할 수 있는 능력을 갖추라고 주문한다.

목적을 확정하면 기업은 '거버넌스 회의(Governance Meeting)'를 통해 목적에 따라 업무를 분할하고 구체적인 작업으로 세분한다. 목적이 인터넷 쇼핑몰에서 신발을 판매하는 것이라면, 구체적인 업무는 구매, 마케팅, 고객서비스 등으로 세분할 수 있다. 업무 수행 방식은 전통적인 기업 부서와는 본질적으로 다르다. 첫째, 어떤 업무에 착수할 것인지 CEO 개인이 아니라 집단토론을 통해 결정한다. 둘째, 업무는 잠정적인 것으로 임무가 완료되는 대로 취소될 수 있다. 이보다 더 중요한 사실은 작업자가 아니라 업무를 조직화한다는 것이다.

거버넌스 회의를 통해 업무를 결정한 뒤에는 업무별로 서클을 만드는 동시에 각 서클에서 필요로 하는 역할을 결정한다. 서클은 다양한 역할의 집합으로, 이를테면 고객서비스라는 서클은 전화 응대, 네트워크 점검 등을 수행한다. 각 역할은 저마다 명확한 직책과 권한을 가지고 있으며 그 내용은 역할에 관한 설명서에 기록되어 있다.

전통적인 기업은 조직원의 조직 구조가 고정적이라서 사람에 따라 업무를 분류하지만, 홀라크라시는 업무 책임이 고정되어 있어 일에 따라 사람을 나눈다. 또한 각 서클에는 '리드 링크(Lead Link)'가 있다. 이들은 관리자 격의 사람을 의미하지만, 자신이 속한 서클에서 명령권을 갖지는 않는다. 그는 서클 외부의 정보, 자원을 내부로 전달하고 우선순위를 정하고 전략을 제안하며, 구성원의 수행능력을 살피고 역할을 배정하는 권한을 가진다. 모든 서클의 중대한 결정은 그 서클의 모든 역할이 참가하는 거버넌스 회의에서 민주적인 토론을 거쳐 정해진다. 그리고 개인은 자신의 역할에 맞는 상당한 자주권을 누릴 수 있다. 일하라고 명령할 수 있는 사람이 없으므로, 자신의 역할에 주어진 직책과 권한에 따라 뭘 할지 스스로 결정하면 된다.

각 서클의 거버넌스 회의에서는 필요에 따라 서클 내에서 다시 '서브 서클'을 조직하고, 각 서브 서클의 기능과 그 안에서의 역할을 규정할 수 있다. 그런 뒤에 리드 링크가 서브 서클의 리드 링크를 지정한다. 서클 안에 서브 서클을 두는 방식으로 확산되는 경향은 인체가 기관, 조직, 세포 등으로 분화하는 것과 일맥상통한다. 각 서클의 거버넌스 회의는 그 서클에 직속된 모든 역할, 그에 직속된 서브 서클의 리드 링크가 참가할 수 있다.

그런 점에서 홀라크라시는 관리 또는 등급이 아예 없는 시스템은 아니다. 각 서클의 상하관계가 명확하게 드러나기 때문이다. 하나의 서클 안에서 민주적인 운영이 실행되어도 상급 서클이 서브 서클의 목적과 역할별 업무를 직접 결정한다. 또한 리드 링크 역시 인사권을 손에 쥐게 된다. 하지만 이런 관리 및 등급은 모두 업무나 역할에 관한 것이지 사람을 대상으로 한 것이 아니라는 데 주목할 필요가 있다.

홀라크라시의 매력은 모든 사람이 동시에 여러 개의 다양한 역할을 수행할 수 있다는 점이다. A 서클의 리드 링크이면서 동시에 그 서브 서클에서 일반 역할을 수행할 수도 있다. 개인에게 고정된 직책명이 주어지지 않기 때문에 직원은 리드 링크의 눈치를 보지 않아도 된다. 이론적으로 홀라크라시의 틀 안에서는 사람과 사람 사이에 평등관계가 성립될 수 있다. 브라이언 로버트슨은 자신의 회사에서 총 스무여 개의 역할을 담당하면서, 여러 리드 링크 밑에서 일하기도 했다.

전통적인 기업에서 구성원은 모두 위로 올라가기를 꿈꾸고, 기업의 목적은 목표를 달성하는 데 있다고 생각한다. 하지만 홀라크라시에서는 모든 직원이 회사의 센서가 된다. 즉 회사가 기존에 설정해둔 목표를 향해 나아가는 중인지, 직원이 기업의 문화에 맞는 일을 하고 있는지 언제든지 판단할 수 있다. 그리고 문제를 발견하면 거버넌스 회의를 통해 공론화할 수 있다. 대부분의 경우 회의를 기다릴 필요도 없이 스스로 행동하기도 한다. 이러한 자주권과 민주적인 회의 덕분에 사내정치가 대폭 감소할 것이다. 또한 이 메커니즘을 통해 각 고위 서클에 적합한 리더 역시 서서히 모습을 드러낼 것이다. 하지만 홀라크라시의 핵심은 더 많은 사람과 책임을 나누는 권력의 분할에 있다.

홀라크라시의 효율성을 생각하면 대기업일수록 홀라크라시를 실시하는 게 유리하지만, 사실 대기업일수록 보수적이며 홀라크라시에 거부감을 드러낸다. 왜냐면 이 시스템은 너무 복잡한 데다 전통적인 기업관리 방식과 큰 차이가 있기 때문이다. 이에 브라이언 로버트슨은 홀라크라시를 시도하는 회사에 감독관을 파견해 일일이 어떻게 해야 하는지 알려주고 있다. 처음부터 감독관은 기업의 CEO에게 '홀라크라시 헌법'에 서명하고 그가 가진 대부분의 권력을 포기하고 거버넌스 회의에 넘겨주라고 요구한다. 마음에 들지 않으면 언제든지 홀라크라시를 취소할 수 있지만 홀라크라시가 하루만 실행되어도 반드시 이 헌법을 따라야 한다.

'헌법'은 단지 상징적인 의미만을 담고 있는 것이 아니다. 홀라크라시의 실행은 전제 시스템에서 법치 시스템으로의 전환을 뜻하며, 헌법은 이를 명문화된 홀라크라시 규율로 알리는 것이다. 사람들은 일정한 규칙에 따라 자율적으로 행동해야 한다. 전통적인 수직관계에 따라 일을 처리하거나 특정인에게 충성을 맹세할 필요가 없다. 이것이 바로 법치의 본질, 도시의 일처리 원칙 아니겠는가?

가만히 생각해보면 홀라크라시도 난데없이 하늘에서 뚝 하고 떨어진 것은 아니다. 대형 사고가 일어나면 경찰은 각 부서 외, 심지어 담당 지역 외에 있는 다른 경찰을 동원해서 전담팀을 구성한다. 병원에서 불치병 진단을 받으면 진료과목별로 다양한 분야의 의사한테서 진단을 받는다. 또 과학 연구자는 과제를 위해 여러 대학교 혹은 대학원의 학생들과 합동연구를 한다. 이런 조직 생성과 조직 간 협력 방식이 모두 홀라크라시의 탄생에 영향을 주었으리라 생각된다.

프로그래머였던 로버트슨은 2001년에 소프트웨어 회사를 차렸다. 소프트웨어를 팔기 위해서가 아니라 사람과 사람이 어떻게 함께 일할 때 가장 효과적인지 실험하기 위해서였다. 홀라크라시의 사상적 기원은 1967년 아서 쾨슬러(Arthur Koestler)가 발표한 《기계 속의 유령(원제: The Ghost in the Machine)》에서 비롯된다. 그는 책에서 자연계는 대부분 '홀라키(Holarchy)'가 겹겹이 쌓여 있는 형태로 구성되어 있다고 주장했다. 이를테면 인체, 기관, 조직, 세포 등처럼 말이다. 각 홀라키에는 '홀론(Holon)'이 존재하는데 이들은 독립적, 자주적인 개체지만 자신이 속한 홀라키의 기능을 위해 상호작용한다.

현재 여러 국가의 상당수 기업에서 홀라크라시를 실시하기 시작했다. 자포스는 2009년에 아마존에 팔렸지만 독립운영을 보장받으며 토니 셰이의 관찰하에 실험을 진행 중이다. 아마도 몇 년 안에 홀라크라시가 전 세계에 유행하며 기업경영의 혁명을 일으킬 것이다. 또한 그 영향력은 기업을 뛰어넘어 정치조직을 바꿀 수 있을 정도로 거대할지도 모른다. 설사 실험이 실패할지라도 홀라크라시는 경영 혁신을 위한 다양한 시도 중 하나로서 가치를 지닌다. 이러한 경영관리, 조직운영 혁신을 위한 탐색은 앞으로도 계속될 것이다.

브라이언 로버트슨은 강좌에서 홀라크라시의 장점을 알고 싶다는 요청을 받으면 두 가지 답변을 들려준다고 말했다. 하나는 직권이 투명해져서 기업이 더욱 효과적으로 운영될 수 있다는 것이다. 그리고 나머지 하나는 기업의 변화가 한결 쉬워지면서 시장에 재빨리 반응할 수 있다는 것이다.

내 생각으로는 한 가지 장점이 더 있는 것 같다. 일반 직원들도 분명 이 시스템을 마음에 들어 할 것이라는 점이다. 평등과 민주를 거부할 사람이 어디 있으랴?

6
시장경제, 죽기 아니면 살기

여기서는 진화에 관한 두 가지 이야기와 독점에 관한 한 가지 이야기를 들려줄 생각이다. 이야기를 다 듣고 나면 우리가 시장경제를 잘 모르고 있었다는 사실을 깨닫게 될 것이다.

진화생물학자인 존 엔들러(John Endler)는 남미에 서식하는 구피(Guppy)를 가지고 흥미로운 실험을 진행했다. 열 개의 양어장에 2센티미터 크기의 구피를 한 마리씩 넣은 뒤 바닥에 다양한 크기의 조약돌을 깔아둔다. 그런 뒤에 몇몇 양어장에 포식자를 한 마리씩 넣었다. 그로부터 14개월이 흐르며 구피가 열 세대를 거치자 각 양어장에서는 전혀 다른 변화가 나타났다. 포식자가 없는 양어장의 구피는 화려한 무늬를 뽐냈지만 포식자와 같이 생활해야 했던 구피는 색깔도 그저 그렇고 평범하기 짝이 없었다. 게다가 몸에 난 줄무늬가 바닥에 깔아둔 자갈 등의 색깔과 비슷한 탓에 눈에 잘 띄지도 않았다. 마치 자기방어를 위해 이러한 변화가 생겨난 듯이 말이다.

외부인의 입장에서 봤을 때, 여유로운 환경은 남다른 감수성을 지닌 청년들에게 유리한 듯하다. 실제로 화려한 무늬를 가진 수컷 물고기는 교미할 수 있는 기회를 훨씬 쉽게 얻는다.

엔들러의 실험은 속도가 유독 빨랐다는 점 외에는 일반적인 생물의 진화와 아무런 차이도 없다. 이처럼 간단한 실험을 통해 진화의 지혜를 확인할 수 있는 것이다.

물고기는 후손을 남길 때 어떤 외모, 체질을 물려줄지 자신이 선택할 수 없다. 돌연변이 현상 역시 무작위로 일어난다. 자연의 선택을 놓고 동종의 물고기끼리 '경쟁'하는 것이 아니라, 각 개체가 환경과 '내기'를 펼친다. 내기에서 이겨야 생존하고 번성할 수 있다.

얼핏 이런 맹목적인 돌연변이와 내기는 낙후된 '생산방식'처럼 보이지만, 복잡다단하게 변하는 다양한 환경에 적응할 수 있는 가장 효과적인 방법이다.

미래가 어떻게 변할 것인지 우리는 알지 못한다. 일반인의 생각과는 달리 진화는 아무 방향도 없이 진행되기 때문이다. 자연선택은 어떤 종의 의견이나 바람에 따라 진행되는 것이 아니다. 그 종이 자연에 적응할 수 있느냐 없느냐는 순전히 우연일 뿐이다. 진화는 맹목적인 듯 보이지만 복잡한 세상에서 가장 효과적으로 답을 찾을 수 있는 방법이기도 하다. 실제로 과학자들은 1960년대부터 진화를 모방하는 방법으로 다양한 문제의 답을 찾아내고 있다. 이를 '유전 알고리즘(Genetic

---

• 구피의 진화 이야기 출처: 팀 하포드, 《어댑트:불확실성을 무기로 활용하는 힘》

Algorithm)'이라고 부른다.**

가로세로 각 10인치 크기의 100칸짜리 바둑판이 있다고 가정해보자. 각 칸을 방이라고 상정하고 그중 무작위로 고른 절반의 칸에 깡통을 하나씩 넣어둔다. 그리고 자신이 현재 위치한 방과 사방의 바로 옆방만 볼 수 있는 로봇에게 깡통을 모으라는 임무를 준다. 로봇은 여러 다른 상황에 따라 다양한 동작을 취할 수 있다. 이때 로봇이 한정된 시간 안에 깡통을 최대한 많이 모으려면 어떤 전략을 세워야 할까?

산타페 연구소의 컴퓨터 과학자 멜라니 미첼(Melanie Mitchell)은 유전 알고리즘 연구에 이 문제를 이용했다. 그녀는 먼저 최대한 지능적이지만 그다지 어렵지 않은 전략을 세웠다. 로봇은 시야가 제한적이고 기억력도 없으니 그저 깡통이 있다면 그걸 줍도록 한 것이다. 깡통이 없으면 다른 곳으로 이동하면 된다. 이론적으로 이 게임에서 받을 수 있는 최고점은 500점인데 미첼이 설계한 전략으로는 평균 346점을 획득할 수 있었다. 하지만 유전 알고리즘 시뮬레이션을 적용한 전략으로는 평균 483점을 획득했다.

유전 알고리즘을 이용한 전략의 진화 과정은 다음과 같다.

첫째, 무작위로 200개의 전략을 생성한 뒤 이를 어떤 종의 생물 200개체로 간주한다.

둘째, 각 개체의 적응도를 계산한다. 다시 말해서 깡통의 위치를 바꾸어가며 여러 번 게임을 하고 어떤 개체의 점수가 높은지 확인하는 것이다.

** 컴퓨터 과학에서 주로 최적화, 탐색문제에 대한 최선의 해를 찾는 데 이용된다. 유전 법칙과 자연선택의 원리를 기초로 하며, 선택, 교차, 변이, 대치 등의 연산 기법으로 구성되어 있다. —옮긴이

셋째, 적응도가 높은 개체를 골라서 둘씩 무작위로 매칭하여 다음 세대를 낳도록 한다. 이렇게 하면 적응도가 높은 개체일수록 교배할 수 있는 기회가 늘어난다. 새로운 세대는 부모로부터 각각 절반의 유전자를 물려받도록 하고, 이들에게서 돌연변이가 나타날 수 있도록 설정한다. 즉 부모로부터 물려받은 유전자 조합이 임의적으로 변할 수 있도록 하는 것이다. 각 부모가 두 자녀를 낳도록 하여, 새로운 세대가 200개체가 될 때까지 교배하도록 한다.

넷째, 새로운 세대가 200개체에 이르면 두 번째 단계를 반복한다.

이 과정을 1천 번 거치면 매우 우수한 200개체, 즉 200개의 전략을 획득할 수 있다. 그중에서 가장 눈길을 사로잡는 전략은 전체 상황을 볼 수 있는 여건이 주어지지 않은 상태에서 로봇이 자동적으로 바깥쪽에서 안쪽으로 이동하여 제한된 시간 안에 더 많은 방을 통과하는 것이었다.

특정 상황에 취한 동작을 전략, 즉 개체의 유전자로 간주했을 때 최고의 개체가 보여준 가장 놀라운 점은 유전자의 탁월함이 아니라 유전자들 사이의 협동성이었다. 전략 G는 깡통이 있는데도 줍지 않고 지나치는 동작을 보였는데, 놀랍게도 이런 행동이 결과적으로 더 좋은 성과를 이끌어냈다. 줍지 않은 깡통을 일종의 표식으로 이용하여 다른 동작들이 더 많은 깡통을 주울 수 있도록 한 것이다.*

유전자를 설계하는 것은 그리 어렵지 않을지 몰라도 다양한 유전자

---

* 전략 M은 깡통이 없을 때 아무 방향으로나 움직이고 방에 깡통이 있다면 무조건 줍는다. 반면 전략 G는 깡통이 보이지 않으면 시계반대 방향으로 원을 그리고, 깡통이 여러 개 연달아 있다면 가까운 것부터 줍지 않고 그 순서를 조정한다. -옮긴이

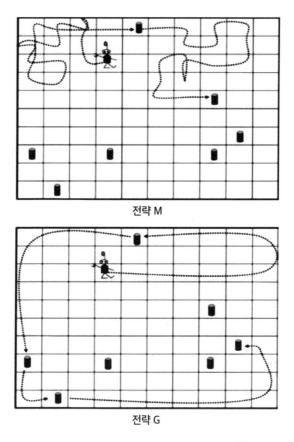

전략 M

전략 G

전략 M은 전략 G에 비해 그다지 효율적이지 못하다.[**]

가 서로 협력하도록 설계하는 것은 무척 어려운 일이다. 이러한 상호
작용이 어떻게 적응도를 높이는지는 아직 모른다. 유전 알고리즘은 다
양한 현실 영역에서 사용되고 있다. 엔지니어는 유전 알고리즘을 이용
해서 새로운 설계로 기이한 모양의 안테나 등을 만들어내기도 하지만,
그 성능이 왜 그렇게 뛰어난지에 대해서는 정확히 설명하지 못한다.

[**] 유전 알고리즘 실험 출처: 멜라니 미첼, 《복잡성: 가이드가 있는 여행》

"생물의 세계는 너무 신비로워서 어떤 지적 존재가 설계했다고는 보기 어려워. 진화한 존재는 설계된 존재보다 더 강력하기 마련이니까. 미래 환경이 어떻게 바뀔지도 모르고, 그것을 설계할 지능도 없다면 괜히 진화의 방향에 대해 고민하지 말고 차라리 그냥 진화의 소식을 기다리는 게 어때?" 이는 진화론자가 '지적 설계론(Intelligent Design Theory)˙지지자를 향해 날릴 수 있는 최고의 반격이다.

이런 점에서 진화는 혁신의 수단이라고 볼 수 있다. 진화는 아마도 대규모 혁신을 달성하는 유일한 수단일 것이다.

계획경제와 시장경제를 비교할 때, 사람들은 계획경제하에서 생산된 제품의 품질과 서비스는 수준이 떨어진다고 말한다. 계획경제는 '철밥통'을 보장하기 때문에 사람들이 군이 열심히 일하지 않는다는 것이다. 그렇다고 해서 시장경제의 매력을 단순히 제품의 품질에서 찾아서는 안 된다(현재 중국 제품의 품질도 그리 좋지 않다). 다양한 소비자의 다양한 니즈를 만족시키는 다양한 제품의 종류야말로 시장경제의 진정한 혜택이기 때문이다. 다시 말해서 시장경제는 본질적으로 분산화를 지향한다. 상급기관의 눈치를 보거나 지시를 기다릴 필요 없이 누구든지 자신이 원하는 바를 당장 실천으로 옮길 수 있다.

시장의 키워드는 '개인의 이익 추구'가 아니라 (계획경제에서도 개인은 이익을 추구한다) '무지(無知)'에 있다. 정부의 계획이 통하지 않는 것은 정부가 멍청하다거나 사용하는 컴퓨터가 느리기 때문이 아니라 우리 미래가 어떻게 변할지 모르기 때문이다. 우리의 미래가 어떻게 변할지는 아무도 알 수 없다. 시장경제는 다음과 같이 생물의 진화와 유사한 특

• 우주 만물이 우연이 아니라 지능적인 존재에 의해 고안되고 창조되었다는 이론 -옮긴이

징을 보인다.

첫째, 무작위로 변이한다. 회사를 세우는 일은 무척 위험하지만 주식회사 제도를 통해 다른 사람의 돈으로 창업이라는 모험에 뛰어들 수 있다. 어느 쪽으로 가야 성공할지 아무도 모르지만 모든 방향으로 가본다면 결국에는 좋은 성과가 나타날 것이다.

둘째, 자유교배가 이루어진다. 양성생식(Bisexual Reproduction)은 단위생식(Parthenogenesis)보다 훨씬 효율적이라는 점에서 생물 진화에서 크게 환영받는다. 우수한 개체 간의 결합은 더욱 우수한 개체를 만들어내는 법이다. 스티브 잡스는 애플의 DNA는 단순히 기술이 아니라 기술과 인문·예술의 결합을 바탕으로 하고 있다고 설명했다. 이른바 새로운 발명은 대부분 기존의 사상과 연결되어 있다. 하나만 놓고 봤을 때 그다지 좋아 보이지 않던 것도 다른 무언가와 한데 합치면 멋진 결과로 돌아오기도 한다.

셋째, 냉정한 도태가 일어난다. 환경이 변하지 않는다면 다양한 종의 탄생을 보지 못할 것이다. 즉 환경이 변하면 새로운 종이 등장한다. 이때 기존의 수많은 종은 변화에 적응하지 못해 도태된다. 역사적으로 시대를 호령한 위대한 기업들 중 많은 수가 지금은 존재하지 않는다.

그러므로 시장경제에 참여하려면 '죽기 아니면 살기'라는 정신부터 지녀야 한다. 이러한 정신을 실천할 수 있다면 상업, 스포츠, 예술, 학문 등 어떤 영역에서든 가격 신호에 상관없이 혁신과 번영을 꽃피울 수 있을 것이다. 만약 이러한 각오 없이 구태의연한 태도를 보인다면 성장하고 발전할 수 없다.

그런데 중국의 일부 정부기관이 자유시장과 진화의 법칙을 역행하는 정책을 내놓는데도 중국 경제의 성적표는 순수 자유시장 체제보다 좋은 편이다. 대체 그 비결은 무엇인가?

아마도 그 답은 '앎(知)'에 있다고 생각한다. 현재 중국의 경제모델이 성공할 수 있었던 것은 출발 시기가 상대적으로 뒤처졌기 때문이다. 다른 사람보다 늦게 시작할 때의 이점은 앞서간 누군가가 이미 안전성을 증명한 길을 따라 그대로 달리기만 하면 된다는 것이다. 중국은 빨리 뛰기만 하면 다른 사람을 따라잡을 수 있다는 생각에 기업이 아니라 국가가 나서서 '전력질주'를 했다. 대형 인프라 건설을 필두로 대대적인 인력과 물력을 동원해서 몸집을 키웠다. 이때에는 혁신이나 창의력은 전혀 신경 쓸 필요가 없었다.

하지만 경제가 어느 정도 성장하여 혁신을 원하게 되거나 세계 경제를 선도하는 자리에 올라서고자 한다면, 자유시장 체제로 진화해야만 한다.

자유시장 체제를 선택해야 하는 유일한 이유는 바로 혁신이다. 많은 사람이 시장경제의 최대 장점으로 경쟁을 꼽지만, 사실 경쟁은 다소 과대평가된 경향이 있다. 역사적으로 유명한 독점기업의 사례를 살펴보면 오히려 독점이 그리 나쁘지만은 않았다는 사실을 발견할 수 있기 때문이다.

20세기 초, AT&T가 미국 내 전신·전화사업을 독점하던 시기는 AT&T는 물론 미국 대중에게도 좋은 시절이었다. AT&T의 CEO 시어도어 베일(Theodore Vail)은 무질서한 경쟁을 매우 싫어했고 규제하의 독점 기업이 오히려 국익에 도움이 된다고 생각했다. 이와 함께 독점 기업은 국가를 위해 봉사할 의무가 있다고 믿었다. 주주의 이익이 아니라 (국민을 위한) 봉사가 기업의 최우선 목표가 되어야 한다는 것이었다.

시어도어 베일이 관리하던 AT&T는 이윤을 창출할 수 없는 오지를 포함한 미국 전역에 전화선을 매설했다. 이를 통해 전국의 사용자에게 최고의 통신 서비스를 제공했다. 그뿐만 아니라 AT&T는 전신사업의 가격결정권을 정부에 넘겼다. 시장 독점으로 이윤을 챙겼지만 이마저도 자본가가 챙기지 않고 대부분을 벨 연구소의 기초연구 환경을 마련하는 데 사용했다. 벨 연구소는 미국에 일곱 개의 노벨상을 가져다주었을 뿐만 아니라 트랜지스터, 레이저, 태양열 배터리, 컴퓨터 프로그래밍 언어, 운영 시스템 등을 개발해냈다. 이를 통해 천문학적 성과를 낸 것은 물론이다.

이런 논리대로라면 회사가 규모를 키워 독점회사로 성장하여 국가와의 협력을 추진하거나, 심지어 국유화되는 길이 국민과 국가를 위한 최선의 선택이라는 결론에 도달하게 될지도 모른다. 이런 결론은 공산주의의 이상을 떠올리게 하지만 이 이야기에는 한 가지 반전이 있다.

벨 연구소가 전화 사업을 대대적으로 개혁할 수 있는 여러 아이디어를 제시했지만 AT&T가 이를 묵살했던 것이다.

예를 들자면 1930년대 초 벨 연구소는 녹음테이프로 상대의 메시지를 녹음할 수 있는 전화기를 발명했다. 하지만 AT&T는 이와 관련된 연구를 모두 중단하고 녹음테이프 기술을 포함한 모든 관련 자료를 밀봉하도록 지시했다. 혹여 녹음이 가능한 전화기가 상용화되면 전화기 사용률이 줄어들지 않을까 걱정한 탓이다. 하지만 이는 매우 어리석은 결정이었다. 훗날 녹음이 가능한 전화기가 출시됐지만 사용자는 여전히 전화를 애용했다. 게다가 AT&T가 우물쭈물하는 사이 독일에서 해당 기술을 개발해 미국에 수출했다. 이와 비슷한 사연으로 출시되지 못한 또 다른 비운의 제품으로는 DSL(Digital Subscriber Line), 스피커폰 기능 등이 있다.

일부 혁신이 '파괴적 혁신'이라고 불리게 된 것은, 이들의 등장이 업계에 치명적인 피해를 가져다줄 수 있기 때문이다. AT&T의 사례에서 볼 수 있듯, 기업은 설사 자신이 관리하는 업체에서 찾아낸 혁신이라고 해도 그것이 기존 업계에 피해를 주는 걸 원치 않는다. 그 영향력이 크지 않더라도 꺼리는 것은 마찬가지다. 많은 사람이 혁신에 대해 이야기하지만, 겉으로만 좋아할 뿐 정작 속으로는 크게 두려워하는 것이다. 현 상황이 자신에게 유리하게 돌아가고 있을수록 그것을 바꾸려는 어떠한 시도나 움직임도 용납하지 않으려 한다.

　역사적으로 보면 새로운 기술에 대한 AT&T의 경계심은 나름 일리가 있었다. 한 업체가 음소거, 스피커 기능을 가진 전화기 주변장치를 선보이자, AT&T에서는 그 장치가 자사의 통화 품질을 떨어뜨리고 수리기사의 안전을 위협한다며 고소장을 보냈다. 8년 동안의 치열한 법정 공방 끝에 법원은 개인이 가정용 전화기에 주변장치를 설치하는 것은 합법이라는 판결을 내렸다. 이를 계기로 다양한 신규 설비가 출시되면서 전신·전화사업은 과다경쟁 시대로 접어들었다.

　그 때문에 AT&T는 내리막길을 걷기 시작했고, 그 자리를 재빨리 인터넷이 차지했다. 지금도 여전히 많은 사람들이 AT&T라는 거대한 기업이 반(反)독점이라는 명분으로 분할된 사실을 안타깝게 생각한다. 하지만 그것은 혁신을 위한 대가였다.

　세상에 공짜는 없다. 혁신에도 대가가 따른다. 혁신의 대가는 거액의 자금을 필요로 하는 모험 외에도 위대한 기업의 몰락, 사회적으로 물의를 일으킬 수 있는 사물 또는 영향력의 등장 등이 포함된다.

- 　AT&T 이야기 출처: 팀 우, 《마스터 스위치》

진화의 지혜는 별 부담 없이 실천할 수 있다. 무언가 새로운 것이 등장하면 그에 대해 정부기관이 우선 결정할 것이 아니라 시장이 선택하도록 해야 한다. 당신에게는 안 좋게 보이는 것이 다른 무언가와 결합한 뒤에 전혀 생각지도 못한 긍정적인 결과를 도출할 수도 있기 때문이다.

그래서 인터넷 업계에서는 새로운 개발에 대해 먼저 발표하되 나중에 검증하는 방식을 선호한다. 피해를 입힐 수도 있다는 생각 하나만으로 새로운 존재의 등장을 인위적으로 금지할 수는 없다. 실제로 진짜 피해가 생긴다면 그때 행동해도 늦지 않는다.

중국 경제가 장기적인 침체기를 보이면서 관련 부서에서는 '대외 개방을 통해 중국에 득이 될 만한 것은 들여오고, 독이 될 만한 것은 문밖으로 내보내야 한다'는 요지의 발언을 입버릇처럼 하고 있다. 하지만 누가, 어떻게 득인지 독인지 판단할 수 있단 말인가?

현재 중국은 구매력을 기준으로 한 GDP에서 이미 미국을 추월했다. 중국이 선봉장과 같은 혁신형 국가로 비상하고 싶다면 혁신을 위해서 어떤 대가를 얼마만큼 치를 수 있는지 먼저 생각해봐야 할 것이다.

7

풍요로운 물질의 시대

인류는 역사상 유례없이 풍족한 시대를 살고 있지만 몇몇 부적응 증세를 보이고 있다. 그 첫 번째 예로 들 수 있는 것이 육체적인 부적응이다. 과거에는 먹을 것이 부족했던 탓에 사람들은 최대한 많은 지방을 흡수하고 비축하려 했다. 과거의 식습관에 익숙해진 우리의 육체는 지금도 여전히 몸 안에 많은 에너지를 축적해두려 한다. 그로 인해 비만율이 점점 증가하고 있다. 둘째, 대뇌의 부적응이다. 정보가 부족했던 옛날에 사람들은 활자로 인쇄된 모든 것에 관심을 보였는데, 그 습관도 여전히 남아 있다. 하지만 정신없이 바쁘게 돌아가는 현대사회에서 그런 식으로 정보를 취급하다가는 진짜 중요한 정보를 놓칠 수 있다. 셋째, 정신적인 부적응도 있다. 미래가 지금보다 더 나아질 것이라고 믿지 못하는 증상이다. 예전부터 사람들은 대체적으로 미래에 대한 장밋빛 전망보다 비관적인 전망에 공감하는 경향을 보였다. 현재 세계에서 미래에 대해 기대감을 가지고 있는 나라는 어쩌면 중국밖에 없을지도 모른다.

2013년, 스위스의 국민투표에 관한 흥미로운 기사가 나온 적이 있다.[*] 스위스 정부가 소득 수준에 상관없이 성인 1인당 2,500스위스프랑(약 300만 원)을 주는 방안을 놓고 전 국민을 상대로 찬반 투표를 실시할 것이라는 내용이었다. 합법적인 시민이라면 일을 하지 않아도 2,500스위스프랑을 받을 수 있다는 뜻이었다. 법안을 제안한 사람들은 그 목적이 유권자들이 생계 걱정에서 벗어나 인간적 품위를 유지할 수 있도록 하는 데 있다고 주장했다. 이보다 더 흥미로운 사실은 스위스 정부가 그 비용을 감당할 능력이 있는지에 대해 관심을 기울이는 사람이 거의 없었다는 사실이다. 마치 스위스 정부에서 그 정도 돈을 내는 것은 문제도 아니라는 듯한 반응이 대부분이었다. 오히려 이보다는 보조금 지급으로 인해 청년들이 공부하고 일하려는 동기를 잃지 않을까 더 신경 쓰는 눈치였다.[**]

스위스가 다른 국가보다 먼저 공산주의 사회에 진입이라도 한 것일까? 이론적으로 공산주의 사회는 '물질이 매우 풍족한 사회'라고 한다. 우리는 현재 공산주의 사회의 단계에 접어들지는 못했지만, 물질이 매우 풍부한 시대를 살고 있다고 말할 수는 있을 것이다.

세상은 이미 변했다. 모든 것이 부족했던 시대에 제정된 상당수의 운영 규정은 지금과 같은 풍족한 사회에 적합하지 않다. 전체적으

- http://finance.sina.com.cn/world/20131218/114217672654.shtml
- •• 스위스는 2016년 5월에 이 기본소득 지급안에 대한 국민투표를 실시했다. 하지만 재원 조달의 어려움과 자발적 실업률의 상승을 우려하는 여론으로 인해 결국 77퍼센트의 반대로 부결되었다. —옮긴이

로 보았을 때 지금도 빈부격차가 감소한 것은 아니다. 오히려 글로벌화, 기술의 발전, 한층 자유로운 경제제도로 인해 점점 벌어지고 있다. 하지만 여태껏 단 한 번도 나타나지 않았던 현상이 목격되고 있다. 역사적으로 부자는 안락한 시간을 보내고 빈자는 하루 종일 힘들게 일해야 했다. 하지만 2013년에 출판된 크리스티아 프릴랜드(Chrystia Freeland)의 《플루토크라트(Plutocrats)》에 소개된 연구 결과에 따르면, 오늘날에는 가난한 사람보다 부자가 더 피곤한 삶을 산다고 한다. 오랜 근무 시간, 엄청난 스트레스 때문에 그들의 삶은 불안정하다. 책에 소개된 뉴욕 증권가의 사람들은 매일 새벽 2시 반에 일어나야만 세상의 변화 속도에 맞출 수 있다고 고백하기도 했다. 그들에게 8시간 근무제는 꿈도 꾸지 못할 일이다. 지난 세대의 부자와 달리 현대사회의 부자들은 부모의 재산을 물려받은 것이 아니라 제 손으로 부를 일궜다. 급속한 경제 구조적 변화를 겪고 있는 브라질 부유층 상위 10퍼센트 중 70퍼센트 이상이 지난 10년 동안 돈을 번 사람들이다. 2005년 데이터를 분석한 결과, 미국 내 부자 상위 0.01퍼센트에 속하는 이들의 연소득은 1천만 달러 이상인데, 이 중 자본투자(Capital Investment)가 아닌 임금과 사업을 통해 벌어들인 돈의 비율이 더 크다고 한다.

이와 대조적으로 선진국의 '빈민'(2013년 미국의 최저생계비는 3인 가족 기준 연소득 19,530달러 미만으로 조사됐다)은 제법 윤택한 생활을 영위하고 있다. 미국의 복지 수준이 매우 높은 편이라고는 할 수 없지만, 중국계 중산층 가정이 복지제도에 불평을 터뜨리는 모습을 그다지 어렵지 않게 볼 수 있다. 한 중국인이 미국에서 힘들게 번 돈으로 투자 용도로 건물을 구입해 임대사업에 뛰어들었다. 그런데 세입자 중에는 직장도 구하지 않은 채 정부의 복지서비스에 의존해서 살아가는 사람들이 적지 않았다. 그들은 정부로부터 주택 임대료 등의 보조금을 받을 뿐만 아니라 공짜 음식 쿠폰을 받아 랍스터를 사 먹기도 했다. 어느 추운 날, 집을 수리하던 집주인은 세입자가 켜놓은 히터 온도가 자기 집보다도 훨씬 높다는 사실에 충격을 받았다. 또 이들은 걸핏하면 파티를 여는 것도 모자라 귀찮다는 이유로 문을 열고 다니기 일쑤였다. 집주인은 커뮤니티 사이트에 이에 대해 하소연하는 글을 올렸지만 사람들은 힘내라는 댓글을 다는 게 고작이었다. 아마도 이런 현실 때문에 상당수의 중산층 중국인이 감세를 외치는 공화당을 지지하는 듯하다. 자신이 낸 귀한 세금이 일도 안 하고 빈둥거리는 사람들을 위해 쓰인다는 사실이 못마땅한 것이다.

하지만 지금처럼 물질이 풍족한 시대에 가난한 사람들에게 돈을 주고 소비를 독려하는 행위는 사회발전을 이끌 수 있다. 그보다 더 중요한 사실은 이 행위가 경제발전에 유리하게 작용한다는 것이다.

미국의 역사학자 제임스 리빙스턴(James Livingston)은 2011년에 출간한 《절약에 반대하다(원제: Against Thrift)》에서 경제, 정치, 도덕적 측면에서 봤을 때 소비가 생산보다 못한 것이 아니라고 주장했다. 리빙스턴은 지난 100년 동안 미국 정부가 취한 다양한 경제성장 정책을 소개했다.

경제학에는 투자가 경제발전을 촉진한다는 '상식'이 존재한다. 자본가는 이윤을 획득하기 위해 기업을 경영하며, 이윤을 독식하는 것이 아니라 그중 일부를 생산 확대에 투자한다. 이를테면 설비 구입, 고용 확대와 같은 곳에 쓰는 것이다. 이러한 방식은 미래에 더 많은 이윤을 획득하는 데 유리하게 작용할 뿐만 아니라 고용을 자극한다. 이윤이 경제를 성장시키는 중요한 동력원이라는 데 모든 경제학자가 동의하는 것은 아니지만, 미국 공화당은 아마 모두 이 이론에 찬성할 것이다.

공화당에서는 투자에 대한 감세정책을 실시해야 한다고 주장한다. 그래야 자본가가 투자를 확대할 수 있고, 그 덕에 경제와 고용이 모두 활성화된다는 것이다. 이 원리에 따라, 미국을 포함한 상당수의 선진국은 투자 수익에 대한 세율이 임금과 같은 소득세보다 낮다.

소비와 투자 중에서 투자에 힘을 실어야 한다는 원리는 인류 문명의 전통적인 '미덕'(오늘의 즐거움을 내일로 미루는 행동)과도 일치한다. 지금 가진 돈을 쓰지 말고 아껴두었다가 투자하면 더 큰 기쁨으로 돌아온다는 것이다.

하지만 투자가 성장을 가져온다는 이론에 대해 가만히 생각해보면 그 배후에는 시장이 무한대라는 전제가 존재한다. 지속적인 투자는 투자를 통해 생산된 제품이 계속해서 판매되어야만 그 의미를 갖는다. 하지만 시장이 포화상태거나 새로 발명된 제품이 없다면 어디에 투자를 해야 한단 말인가? 물리학의 관점에서 보았을 때 투자가 성장을 자극한다는 주장은 단순한 선형 이론일 뿐, 비선형 조건하에서는 성립이 어렵다.

리빙스턴은 투자가 경제성장을 이끈다는 주장은 거짓 신화라고 지적하면서 이를 입증하기 위해 자신이 어떤 이론이나 법칙을 고안할 필요는 없다고 설명했다. 그의 관점에 따르면, 거대한 경제적 사상의 변화는 새로운 이론으로 구현되는 것이 아니라, 허블의 우주 팽창, 갈릴레오의 행성운동 법칙처럼 경험에 기반을 둔 새로운 사실에 의해 이루어지는 것이기 때문이다. 리빙스턴은 미국의 경제사 데이터를 검토하며 경제계를 뒤흔들 자료를 찾아보았다. 그 결과, 투자가 경제를 이끈다는 가설이 1919년 이전에 성립되었다는 사실을 발견했다. 그리고 1920년 이후에는 기술의 발전에 힘입어 자동생산이 가능해짐에 따라 자본가가 제품에 투자하는 비중이 점차 감소하기 시작한 사실도 알아 냈다. 사회가 더 이상 개인투자를 원치 않게 된 것이다. 1900년에는 거의 모든 투자가 개인기업을 통해 진행됐지만 2000년에 이뤄진 투자는 대부분 정부 지출과 개인 주택 구매를 통해 이뤄졌다. 한마디로 말해서 개인기업의 투자가 경제에 미치는 영향력이 약화된 것이다. 생산율이 높아짐에 따라 생산량이 증대되어 투자를 늘리지 않아도 이윤이 증가하기 때문이다. 그렇다면 이때 잉여이윤은 어디로 가는가? 생산을 위한 투자가 아니라 부동산, 주식시장, 해외투자로 흘러간다.

주식시장, 부동산 시장으로 흘러든 돈은 거품과 금융위기의 원인이 된다. 많은 사람들이 미국의 2008년 금융위기는 돈을 갚을 능력이 없는 사람들에게 집을 사라며 은행이 마구잡이로 돈을 빌려주는 바람에 생긴 현상이라고 생각한다. 요컨대 월스트리트의 탐욕이 부른 재앙이라는 것이다. 하지만 월스트리트가 탐욕을 부리지 않은 적이 어디 한 번이라도 있었던가? 서브프라임 모기지(Subprime Mortgage) 사태가 일어난 근본적인 원인은 그렇게라도 돈을 빌려주지 않으면 마땅히 돈을 투자할 만한 곳이 없었다는 데 있다. 노벨 경제학상을 수상한 미국의 경제학자 밀턴 프리드먼(Milton Friedman)은 중앙은행의 긴축통화 정책으로 인해 시중의 통화량이 감소했던 데서 1930년대 대공황의 원인을 찾았다. 한편 리빙스턴은 이에 대해 잉여이윤이 지나치게 많이 발생했기 때문이라고 주장한다. 그렇다면 1930년대 미국의 은행과 개인투자가 모두 긴축 기조를 유지한 가운데 1933년부터 경제 회복세가 나타난 이유는 무엇인가?

이때의 성장과 그 후 미국 경제가 일군 모든 성장은 개인투자로 대변되는 '효율'이 아니라 '공정'에 의한 것이었다. 루스벨트 정부는 노동자의 임금을 인상하기 위해 두 가지 조치를 실시했다. 하나는 연방 정부의 적자가 늘어나는 한이 있더라도 일자리를 창출할 수 있는 사업 계획을 추진한 것이다. 이러한 정부 투자의 목적은 이윤 획득이 아니라 고용 확대다. 또 하나는 노조의 탄생이다. 루스벨트 정부가 노조를 허용하면서 노동자는 자본가와 가격 협상을 벌일 수 있는 힘을 키우게 되었다. 여기에 의료보험과 퇴직금 등 복지정책이 확대되면서 미국 경제에서 정부는 점점 중요한 역할을 담당하기 시작했다. 지방정부와 연방정부의 사업 확대는 취업률을 가장 빨리 끌어올릴 수 있는 방법이었다. 실제로 1960년대 18~20퍼센트에 달하는 노동력이 정부 주도 사업과 관련된 일을 하고 있었다.

하지만 1970년대 중반에 이르러 미국의 경제성장률이 갑자기 주춤 거리기 시작했다. 그 원인에 대해 리빙스턴은 분명한 답을 들려주지 않는다. 이에 대한 답은《미래에 대한 단상(원제: The Future Babble)》*에서 찾을 수 있었다. 책에 따르면, 미국의 경제성장률이 완만해진 원인은 석유위기 때문이다. 새로운 성장 방법을 고민하던 정치인들은 감세를 통해 개인투자를 확대하자는 결론에 도달했다. 그리고 로널드 레이건 (Ronald Reagan) 대통령은 이런 의견을 받아들였다.

역사는 레이건의 경제정책이 성공했음을 증명하지만, 이 역시도 개인투자의 공로는 아니었다. 데이터를 자세히 살펴보면 1981년 감세 정책을 통해 가장 큰 혜택을 누린 50개 기업이 향후 2년 동안 투자를 축소했다. 다시 말해서 감세정책을 통해 절약한 돈을 생산에 투자하지 않았던 것이다. 레이건 경제정책의 진정한 효과는 재정적자 확대를 통

• 저자는 대니얼 가드너(Daniel Gardner)이고 2010년에 중국어판이 출판되었다.

한 소비 증진에 있었다.

하지만 레이건의 경제정책으로 임금의 비중은 감소하고 자본가가 차지하는 소득 비중은 증가했다. 그렇다면 1990년대의 미국 경제는 어떻게 여전히 성장세를 유지할 수 있었을까? 임금 감소 효과를 상쇄하는 세 가지 요소, 즉 사회 복지와 같은 이전지급(Transfer Payment)의 꾸준한 증가, 미국 가정의 소비 확대, 신용카드의 보급에 따른 대출과 소비 확산(가장 중요한 원인이다)이 위력을 발휘했기 때문이다. 하지만 그 이후로 임금 감소 추세로 인한 문제가 수면 위로 떠오르는 중에 감세정책을 추진한 부시의 결정으로 결국 경제가 침체되고 말았다.

리빙스턴이 들려주는 미국 경제사의 주제는 경제성장을 이끄는 동력원은 투자가 아니라 소비라는 것이다. 리빙스턴은 여기서 그치지 않고 마르크스와 케인스 경제학을 통합하려는 시도를 선보였다.

마르크스는 모든 상품은 두 가지 가치, 즉 사용 가치와 교환 가치를 가지고 있다고 했다. 자본주의가 등장하기 전, 사람들은 가치 상승이나 저축이 아니라 사용 가치를 획득하기 위해 물건을 만들고 매매했다. 이 단계를 마르크스는 '단순 상품 순환'이라고 불렀다. C=상품, M=자본이라고 가정했을 때 위의 순환은 C-M-C 구조를 형성한다. 하지만 자본주의가 등장한 이래 사람들은 교환 가치, 즉 더 많은 이윤을 획득하기 위해 물건을 만들고 교환했다. 이때의 상품 순환은 M-C-M 구조가 된다. 이때는 사용 가치가 교환 가치의 획득 수단으로 간주되는 것이다. 간단하게 말해서 과거에는 사람들이 소비를 위해 일했지만 지금은 자산 가치를 높이기 위해 일한다.

금융위기나 경제침체가 발생할 때마다 마르크스주의자는 마르크스의 주장이 옳았음을 보여주는 사례라고 주장한다. 마르크스는 정말 옳은가? 마르크스 학설에서는 여전히 개인의 투자를 경제성장을 이끄는 힘으로 간주한다. 마르크스주의자는 이번 미국 경제침체의 원인을 산업 공동화(전통 제조업의 감소로 자본이 금융권으로 빠져나가는 현상)라고 본다. 이에 대해 리빙스턴은 전통적인 제조업으로 국가의 경제력을 가늠할 수 있는 시대는 지났다고 반박한다.

마르크스의 이론이 사용 가치와 교환 가치를 구분하는 데 공헌했다면, 경제위기를 해석하는 데는 케인스의 이론이 주효했다. 1930년 케인스는《화폐론(A Treatise on Money)》에서 경제위기의 원인으로 재생산을 확대하는 데 사용되지도 않고 개인 주주의 배당금으로 지급되지도 않은 잉여이윤을 지목했다. 이는《절약에 반대하다》에서 리빙스턴이 강조한 점과 일치한다. 케인스는 수요와 소비가 경제성장에 미치는 영향력을 강조했지만, 리빙스턴은 고도자본주의 사회는 새로운 도덕관을 지녀야 한다는 케인스의 발언에 주목한다. 케인스는 이제 공업화와 자동화로 노동시간이 줄고 있으며, 이는 나쁜 소식이 아니라 좋은 소식이라고 주장했다. 경제문제는 이미 해결되었으니, 사람들이 직장에서 벗어나 마음껏 소비해도 된다는 신호라는 얘기다. 또한 케인스는 돈을 위해 일하지 말라고 충고하며, 사용 가치를 추구하지 않는 저축은 고약한 병태적 행동이라고 비난했다.

리빙스턴은 마르크스와 케인스의 견해를 한데 모아 물질이 극도로 풍족한 이 시대에 관한 네 가지 논점을 제시했다.

첫째, 경제침체를 유발하는 원인은 잉여이윤이다. 개인투자 확대로는 더 이상 경제성장을 촉진할 수 없다. 반드시 소비가 경제성장을 견인해야 한다.

둘째, 소비 확대를 위해 사회복지 증대와 같은 재화의 재분배가 이루어져야 한다.

셋째, 투자는 사회화되어야 한다. 사업의 진행 여부는 그를 통해 얻을 수 있는 이윤에만 근거하여 결정해서는 안 된다. 전 사회가 함께 사업의 사회적 가치, 다시 말해서 사용 가치를 따져야 한다.

넷째, 소비는 도덕적이며 소비문화는 훌륭한 것이다.

전통적으로 우리는 성실히 일해서 돈을 모으고, 그 돈을 다시 투자하면 된다고 여겼다. 저축은 매우 도덕적인 행위지만, 빚을 지며 소비하는 것은 부도덕한 일이라고 배웠다. 적어도 돈을 쓰려면 자신이 번 돈을 써야 한다고 생각했다. 일부 통계에 따르면, 은퇴한 노부부가 평생 정부 의료보험사업에 내는 평균 비용이 14만 달러라고 한다. 하지만 이들이 의료보험 혜택을 받는 비용은 43만 달러에 달한다. 과연 이게 도덕적인가? 정말 소비가 성장을 촉진한다고 가정해보자. 그렇다면 대출을 받아 소비를 하고 사회복지 혜택을 받는 것은 매우 바람직한 일이 된다. 리빙스턴은 1990년 이후 미국의 경제성장은 가정의 부채에서 비롯되었다고 분석했다. 채무가 잉여이윤의 부정적 영향력을 감소시켰다는 것이다.

리빙스턴은 여기서 한발 더 나아가 세계를 놀라게 할 관점을 제시했다. 즉 소비가 생산보다 더 훌륭하다는 것이다. 개인적으로 좀 더 보충해보자면, 여기서 리빙스턴이 말하는 생산은 오로지 돈을 벌겠다는 목적에서 이뤄지는 행위를 가리킨다. 사람은 교환 가치를 위해 일하고 소비자는 사용 가치를 추구한다. 이를테면 옷은 구입하는 순간 교환 가치가 사라진다. 하지만 이때 자신에 대한 타인의 평가를 위해 옷을 구입했다면(이것만으로 소비는 생산보다 자랑스러운 것이다), 이는 사회의 효용을 위해 자신의 돈을 희생한 것으로 볼 수 있다. 자신과 가족을 위해 돈을 버는 데만 집착하는 노동자가 소비자가 되면 그의 가치와 수준이 올라가게 된다. 다른 사람이 자신을 어떻게 보는지 관심을 기울이기 시작하면서 더 나은 모습을 보이기 위해 스스로 노력하기 때문이다. 바로 이러한 메커니즘은 사회 전체의 가치와 수준을 높인다. 우리는 대부분 자신보다 더 위대한 무언가가 되고자 영혼의 승화를 추구한다. 상업적 광고로 도배되고 소비문화가 발달한 곳일수록 사람들이 쉽게 동정심을 드러내는 이유도 바로 여기에 있다.

미국에서 민권운동과 같이 사회발전을 촉진하는 움직임이 빈번히 일어나는 것도 소비문화의 영향이 크다. 재즈나 블루스 같은 흑인 음악은 미국 남부의 일부 지역에서만 인기가 있었다. 미국 상류층에서는 흑인 음악이 클래식 음악에 비해 예술적 수준이 낮다고 생각하고 그에 거부감을 보였다. 하지만 20세기 이후 '입맛'이 그리 비싸지 않은 일반 시민이 돈을 벌고 소비자가 되면서 이른바 대중음악 시장이 탄생했다. 여기에 음반의 등장으로 흑인 음악이 빠르게 유행하기 시작했다. 이로써 흑인에 대한 이미지가 서서히 개선되고 언론의 보도를 통해 미국 전역에서 흑인을 동정하는 여론이 형성됐다. 그리고 1980년, 미국 프로미식축구 슈퍼볼(Super Bowl) 경기에 유명 흑인 선수가 찍은 코카콜라 광고가 등장해 크게 유행하면서 흑인문화가 미국의 주류문화로 자리 잡는 데 큰 영향을 주었다. 오늘날 미국에서 흑인 음악이나 흑인 배우는 큰 영향력을 발휘한다. 한때 손가락질받던 흑인들이 지금의 자리에 서게 된 데는 마틴 루터 킹 같은 위인의 공이 크지만, 그들에게 전략적인 기회를 가져다준 것은 미국의 소비자였다.

소비문화로 사회 변혁을 해석할 수 있는 사례는 꽤나 다양하다. 1989년 체코슬로바키아 공산정권의 붕괴를 불러온 벨벳혁명의 본질은 정부에 대한 시민의 항거가 아니다. 여기에는 '혁명'이 일어날 때 나타나는 게릴라적 무장투쟁도 없었다. 리빙스턴은 벨벳혁명이 일어난 근본적인 원인은 청바지와 최신 유행 음악과 같은 현대적 제품에 대한 소비자의 열망이라고 설명했다. 계획경제로는 더 많은 휴식을 즐기고 다양한 예술을 감상하는 일이 불가능했기 때문이다. 소련식 경제 시스템이 지닌 최대의 약점은 이윤을 과도하게 재생산 확대에 사용한다는 점이다. 이런 점을 생각할 때 훗날 체코 대통령으로 선출된 반체제 인사 바츨라프 하벨(Václav Havel)이 1978년에 발표한 〈힘없는 이들의 힘(The Power of the Powerless)〉은 소비문화를 알리는 선언으로 평가된다. "우리는 최신 유행하는 음악을 들을 권리를 원한다. 국내뿐 아니라 서구의 대중음악까지!" 로큰롤을 연주하는 자유를 기본적인 인권이라고 말하는 하벨의 이야기는 당시 체코 젊은이들의 가슴에 불을 붙였다. 소련식 경제체제가 실패한 진짜 원인은 이런 소비자의 욕구를 제대로 충족하지 못했기 때문이다. 당시 석유 수출을 통해 외화를 벌어들이던 소련은 국민들의 요구에 부응하기 위해 서양에서 아동복을 포함한 여러 제품을 수입했다. 하지만 소비자들은 TV를 보고서 더 많은 것을 요구하기 시작했다. 사실 식료품 가격 인상과 같은 작은 위기가 체제 붕괴라는 거대한 사건으로 이어질 수도 있는 것이다.

이러한 목소리는 이보다 더 이른 시기, 미국에서 '더 많이(More)' 라는 구호로 울려 퍼졌다. 1907년 미국의 경제학자 사이먼 패튼(Simon Patten)은 '모든 것이 부족하던 시절(결핍경제)'에서 이제는 '모든 것이 과잉되는 시대(풍요경제)'로 바뀌었다고 지적했다. 패튼의 제자인 월터 웨일(Walter Weyl)은 1912년《신민주주의론(원제 : The New Democracy)》에서 소득 재분배와 생산의 사회화를 잘 진행한다면, 마르크스의 절대적 사회주의를 넘어 조건적 사회주의를 실현할 수도 있을 것이라고 주장했다. 이와 함께 미국노동총동맹(American Federation of Labor) 창립자인 새뮤얼 곰퍼스(Samuel Gompers)는 노동자의 정신적 지주로서, 자본주의 체제를 전복시키고 싶지도 않고 대기업을 무너뜨릴 생각이 없다고 밝혔다. 그는 노동자의 유일한 요구는 'more', 즉 더 많은 임금, 더 나은 근로조건, 더 많은 휴식시간 등이라고 주장했다. 풍요경제는 과거 가난하고 무지했던 사람들을 부유하고 지적으로 만들어서 민주주의에 더 힘을 불어넣을 것이다. 그렇게 되면 사회가 매우 이상적인 형태로 발전할 수 있다.

경제학 이론에 의심을 품지 않는 역사가는 좋은 저자가 아니다. 다만《절약에 반대하다》가 소개한 잉여이윤에 대한 우려와 비판은 이미 전부터 제기돼오던 것이다. 케인스주의자들도 총수요 관리를 강조하지 않았는가? 얼마 전 은행가 출신의 저자 대니얼 알퍼트(Daniel Alpert) 역시《공급과잉의 시대(원제 : The Age of Oversupply)》에서 비슷한 주장을 내놨지만 진부하다는 평을 받았다.[*] 이런 점에서 보면 리빙스턴은 미국 경제사를 이용해서 수요 측 경제학에 또 다른 '총알'을 제공해준 셈이다. 한편 '반절약'에 대한 지나친 강조가 혹시 과도한 소비로 이어져 자원 부족과 환경 파괴를 불러오지 않을까 염려할 수도 있을 것이다. 하지만 리빙스턴이 진짜 중점을 둔 것은 사용 가치이다. 오늘날 수많은 정부 사업은 이미 투자의 사회화를 추구하고 있다. 즉 단순히 이윤을

• http://marginalrevolution.com/marginalrevolution/2013/the-age-of-oversupply.html

추구하는 것이 아니라 여러 분야의 다양한 요소를 포괄적으로 고려한다. 아쉬운 점은 리빙스턴이 시장의 자원 배분 기능에 간섭을 해도 투자의 사회화가 효과적으로 실행될 수 있는가에 대해서는 논하지 않았다는 것이다. 게다가 (부자에게서 더 많은 세금을 거둬서 가난한 사람에게 나눠주는) 부의 재분배 역시 무한정 계속할 수는 없다. 현재 미국의 경우 상위 10퍼센트의 부자가 연방 세금의 절반 이상을 부담하고 있다.**

이 책의 의의는 지금처럼 많은 사람이 소비문화에 대해 반감을 가진 시점에서, 소비문화의 중요성을 강조하고 있다는 데서 찾을 수 있을 것이다.

이른바 소비문화는 '평범한 사람'이 내디딘 하나의 역사적인 발자국이다. 과거에는 문화, 과학, 예술, 정치 등의 분야를 모두 엘리트가 장악했었다. 수많은 소시민은 하루 종일 기본적인 생존 조건을 위해 싸울 뿐 어느 것에도 관심을 기울일 여유가 없었다. 평범한 사람은 원시사회에서는 노예, 봉건사회에는 소작농, 자본주의 사회에서는 노동자로 살아왔다. 다시 말해서 평생 일해야 하는 역할만 맡아온 것이다. 하지만 물질이 풍요로운 시대를 맞아 평범한 사람에게 소비자라는 새로운 역할이 주어졌다. 소비자의 역할을 담당하게 된 평범한 사람은 더 이상 눈치 보지 않고 자유롭게 이야기할 수 있다. 노동력으로서 사회로부터 선택받는 게 아니라 스스로 사회를 선택할 수 있다. 평범한 사람의 선호와 선택이 예술의 경향을 바꾸고 기술 분야의 운명을 가르며, 어떤 사업가가 부자가 될지 결정하게 된 것이다. 이들은 타인이 동

** USA Today: Fact check: The wealthy already pay more taxes, By Stephen Ohlemacher, The Associated Press. Updated 9/20/2011.

의하는 사용 가치를 추구하며 사고력과 개성을 갖추게 되었고, 공감력과 동정심을 활용해 사회발전을 이끌게 되었다.

때로는 소비문화가 너무 가볍게 보이기도 하고, 소비자들의 여론이 정책을 후퇴시킬 수도 있을 것이다. 하지만 좀 더 큰 척도에서 봤을 때 '더 많이', 즉 더 많은 물질, 더 많은 교육, 더 많은 휴식시간을 외칠 때 세상은 분명 우리 모두가 '고귀한 인간'으로 살 수 있는 곳으로 진화할 것이다. 소비문화야말로 진정한 '서민의 승리'다.

지^智는
어떻게 삶을 이끄는가

초판 1쇄 발행 2018년 3월 20일
개정판 1쇄 발행 2019년 6월 17일

지은이 완웨이강
옮긴이 이지은
펴낸이 이범상
펴낸곳 (주)비전비엔피 · 애플북스

기획 편집 이경원 심은정 유지현 김승희 조은아
디자인 김은주 이상재
마케팅 한상철 이성호 최은석
전자책 김성화 김희정 이병준
관리 이다정

주소 우)04034 서울특별시 마포구 잔다리로7길 12 1F
전화 02)338-2411 | **팩스** 02)338-2413
홈페이지 www.visionbp.co.kr
인스타그램 www.instagram.com/visioncorea
포스트 post.naver.com/visioncorea
이메일 visioncorea@naver.com
원고투고 editor@visionbp.co.kr

등록번호 제313-2007-000012호

ISBN 979-11-90147-02-6 03300

• 값은 뒤표지에 있습니다.
• 잘못된 책은 구입하신 서점에서 바꿔드립니다.

이 도서의 국립중앙도서관 출판예정도서목록(CIP)은 서지정보유통지원시스템 홈페이지(http://seoji.nl.go.kr)와
국가자료공동목록시스템(http://www.nl.go.kr/kolisnet)에서 이용하실 수 있습니다.(CIP제어번호:CIP2019021473)